인간행동과
사회환경

김정희 김익균 김숙향 박선희 신경안 이은아 정진숙 공저

신정

머리말

인간행동과 사회환경은 사회복지학과의 전공 기초과목으로서, '인간행동의 이해'는 모든 학문의 역사이며 내용이다. 인간행동은 사회의 변화와 문제를 반영하고 인간의 욕구를 발견하며 해결하는 개입방안을 제시한다. 특히 인간 상호 간이나 인간과 체계의 상호작용을 강조하는 사회복지실천에 있어 '인간행동의 이해'는 과학적 · 체계적 접근의 기본전제이자 기초학문이다.

이 책에서는 인간행동과 사회환경에 대한 지식 습득과 인간의 발달에 대한 이론적 기반을 형성하고자 하며, 아울러 인간의 성장과 발달주기에 대한 이해와 사회복지실천에 적용할 수 있는 개입 근거를 제공하고자 한다.

이 책은 제1부 인간행동과 사회환경의 개요, 제2부 성격이론의 이해, 제3부 사회환경의 이해, 제4부 발달이론의 이해로 구성되어 있다.

제1부에서는 인간 이해의 다양성, 인간발달과 관점의 변화, 인간발달이론의 유용성을 논의하고 있다.

제2부에서는 인간행동에 대한 개입의 사회과학적 체계로서 성격이론을 소개하고 있다. 인간행동의 발달과정과 성격이론을 개인 및 사회문제에 대한 시대적 · 사회적 · 문화적 맥락에서 기술하였다. 프로이트의 정신분석이론, 융의 분석심리이론, 아들러의 자아심리이론, 피아제의 인지이론, 에릭슨의 심리사회이론, 파블로프와 왓슨의 행동주의이론, 로저스의 인간중심이론, 매슬로의 욕구위계이론으로 구별하여 기술하였다.

제3부에서는 인간행동을 이해하기 위한 사회환경에 대한 이해로서 사회환경과 생태체계적 관점, 구조기능주의와 사회체계, 사회환경의 이해를 다루고 있다. '생태체계적 관점'은 사회복지실천의 관점과 개입기술에 많은 영향을 미치고 있다. 이러한 관점에서 사회체계에 대한 이해, 일반체계이론, 생태체

계이론을 이해하고 개념을 파악하는 내용을 논의하고 있다. 구조기능주의와 사회체계에서는 구조기능주의 이론의 주요 개념과 구조기능주의와 사회복지실천의 관계를 기술하고 있다. 또한 사회환경의 이해에서는 갈등주의이론, 상징적 상호작용이론, 교환이론, 인정이론을 기술하고 있다.

제4부에서는 인간의 발달이론과 생의 주기에 관한 내용으로 태내기와 영 · 유아기, 아동 · 청소년기, 성인기와 중 · 장년기, 노년기로 생의 주기와 발달단계를 구별하고 있으며, 발단단계별 특징과 욕구 및 문제 등을 기술하고 사회복지실천에서의 관심과 개입기술을 논의하고 있다.

사회복지실천에 있어서 사회복지사는 클라이언트의 정확한 사정은 매우 중요하며, 사회복지사는 클라이언트의 문제와 상황에 대한 정보를 수집, 분석, 해석해야 한다. 이러한 사정은 인간행동과 사회환경에 대한 기본지식이 있어야 가능하다. 사회복지사는 클라이언트가 해결방안을 찾고 선택하는 데 도움을 주기 위해 인간행동에 관한 기초지식을 가지고 인간행동을 이해하여야 할 것이다. 아울러 사회복지실천에 있어 클라이언트와 사회복지사는 상호간의 인정 전제도 필요하며 이를 실천하는 역할이 중요하다.

이 책은 사회복지실천에서 전문가로 활동하는 예비사회복지사들의 인간행동과 사회환경에 대한 이해를 돕는 도서로 사용할 수 있도록 집필에 신경을 썼다. 이 책이 사회복지학을 공부하는 모든 학생들에게 도움이 될 수 있기를 바라며, 출간에 도움을 주신 신정 출판사의 편집부와 공동 집필에 참여해 주신 교수님들의 노고에 감사의 마음을 전한다.

2024년 8월

저자 일동

차례

PART 02 성격이론의 이해 / 43

PART 03 사회환경의 이해 / 195

PART 01

인간행동과 사회환경의 개요

▸▸▸ CONTENTS

01

CHAPTER

인간발달과 사회복지실천

1. 인간 이해의 다양성

사회복지의 실천에 있어 인간에 대한 이해, 특히 인간행동의 이해는 매우 중요하다. 이는 사회복지사의 사회복지실천에 있어 클라이언트의 긍정적 변화를 가져오기 위해서는 문제를 지닌 사람들의 행동에 관심을 가져야 하기 때문이다. 인간의 많은 문제는 타인이나 사회환경에 대응하는 행동에서 비롯되는 경향이 있기에 인간의 행동 관찰은 그들의 욕구나 변화에 대한 의지를 살펴볼 수 있는 단서를 제공함은 물론 사회와의 제반상황까지도 이해할 수 있도록 도움을 준다. 따라서 인간의 이해를 위해서는 인간행동과 함께 행동 결정에 영향을 주는 사회환경에 대해 선제적으로 이해하는 것이 사회복지실천에서 중요한 요인이 된다.

1) 인간행동의 이해

(1) 인간행동의 개념

인간행동이란 기본적으로 인간의 신체적 움직임을 의미한다. 하지만 심리학자들의 지속적인 연구를 통해 현대사회에서는 신체적 활동에 한정되지 않고 사고나 인지과정 등의 정신적 행동까지도 포함하고 있다. 또한 인간행동은 여러 가지 방식으로 외부로 나타나고 있다. 신체적 활동으로는 얼굴의 표정, 언어, 언어와 함께 사용되는 손동작 등이 있으며, 정신적 행동은 느낌이나 스트레스 과정 등이 있다. 이러한 인간의 행동은 뚜렷한 목적을 가지고 행하는 의식적 행동도 있으나 무의식적으로 일어나기도 한다.

이처럼 인간행동이란 개인이나 집단에게 가해지는 내부환경 및 외부환경의 변화나 자극에 반응하여 나타나는 의식적, 무의식적 모든 표현이라 할 수 있다. 인간의 행동은 개인적으로 서로 다른 반응 현상을 보인다. 이는 개인의 성장과정이나 가정환경, 독특한 개인의 성격이나 기질이 각기 다르게 작용하기 때문이다. 그러나 개인이 속한 사회의 문화적 특성에 따라 인간의 행동은 집단적으로 유사한 행동양식을 보이기도 한다. 그러면서 개인적, 사회적으로 형성된 인간의 일관된 행동방식은 생애발달단계를 보내면서 더욱 강화되거나 일정 부분 다른 방식으로 변화하기도 한다. 다른 시각으로 인간행동에 대한 설명은 육체적, 심리적, 생리적 요인들과 개인이 속한 환경과의 상호작용 결과라고 보기도 한다.

따라서 인간행동의 이해를 위해서는 다양한 영역의 지식이 필요하며, 인간행동의 이해가 사회의 생성과 내부구조의 체계와 사회 변화를 설명하는 기본요인이기 때문에 사회는 모든 사회과학의 관심사이며 인간관계에서 발생하는 사회문제와 현상을 이해하는 데 중요한 요인이 된다.

사회복지실천에서 인간의 행동이 문제시되는 상황은 사회 안에서 그 행동이 바람직하지 않다고 설정한 방향으로 나타날 때이다. 모든 사회는 기본적으로 개인의 행동 유형을 결정하는 고유한 규범을 가지고 있다. 하지만 사회규범은 그 사회의 근간이 되는 종교, 정치, 사회, 문화적 배경에 따라 동일한 행동 유형을 두고 서로 다른 해석이 나타나기도 한다. 현대사회에서 동서양의 차이는 이러한 사회적 차이를 설명해 주고 있다. 각각의 문화권에서는 유사한 행위에 대하여 일부 행동은 일반적인 것으로, 어떤 행동은 비정상으로 분류하며, 일부는 허용되거나 또는 허용 범위를 벗어난 것으로 규정하기도 한다.

이처럼 인간행동의 수용범위를 사회적 규범이나 각각의 사회가 지닌 통제수단으로 규제함으로써 인간은 자신이 속한 사회의 특성에 따라 특정 규칙이나 특정 행동을 선택하게 된다. 이처럼 인간은 행동의 선택을 반복하면서 '생물학적 존재'에서 '사회적 존재'가 되는 사회화 과정을 보내게 된다. 따라서 인간에 대한 이해는 개인의 심리와 특질과 함께 사회적 배경인 환경요인에 대해 이해하는 것이 인간행동의 이해에 매우 중요한 부분이 된다.

인간행동에 대한 이해에서 이론적 기초를 제공하는 것은 정신분석학과 행동주의심리학 관점이 있다. 정신분석학적 관점에서는 인간의 행동을 무의식에 저장된 아동 초기 경험의 기억이 일생에 걸쳐 인간행동에 지속적으로 영향을 미친다고 본다. 이에 반해 행동주의심리학에서는 인간행동을 정신적 경험과 달리 측정이 가능하다고 보면서 타인에 의해 증명되어야 한다는 객관적이고 실험적 측면을 강조한다. 이 두 가지 관점은 개인의 행동을 이해하는데 개인의 과거 생활력과 부모의 영향, 그리고 관찰을 통해 확인할 수 있는 행동에 중점을 두었다.

따라서 초기의 인간행동에 대한 이해에서는 주로 인간의 자율성과 변화가능성이나 주변환경의 영향을 배제함으로써 인간행동에 대해 정확한 시각을 제공하는 데 한계가 있다. 이후 인본주의적 심리학과 생태체계이론을 통해 인간행동은 개인의 자유의지나 환경적 요인이 영향을 주고 있음을 확인하면서 인간행동에 대한 이해의 폭이 넓어지게 되었다.

(2) 인간행동과 성격

성격이란 개인이 환경에 따라 반응하는 특징적인 양식으로 타인과 구별되게 하는 개인의 독특하고 일관성을 가지는 안정적인 사고와 감정 및 행동방식의 총체를 말한다. 성격은 일반적으로 선천적 요소의 범위 안에서 후천적인 환경 요소에 의해 변화가 가능하다. 성격의 보편적인 정의로는 성격을 개인의 특유한 행동과 사고를 결정하고 그 개인에 내재하는 심리, 신체적 체계들의 역동적 조직으로 보는 것이다(Allport, 1961). 이러한 관점에서 성격은 다음과 같이 타인과 구분되는 성향을 보인다.

첫째, 환경과 대인관계의 적응능력이다. 사람들은 적응능력이 좋은 사람을 성격이 좋다고 하는데 우호적인 대인관계를 유지하고 성실하게 살아가면서 뚜렷한 이유 없이 불안해하거나 타인을 비방하지 않는다.

둘째, 독특성이다. 이는 개인이 가지고 있는 개인차로 동일한 장소와 시간에서 동일한 문제를 가지고 있다고 해도 개인이 그에 반응하거나 행동하는 양식이 다르게 나타난다는 것이다.

셋째, 안정성이다. 이는 개인의 독특성이 안정적이며, 시간이 지나도 변하지 않고 나타난다는 것이다.

넷째, 일관성이다. 이는 안정성과 유사한 개념이기는 하나 개인이 지닌 독특성과 안정성이 언제 어디서나 시간의 경과에 상관없이 유사하게 나타난다는 것으로 설명되며 개인이 동일한 상황에서 다양한 반응이 나타난다는 반응양식을 이해하는 데 근거를 제공해 준다.

인간이 보여주는 행동의 많은 부분은 개인의 고유한 주관적 감정과 생각에 따라 외부로 표출된다. 이렇게 표현되는 인간행동은 일반적으로 무형의 정신체계에 영향을 미치고 개인의 심리적 특성에 따라 독특한 유형으로 나타나게 된다. 이러한 개인별 차이를 우리는 성격이라고 하며, 인간행동은 기본적으로 성격 유형에 따라 다르게 나타나며, 다른 행동과 행동을 보여주는 것으로 인식된다. 이러한 이유로 성격은 사람마다 다르게 나타나고 개인의 고유한 특질을 설명하는 요인으로 활용된다.

인간의 행동과 관련되어 성격 유형은 현대사회에서는 인간을 이해하기 위한 지표로 활용되기도 한다. 대표적으로 융(Jung)의 심리유형론을 활용한 성격 유형 지표인 MBTI의 경우 우리나라에서는 인간의 개성에 대한 이해를 위해 보편적으로 활용되고 있다. 이외에도 성격에 따라 인간의 행동방식이 다르다고 설명할 수 있는데, 예로써 내향적인 사람보다 외향적인 사람이 사회활동에 적극적으로 참여할 가능성이 높다고 평가하는 것 등이 있다.

2) 인간행동의 과정

(1) 인간행동 과정과 환경

인간행동은 심리학, 사회학, 경제학, 인류학을 포함하는 사회과학에 의해 연구된다. 이는 인간행동이 단순한 요인에 의해 결정되지 않음을 의미한다. 인간행동에 영향을 주는 요인은 일반적으로 유전적 요인과 환경적 요인으로 설명한다. 먼저 유전적 요인으로 인간의 삶은 과거로부터 여러 세대를 거쳐 오면서 자연스럽게 생성 · 변화 · 소멸의 과정이 반복되는데, 이 과정에서 변화하지 않고 지속성을 가지는 요인들도 있다. 다음으로 환경적 요인으로 이는 유전적 요인들과 결합되어 독특한 성격을 형성하는 것으로 사회보다는 특정한 개인을 이해하는 데 중요한 정보를 제공한다.

인간의 행동은 사회 속에서 형성되어 간다. 사회(society)는 사람들이 살아가는 집단체계를 폭넓게 지칭하는 말로 인간은 이런 과정을 거치면서 사회화를 통해 체계의 일원으로 성장하고 소속된 사회의 기대 규범에 맞추어 선택과 행동을 결정하게 된다. 이처럼 인간행동의 주요 요인은 환경이라 할 수 있는데 사회환경은 물리적이라기보다는 사회적, 문화적 영향을 더 많이 받는다. 따라서 인간의 행동에 규제 기제로 나타나는 환경은 소위 타인이라고 말하는 다른 사람들과 더불어 만들어낸 사회와 문화라는 것이다. 즉, 인간은 사회활동이나 생활을 영위하는 존재로 일반적인 개체에서 사회적 존재로 성장해 나간다. 그리고 그 과정에서 사회적으로 용인되는 행동방식을 결정하는 방법을 학습하는데, 이러한 과정을 사회화 과정이라 한다.

이러한 의미로 사회화는 궁극적으로 인간을 둘러싼 환경적 특성들로부터 개인의 행동에 대한 규제나 제약을 가하는 역할을 한다. 여기서 인간행동을 결정하는 규제적 요인으로는 사회적 환경과 문화적 환경 두 가지로 구분할 수 있다.

첫째, 사회적 환경에 의한 행동규제의 유형으로 이는 인간이 사회에서 가지게 되는 지위가 행동에 영향을 준다는 것이다. 사회적 지위는 한 개인이 자신이 속한 사회적 관계 속에서 차지하고 있는 지위이다. 사회적 지위 중 노블레스 오블리주(noblesse oblige)는 '높은 사회적 신분에 상응하는 도덕적 의무'를 뜻하는 표현으로 자신의 선택이 아닌 출생과 함께 얻어지는 귀속지위에 의해 자신의 행동을 결정한다는 것이다. 반면 성취지위는 개인의 능력이나 노력에 의해 얻게 되는 후천적인 지위로, 기업가 · 정치가 · 교사 등 개인이 성취한 지위에 따른 기대역할을 수행하게 된다.

둘째, 문화적 환경에 의한 행동규제로 집단 구성원의 역사적 배경이 개인의 행동에 영향을 준다는 것이다. 이러한 유형으로 사회 구성원들이 공통적으로 인식하는 관습, 도덕, 법률, 제도, 언어, 예술, 사상, 기술, 신앙 등이 있다.

(2) 인간행동 과정과 욕구

인간행동에 영향을 미치는 요인 중 욕구는 매우 중요한 요인이다. 인간행동이 나타나는 사회적 배경을 중심으로 욕구를 살펴보면, 크게 선천적 욕구와 후천적 욕구가 인간의 사회적 관계에서 나타나는 욕구라 할 수 있다.

선천적 욕구는 생물학적 욕구, 1차적 욕구라고도 한다. 영(Young)은 선천적 욕구에 대한 분류로 인간 체내의 변화에 의해 발생하는 생리적 욕구와 체외의 변화에 의해 발생하는 생리적 욕구, 겉으로 드러나는 표출적 욕구의 세 가지 유형으로 분류하였다. 첫째, 체내의 변화에 의해서 발생하는 생리적 욕구는 호흡, 갈증, 허기, 생식 등이다. 둘째, 체외의 변화에 의해서 발생하는 생리적 욕구는 고통의 회피, 안락과 휴식, 쾌락이다. 셋째, 표출적 욕구는 우발적인 고성이나 근육운동, 감정이나 기분으로 인한 반응으로 이러한 욕구의 대부분은 체내와 체외의 변화에 의해 발생하는 생리적 욕구와 관련되어 있다고 하였다.

후천적 욕구에 대해 토마스(Thomas)와 즈나니에츠키(Znaniecki)는 인간의식의 총체가 4개의 욕구로 나타난다는 이론을 제시하였다. 첫째, 감정적 반응에서 나타나는 욕구로 주로 사회적인 욕구 유형, 애정, 성적 욕구로 수평적 관계에서 추구하는 욕구로 보았다. 둘째, 사회적 인정의 욕구로 타인에게서 받는 칭찬 등 주로 수직적 욕구의 유형이 여기에 속한다고 보았다. 셋째, 새로운 경험의 욕구는 호기심, 창작 등이라 할 수 있다. 넷째, 안정의 욕구로 신체적, 사회적 안정 등에 관련된 욕구로 보았다.

(3) 인간행동과 동인

동인(動因)이란 어떤 사태를 일으키거나 변화시키는 데 작용하는 직접적인 원인을 뜻한다. 이처럼 동인이란 인간의 행동을 이끌어내는 힘으로 동인은 욕구와 학습, 습관 등에 의해 형성된다.

인간 욕구의 동인 중 가장 기본적으로 작용하는 것은 생리적 욕구이다. 이 욕구는 인간이 가지는 가장 기본적이면서 강력한 욕구로 매슬로(Maslow)는 욕구위계이론을 통해 인간의 생존과 관련된 필수불가결한 요인으로 설명하였다. 음식, 물, 성, 수면, 향상성, 배설, 호흡 등 인간의 생존에 필요한 본능적인 신체적 기능에 대한 욕구가 바로 그것이다. 즉, 생리적 욕구는 가장 기본적인 동시에 가장 중요한 욕구로 다른 어떤 욕구보다도 우선적으로 충족되어야 하는 것이다.

다음은 학습을 통한 인간행동의 결정으로, 학습을 통해 인간이 자신의 고유한 행동양식을 확립한다고 보는 것이다. 일례로 식사시간의 준수나 기본적인 청결의 유지를 위한 방식의 형성은 학습을 통해 이루어진다. 학습과정의 네 가지 요소는 기본적으로 동인(drive), 단서(cue), 반응(response), 보상(reward)이며, 여기서 가장 중요한 것은 '학습의 강화'로서 단서와 반응의 결합으로 학습이 효과적으로 이루어진다고 보았다.

인간행동의 유형 중 습관은 개인이 보이는 반복적 행동을 의미한다. 습관은 대체로 굳어진 개인의 특징으로 쉽게 변동을 나타내지 않는 행동양식이다. 일정한 방향으로 향하게 된 행동계열은 그 확립 과정에서 작용한 제 요인이 변화가 없으면 변화되지 않는 특성을 보인다.

3) 인간과 환경

사회복지는 인간의 변화를 위해 전문지식과 기술을 활용하는 실천학문이다. 사회복지실천의 주요 방법은 기본적으로 사회복지사가 클라이언트와의 관계를 통하여 체계적으로 실현하는 일련의 구체적 활동을 말한다. 이러한 사회복지의 실천은 과거에는 인간의 기본적인 삶에 대한 해결을 중시하였으나 실천학문으로 정착하면서 인간에 대한 이해의 중요성이 부각되었다. 이러한 실천의 변화에 따라 인간을 이해하기 위한 다양한 연구가 이루어지면서 인간의 발달과정에 대한 분류를 통해 실천의 다양성이 확립되었다.

사회복지실천에 있어 인간에 대한 이해의 중요성은 욕구가 충족되지 않은 대상자에 대한 이해와 함께 인간의 잠재력에 대한 믿음과 신념도 함께 포함된다. 기본적으로 인간은 취약성을 가진 존재이면서 동시에 스스로 힘으로 어려움을 극복할 수 있는 힘을 지닌 존재로 간주된다. 이러한 측면에서 로저스(Rogers)는 개인들이 자기 자신 안에 실현성향, 즉 성장과 성취를 향하는 타고난 성향을 가지고 있다고 하였다. 인간은 내면에 자기 이해와 개인적인 변화를 위한 엄청난 잠재력이 존재한다고 믿었다. 그는 무질서와 혼란의 상태인 엔트로피의 힘에 영향을 미쳐 부정적 효과를 없애는 형성성향이라는 능력이 모든 살아 있는 유기체의 내면에 존재하므로 스스로 문제를 해결하는 존재로서 인간을 이해하는 것이 필요하다고 하였다.

사회복지실천 대상은 기본적으로 인간이 된다. 그렇기에 사회복지의 실천과 방향을 설정하기 위해서는 인간을 어떻게 바라보고 접근할 것인지를 규정하는 것이 필요하다. 이러한 차원에서 흔히 인간을 사회적 동물이라고 하는 것에 주목할 필요가 있다. 보편적으로 인간은 개인으로 존재하나 다른 사람들과 사회를 형성하고 그 안에서 끊임없이 다른 사람과 상호작용을 하면서 관계를 유지하고 함께 어울림으로써 자신의 존재를 확인하는 동물이라는 의미로 사회적 동물이라는 표현을 사용한다. 이처럼 인간은 개성을 지닌 존재로 독립된 개체로서 존재하고 살아간다. 하지만 인간은 혼자서 살아가기 어려운 존재로 사회의 중요성과 사회가 가지는 의미를 인간의 특성과 관련하여 명확하게 이해하는 것이 필요하다.

오래전부터 사회복지실천현장에서는 '환경 속의 인간(person in environment)'이라는 관점이 정착되어왔다. 이는 문제의 원인을 개인이 가진 고유한 특질로 보던 관점에서 벗어나 개인이 아닌 다른 요인에서 문제를 촉발하는 원인을 찾으려는 노력에서 비롯되었다. 실제로 유사한 문제를 가진 사람들의 특성이 유사함에도 문제를 극복하거나 해결을 위한 행동방식에는 차이를 보이는 경우가 많다. 이러한 과정에서 인간의 행동과 관념을 설명하는 다양한 이론들이 제시되었고 인간이 경험하는 욕구충족 개입에 있어 점차 개인을 둘러싼 환경의 영향력을 중시하는 실천적 경향이 출현하게 되었다.

인간이 경험하는 문제의 해결이 개인요인에서 환경요인으로 확대됨에 따라 사회복지실천도 변화를 보이게 되었다. 그 변화로 사회복지사의 클라이언트 문제해결 과정에서 주요 초점을 클라이언트 내면의 문제와 병리적 차원에만 중점을 두는 것이 아니라 개인이 지닌 강점이나 긍정적 측면의 활용을 강조하게 된 것이다. 이러한 실천적 변화의 실례는 다음과 같다. 청소년의 약물의존 문제를 다룸에 있어 병리적 측면에서는 개인의 의지나 심리적 접근을 강조하게 된다. 이러한 접근은 현재의 문제해결에 집중하는 방식으로 문제의 완화나 긍정적 해결을 위해서 흔히 시도되는 개입이다. 그러나 환경을 고려하는 개입방법에서는 문제를 지닌 청소년의 사례를 개인의 특성이나 개인적 문제로 보지 않는다. 사회복지사는 문제해결에 있어 임상적 접근 외에 거시적 차원에서 환경적 요인까지도 함께 고려하는 것이 문제해결에 중요하다고 본다. 즉, 문제를 가진 청소년을 중심으로 구성된 가족관계, 또래관계는 물론 사회환경으로 존재하는 교육정책, 청소년정책 및 제도 등 모든 관련 환경요인이 문제에 어떠한 영향을 주었는지 분석하고 이를 기반으로 문제해결에 접근하여야 한다는 것이다.

이러한 개입의 필요는 인간 문제를 단순하게 능력이 부족한 사람, 적응을 잘 하지 못하는 사람, 문제행동을 나타내는 사람, 장애를 가지고 있는 사람 등과 같이 표면적으로 보이는 개인의 현상을 중심으로 다룬다면 클라이언트가 가지고 있는 잠재력과 창조성을 간과할 수 있기 때문이다. 그렇기에 사회복지사는 문제를 가진 대상에게서 나타나는 미약하고 작은 변화에도 긍정적인 관심을 가져야 한다. 이러한 관점은 결과적으로 클라이언트가 변화할 수 있다는 믿음과 모든 개인들이 지닌 능력을 존중하고 지지하는 실천기술로 나타나며, 문제의 중심에 있는 개인과 개인을 둘러싼 환경을 동시에 변화시켜가는 과정을 통해 실천이 의도하는 긍정적 변화를 얻을 수 있게 도와준다.

2. 인간발달과 관점의 변화

1) 인간발달의 개념

인간의 이해에 있어 인간의 전 생애에 걸쳐 나타나는 신체적 · 심리적 · 사회적 측면이 복합적으로 작용하여 나타나는 발달에 대해 알아야 한다. 인간에게 발달이란 연령의 증가와 함께 나타나는 신체적 · 심리적 변화를 말한다. 즉, 인간발달이란 시간이 지남에 따라 개인에게 나타나는 신체구조, 사고, 행동의 변화를 의미한다. 이러한 변화는 수정에서부터 사망에 이르기까지 나타나는 변화로 인간의 전 생애를 아우르는 연속적으로 일어나는 체계적 변화를 말한다. 또한 변화는 점진적으로 진행되면서 그 결과로 신체의 성장과 복잡한 활동 수행능력이 증가하는 경향을 보인다.

인간의 발달은 사회적 측면에서도 중요한 의미를 가진다. 인간이 사회의 구성원으로 성장해가는 일반적 과정으로서 '사회화'라는 개념과 밀접한 관련을 가진다. 발달은 이처럼 사회 그리고 구조나 재능이 분화, 복잡화, 정밀화, 유능화, 통합화되는 복잡한 성격의 변화를 의미하는 것이다. 즉, 발달은 인간의 일생에 걸쳐 점진적으로 일어나는 체계적인 변화이며, 신체 · 심리 · 사회적 영역에서 일어나는 총체적인 변화를 의미한다.

또한 발달과 관련된 개념으로 성장, 성숙, 학습이 사용되고 있다.

첫째, 성장은 유전에 의해 결정되고 인간의 발달적 변화 중 양적 변화와 관련된 개념을 말한다. 기본적으로 성장은 발달과 동의어로 이해될 수 있으나 신체적 발달의 긍정적인 부분을 강조하는 개념으로 볼 수 있다. 주로 신체 크기의 증대, 근력 증가, 인지의 확장 등과 같은 양적 확대를 의미한다. 생리적으로 이미 설계되어 있는 계획표(programing)에 따라 양적 확대가 이루어지다가 일정한 시기가 지나면 정지되는 인간의 부분적 측면으로, 특히 신체적 부분에 국한된 변화를 말한다.

둘째, 성숙으로 환경과는 관계없이 유전적 요인에 의해 발달이 통제되는 생물학적 과정을 의미하는 개념이다. 성숙은 태아의 발달이나 사춘기에 나타나는 2차 성징 등과 같이 발달단계별로 진행되는 변화과정을 성숙으로 본다. 이러한 성숙은 경험이나 훈련과 관계없이 유전적 기제의 작용에 의해 나타나는 체계적이고 규칙적으로 진행되어 가는 신체적 측면과 심리적 현상을 모두 일컫는다.

셋째, 학습으로 개인의 직접 또는 간접적 경험이나 훈련과 연습의 결과로서 일어나는 개인 내적인 변화를 말한다. 즉, 인간발달과정의 변화 중 후천적인 학습의 결과로 나타나는 경험적 산물로서, 유기체의 성장과 성숙, 발달에 중요한 역할을 하는 요인이다. 또한 인간은 학습을 통해 개인차를 가지게 되는데 개별적이며 특수한 발달을 이루는 데 중요한 요인으로 개인의 생물학적 환경과 심리적 환경을 통해 경험하는 모든 영역에서 이루어지는 과정이라 할 수 있다.

인간에게 발달이란 이러한 성장, 성숙, 학습이 함께 공존할 때 이루어지는 결과이다. 따라서 어느 한 개념만 가지고 인간발달이라고 할 수는 없으며, 인간발달은 이러한 모든 개념들을 포괄적으로 포함한 것이다. 따라서 인간발달이란 인간이 전 생애 동안 성장, 성숙, 학습 및 사회화를 통해서 신체적 · 심리적 · 사회적 · 문화적 측면에서 양적으로나 질적으로 연속적, 상승적으로 변화하는 것을 말한다.

2) 인간발달의 원리

인간발달은 전 생애를 통하여 계속적이고 점진적인 과정을 거쳐 이루어지며, 일반적이고 보편적인 순서와 방향성에 따라 진행된다. 모든 인간은 유전적 요소와 환경적 요인에 따라 발달은 개인적인 차이가 나타나며, 이러한 발달은 유전적 요인과 환경적 요인과 밀접한 관련이 있다. 또한 인간발달은 분화와 통합의 과정을 거쳐 이루어지며, 인간과 환경 간의 상호작용의 산물이다. 이러한 인간발달의 보편적인 원칙과 특성은 다음과 같다.

(1) 연속성

인간발달은 어느 시기에 특정한 부분이 급격히 이루어지기도 하지만 그 시기 이후에 중지되는 것은 아니며 서서히 계속적으로 나타나는 점진적이고 연속적인 변화과정이다(Santrock, 1997: 23). 즉, 인간은 어느 한 시기에 발달한 부분이 다음 시기에 발달이 멈추는 것이 아니라 계속적으로 발달이 진행되며, 발달의 속도는 일정하지 않지만 시간의 경과에 따라 발달이 점진적이고 계속적으로 이루어진다.

(2) 순서

인간발달은 일정한 순서에 따라 이루어진다. 즉, 인간발달은 일반적이고 보편적인 순서와 방향성에 따라 진행되며, 순서가 뒤바뀌지 않고 일정하게 이루어진다. 인간발달의 순서는 상체에서 하체로, 중심에서 말초로, 그리고 전체 활동에서 특수 활동으로 이루어지며(유안진 · 김혜선, 1996: 5), 한 단계의 발달은 보다 높은 차원의 다음 단계의 발달로 이어진다.

(3) 개인차

인간발달에는 일반적인 원리가 존재하지만 모든 사람이 동일하게 발달하는 것은 아니다. 인간발달에서 비록 동일한 발달단계를 거치고 동일한 연령이 되었더라도 개인적인 차이가 크게 나타난다(Papalia, Olds & Feldman, 1998). 즉, 연령과 성별이 같다 해도 신체적 · 심리적 · 사회적 · 문화적 측면에서 발달의 속도는 양적 · 질적인 면에서 개인에 따라 다르게 나타난다. 인간발달의 개인차는 유전, 서열 및 환경에 의해서 다르게 나타날 수 있으며, 연령이 증가하면서 더욱 두드러지게 나타나게 된다.

(4) 상호관련성

인간발달과 각 측면은 상호 간에 아무런 관련성이 없는 것처럼 보이지만, 각각의 측면들은 상호 간에 밀접히 관련되어 있다(김제한, 2001). 즉, 인간발달의 한 측면은 다른 여러 측면의 발달과 각기 독립적으로 이루어지지 않고 상호 간에 밀접하게 관련되어 영향을 미친다. 예를 들면, 신체발달은 지적 발달, 도덕성 발달, 사회성 발달 등과 관련되어 있으며, 정서발달은 성격발달, 사회성 발달 등과 관련되어 있다.

(5) 분화와 통합

인간발달은 분화의 과정이면서 동시에 통합의 과정인 것이다. 인간발달은 전체적인 측면에서부터 부분적인 측면으로 분화되어 가는 동시에 분화된 각 측면이 통합되어 하나의 체제를 형성해 나간다. 예를 들면, 운동발달에서 세분화된 특수한 활동이 나타나기 이전에 전체적인 활동이 먼저 나타나고, 세분화된 특수한 활동들이 통합되어 하나의 운동기능이 발달된다.

(6) 환경과의 상호작용

인간발달은 유전적 요인과 환경적 요인의 상호작용을 통하여 이루어진다. 인간발달은 신체적 · 정신적 특질과 같은 유전인자의 영향만으로 또는 물리적 조건 및 심리적 조건과 같은 환경의 영향만으로 이루어지지 않으며, 두 가지의 상호작용의 산물인 것이다. 다시 말해서 인간발달은 인간과 환경과의 역동적인 상호작용을 통하여 이루어진다고 볼 수 있다.

3) 인간발달과 사회환경

사회환경이란 자연적 환경에 대응하는 용어로 자연적 환경을 기반으로 그 바탕 위에 인간이 만들어낸 환경을 말한다. 사회환경은 인간의 행동양식을 규제하는 관습 · 제도 · 규범 등 인간이 창조해 온 문화유산을 의미한다. 사회환경은 국가나 지역적인 거주단위, 가족 구성, 직업이나 근로 내용, 주거나 수입 등의 생활 정도, 교통시설, 교육시설, 의료시설 등 문화 · 문명의 산물을 광범위하게 포함하는 개념으로 일반적으로 인간의 행동은 환경에 대한 적응과정으로 보기도 한다.

이처럼 사회환경은 그 사회를 구성하는 사람들의 기질이나 고유한 문화나 전통, 각종 제도 및 정책, 경제 수준, 인간들의 상호과정과 관계 등을 포함하는 것으로 개인은 이러한 모든 것과 연관되어 교류하면서 성장해 나간다. 사회환경은 인간에게 영향을 미치는 요인으로 개인은 사회환경에 적응하면서 사회환경을 자신에게 적합하게 변화시켜 나가는 역동적인 존재로 사회에서 활동한다. 이러한 특성으로 인간과 사회환경은 별개의 존재가 아니라 서로 상호작용하면서 영향을 주고받는 통합된 체계라는 속성을 가진다.

사회환경은 다음과 같이 미시체계와 중간체계, 거시체계로 구분할 수 있다.

첫째, 미시체계(micro system)는 개인을 중심으로 구성되는 환경체계를 말한다.

둘째, 중간체계(mezzo system)는 개인과 가족 등을 중심으로 하는 체계로 주로 개인이 속해 있는 가족을 중심으로 접촉하는 인간관계로 친구, 집단, 이웃, 학교 등을 말한다.

셋째, 거시체계(macro system)는 포괄적인 지역이나 국가 등을 중심으로 하는 정치, 경제, 문화 등의 체계를 의미한다. 그러나 개인을 둘러싸고 있는 이러한 사회환경의 체계는 기본적으로 그 자체로서 하나의 완전한 체계임과 동시에 다른 체계의 상위체계나 하위체계로서 기능하게 된다. 즉, 모든 체계는 개인의 행동이나 생활에 직간접적으로 영향을 미치거나 영향을 주는 상호의존적이라는 관계적 특성을 가진다. 인간의 행동은 그 행동이 행해지는 현장인 사회환경 속에서 구체적으로 나타나는 것이다. 그렇기에 사회복지실천가가 인간행동을 이해하기 위해서는 개인을 둘러싼 사회환경에 대한 이해가 필요하다. 인간이 살아가는 사회문화적 맥락이나 거시적 차원의 이해는 이러한 차원에서 중요성을 가지며, 정신분석적 차원과 함께 사회환경적 차원의 접근을 통합하는 실천이 필요한 것이다.

사회환경과 인간의 관계에 대한 연구는 19세기 말까지는 주로 인간행동에 영향을 미치는 환경에 대해 내부환경(사회환경)과 외부환경(자연환경)으로 구분하여 연구가 이루어져 왔다. 이 시기의 주된 연구내용은 사회환경으로 가족, 집단, 조직, 지역사회 등 인간으로 구성된 환경으로 한정하였다. 이후 20세기 중반에는 사회체계이론을 기반으로 사회환경을 확장하여 자연환경과 인간이 창조한 대중교통, 주거지역 및 산업지역 등 모든 인공적인 환경까지 포함시켜 사회환경은 체계에 의해 연계되어 서로 영향을 주고받는다는 것을 강조하였다. 이러한 연구 결과 현재 인간의 행동과 관련된 사회환경은 인간과 연관된 가족, 집단, 조직, 지역사회, 문화 등의 사회환경과 함께 물리적인 환경을 포함하여 이러한 모든 환경과 상호작용을 의미하는 생태체계적 환경의 의미를 가지게 되었다.

실제로 사회복지의 발달에서 인간을 바라보는 관점은 '환경 속의 인간(Person in Environment: PIE)'이다. 이러한 사회복지의 이념적 기반은 인간행동과 인간의 발달과정에 대한 이해를 중심으로 궁극적으로 사회환경과 통합된 실체로서 인간행동을 이해하는 것이다. 즉, 사회복지실천가는 인간다운 삶의 영위를 지원하기 위한 실천과정에서 인간행동의 이해가 선행되어야 한다. 그리고 이를 기초로 인간발달단계별로 개인, 가족, 이웃, 지역사회는 물론 전체 사회의 사회적 기능의 안정과 개인의 삶의 질을 향상을 위한 역할을 수행하여야 할 것이다.

3. 인간발달이론의 유용성

인간발달에 대한 이론은 사회복지실천에 있어 인간의 생애주기별로 사회복지실천가의 욕구 파악이나 개입에서 중요한 정보가 무엇인지를 도와주는 역할을 한다. 기본적으로 인간의 발달과정에서 경험하는 성취의 달성과 실패가 현재의 문제에 영향을 미치므로 사회복지실천에서 클라이언트의 문제를 평가하고 이해하기 위한 중요한 실천 방향을 설정하는 것은 물론 문제해결을 위한 자원을 찾는 데도 도움을 준다.

인간발달이론에 대한 지식은 정상적인 발달이 무엇인지를 알려주어 병적이거나 문제가 있는 발달이 무엇인지를 알려주는 기능을 한다. 이러한 탐색을 통해 사회복지실천가는 효과적인 문제해결을 위한 서비스나 프로그램을 개발할 수 있다. 이러한 과정적 측면에서 인간발달단계별 이해는 사회복지실천에 있어 기본적 지식이라 하겠다. 또한 발달과정에 대한 이해를 기반으로 인간발달이 가진 특성을 정확히 파악함으로써 클라이언트의 문제를 변화시키는 사회복지실천 프로그램의 개발과 생애주기별 효과적인 개입과 해결에 중요한 정보를 제공할 수 있을 것이다.

1) 인간발달의 단계

인간발달의 단계는 인간의 연속적인 변화과정에서 특정한 발달과업을 성취하기 위해 필요한 기간을 적절한 시기에 따라 몇 개의 단계로 구분한 것이다. 그러나 이것은 인간의 발달이 연속적인 과정이기 때문에 단계들 사이의 구분을 명확히 하기 어려우며 단계의 구분은 학자에 따라 다소의 차이가 있을 수 있으나 대개 태아기, 영아기, 유아기, 아동기, 청소년기, 장년기, 중년기, 노년기로 구분한다.

(1) 태아기(임신에서 출생 전까지의 시기)

수정이 이루어지는 순간부터 출생하기까지의 시기로 어머니의 뱃속에 있는 기간을 말한다. 이 시기가 인간에게 있어 신체의 성장이 가장 빠른데, 어머니의 자궁 내에서 신체의 조직이 구성되고 가장 신속하게 발달하면서 인간으로 형성되는 시기이기도 하다. 이 시기는 태내 환경이 가장 많은 영향을 주므로 임산부의 신체적, 심리적, 사회적 안정상태조성이 중요하다.

(2) 영아기(0세부터 2세까지의 시기)

인간의 발달과정 중 출생과 동시에 새로운 외부의 환경에 적응해야 하는 시기이다. 영아는 출생하면서 모든 감각기관이 작용하기 때문에 나름대로 다양한 능력을 가지며, 외부의 상황에 적절히 대처하기 위해서 호흡, 소화, 배설 및 운동의 기능을 발달시켜야 하는 시기이다.

이 시기는 제1 성장급등기라고 부를 만큼 인간의 일생 중에서 신체적으로 가장 급격한 성장이 일어나며, 운동능력이나 감각능력, 인지와 언어발달 측면에서도 많은 변화가 일어난다. 이 시기에 주 양육자와 형성하는 정서적으로 안정된 신뢰관계는 다른 사람이나 사물과의 관계 형성에 영향을 미치며 이후의 사회적 발달에 밑바탕이 된다.

(3) 유아기(3세부터 6세까지의 시기)

유아기에는 운동능력과 체력이 신장되면서 혼자서 활동이 가능해지고 자율성이 높아진다. 이 시기에 비로소 신체적으로 독립된 개체로 활동할 수 있게 되며, 대소변 가리기 훈련, 기본적인 언어발달, 인지발달, 정서발달, 사회성 발달 등이 이루어진다.

유아기는 영아기만큼 급격한 신체적 변화는 일어나지 않지만 꾸준히 신체와 골격이 성장하며, 급속한 운동능력의 발달을 바탕으로 적극적으로 주변환경을 탐색한다. 사물을 정신적으로 표상할 수 있는 능력이 발달하여 가장 놀이를 즐기며, 이는 유아기의 인지와 언어발달은 물론 사회정서발달에도 영향을 미친다.

(4) 아동기(7세부터 12세까지의 시기)

아동기는 이전 시기에 비해 신체적 성장은 느려지나 운동기능과 체력은 더욱 신장된다. 이때에는 기억력과 언어능력을 포함한 인지발달을 통해 학습이 가능해지며, 유아기의 자기중심적 사고가 점차 사라지게 된다. 주요한 변화는 학습능력으로 성 역할을 학습하고 학교생활에 적응하며, 가족과 또래 집단의 영향을 받으면서 지적 · 정서적 · 사회적 발달을 도모해 가는 시기이다.

대체로 이 시기에는 또래와 교사가 아이의 중요한 사회적 대리인 역할을 담당한다. 산업화된 사회에서는 이 시기에 공식적인 학교교육이 시작되기 때문에 학령기 또는 학동기라고 부른다. 일상생활에서도 여러 가지 과제를 해결할 수 있는 인지적 능력이 발달하며, 사회의 일원으로 살아가는 데 필요한 읽기와 쓰기 등 다양한 지식과 기술을 익힌다. 생활의 장이 가정에서 학교로 확대되는 시기로 정서 및 사회적 발달에 함께 많은 시간을 보내는 또래 친구들의 영향을 받는 시기이다.

(5) 청소년기(13세부터 24세까지의 시기)

이 시기는 체형이 변화하면서 신장과 체중이 급격히 성장하고 성적 성숙이 이루어진다. 이러한 특징으로 청소년기는 급속히 일어나는 신체변화와 제2차 성징과 같은 성적 성숙에 적응하며, 자아정체감, 가치관, 소속감, 이성관계 등을 형성, 발전시켜 나가게 된다. 청소년기는 아동에서 성인으로 성장하는 과도기적(transitional) 시기에 해당된다. 청소년기에는 급격한 신체변화와 인지, 심리, 정서, 사회적 발달이 매우 빠르면서 동시에 이루어지는 독특한 시기이다. 따라서 청소년기를 '질풍노도의 시기' 혹은 '사춘기(puberty)'라는 개념을 사용하기도 한다.

(6) 청년기(25세부터 39세까지의 시기)

청년기는 신체기능이 최전성기에 이르다가 서서히 감퇴하는 시기적 특징을 가진다. 청년기 초기는 인간으로서 성숙을 위한 준비기간이며, 사회적 · 경제적 독립, 직업의 선택, 혼인과 가정생활의 준비, 가치체계의 형성 등이 이루어지는 시기이다. 에릭슨은 이 시기는 타인과의 관계를 탐색하는 시기로, 친밀하고 헌신적인 관계를 맺는 능력을 키우는 경험을 통해 향후 안정적이고 친밀한 관계 형성에 성공할 수 있다고 하였다. 다른 사람과 사랑을 나누는 관계를 공유하는 시기이며, 따라서 이때 성취해야 할 과업은 친밀감이다. 이 시기에는 현명하게 결정할 수 있는 성숙함이나 인생 경험이 부족한 상태에서 결혼이나 가족, 일, 생활양식 등 인생의 중요한 일들의 결정으로 위험이 수반되기도 한다.

(7) 중년기(40세부터 64세까지의 시기)

중년기는 청년기와 노년기의 중간 시기로 성숙을 완성하고 정착과 안정을 얻으며, 자녀양육, 가정의 관리, 사회적 집단의 형성, 능력과 창의성의 발휘, 직업적 성취, 갱년기의 적응 등을 행하는 시기이다. 중년기에는 여러 가지 신체적 · 심리사회적 변화를 경험한다. 생물학적으로 노화를 경험하는 시기이면서 가족이나 직업 등 책임을 져야 하는 많은 역할과 지위로 인해 스트레스를 많이 경험하는 시기이기도 하다.

(8) 노년기(65세 이후부터 죽음에 이르기까지의 시기)

노년기는 신체적 기능의 감퇴로 반응시간이 느려지고 지적 능력과 기억력이 낮아지게 된다. 이 시기는 은퇴와 노화에 적응해야 하며, 조부모 및 부모로서의 의식 성숙, 고독과 배우자의 상실에의 적응, 새로운 흥미의 개발, 죽음에 대한 인식과 적응 등이 이루어지는 시기이다.

2) 인간발달의 특성

인간발달은 인간과 환경과의 상호작용을 통하여 일정한 순서에 따라 이루어지지만, 기초의 형성이 필요하며 결정적인 시기가 존재한다. 만일 인간발달에서 어떤 결손이 생기면 누적되어 심각한 결손이 되고 다시는 돌이킬 수 없게 될 수도 있다. 이러한 인간발달의 일반적인 특성은 다음과 같다.

첫째, 기초성이다. 인간발달에서 인생 초기의 신체적, 정서적, 지적, 사회적, 성격적 발달은 그의 인생을 결정하는 기초가 된다. 즉 어릴 때의 발달이 이후 모든 발달의 기초가 된다.

둘째, 적기성이다. 인간발달에서 어떤 특정한 발달과업을 성취하는 데는 가장 적절한 시기가 있다는 것이다. 즉, 인간의 모든 측면의 발달은 제각기 서로 다른 최적기가 존재하며, 적절한 시기를 놓치며 다음 시기에 특정한 발달과업을 보충하기 어렵다는 것이다.

셋째, 누적성이다. 인간발달에서 어떤 적절한 시기에 결손이 생기면 다음 시기의 발달에 좋지 못한 장애가 되며, 이러한 결손은 계속 누적되어 보다 심각한 결손으로 나타날 수 있다. 즉, 인간발달에서 적절한 시기에 특정한 발달과업을 성취하지 못하면 다음 시기에 계속적으로 누적되며 인생 후기에 보충하기 어렵다는 것이다.

넷째, 불가역성이다. 인간발달에서 최적기에 발달을 이루지 못하면 일생동안 그러한 발달과업을 성취하는 것이 거의 불가능해지고, 그 시기 이후에 완전히 회복하기 어렵게 된다는 것이다. 즉, 인간의 신체적, 정서적, 지적, 사회적, 성격적 발달은 최적기를 놓치면 그 이후에 이를 교정하거나 보충하기가 매우 힘들며, 거의 회복할 수 없다는 것이다.

인간발달의 과정에 있어 가장 대표적인 것은 에릭슨(Erikson)의 심리사회 발달단계를 들 수 있다. 에릭슨은 인간발달을 여덟 단계의 과정으로 구분하

표 1-1 하비거스트의 발달단계와 발달과업의 유형

발달단계	발달과업
영유아기	• 걸음걸이 배우기 • 언어배우기 • 배설행위 통제 배우기 • 생리적 안정을 유지하기 • 선악의 구분과 양심을 배우기 • 고형분의 음식섭취 배우기
아동기	• 또래친구 사귀는 것 배우기 • 성 역할 배우기 • 읽고 쓰고 계산하는 것 배우기 • 양심, 도덕, 가치체계의 발달 • 일상생활에 필요한 주요 개념 배우기 • 놀이에 필요한 신체기술 배우기
청소년기	• 자신의 신체 및 성 역할 수용하기 • 부모로부터의 정서적, 인격적 독립 • 직업의 선택 준비 및 경제적 독립 • 시민으로서의 자질 향상과 지적 기능의 학습 • 사회적 책임에 적합한 행동의 학습 • 과학적 세계관에 입각한 가치체계의 학습 • 동성 및 이성친구와의 새로운 관계 형성
성인기	• 배우자의 선택 및 생활방법 학습 • 자녀양육과 가정관리 • 시민으로서의 사회적 의무 완수 • 친밀한 사회적 집단의 형성 • 직업 갖기
중년기	• 배우자와의 친밀한 관계 유지 • 중년기의 생리적 변화에 대한 인정과 적응 • 노년기 부모에 대한 적응 • 10대 자녀 뒷바라지 • 적절한 여가활용 • 경제적 표준생활 확립 및 유지
노년기	• 신체적 쇠퇴에 적응하기 • 은퇴와 수입 감소에 대한 적응 • 배우자 사망에서의 적응 • 동년배와의 친밀한 관계 유지 • 노년생활에 적합한 물리적 환경의 조성

고 각 단계별로 성취하여야 할 발달과업을 제시하였다. 그는 인간은 생애주기를 경험하면서 각각의 과업의 성취 여부에 의해 사회적 성숙을 이루게 되며, 그 성취를 위한 방식 역시 개별적으로 나타난다고 보았다. 여기서 개인이 성취를 위해 선택하는 여러 방식은 개인들이 경험한 사회적 환경이나 성장과정에서 겪는 독특한 차이에서 영향을 받을 수밖에 없다고 보았다.

하비거스트(Havighurst)는 인간의 발달과업을 〈표 1-1〉과 같이 제시하였다. 그는 인간은 성장과정 속에서 개인들이 수행해야 하는 발달과업을 들면서 이를 성취할 경우 행복감을 가지면서 다음 과업을 성공적으로 수행하게 된다고 하였다. 반대로 과업실패는 불행감을 느끼고 다음 단계의 과업수행에 어려움을 겪는다고 하면서 시기별 발달과업 성취의 중요성을 강조하였다.

3) 인간발달이론과 사회복지실천

(1) 인간발달의 이해

인간발달에 대한 이해는 사회복지실천에서 궁극적으로 인간으로 하여금 자신이 겪고 있는 다양한 문제를 해결하여 사회 안에서 행복한 삶을 살 수 있도록 지원하기 위해 필요하다. 또한 사회복지의 실천은 기본적으로 인간을 대상으로 하기에 인간행동과 발달에 대한 이해는 사회복지사의 실천기술에 앞서 필수적인 지식이라 할 수 있다.

인간의 당면한 문제에 대한 분석은 실제로 다양한 원인에 의해 만들어진 산물이다. 이러한 문제의 특징은 모든 사람들이 동일한 문제에 직면하고 있다고 하더라도 그 문제에 봉착한 원인은 개인의 발달과정이나 독특한 개인의 특질, 개인을 둘러싼 사회환경에 의해 개별화하여 접근하는 것이 필수적이다. 따라서 사회복지실천가는 인간발달이론에 대한 지식을 기반으로 개인의 사회환경에 대한 분석과 확인을 통해 현재의 문제에 대응하는 다양한 개입기법을 적용하는 것이 필요하며, 이러한 실천에 도움을 주는 것이 바로 인간발달과 관련된 이론이다.

(2) 인간발달이론의 실천적 적용

인간발달과 관련된 이론 중 정신역동이론은 인간에 대한 이해를 돕는 데 매우 유용한 관점을 제공한다. 정신역동이론은 특히 인간행동의 주요 결정요인을 무의식으로 보면서 인간의 무의식에 대해 설명하는 이론으로 인간행동의 이해에 중요한 시각을 제공한다. 이론을 통해 문제를 가진 사람의 내적 갈등을 찾는 데 도움을 주며, 특히 현재보다는 개인이 기억하기 어려운 초기 아동기에 경험한 정신적 외상을 밝힘으로써 사회복지실천에 기여하고 있다.

행동주의이론은 인간행동에 영향을 주는 요인에 집중함으로써 사회복지실천에 유의미한 영향을 주었다. 이론에서는 인간의 행동을 일으키는 선행조건에 어떤 반응이 일어나는지를 기능적으로 분석하도록 도와준다. 이를 통해 행동의 원인과 결과를 비교적 명확히 알려주며, 원인이 되는 자극을 조정하는 것으로 인간의 결과인 행동을 통제할 수 있음을 보여주었다. 따라서 인간의 행동은 어느 정도 통제가 가능함을 알려줌으로써 사회복지실천에서 의도하는 결과를 얻을 수 있는 방법을 알려주고 있다.

인본주의이론은 인간의 자유의지를 강조하면서 문제의 개선에 인간의 변화 노력이 중요함을 알려준다. 이 이론은 인간이 자신이 하고자 하는 것을 할 수 있는 힘을 가지고 있음을 알려주는 것이다. 즉, 누구나 지닌 자신의 자율성을 중심으로 인간의 행동은 전통적인 유전적 기질과 환경의 변인들 간의 적절한 조화로 변화를 이룰 수 있음을 보여주고 있다.

인간의 발달과정에 대한 지식을 제공해 주는 다양한 이론은 사회복지실천에 접목되어 사회복지실천가의 역할이 무엇인지에 대한 방향성을 제공한다.

이러한 측면에서 인간발달이론이 사회복지실천에 기여하는 주요 역할을 다음과 같이 정리할 수 있다.

① 개인적으로 나타나는 발달상의 차이를 파악할 수 있도록 해준다.
② 인간에게서 일생을 통해 일어나는 변화의 과정을 설명해 준다.
③ 인간의 전 생애에 걸쳐 일어나는 안정성과 변화의 과정을 이해할 수 있게 하며, 그 과정에 기여하는 요인을 판별할 수 있게 도와준다.
④ 인간의 생활주기를 순서대로 정리할 수 있는 준거틀을 제공해 준다.
⑤ 생애 각 발달단계에서 수행해야 할 과업이 무엇인지 제시해 준다.
⑥ 발달이론을 통해 특정 발달단계에서 나타나는 특징적 발달요인의 이해가 가능하다.
⑦ 발달단계에 따른 클라이언트의 욕구와 문제를 파악할 수 있다.
⑧ 발달과정의 이해를 기반으로 이전 발달단계의 결과가 다음 단계에 미치는 영향을 파악할 수 있다.
⑨ 개인의 발달에 영향을 주는 다양한 신체 · 심리 · 사회적 요인을 이해할 수 있다.
⑩ 발달과업 수행에 영향을 미치는 신체 · 심리 · 사회적 기능 간의 상호관련성을 설명해 준다.
⑪ 인간과 환경 간의 상호작용을 파악할 수 있다.
⑫ 인간의 사회적 기능과 적응수준을 평가할 수 있게 한다.
⑬ 개인의 적응과 부적응을 판단하기 위한 기준이 무엇인지를 알려준다.
⑭ 인간의 발달에 미치는 사회적 영향력을 평가할 수 있는 준거틀을 제공한다.
⑮ 개인이 성장과정에서 겪는 문제의 원인을 이해하는 데 도움을 준다.
⑯ 다양한 연령층의 클라이언트를 이해할 수 있는 기반을 제공한다.

⑰ 사회복지사가 파악해야 할 클라이언트에 관한 사항을 사정할 수 있게 한다.
⑱ 클라이언트가 발달과업의 수행에 필요한 적절한 서비스가 무엇인지 파악할 수 있게 한다.

이처럼 인간발달단계에서 나타나는 다양한 문제에 대처하기 위해 제시되는 실천방법의 탐색을 위한 지식기반으로서 인간발달이론은 사회복지실천에 매우 유용한 시사점을 제공하고 있다. 따라서 인간발달이론에 대한 체계적 이해와 지식을 통해 사회복지실천가는 다음과 같이 인간의 정상적 발달단계에 대해 명확한 이해를 기반으로 사회복지실천이 이루어져야 할 것이다

① 정상과 병리적인 것을 구분하기 위해 연령별 정상적인 발달단계에 대한 이해가 선행되어야 한다.
② 정상적 발달단계란 개인의 생애에 정상적으로 일어나는 생리 · 심리 · 정서 · 인지 · 사회적 발달을 포함하고 있음을 인식하여야 한다.
③ 사회복지사는 정상적 발달단계를 이해함으로써 인간 스스로에 대한 기대를 조절하고 지나친 염려를 감소시킬 수 있음을 이해하여야 한다.

기출문제

1. 인간발달에 관한 설명으로 옳은 것은?

① 일정한 속도로 전 생애에 걸쳐 이루어진다.
② 주로 유전적 요인에 의해 주도되는 과정이다.
③ 하부에서 상부로, 말초부위에서 중심부위로 진행된다.
④ 인간행동양식의 전체적인 맥락 안에서 분석되어야 한다.
⑤ 점진적으로 일어나는 체계적 변화이며 질적 변화보다는 양적 변화를 의미한다.

2. 인간발달의 관점에 관한 설명으로 옳지 않은 것은?

① 개인의 유전형질도 인간발달에 영향을 미친다.
② 인간발달은 퇴행적 변화보다는 상승적 변화를 의미한다.
③ '환경 속의 인간'은 인간발달 이해를 위한 기본 관점이다.
④ 인간발달은 인간의 내적 변화뿐만 아니라 외적 변화도 포함된다.
⑤ 생물학적 · 심리적 · 사회적 체계를 포괄적으로 고려해야 한다.

3. 인간발달이론의 유용성에 관한 설명으로 옳지 않은 것은?

① 개인의 적응과 부적응을 판단하기 위한 기준을 제공한다.
② 발달에 영향을 미치는 사회적 영향력을 평가할 수 있는 준거틀을 제공한다.
③ 개인이 경험하는 사회문화적 요인들을 정형화하여 이해할 수 있는 시각을 제공한다.
④ 클라이언트의 발달과업과 문제를 파악할 수 있는 준거틀을 제공한다.
⑤ 다양한 연령층의 클라이언트를 이해할 수 있는 기반을 제공한다.

4. 다음 설명으로 옳은 것을 모두 고른 것은?

> 가. 성장은 주로 유전인자가 지니고 있는 정보에 따라 나타나는 변화를 의미한다.
> 나. 학습은 훈련과정을 통하여 행동이 변화하는 과정을 의미한다.
> 다. 성숙은 신체의 크기, 근육의 세기 등의 양적 증가를 의미한다.
> 라. 발달은 유기체가 생활하는 동안의 모든 변화를 의미한다.

① 가, 나, 다
② 가, 다
③ 나, 라
④ 라
⑤ 가, 나, 다, 라

5. 이중적 관점으로 사회복지사의 전문직을 강조하는 관점은?

① 체계적 관점
② 상호작용적 관점
③ 현상학적 관점
④ 환경 속의 인간
⑤ 통합적 관점

정답	1. ④ 2. ② 3. ③ 4. ③ 5. ④

PART 02

성격이론의 이해

▸▸▸ CONTENTS

02

CHAPTER

정신역동이론

정신역동이론은 프로이트의 이론에서 출발하여 그의 제자인 아들러, 융, 그리고 자아의 중요성에 초점을 둔 에릭슨으로 연결되어 자아심리학과 설리반의 대인관계이론까지 포함하는 정신역동이론으로 분류한다. 정신역동이론은 인간의 행동을 '정신 내의 운동과 상호작용'에 초점을 두고 있으며, 학자들이 제시하는 이론은 주요 초점과 병리의 출발은 상이하지만 대부분 정신이 행동을 어떻게 자극하는지, 정신과 행동이 개인의 사회환경에 어떻게 영향을 미치는지 강조하는 정신역동이라 할 수 있다.

1. 프로이트의 생애

지그문트 프로이트

지그문트 프로이트(Sigmund Freud, 1856-1939)는 1856년 현재의 체코의 모라비아(Moravia)에서 상업을 하는 유대인인 아버지 야곱 프로이트와 재혼한 어머니 아말리에 나타우젠 사이에서 장남으로 태어났다. 그의 아버지는 세 번째 결혼이었으며, 이미 장성한 두 명의 아들이 있었다. 프로이트가 네 살 때 경제적인 이유와 반유대주의 이유로 빈으로 이주하였으며, 그의 일생의 대부분은 빈에서 보냈다. 프로이트는 어려서부터 뛰어난 재능을 보였으며, 이후 1873년 빈 대학교의 의학부에 입학하여 1881년 의학박사학위를 취득하였다. 그의 가족들은 프로이트가 공부하는데 헌신적이었다. 프로이트는 히스테리아를 연구하는 샤르코(Jean-Martin Charcot)를 만나면서 학문의 전환점을 맞는다. 이후 브로이어(Josef Breuer)와 같이 최면(hypnosis)을 통해 무의식으로 억압된 히스테리아들의 감정을 드러내 줌으로써 이들의 감정을 완화시키는 연구를 성공한다. 그러나 학자들은 환자들에게 최면이 효과적이지 않다는 것을 알게 되면서 마음속에 떠오르는 생각들을 아무런 방해 없이 이야기하게 하여 무의식속의 사고와 감정에 도달하는 자유연상(free association)을 발견하게 되었다. 다수의 사람들이 자유연상을 할 때 그 흐름이 차단되는 것을 보면서 이를 저항(resistance)라고 하고, 무의식적 내용을 억압하고자 하는 힘이 강하다는 사실을 발견하였다. 프로이트는 이러한 개념이 히스테리아뿐 아니라 다른 신경증 환자, 더 나아가 모든 인간의 상태의 특징을 결정하는 요인이라고 보았다. 프로이트는 1895년에 브로이어와 함께 「히스테리 연구」 출판하였으나, 히스테리 환자들이 의식으로부터 차단하고 있는 정서가 '성'이라는 프로이트의 결론에 대한 갈등으로 브로이어와 결별하고 독자적인 연구를 시작하였다(Crain, 1983).

프로이트의 성에 대한 관심은 성격 전체 차원에서 신경증에 미치는 사회적 요인의 영향을 고려해야 한다고 주장한 제자 아들러와 융에 의해 도전을 받았다. 그리고 제1차 세계대전 이후 전쟁에 참여한 군인과 전쟁을 경험한 일반인들의 신경증을 성적 요인만으로는 더 이상 설명할 수 없게 되자 공격성도 중요한 충동이라는 점을 인정하였다(Thompson, 1987).

이후 프로이트는 아버지가 사망했을 때 느꼈던 혼란에 대한 자기분석을 통해 외디푸스 콤플렉스라는 개념을 발견하였다. 당시 프로이트 주장은 오랫동안 받아들여지지 못했으나 이후 학자들에게 받아들여지면서 공식적인 정신분석학파로 발전하였다.

2. 인간관

프로이트의 인간 본성에 대한 기본 가정은 인간을 의식의 영역 밖에 존재하며 비합리적이고 통제할 수 없는 무의식적 본능의 지배를 받는 수동적 존재로 보았다. 인간의 모든 행동과 사고, 감정은 신체적 건강상태에 따라 유발되는 무의식적인 성적 본능과 공격적 본능에 의하여 결정된다고 하였다. 즉, 인간은 성장이나 자아실현을 추구하기보다 무의식적인 본능에 의해 야기되는 긴장상태 해소를 위해 행동을 하게 된다고 보았으며, 인간의 자유의지, 책임감, 자발성, 자기결정과 선택능력 등을 인정하지 않았다. 프로이트는 인간의 정신세계를 설명하기 위해 무의식을 모든 에너지의 원천으로 보았으며,

인간의 성격구조가 출생에서 만 5세까지의 경험에 의해 결정된다고 보았다. 즉, 인간이 주체적으로 현재의 행동을 결정하기보다는 영 · 유아기의 경험이 무의식 속에 잠재되어 이후의 성격발달과 행동을 결정한다고 보았다. 영 · 유아기 때 에너지가 특정 대상에 지나치게 집중되거나 결핍되어 성장 이후에도 인간이 내재적으로 가지고 있는 리비도가 자기 이외의 대상으로 향하여 발산되는 대상애가 계속 나타나는 고착이 신경증의 원인이 된다는 것이다.

프로이트의 정신분석이론은 인간과 성격의 본질을 심층적으로 분석하고 그에 관한 인간의 정신과 행동이 개인의 사회환경에 미치는 영향에 대해 이해하게 하는 유용한 이론이다. 또한 인간의 정신이 행동에 어떻게 자극하는지에 대한 통찰력을 제공해 다양한 정신병리를 갖는 대상자의 문제를 사정하고 개입계획을 세우는 데 필요한 이론적 지식을 제공한다.

3. 주요 개념

1) 정신결정론

프로이트 정신분석이론의 기본적 원리는 정신결정론(psychic determinism)이다. 인간의 기본적 성격구조는 만 5세 이전의 경험에 의해 결정된다고 하였다. 이때 심리적 문제는 어린 시절의 경험이 무의식 속에 잠재되어 있는 심리성적 사건들에 의해 결정된다고 보았으며, 인간은 과거의 생활 경험에 의한 무의식적 경험으로부터 행동과 선택을 결정하는 과거의 프로이트와 같은 존재라고 본다. 즉, 과거의 경험이 이후의 일을 결정한다는 것이다. 예를 들어 무엇을 잃어버렸거나 실수할 경우, 흔히 '우연히 일어난 사건'이라고 생각하지만 프로이트의 정신결정론에서는 이것을 개인의 소망이나 의도에 따라 일어난 것으로 본다.

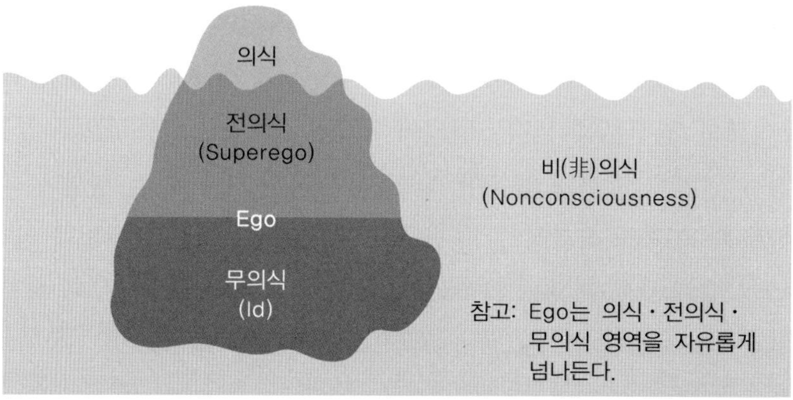

[그림 2-1] 프로이트의 인간 정신구조의 개념(빙산의 비유)

2) 지형학적 모형

프로이트는 인간의 정신생활은 여러 가지 차원에서 일어나는 모든 정신활동으로 이루어진다고 보았다. 그래서 인간의 성격(personality)을 이해하는 틀로써 지형학적(topographical) 구조를 의식, 전의식, 무의식의 세 영역으로 나누었으며, 세 영역 중에서 특히 무의식의 중요성을 강조하였다.

(1) 의식(consciousness)

의식은 자신에게 주의를 기울이는 순간 느끼거나 알거나 할 수 있는 모든 경험과 감각을 말한다. 보고, 듣고, 냄새를 맡고, 맛보는 것과 같은 여러 가지 감각을 인식하고 슬픔과 고통 같은 것을 쉽게 알아차릴 수 있는 정신생활의 영역과 깨어 있을 때 작용하는 영역이다. 새로운 생각이 들어오고 오래된 생각이 물러나면서 의식의 내용은 계속 변화한다. 프로이트는 의식에 대해 우리가 인식하는 것은 빙산의 보이는 부분에 불과하고 마음의 일부분이며 바다 깊은 곳에 더 큰 빙산이 존재하듯 의식하지 못한 부분이 더 많다는 것을 강조한다.

(2) 전의식(pre-consciousness)

전의식은 의식과 무의식의 중간 지점에 있으며 이들 사이에서 가교역할을 한다. 현재는 의식하지 못하지만 노력하여 회상하려고 마음을 집중하면 전의식에 저장된 기억이나 지각, 생각 등을 의식으로 가져올 수 있다. 예를 들어, 지난주에 친구를 만나 맛있게 먹었던 음식이나 친구와 함께 본 영화의 내용은 관심이 사라지면서 전의식의 자료가 된다.

(3) 무의식(unconsciousness)

프로이트는 무의식이란 인간 정신의 가장 깊은 곳에 있는 심리 내부에 잠재해 있으면서도 의식적 사고와 행동을 통제하는 힘(power)이라고 믿었다. 인간의 마음을 구성하는 사고, 감정, 본능, 욕구, 동기, 갈등 등이 저장되어 있는 공간을 무의식이라고 하였다. 무의식은 의식되지 못하는 영역으로 대부분 자료는 억압(repression)의 기제를 통해 무의식으로 들어간다. 이때 억압된 자료들은 자신이 원하지 않는 감정이나 행동을 일으키는 자극요인이 된다. 무의식, 망각, 꿈의 존재를 무의식의 증거로 제시하였는데, 특히 꿈은 무의식에 이르는 쉬운 방법이며 꿈의 해석(dream analysis)을 통해 무의식의 자료를 알 수 있다고 하였다. 꿈의 해석과 최면, 자유연상을 비롯한 무의식의 자료들은 정신분석의 기법과 노력을 통해서만 의식이 가능하며, 이러한 노력이 현재의 행동을 무의식의 자료와 연결하여 인식할 수 있다고 하였다.

3) 구조모형

프로이트는 정신병리와 정신역동을 구체적으로 이해하기 위해 성격을 구성하는 세 가지 요소를 본능(id), 자아(ego), 초자아(superego)로 제시하였다. 이 세 가지 요소가 상호작용하여 인간의 행동을 결정한다고 설명하였다.

(1) 본능(id)

본능은 무의식 기능의 중요한 부분으로 성격의 가장 원초적인 부분이다. 본능 안에는 인간이 긴장을 느끼고 그 긴장을 해소하기 위해 무엇인가 행동하게 하는 욕동(drive)이 저장되어 있다. 이 부분은 외부세계와 무관하고 어떠한 법칙과도 통하지 않기 때문에 본능적이고 조직적이지 않으며, 시간이 지나면서 경험이 누적되어도 변화되지 않는 특징을 갖는다. 프로이트는 본능의 특성을 두 가지로 제시하였다. 첫째, 일차적 사고과정이 일어난다는 것, 둘째, 쾌락원리에 의해 지배된다는 것이다(사회복지연구센터, 2019: 48). 또한 프로이트는 인간의 본능을 삶의 본능과 죽음의 본능으로 나누어 모든 인간은 이 두 가지의 본능을 동시에 소유하고 있다고 믿었다. 삶의 본능인 에로스(eros)는 생명을 유지 · 발전시키고 사랑을 하게 하는 본능이다. 성적 에너지(libido)와 밀접한 관련이 있는 삶의 본능은 인간의 정신구조에 영향을 미치며 성격발달에 영향을 미치는 본능으로 간주하였다. 반면 죽음의 본능인 타나토스(thanatos)는 잔인함, 공격, 자살, 살인 등과 관련된다. 프로이트는 두 가지 본능이 인간의 행동을 결정짓는 중요한 생물학적 근원이라고 보았다(장수한 외, 2022: 136-137; 사회복지연구센터, 2019: 50-51).

① 쾌락원리(pleasure principle)

- 원초아를 지배하는 원리이다.
- 인간은 원초아의 욕구가 충족되지 않고 박탈당했을 때 발생하는 긴장을 해소하고 본래의 욕구를 충족하고자 동기화한다.

② 일차적 사고과정(primary thought process)

- 원초아가 긴장을 해소하기 위해 사용하는 기제이다.
- 실제적인 욕구를 충족시켜 줄 수는 없다.

③ 삶의 본능(eros)

- 생동적 삶을 가능하게 해주고 종족번식을 책임지는 힘을 포함한다.
- 생명을 유지하고 발전시키며 타인과 사랑을 나누고 창조적 발전을 도모하는 본능이다.
- 삶의 본능 중 성 본능은 인간의 성격발달에 가장 영향을 준다.
- 삶의 본능 중 리비도는 삶의 본능이 가지고 있는 에너지, 성적 에너지와 같은 의미로 사용하기도 한다.

(2) 자아(ego)

프로이트는 쾌락원리에 의해 움직이는 본능은 현실에 맞게 적절한 수준에서 조절되어야만 정상적인 모든 생활이 가능하다고 보았다. 자아는 원초아의 충동적 욕구를 외부세계의 제약을 고려하여 현실적으로 표현하고 충족시키려고 노력하는 조직적, 합리적, 현실지향적 성격구조이다. 자아는 본능을 지배·통제하는 역할을 한다. 또한 초자아와 원초아 사이의 갈등도 조정하는 역할을 하여 현실원리에 따라 작동한다. 또한 자아는 이차적 사고과정이 일어난다는 것과 현실원리에 의해 지배된다는 두 가지의 특성을 갖는다.

① 현실원리(reality principle)

- 환경을 지배하여 불안을 통제하려는 자아의 수단이다.
- 자아는 만족을 추구할 수 있는 있는 방법을 발견할 때까지 만족을 연기한다.

② 이차적 사고과정(secondary thought process)

- 현실적인 계획을 세울 때까지 만족을 지연시키는 사고과정이다.
- 이차적 사고과정은 현실검증(reality testing)을 하는 과정으로, 외부세계에서 일어나는 자극이나 지각을 분별하고 본능의 소망과 충동에서 일어나는 자극과 지각을 분별하는 자아의 능력을 의미하는 합리적인 사고과정이다.

(3) 초자아(superego)

초자아는 인간의 마음속에 있는 윤리적이고 자아가 추구하는 이상적인 측면으로 옳고 그름을 판단하고 결정하여 사회가 인정하는 도덕적 기준에 따라 행동하도록 유도하는 역할을 한다. 또한 초자아는 현실적인 것보다 이상적인 것을 추구하고 쾌락보다 완전함을 추구하며 자아와 함께 자신의 행동을 통제 · 조절하는 기능을 하며 양심과 자아 이상의 두 측면을 갖는다.

① 양심(conscience)

- 벌을 통해 발달하며 자아가 죄책감을 느끼도록 작용한다.
- 마음의 도덕적 가르침이다.

- 어린 시절에 영향을 주었던 부모나 양육자가 비난이나 벌을 주었던 일들이 토대가 되어 그와 같은 행동이나 생각을 할 때 죄책감을 느끼는 것이다.
- 잘못된 행동에 대한 처벌을 통해 형성된다.

② 자아 이상(ego ideal)

- 칭찬과 격려를 통해 발달하며 자아가 긍지를 느끼도록 작용한다.
- 긍정적인 이상형을 의미한다.
- 부모나 타인으로부터 받은 칭찬이 토대가 되어 그에 대한 자아 이상을 추구하게 된다.
- 올바른 행동에 대한 칭찬이나 수용을 통해 형성된다.

4. 심리성적 발달단계

프로이트는 발달단계를 심리성적 발달단계(psychosexual development)라고 명명하여, 인간의 본능적인 성(性) 에너지가 인간의 행동과 사고의 동기가 된다고 보았다. 성적 에너지인 리비도(libido)가 집중된 부위(입, 항문, 성기)에 따라 아동기의 발달단계를 나누었다. 프로이트는 유아기부터 청소년기까지를 구강기, 항문기, 남근기, 잠복기, 생식기로 나누고, 각 단계에 따라 발달이 이루어지고 특히 구강기, 항문기, 남근기 시기가 성격 형성에 결정적인 역할을 한다고 하였다.

인간은 모든 발달단계에서서 성공을 거두는 것은 아니다. 지나치게 만족하기도 하고 또는 좌절하기도 하는데 발달의 한 단계에서 다음 단계로의 진행이 방해를 받으면 특정 단계에 고착(fixation)될 수 있고, 이러한 고착이 성인기 성격에 영향을 준다(사회복지연구센터, 2019: 51-56).

1) 구강기(oral stage: 출생~18개월)

구강기 시기의 유아는 리비도가 입에 집중되어 있어 무엇이든 입으로 빨고, 삼키고, 깨무는 행위를 통해 쾌감을 느낀다. 구강기는 초기와 후기로 나누는데 초기는 생후 6개월까지로 이 시기에는 주로 빠는 행위에서 쾌감을 느끼고 후기는 깨무는 것에 쾌감을 느낀다.

성격 유형은 유아가 먹는 것이 과도하거나 부족한 경우 구강 수동적 성격이 발달한다. 낙천적이고 타인(어머니)에 의존적이며, 희생을 감수하면서도 인정받고 싶어한다. 또한 이가 나면서 깨물고 뜯음으로써 불쾌 또는 불만족을 표현하는 구강 공격적 성격도 나타난다.

이 시기에 고착된 성인이 심리적 갈등에 처하게 되면 퇴행하여 음식에 집착하거나 사물을 물어뜯기도 하며, 구강기 쾌감을 위해 흡연이나 음주에 몰두하는 행동을 보이기도 한다(장수한 외, 2022: 138).

2) 항문기(anal stage: 18개월~3세)

항문기는 리비도가 항문에 집중되어 배변활동으로 생기는 항문 자극에 의해 쾌감을 얻는 시기이다. 이 시기에는 배설물에 흥미를 느껴 그것을 가지고 놀려고 한다. 그러나 배변훈련이 너무 엄격하면 유아는 배변을 참거나 고의로 지저분한 행동을 하기도 하고, 성인이 되면 권위에 대한 불만을 불결, 무질서, 무지, 고집, 분노, 적개심을 보이는 행동으로 표출되기도 한다. 반면 부모가 아이에게 적절한 양육태도를 갖게 되면 아동이 배변을 적절히 조절하여 창조성과 생산성으로 연결되고 타인을 배려하고 성장하게 된다(사회복지연구센터, 2019: 53).

성격 유형은 배변훈련에 대한 다른 형태의 저항으로, 변을 보유하는 항문 보유적 성격이 되어 지나치게 인색하고 완고한 성격의 소유자가 될 수 있다. 질서정연, 조직화, 절약, 깔끔함 등의 행동이 성인기에 표출된다. 또한 항문 공격적 성격은 배변훈련을 통해 통제하려는 부모 내지는 사회와 유아가 갈등을 경험하게 되어 부모에게 반항하는 행동으로 나타난다. 성인기에는 무절제, 공격적, 무질서 등의 행동이 성인기에 표출된다.

3) 남근기(phallic stage: 3세~6세)

남근기 시기의 남아는 외디푸스 콤플렉스를 갖는 시기이고, 여아의 경우에는 엘렉트라 콤플렉스를 갖는 시기인데, 프로이트는 이성의 부모에게 애정을, 동성의 부모에게 질투와 증오심을 갖게 되는 삼각관계를 외디푸스 콤플렉스라고 하였다(최옥채, 2023: 51). 이 시기는 리비도가 아동의 성기에 집중되어 아동은 자신의 성기를 남의 것과 비교하고 싶어 하고 남녀의 성기가 서로 다른 것에 대해 호기심을 가진다.

또한 이 시기에 남아는 어머니에게 키스하고 함께 잠을 자려는 행동을 보이고, 이후 성장하여 어머니와 결혼할 것이라고 이야기하지만 이미 어머니는 아버지와 결혼하였다는 사실을 알고 아버지를 경쟁자로 인식하게 된다. 그러나 아버지는 상대하기 버거운 존재로 아버지로부터 보복을 당할지 모른다는 '거세불안(castration anxiety)'을 느낀다. 특히 여아들이 이미 거세당해 남성의 성기가 없다고 생각하면서 더 불안을 느끼고, 결국 어머니에 대한 근친상간적 욕구를 포기하면서 아버지를 동일시한다.

여아의 경우 남아와 비교하여 자신에게 남성의 성기가 없음을 알면서 남근선망(penis envy)을 지니며, 이런 실망을 아버지에게서 보상받고자 아버지와 결혼하고 싶어한다. 그러나 현실적으로 불가능하다는 것을 알면서 아버지에게 근친상간적 요구를 포기하지만, 포기 이유가 뚜렷하지 않아 남성이 여성보다 초자아가 더 발달되었다고 주장하여 여권주의자들로부터 강한 비판을 받고 있다(최옥채 외, 2023: 51).

남근기에 고착된 성인 남성은 대부분 경솔하며, 과장되고 야심적, 강한 자부심, 난잡한 성행위, 자기 증오 등의 성격 유형을 갖는다. 반면 남근기에 고착된 성인 여성은 성관계에서 순진하고 결백해 보이지만, 난잡하고 유혹적이며 경박하다. 특히 남성의 성적 무기력과 여성의 불감증의 원인도 남근기 고착에서 나온다.

4) 잠복기(latency stage: 6세~사춘기)

잠복기는 아동들이 성적 흥미가 제한되고 성적 특징이 생리적으로 드러나지 않는 시기로 잠재기라고도 한다. 이 시기의 성적 충동을 억압, 성적 본능과 관련이 없는 사회적 기술을 습득하는 시기이며, 리비도가 특정 부위에 집중되지 않고 잠재되어 있는 시기이기 때문에 리비도는 승화되어 지적 관심, 운동, 동성 간의 우정, 학업 등으로 표출된다. 또한 본능보다 자아와 초자아가 강하게 발달하여 외디푸스적 욕망을 제지한다. 아동들은 잠복기를 적절히 보내게 되면 사회적응능력이 향상되고 원만한 대인관계를 갖는다. 그러나 고착되면 성인기에 이성에게 정상적 관심을 발달시키지 못하고 동성 간 우정에 집착할 수 있다.

5) 생식기(genital stage: 사춘기 이후)

사춘기가 시작되어 이성에 대한 관심이 생기면서 생식기(genital stage)가

시작된다. 이성에 대한 관심이 높아지면서 호르몬과 생리적 요인들로 인해 그동안 억압되었던 성적 감정들이 강화되어 성적 에너지가 성인과 같은 직접적인 표현으로 나타난다. 잠재되었던 외디푸스 감정이 다시 올라와 청소년들은 부모 앞에서 불안하고 떨어져 있어야 편안한 안정감을 느낀다. 이 시기는 사춘기 이후 중요한 과제로 '부모로부터 자유로워지는 독립'이라고 제시하였다. 그러나 부모에게 의존하던 상태에서 독립이 쉽지 않아 고통스럽게 받아들여질 수 있다고 하였다. 프로이트는 생식기적 성격을 가장 이상적인 성격으로 보았으며, 이런 성격의 인간은 일과 사랑을 할 수 있는 능력을 갖추어 사회적 · 성적 인간관계가 원만하고 책임감이 발달되어 이성과의 사랑을 만족스러워 한다고 하였다.

5. 방어기제

1) 방어기제의 개념

방어기제는 자아의 무의식 영역에서 일어나는 심리적 기제로, 불안으로부터 개인을 보호하는 자아의 무의식적인 노력이다. 또한 자아는 불안을 해소하여 마음의 평정을 회복시키는 노력을 시도하게 된다. 방어기제는 스트레스에 대한 대처능력이 감소하거나 자아가 너무 약할 때 그리고 스트레스를 유발하는 상황 자체를 개인이 감당하기 어려울 때 주로 작동한다(이영미 외, 2022: 142). 방어기제는 모두 무의식 속에서 이루어지며 개인이 한 가지 이상의 방어기제를 사용하는데, 위기 상황에서 어떠한 방어기제를 사용하느냐에 따라 개인의 성격적 특성을 알 수 있다. 또한 위기 상황에서 사용하는 방어기제는 병리적인 것이 아니며 불안을 감소시킬 뿐 아니라 긍정적인 결과를 가져오기도 한다(Zstrow, 1995: 395; 이영미 외, 2022: 143).

2) 방어기제의 종류(사회복지연구센터, 2019: 56-60)

(1) 억압(repression)

억압은 방어기제 중에서 가장 일차적이고 가장 많이 사용되고 있으며, 의식에서 용납하기 어려운 생각, 욕망, 충동 등을 무의식 속에서 머물도록 눌러 놓는 것이다. 억압을 통해 자아는 위협적인 충동, 감정, 소원, 환상 기억 등 위험적 요소들이 의식화되는 것을 차단한다. 특히 죄책감, 수치심, 자존심을 상하게 하는 경험일수록 억압의 대상이 된다. 억압과 유사한 억제(suppression)는 무의식이 아닌 의식적인 차원에서 이루어진다는 차이점이 있다.

예 어려운 과제가 있을 때 그 과제를 아예 잊어버리는 경우

(2) 취소(원상복귀, undoing)

자신의 성적 혹은 공격적 욕망이나 충동으로 상대에게 피해를 주었다고 생각해 무의식적으로 죄책감을 지워버리고 상대가 입은 피해를 원상복구하려는 행위를 말한다. 용납될 수 없는 자신의 행동 동기를 위장하여 합리적으로 설명함으로써 자기를 보호하고 사회적 승인을 얻으려는 것이다.

예 순간적으로 화가 난 아빠가 아이를 때리고 바로 '아빠가 잘못했다. 아팠지? 미안해' 하며 쓰다듬어 주는 경우

(3) 반동형성(reaction formation)

무의식 속에 받아들여질 수 없는 생각, 욕구, 충동 등을 정반대의 것으로 표현하는 경우로 원래의 생각, 소원, 충동 등을 의식화하지 못하게 하는 기제이다. 겉으로 드러나는 태도나 언행이 마음속의 요구나 생각과 반대인 경우의 방어기제를 말한다.

예 적개심과 공격성을 덮기 위해 무골호인(無骨好人)으로 행세하는 경우, 미운 놈 떡 하나 더 준다는 속담, 사랑을 미움으로 표현하는 경우, 남편이 바람을 피워 다른 여자와의 사이에서 태어난 아이를 양육하면서 과잉보호하는 본부인의 경우, 좋아하는 여성을 괴롭히는 경우

(4) 상환(restitution)

잃어버린 대상을 다른 대상으로 대치하는 것으로 대리형성의 특수한 형태를 말한다. 상환의 행위는 죄책감으로부터 벗어나려는 기제이다.

예 무의식에 있는 죄책감을 씻기 위해서 사서 고생하는 경우

(5) 동일시(identification)

부모, 형, 주위의 중요한 인물들의 태도와 행동을 닮는 것으로, 불안을 없애기 위해 오히려 불안의 원인이 되는 그 사람과 같아지려는 것을 말한다.

예 거세 불안을 느끼는 아동이 아버지와 행동을 같게 하는 경우

(6) 투사(projection)

자신이 용납할 수 없는 충동, 생각, 행동 등을 무의식적으로 다른 사람이 이러한 충동, 생각, 행동을 느끼거나 행한다고 믿는 것이다. 투사는 관계망상

이나 피해망상 등을 초래하는 환각, 망상 형성의 중요한 기제이다.

예 바람을 피우고 싶은 욕구가 강한 경우, 그것을 배우자에게 누명을 씌워 배우자를 의심하고 부정하다고 불평을 늘어놓는 경우, 누군가를 살해한 범인이 타인이 자기를 해칠 것 같은 느낌이 들었다고 하는 경우, 잘못되면 조상의 탓을 돌리는 경우

(7) 자기에게로 향함(turning against the self)

공격적인 충동이 타인이 아닌 자신에게로 향하는 것이다. 부모님이나 존경하는 사람에게 공격적인 언행을 한다는 것을 받아들일 수 없는 것이므로 대신 자신에게 화풀이하거나 자신을 해치는 것을 말한다.

예 어머니로부터 심한 꾸중을 받은 아동이 자신의 머리를 벽에 부딪쳐 자해하는 경우

(8) 전치(전위/치환, displacement)

실제 어떤 대상에 대한 감정을 다른 대상을 상대로 표출하는 것이다.

예 종로에서 뺨을 맞고 한강에서 돌 던지기, 남편이 직장에서 화가 나는 일이 생겼는데 집에 있는 아내에게 화를 내는 경우

(9) 대리 형성(대치, substitution)

받아들여질 수 없는 소망, 충동, 감정, 목표를 받아들여질 수 있는 것으로 전치하는 기제이다. 이는 목적하던 것을 갖지 못하는 데에서 오는 좌절감이나 불안을 최소화하기 위해 처음과 비슷한 것을 가짐으로써 만족하는 것을 말한다.

예 오빠에게 강한 매력을 느끼는 여동생이 오빠와 비슷한 용모를 가진 다른 사람과 사귀는 경우

(10) 부정(denial)

의식 수준으로 표출되면 도저히 감당할 수 없는 생각이나 욕구를 무의식적으로 부정하는 현상이다. 현실 혹은 사실을 받아들이는 것을 거부함으로써 불안을 피하고자 하는 방어기제를 말한다.

예 가까운 사람의 죽음을 받아들이는 것이 너무 고통스러워 그 사람이 잠시 여행을 간 것으로 믿는 경우

(11) 상징화(symbolization)

바로 의식화하기에는 어려운 억압된 대상을 의식화해도 무난한 중립적인 대상으로 전환하여 상징성을 부여하는 것을 말한다.

예 태극기나 무궁화는 대한민국을 상징함, 꿈속에서 길게 튀어나온 것들, 즉 뱀이나 지팡이 등은 남근이 상징화된 경우

(12) 합리화(rationalization)

자신의 언행 속에 숨어 있는 용납하기 힘든 충동이나 욕구에 대해 사회적으로 그럴듯한 설명이나 이유를 제시하는 것이다. 제시한 설명이나 이유는 합리적이고 이성적이며 자아가 받아들일 수 있는 내용으로 꾸민다. 합리화는 거짓말이나 변명과 달리 무의식의 차원에서 이루어진다는 점이 차이가 있다.

예 사랑하기 때문에 이별한다. 부모가 자식을 사랑하기 때문에 체벌을 하는 경우

(13) 보상(compensation)

실제이든 상상이든 자신의 성격, 외모, 지능 등의 다른 것으로 보상받기 위해 자신의 강점을 지나치게 강조하는 것이다. 또한 어떤 분야에서 특별히 뛰어나다는 인정을 받음으로써 다른 분야에서의 실패나 약점을 보충하고자 하는 경우가 해당된다.

예 지적으로 열등하다고 느끼는 사람이 신체를 단련하거나 외모를 가꾸는데 지나칠 정도로 에너지를 사용하는 경우, 가난한 사람이 가난에 대한 콤플렉스가 있어 과도하게 치장을 하거나 사치하는 경우, 많이 배우지 못한 부모가 자녀의 공부 뒷바라지에 헌신을 하는 경우

(14) 유리(isolation)

고통스러운 불안을 초래하는 기억과 관련된 감정을 떼어내 버리고 과거의 외상적인 사건을 생각해내는 것이다. 가슴 아픈 사건이나 생각은 기억하나 그 기억에 수반된 감정은 기억되지 않는 것으로 유리는 과거 기억에 대한 감정의 부분적인 억압이라 할 수 있다.

예 몇 년 전 아버지가 돌아가신 기억을 다시 생각해 보면, 그 당시에는 너무나 충격적이고 고통스러웠으나 지금 다시 생각해 보면 당시의 기억들은 생생하지만 그에 수반된 감정들은 억압되고 의식화되지 않는 경우

(15) 지성화(intellectualization)

지식화라고도 하며 감정과 충동을 억제하기 위해 그것들을 직접 경험하는 대신 그것에 대해 생각을 많이 하거나 이야기를 늘어놓는 현상으로 지적(知的)이고 수준 높은 토론을 진행하는 것 같으나, 문제해결에는 아무런 도움이

되지 않는 것을 말한다.

예 마음에 드는 여학생에게 제대로 말도 못 붙이는 남학생이 친구들과 '사랑이 뭐냐?, 인생이 뭐냐?' 등의 토론을 벌이는 경우, 사춘기에 철학이나 종교에 심취하는 경우

(16) 퇴행(regression)

심한 스트레스 또는 좌절당했을 때, 현재의 발달단계보다 더 이전의 발달단계로 후퇴하는 것을 말한다.

예 사랑을 독차지하던 아이가 동생이 태어나 사랑을 빼앗기게 되자 갑자기 대소변 가리기가 안 되는 경우, 이전보다 더욱 심한 어리광을 부리게 되는 것 어른들도 어린 시절 친구들을 만나면 마치 아이들처럼 즐거워하고 들뜨게 되는 경우

(17) 해리(dissociation)

의식세계에서 받아들이기 힘든 성격의 일부가 자아의 지배를 벗어나 하나의 독립된 기능을 수행하는 경우를 말한다.

예 몽유병, 이중인격, 기억상실증, 잠꼬대의 경우

(18) 저항(resistance)

자아가 관여하기에는 너무나 괴롭고 불안한 억압된 자료들이 더 이상 의식계로 떠오르는 것을 차단하는 것을 말한다.

예 상담할 때 상담자가 클라이언트의 중요 문제에 접근하면 침묵하거나 갑자기 '기억이 잘 나지 않는다'라고 말하거나 울어버림으로써 상담을 지연시키는 행위와 다음 상담 시간에 나타나지 않아 상담에 협조하지

않는 경우

(19) 승화(sublimation)

본능적인 성적, 공격적인 에너지를 개인적으로 사회적으로 용납되는 형태로 유용하게 돌려쓰는 것을 말한다. 프로이트는 전치에서 대물이 높은 수준의 문화적인 목적을 가지고 있는 경우를 승화라고 하였으며, 이는 인류의 문명발달 원동력이 되었다고 본다. 방어기제에서 가장 적절하고 건전한 방법이다.

(20) 전환(conversion)

심리적 갈등이 감각기관(눈, 코, 입, 귀 등)과 몸의 근육 중 손이나 발 등과 같이 자신의 의지로 움직일 수 증상으로 표출하는 것을 말한다.

예 시험공부를 못한 사람이 시험지를 받아들자 눈이 안 보이는 경우, 너무 싫어하는 사람을 만나야 할 때 다리에 마비가 오는 경우

(21) 신체화(somatization)

심리적 갈등이 감각기관이나 수의근 계통 이외의 신체 증상으로 표출하는 것을 말한다.

예 시험공부를 너무 못한 사람이 시험 전날 밤부터 복통으로 고생하는 경우, 사촌이 땅을 사면 배가 아프다는 경우

기출문제

1. 프로이트의 이론이 사회복지실천에 미친 영향으로 옳지 않은 것은?

① 무의식적 동기의 중요성을 인식하는 데 유용하다.
② 인간 자유의지의 중요성을 인식하는 데 유용하다.
③ 유아기 경험의 중요성을 인식하는 데 유용하다.
④ 방어기제의 중요성을 인식하는 데 유용하다.
⑤ 본능의 중요성을 인식하는 데 유용하다.

2. 다음 중 id(원초아)에 대한 설명으로 틀린 것은?

① 이드는 원시적이고 본능적인 성격을 갖는다.
② 이드는 쾌락의 원리에 따른다.
③ 이드는 무의식의 영역에 속한다.
④ 이드는 불안을 해결하지 못하면 신경증이 유발된다.
⑤ 이드가 불안을 해결하지 못하면 신경증이 유발된다.

3. 프로이트의 심리성적 발단단계에 대한 설명으로 옳지 않은 것은?

① 항문기, 남근기, 잠복기, 생식기로 설명한다.
② 총 8단계로 구분한다.
③ 본능적 에너지가 행동과 사고의 동기이다.
④ 구강기 때 원초아, 자아, 초자아가 역동적 상호작용을 한다.
⑤ 자아를 성격의 자율적 구조로 강조하였다.

4. 프로이트 이론에 대한 설명으로 옳은 것은?

① 거세불안과 남근선망은 주로 생식기에 나타난다.
② 치료의 주요 목표는 개성화(individuation)에 완성하는 것이다.
③ 자아(ego)는 의식, 전의식, 무의식의 세 측면을 모두 가지고 있다.
④ 리비도는 인생 전반에 걸쳐 작동하는 일반적인 생활에너지를 말한다.
⑤ 초자아(super ego)는 방어기제를 작동하여 갈등과 불안에 대처한다.

5. 다음 중 자유연상에 대한 내용으로 틀린 것은?

① 과거의 고통스러웠던 기억을 자발적으로 표현하도록 한다.
② 미래에 대한 자유연상이다.
③ 무의식을 탐색하기 위한 방법이다.
④ 사고의 흐름이 일정한 방향성이 없다.
⑤ 무의식적 갈등을 지적하는 단서를 제공한다.

정답	1. ② 2. ④ 3. ③ 4. ③ 5. ②

03
CHAPTER

분석심리이론

1. 융의 생애

칼 구스타프 융

칼 구스타프 융(Carl Gustav Jung, 1875-1961)은 스위스의 정신과 의사이자 분석심리학의 창시자이다. 융은 스위스에서 목사의 맏아들로 태어났으며, 그의 집안은 의사와 종교인이 많이 배출된 명망 있는 집안이었다. 그러나 융의 유년시절은 그리 밝지 못했다. 부모의 결혼생활이 원만치 못해 불화 속에서 자랐고 3살 때부터는 어머니가 병환(우울증)으로 오랜 기간 입원을 하게 되면서 혼자서 시간을 보내는 일이 많았다.

사춘기에 접어들면서 기독교 신앙에 대한 회의로 목사인 부친과 종교갈등을 빚기도 했으며, 특이한 꿈과 환상을 체험하면서 갖게 된 인간의 내면에 관한 관심은 훗날 그의 인생 행보를 결정하는 요인이 되었다. 융은 스위스의 바젤대학 의학부를 졸업한 후 취리히 의과대학 부설 부르크횔츨리 병원에서 정신의학을 연구하여 정신과 의사가 되었다. 그는 '정신분열증'이라는 용어를 고안한 정신의학자 오이겐 블로일러(Eugen Bleuler, 1857-1939)의 연구를 응용한 심리학 연구를 시작으로, 정신질환자를 치료하는 과정에서 기존의 '자유연상' 기법을 개선한 '단어연상' 기법으로 주목을 받았다. 아울러 환자가 지닌 고통의 근본 원인으로 "다양한 생각의 집합"을 일컫는 '콤플렉스(complex)'라는 단어를 고안함으로써 정신분열증의 심리적 이해와 정신치료를 처음으로 시도하였다.

융은 이때 프로이트 이론을 접하면서 그의 이론에 깊은 감명을 받아 프로이트 정신분석학파의 핵심 인물로 활동하였으며, 프로이트 역시 융을 자신의 후계자로 생각할 정도였다. 1907년부터 두 사람은 공동연구를 시작하였으나, 프로이트의 내적 정신의 원인을 성적 문제에 지나치게 중점을 두는 데 대한 견해 차이로 1913년 이르러 마침내 결별하게 되었다. 결국 융은 독자적으로 무의식 세계를 탐구하여 분석심리학설을 제창하였다.

융의 분석심리이론 역시 프로이트와 마찬가지로 의식의 수준을 구분하고 무의식 영역을 강조하였지만, 심층적으로 한 걸음 더 나아가 집단적 무의식(collective unconscious)을 추가하여 무의식에 대한 설명을 보다 확장시켰다. 즉, 인간의 무의식에는 억압된 충동뿐 아니라 인간의 행동을 유발하는 원초적이며 보편적인 원천이 있다고 보았다. 또한 외향성-내향성의 개념은 성격을 구체적인 특질(traits)로 조명하여 성격에 대한 이해를 확대시켰다.

융의 이론은 지속적인 자아탐구를 통한 자기발견과 개인적 성장을 강조함으로써 중년기의 위기와 노년기의 문제들에 대한 이해와 접근에 도움을 주었으며, 개인의 성격발달에 대한 이해도를 높이고 균형 있는 개성화를 이루도록 사회복지실천 분야에 기여하였다. 또한 현대 심리학뿐만 아니라 정신의

학, 철학, 종교학 등을 비롯한 다양한 학문 분야에도 영향을 미쳤다.

2. 인간관

융의 분석심리이론에서 바라보는 인간의 관점은 인간을 단순한 생물학적 존재나 정신적 기계로 보지 않고 생물 · 심리 · 사회적 존재로서, 총체적이고 전체적인 존재로 보았다. 즉, 인간의 성격은 부분들의 단순한 집합이 아니라 하나의 전체성을 이루고 있으며, 인간은 전체적인 존재로서 인간의 현재는 과거에 영향을 받기도 하지만 미래에 대한 열망과 기대, 목적의식에 의해서 영향을 받는다고 하였다(이무영 외, 2023). 따라서 인간의 성격발달은 전 생애에 걸쳐 이루어진다는 가변적 속성을 지니고 있다고 주장하였다.

융은 인간의 궁극적인 목표는 자기실현(Self-actualization)을 이루어가는 것으로, 인간은 성장지향적이고 미래지향적이며 변화하는 존재이자 개인의 경험뿐 아니라 역사적 경험을 통해 의식되지 못한 채 전승되는 집단무의식의 영향을 받는 역사적 존재라고 하였다. 예컨대 신화, 꿈, 종교적 상징 등은 인간의 사고와 행동에 많은 영향을 미치고 있다.

융에 따르면, 성격은 자아(ego), 개인무의식(personal unconsciousness), 집단무의식(collective unconscious)으로 구분되면서도 상호작용하는 체계로 개인의 행동과 생각을 결정하는 데 중요한 역할을 한다. 인간의 성격은 자아의 두 가지 기본적 태도(외향성과 내향성)와 네 가지 심리적 기능(사고, 감각, 감정, 직관)이 결합하여 여덟 가지의 심리적 유형이 형성된다고 하였다. 이는 인간의 성격 유형을 설명하는 데 중요한 역할을 하였다.

3. 주요 개념

융의 이론에서 정신이란 퍼스널리티 전체를 의미하는 것으로, 성격 전체를 포괄하는 개념이다. 단순히 의식적인 부분에 국한하지 않고, 의식 밖에 있는 무의식적인 부분을 포함하여 모든 생각, 감정, 행동을 내포한다(Jung, 1936). 그는 무의식이 인간의 행동과 경험, 정신생활에 매우 역동적이고 강력한 영향을 미친다고 보았으며, 인간은 이러한 무의식을 통찰함으로써 성숙이 이루어진다고 보았다. 프로이트는 무의식을 억압된 본능과 갈등의 저장소라고 부정적으로 보았다면, 융의 무의식은 인간의 마음을 성숙하게 하는 창조적 기능을 갖는 긍정적 태도로 보았다. 융의 분석심리이론에서 주요 개념을 살펴보면 다음과 같다.

1) 정신의 구조

융은 인간의 정신을 의식, 개인무의식, 집단무의식으로 구분하여 설명하였다.

(1) 의식

의식(consciousness)은 우리가 직접 인식하고 알고 있는 정신의 일부분이다. 개인의 자아가 중심에 있으며, 일상생활에서 경험하는 생각, 감정, 감각 등 모든 것들이 포함된다. 이는 개인이 일상적인 활동을 수행하거나 외부 세계와 상호작용할 때 중심적인 역할을 한다. 의식의 하부구조에는 자아(ego)와 페르소나(persona)가 존재한다.

① 자아(ego)

의식은 자아에 의해 지배된다. 자아는 비록 정신 전체 속에서는 작은 부분을 차지하고 있을 뿐이지만 '의식에 이르는 문지기'라는 중요한 역할을 수행하고 있다. 즉, 감각이든 관념이든 기억이든 자아에 의해 의식으로 인지되고 받아들여지지 않으면 보이지도, 들리지도, 생각나지도 않는다. 그러므로 무수히 많은 체험을 해도 대부분은 의식에 도달하기 전에 자아에 의해 제거된다(이인정 · 최해경, 2020).

② 페르소나(persona)

페르소나는 본래 배우가 극중에서 쓰던 가면을 가리키는 말이다. 융은 페르소나를 자아의 가면으로 개인이 외부세계에 내보이는 이미지라고 하였다. 즉, 우리 자신을 어떤 것으로 표현하기 위해서 혹은 숨기기 위해서 쓰는 가면이라는 의미로 사회적 요구에 적응하기 위해 사용하는 여러 가지 행동양식을 나타내는 사회적 모습으로 적응의 원형이 된다. 사회에 적응하기 위해서는 어느 정도 페르소나가 발달하는 것은 필요하나, 사회적 또는 주위의 기대에 너무 지나치게 집중하면 진정한 자기(self)로부터 소원해져 개인의 내적 충돌, 정신적인 스트레스, 혼란 또는 감정적인 불안과 긴장 등을 초래할 수 있다. 따라서, 자아와 페르소나의 적절한 구별과 균형을 유지하는 것이 중요하다.

(2) 개인무의식

개인무의식은 프로이트의 정신분석이론에서의 전의식과 유사하면서 무의식까지 포함하는 개념으로, 의식에 인접해 있는 무의식으로 쉽게 의식화될 수 있는 억압되거나 잊혀진 기억, 감정, 경험 등으로 구성된다. 개인무의식은 개인의 과거 경험 중에서 현실세계의 도덕관이나 가치관 때문에 현실에 어울리지 않아 억압되었거나 그 내용이 중요하지 않거나 너무 고통스러워 망각되어버린 내용들이 자리 잡고 있는 곳이다. 개인무의식의 하부구조에는 음영(그림자, shadow)과 콤플렉스(complex)가 있다.

① 음영(그림자, shadow)

음영은 인간의 동물적 본능을 포함하고 있는 원형으로, 성격의 어둡고 미분화된 채로 무의식 영역에 남아 있는 원시적 심리상태를 말한다. 융은 무의식의 열등한 인격이 음영(그림자)이며, 음영(그림자)는 자아가 자신이라고 인식하기 싫어하는 모습으로 부정적인 자아상의 속성이기에 자아로부터 배척되어 무의식에 억압된 성격의 측면이다. 무의식에 있는 그림자는 일반적으로 투사를 통해 경험되거나 꿈이나 환상 속에서 인격화되어 나타난다. 투사는 우리가 의식으로부터 밀어내어서 아직 의식화시키지 않은 것을 타인의 탓으로 돌리는 것이다. 예를 들어, 우리 자신이 가지고 있는 출세욕, 성공, 성욕 등을 제대로 자신의 욕망으로 이해하지 않고 그런 욕망을 타인에게 투사하여 타인을 과도하게 비난하거나 칭찬하는 경우로 가장 대표적인 예는 지킬 박사와 하이드이다(이영미 · 이원주, 2023). 융은 인간 사이에 일어난 모든 갈등은 음영 투사로 인해 생긴다고 보았으며, 음영에 대한 통찰은 자기성찰과 성격통합의 첫 걸음이 된다(Jung, 1961). 따라서, 음영이 계속 억압당한 사람은 창조성과 생명력 같은 본성이 희생되며, 반면 자아와 음영이 조화를 이루면 그 사람은 생기가 넘치고 활력적인 삶의 에너지를 발휘하게 된다.

② 콤플렉스(complex)

콤플렉스는 융이 처음 사용한 용어이다. 콤플렉스는 억압된 부정적인 감정 또는 생각 등의 경험에 기반하여 형성되는 특수한 종류의 감정으로 이루어진 무의식 속의 관념 덩어리를 말한다(생각의 마을, 2023). 콤플렉스는 무의식 속 과거 부정적인 경험이나 억압된 아프고 힘든 기억이 그것을 되살리는 어떤 것들을 만나면서 불안, 공포 등과 같은 감정을 초래한다. 이러한 콤플렉스는 개인무의식에서 많은 기억이나 경험을 축적하는 과정에서 발생하는 것으로 개인의 사고 흐름을 방해하거나 의식의 질서를 교란시킨다(강상경, 2011). 콤플렉스는 자립적이며 그 자체의 추진력을 갖고 사고와 행동을 강력하게 지배할 수 있다. 따라서 융은 콤플렉스를 이해하고 인식함으로써 자신의 무의식적인 요소들과의 상호작용을 통해 내적 충돌을 해소하고 정서적인 성숙을 촉진할 수 있다고 하였다.

(3) 집단무의식

집단무의식(collective unconscious)은 인간이 태어날 때부터 존재하는 인류 조상들의 경험을 통해 형성된 인류의 보편적인 경험을 담은 정신적 자료의 저장소이다. 출생 후 개인이 살아가는 과정에서 형성된 개인무의식과 달리 지리적 차이, 문화나 인종의 차이, 혹은 개인적 특성과 관계없이 모든 인류에게 공통적으로 세대에게 계승되어 내려온 보편적인 행동 유형이나 내용을 말한다. 예를 들면, 인류 역사의 산물인 신화, 민속, 예술 등이 멀리 떨어져 있는 지역에서도 서로 비슷한 점을 관찰할 수 있으며, 선조들의 신, 모성, 언어, 물 등과 같은 만물에 대한 개념이 세대를 통해 전달되어 모든 나라와 사람들에게 영향을 미쳤다. 따라서 집단무의식은 직접적으로 의식화되지는 않지만 신화, 종교, 민속, 문화 등을 통해 간접적으로 파악될 수 있다.

집단무의식은 정신구조에서 심층부에 위치하고 있으며, 원형(archetype), 아니마(anima)와 아니무스(animus), 자기(self) 등의 하위요소들이 있다.

① 원형(archetype)

원형은 시간, 공간, 문화, 인종과 관계없이 모든 인간에게 보편적으로 존재하는 인류의 가장 원초적인 행동 유형을 말한다(김동배 · 권중돈, 2006). 융은 인간 정신의 기초를 형성하는 집단무의식의 기본 구조는 원형으로 생물학적으로 기초가 되면서 타고난 것으로 원형의 보편적인 경험들은 인간 내부에 있는 심상으로서 나타나거나 표현된다고 하였다. 즉, 인간은 공통의 방식으로 생각하고 행동하는 어떠한 경향성을 갖게 되는데 이를 인간에게 존재하는 원형으로 보았다. 원형은 인간이 갖는 보편적, 집단적, 선험적인 심상들로 융의 분석심리학에서 성격의 중요한 구성요소이다.

② 아니마(anima)와 아니무스(animus)

융은 인간은 생물학적으로 남성호르몬과 여성호르몬을 모두 분비하므로 양성의 성질을 보유하고 있고, 심리적으로도 양성적 특질을 모두 포함하고 있다고 보았다. 그러나 유전적인 성 차이와 사회적 압력에 의해 남성은 남성다움을, 여성은 여성다움을 요구받게 됨으로써 남성에게는 여성적 측면이, 여성에게는 남성적 측면이 억압되어 무의식 속에 상대성이 존재한다고 간주하였다.

이러한 무의식 속에 존재하는 남성의 여성적인 측면을 아니마(anima), 여성의 남성적인 측면을 아니무스(animus)라고 한다. 융은 아니마와 아니무스는 자아와 내면세계의 접촉을 중재해 주는 요소로, 모든 사람은 양성적 본성을 모두 표현할 수 없다면 건강한 성격이 이루어질 수 없다고 보았다. 예컨대, 인간은 무의식 속에 존재하는 아니마와 아니무스로 이성에게 적절히 반응하고 서로를 이해할 수 있다.

③ 자기(self)

자기는 의식과 무의식을 포함한 전체 정신의 중심이며, 태어날 때부터 존재하는 핵심적인 원형이다. 의식의 중심인 자아(ego)는 의식 영역만 볼 수 있는 반면, 자기(self)는 모든 것을 볼 수 있고 통합시킬 수 있다. 융은 인간이 실현하기 위해 타고난 청사진을 자기로 보았다. 자기는 전체로서 인간 성격의 조화와 통합을 위해 노력하는 원형이다. 이 자기 원형은 무의식의 의식화, 즉 개성화(individuation)가 이루어질 때 나타난다.

개성화는 개인의 의식이 타인으로부터 분화되어 진정한 자기 자신이 되어가는 과정을 말한다. 융은 개성화를 통해 자기가 충분히 발달하고 드러나게 된다고 하였으며, 개성화 과정을 성격발달이라고 보았다. 즉, 개성화 과정은 페르소나, 음영, 아니마, 아니무스 등의 원형에 변화가 생기게 되며, 이러한 원형은 성격에 포함되어 성격을 조화시키고 안정성을 유지하게 됨에 따라 독특한 개인, 단 하나의 동일체적 존재가 되어가는 것이다. 따라서, 개성화된 인간은 자긍심이 높고 의식과 무의식 수준을 아우르는 온전한 자기를 인식하게 된다.

융의 이론에 따르면, 중년기가 되면 자아의 방향을 외적 차원과 물질적 차원에서 자신의 내적 및 정신적 차원으로 변화시켜 자기를 인식하기 시작하게 되며, 이때 개성화가 일어난다고 하였다. 이는 자신의 정체성을 확정하는 것으로 자신에 대한 정확한 지각과 미래의 목표를 수반하는 인간의 궁극적 목표인 자기실현(self-actualization)이다. 따라서, 통합적이고 전체적인 인간으로 성장하고 자기실현을 위해 앞으로 나아가고자 하는 경향을 지닌 성장지향적 존재라고 하였다.

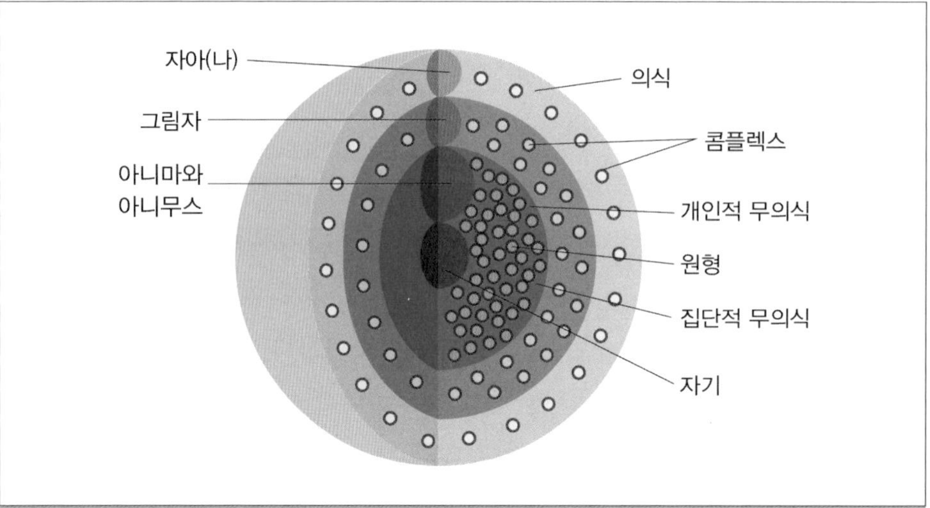

[그림 3-1] 정신의 구조

2) 심리적 유형

융의 1921년 심리적 유형에 관한 연구 결과에 따라 자아의 기본적인 태도와 심리적 기능을 제시하였으며, 이러한 태도와 기능이 결합하여 성격 유형을 분류하였다.

(1) 자아의 기본적 태도

융은 자아의 기본적 태도를 외향성(extraversion)과 내향성(introversion) 두 가지로 구분하였다. 모든 사람은 외향성과 내향성을 모두 가지고 있으나, 어느 한쪽이 상대적으로 우세하여 의식되면 그 유형이 결정된다. 결국 외향성과 내향성 중 어느 한쪽의 태도가 개인의 일생에 걸쳐 주도권을 갖게 된다.

외향성은 정신에너지인 리비도가 객관적 사실과 조건에 관한 지각, 사고,

감정에 의해 좌우되는 것을 의미한다. 따라서 외향적인 사람은 외부환경과 상호작용하며, 자극되고 특정하게 반응하기에 환경에 쉽게 적응한다. 따라서 외향적인 사람은 다른 사람과의 사회적 활동에 관심을 가짐으로써 활동적이고 사교적이며 주위의 일들에 흥미를 가진다. 또한 외향성은 자신의 생각이나 감정을 다른 사람들과 공유하는 것을 선호하고, 자기 안에서 일어나는 변화를 외부에서 영향을 미치는 대상 탓으로 여긴다.

내향성은 리비도가 주관적 내적 가치 기준에 주의를 기울이는 성향으로 자신의 내적 세계에 대해 사색하고 분석하는 일에 흥미를 갖는다. 내향적인 사람에게 대상의 중요성은 대상 그 자체가 아니라 그것이 어떻게 자신의 심리에 관계되는지가 중요하다. 따라서 내향적인 사람은 자신의 주관에 의해 판단하며, 조용하고 고요한 환경에서 자기 일에 몰두하는 것을 선호하는 경향이 있다.

융은 외향성과 내향성을 개인의 성격을 이해하는 데 중요한 차원으로 간주하였으며, 이러한 성격 유형이 개인의 행동과 태도, 사회적 상호작용에 영향을 미친다고 보았다. 융은 개인의 외향성과 내향성이 상호보완적인 성향으로 작용할 수 있으며, 각각의 유형이 자신의 강점과 약점을 가지고 있다고 하였다(Jung, 1959).

(2) 자아의 심리적 기능

융은 자아의 기본적 태도인 외향성과 내향성만으로는 모든 인간의 생각과 행동을 충분히 설명할 수 없다는 점을 인식하고 자아의 기본적인 심리적 기능을 추가하여 설명하였다. 심리적 기능은 사고(thinking), 감정(feeling), 감각(sense), 직관(intuiting)의 네 가지로 구분하였으며, 이들 네 가지 기능 중 어떤 한 기능이 우세하면 그에 상응하는 유형이 된다. 즉, 자아의 기능은 사고형, 감정형, 감각형, 직관형으로 분류된다. 융에 따르면, 심리적 기능을 합리적 기능과 비합리적 기능으로 구분하여 설명하였다.

먼저, 이성적 판단을 필요로 하는 합리적 기능은 사고형과 감정형이다. 사고는 여러 가지 생각을 연결시켜서 일반적 생각 또는 문제해결에 도달하는 기능이다. 즉, 사물을 이해하고자 하는 지적 기능이다. 감정은 내적 혹은 외적 실체에 대한 인정 혹은 경시를 포함한다. 사고형은 주로 논리적이고 분석적인 사고를 선호하며, 객관적인 기준과 논리에 주의를 기울이며, 감정적인 요소보다 사실과 데이터를 중시하는 경향이 있다. 주로 사고를 통해 외부세계에 적응하는 사람은 감정의 문제는 잘 다루지 못하는 감정기능이 열등하다. 감정형은 사람들과의 관계나 상호작용에서 감정적인 연결과 이해를 중시한다. 대개 다른 사람들의 감정을 고려하여 자신의 결정을 내린다. 이에 사고기능이 열등하다.

비합리적 기능은 이성적 판단을 필요로 하지 않는 감각형과 직관형이다. 감각과 직관은 외부세계를 인식하고 이해하는 방식으로 감각형은 감각기관을 통해 현실을 경험하는 반면, 직관형은 일종의 초감각적 경험이나 육감을 토대로 판단한다. 즉, 감각형은 관찰을 통해 사물의 현재 있는 그대로에 관심이 있다면, 직관형은 사물을 미래지향적인 모습으로 바라본다. 예를 들면, 감각형은 나무를 보지만 숲을 보지 못하고, 직관형은 숲을 보지만 나무를 보지 못한다. 어떤 기능을 우선적으로 사용하고 어떤 기능을 비교적 덜 사용하는가에 따라 개인의 기본적인 성격이 달라진다.

MBTI(Myers-Briggs Type Indicator)는 캐서린 C. 브릭스와 이사벨 B. 마이어스가 공동으로 융의 이론을 토대로 선호지표와 심리 유형을 측정할 수 있는 검사로 개발한 것이다. 융의 여덟 가지 성격 유형을 기본으로 판단과 인식의 축을 추가하여 16개의 성격 유형으로 발전시켰다.

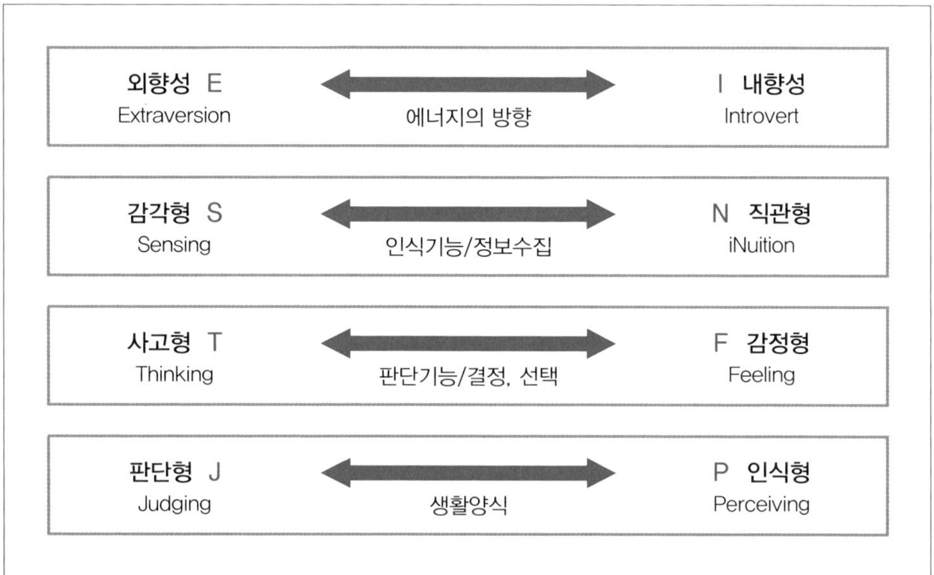

[그림 3-2] MBTI 성격 유형

(3) 성격 유형

융은 두 가지의 자아의 태도와 네 가지의 심리적 기능의 결합으로 여덟 가지의 심리적 유형을 분류하였다. 외향적 사고 유형, 내향적 사고 유형, 외향적 감정 유형, 내향적 감정 유형, 외향적 감각 유형, 내향적 감각 유형, 외향적 직관 유형, 내향적 직관 유형의 여덟 가지 유형으로, 각 유형을 살펴보면 〈표 3-1〉과 같다.

표 3-1 융의 여덟 가지 성격 유형

유형	내용
외향적 사고 유형	주로 외부세계를 지향하고, 인식과 판단에 있어서도 외부의 사람이나 사물에 초점을 맞춘다. 행동 지향적이고 때로는 충동적으로 사람들을 만나며, 솔직하고 사교성이 많고 대화를 즐긴다. 말하기를 즐기며 말을 하면 할수록 힘이 난다.
내향적 사고 유형	자기 내부의 세계를 지향하며, 바깥의 세계보다는 자기 내부의 개념이나 생각 또는 이념(idea)에 더 관심을 둔다. 혼자 앉아 생각에 잠기는 것이 편안하고 활력이 난다. 이러한 사람들은 사려 깊고 명상적이고 고독과 프라이버시를 즐긴다.
외향적 감정 유형	그들을 둘러싼 세계에 잘 순응하며 동년배들과 잘 어울린다. 이들은 관례에 충실하며, 개인의 성공에 관심을 갖는다. 이들은 재치 있고 매력적이며, 사람을 잘 다루고 사교모임을 즐긴다. 부정적인 면에서 이들은 다소 얄팍하며 성실하지 못하다. 유능한 사회자 및 사회사업에 종사하는 사람들이 이 유형에 속한다.
내향적 감정 유형	다른 사람들과는 다소 거리를 유지한 채 자기 안으로 파고드는, 마치 '물은 깊을수록 평온하다'라는 것을 연상시킨다. 이들은 소수의 친밀한 친구를 선호하며, 그들과 가까운 사람들을 매우 잘 이해한다. 이들은 종종 매우 종교적이며 자기희생적이다. 이 부류의 사람들은 역할연기에 능숙하지 못하기 때문에 진솔하며, 친구들에게 충실하다. 승려와 수녀가 이 유형에 속한다.
외향적 감각 유형	외부세계의 대상과 감각이 매우 중요하다. 실용적이며 세상 물정에 매우 밝아 있는 그대로의 현실을 잘 받아들이며, 그 안에서 사는 것을 즐긴다. 그러나 부정적인 면으로는 중독 경향이 있고 탐닉에 빠지기 쉬우며, 극단적인 경우에는 도착증세를 보이기도 한다. 이 유형의 사람들은 사업이나 부동산 업무에 종사하는 경우가 많다.
내향적 감각 유형	내적, 그리고 주관적으로 경험되는 감각이며, 이들에게 사물은 그리 중요하지 않다. 이들은 자신만의 감각으로 충만하여 외부와의 접촉이 거의 없으며, 타인에게 자기감정을 표현하는 것을 어려워한다. 이들은 유령이나 환영, 놀랄 만한 물체를 보았다고 주장하기도 한다. 몇몇 예술가와 음악가가 이 집단에 속한다.
외향적 직관 유형	전체 사실을 충분히 알지 못한 상태에서 어떠한 판단이나 결정을 내려야 할 경우 뇌의 직관 부분을 이용한다. 이들은 고정되고 익숙하며 안정된 것에 싫증을 내고, 새로운 것을 탐험하고 미래를 살피길 좋아한다. 이들은 관습과 전통을 가볍게 여기며, 원하는 것을 얻고자 타인을 유린하기도 한다. 이들은 자기 자신만의 도덕적 기준을 가지고 일종의 모험을 즐긴다. 이들은 사물을 끝까지 살펴보지 않으며, 이들의 개인 관계는 약하다. 기업가나 사업가들이 이 집단에 속한다.
내향적 직관 유형	꿈이나 환상, 그리고 집단무의식의 신비한 세계이다. 이들은 자기만의 백일몽이나 환상, 종교적 계시에 사로잡히는 경우가 많다. 이 유형의 사람들은 아마도 과거에는 한 부족의 영매였을 법도 하나, 오늘날에는 이상한 사람으로 취급받는 경우가 흔하다. 다수의 영매, 신비주의자 및 시인들이 이 유형에 속한다.

출처: 이영미 · 이원주(2023).

4. 성격의 발달단계

융은 성격의 발달이 일생에 걸친 연속적 과정이라고 보면서도 두드러지는 변화가 일어나는 네 단계로 성격의 발달을 설명하였다. 아동기, 청소년기와 성인기, 중년기, 노년기로 구분한 성격의 발달과정에서 중년기(35~40세 이후)는 결정적인 변화를 겪게 되는 시기로 그 중요성을 강조하였다.

1) 아동기

이 단계는 출생에서 사춘기까지를 아동기로 보았다. 출생 후 일정 기간 동안은 정신이 완전히 본능에 지배받게 되므로, 이 시기 동안 아동은 전적으로 부모에게 의존한다. 아동기는 언어, 사회적 기술, 인지능력 등이 활발하게 이루어지는 시기이며, 의식적인 자아가 발달하기 전 단계이다. 따라서, 생활 속의 질서는 대부분 부모에 의해 결정되며, 심리적 문제는 거의 존재하지 않는다. 아동의 성격은 그 부모의 성격을 그대로 반영하고 있기에 아동의 성격 형성에 도움을 주기도 하고 성격발달을 저해하기도 한다.

아동기 후반에 이르러 기억이 지속되면서 자아정체감의 감각과 관련된 지각이 축적되면서 자아가 형성됨에 따라, 학령기 아동은 점차 부모로부터 분리되기 시작한다.

2) 청소년기와 성인기

이 단계는 사춘기에 일어나는 생리적 변화를 경험하는 13~34세 사이에 해당하는 시기이다. 융은 청소년기를 정신적 탄생(psychic birth)이라 말하며,

자아의 의식적 분리는 부모로부터 분리된 청소년기에 일어난다고 보았다. 청소년기는 본인뿐 아니라 부모도 어려운 시기로 현실과 모순되는 환상에 집착하면 많은 문제에 봉착하기도 한다. 그리고 사회적 관계의 형성이 중요한 시기로 학교, 친구, 가족과의 관계가 발달에 큰 영향을 미친다. 또한 대학 등 상급학교로의 진학으로 실질적인 진로탐색, 활발한 사회활동(직업생활 등)을 통해 자신의 정체의식을 발달시키고 부모와는 확연히 다른 자신만의 개성을 확립해 나가기 시작한다.

성인기는 외적으로 팽창하는 시기로, 성숙의 힘에 이끌려 자아가 발달하고 외부세계에 대처하는 능력이 발달한다. 따라서 혼인을 통해 원가족과는 또 다른 자신이 중심이 된 새로운 가족을 구성하기도 하고, 경력을 쌓아 사회적 성공을 얻기 위해 노력한다. 성인기는 경제적으로 자립하고 사회적 역할을 수행하는 데 초점을 둔다.

이 단계는 외부환경의 요구에 대처해야 하기 때문에 내향적 사람보다는 외향적 사람이 더 잘 적응한다고 하였다. 하지만 이 시기에는 환경과 사회가 요구하는 모습으로 자신을 적응시켜 나가려는 사회적 가면인 페르소나가 발달하는데, 이는 사회에서 성취를 통해 자신의 위치를 확고하게 다지려는 욕구와 노력의 일환이다.

3) 중년기

이 단계는 35~40세를 전후해 직업, 사회, 가정에서 중요한 위치를 점하는 시기로, 어느 정도 가정과 직업적 안정이 구축된 시기이자 정신적 변화가 오는 시기이다. 그동안의 외향적 목표와 야망은 중년이 되면서 그 의미를 잃어 공허함과 무력감을 느끼게 된다. 융은 이 시기를 중년의 위기로 묘사하면서, 젊은 시절에 있었던 많은 사회적 요구가 줄어들게 되면서 내면적이고 주관적인 세계에 몰두하게 된다. 즉, 외향성에서 내향성으로, 의식에서 무의식으로, 육체적이고 물질적인 관심에서 종교적 · 철학적 · 직관적 관심으로 이동한다. 외부세계를 향하던 정신에너지가 자신의 내면을 향하게 되면서 진짜 자기(self), 자신의 생물학적 성과는 다른 성격적 측면(아니마와 아니무스)을 표현하게 된다.

중년기의 변화는 처음부터 의식되는 변화가 아니며, 오히려 무의식에서 야기되는 간접적인 변화이다. 사회적 가면 뒤에 숨어 있는 내면세계에 주의를 기울이고 자신의 정체성을 확장하는 것으로, 중년기는 자기를 실현하는 과정이자 개성화가 이루어지는 시기이다. 이때 개성화가 적절하게 이루어지지 않으면 절망에 빠지게 된다.

4) 노년기

마지막 단계인 노년기는 죽음 앞에서 생의 본질을 이해하려는 시기로, 인생을 있는 그대로 받아들이고 죽음을 회피의 대상이 아니라 인생 후반기에 해결해야 할 중요한 목표로 인식하려는 노력이 필요한 시기이다.

융은 내세에 대해 아무 이미지도 갖고 있지 않은 사람들은 죽음을 건강한 방식으로 직면할 수 없다고 믿었다. 내세에 대한 믿음은 인위적인 처방이 아니라 죽음이 가까워짐에 따라 인간의 무의식 속에 영원에 대한 원형이 솟아나기 때문에 필요하다고 보았다.

5. 개입기법

분석심리이론에서 사용하는 주요 개입기법은 꿈 분석(dream analysis), 상징의 사용(symbolism), 단어연상검사(word association test), 생애사(사례사, 가족력 포함) 등이다. 이에 관해 살펴보면 다음과 같다(이준우 · 최희철, 2021: 57-59 재인용).

1) 꿈 분석

꿈 분석(dream analysis)은 융의 분석심리이론에서 가장 중요한 방법으로 서비스를 이용하는 당사자의 무의식을 이해하는 데 사용된다. 꿈은 무의식적 소망 이상의 의미를 가지고 있으며, 미래를 예견하게 해주어 개인이 일어나리라고 기대하는 경험과 사건을 준비하도록 도와준다. 꿈 분석 치료에는 세 가지 개념이 적용된다.

첫째, 동시성의 개념이 적용된다. 동시성이란 두 사건이 논리적으로 인과관계가 없이 독립적으로 일어나지만 서로 밀접하게 관련된 의미를 가지는 현상을 말한다. 예를 들어, 당신이 오랫동안 보지 못했던 친구를 꿈에서 보았는데, 다음날 그 친구가 전날 밤에 죽었다는 소식을 듣는 것이 여기에 해당된다.

둘째, 꿈은 보상성의 개념도 갖고 있다. 즉, 꿈은 어떤 정신구조의 지나친 발달을 보상함으로써 상반되는 정신과의 균형을 유지하도록 도와준다는 것이다. 예를 들어, 몹시 수줍어하는 사람은 자신이 파티에서 매우 활동적인 역할을 하는 꿈을 꾸거나, 사업에 실패한 사람이 성공한 꿈을 꾸는 경우를 들 수 있다.

셋째, 꿈은 확충성의 개념을 갖고 있다. 특별한 상징으로 시작하여 그것에서 점점 발전해 가는 자유연상과는 달리, 꿈 분석은 치료자와 서비스 이용 당사자가 상징들의 이해를 확장하려는 시도로 어떤 주제가 탐색될 때까지 같은 상징들을 계속해서 재평가하고 재해석하려는 치료기법이다. 융은 단일한 꿈의 분석은 잘못된 해석으로 이끌 수 있지만 일련의 꿈들의 분석은 이용 당사자가 직면하는 문제에 대한 보다 정확한 해석을 달성하는 수단으로 기여할 수 있다고 보았다.

2) 상징의 사용

융은 서비스 이용 당사자의 사고, 감정, 행동을 추동하는 역동성과 패턴을 상징적으로 생각하고 이해할 능력을 강조하였다. 이러한 패턴은 이용 당사자의 꿈, 증상, 환상 등에서 상징적이거나 간접적 형태로 나타날 수 있다. 치료자가 이러한 심리적 의미를 이해하는 능력은 우리의 문화적 저장고인 신화, 동화, 예술작품, 종교, 등에서 발견되는 많은 상징을 이해함으로써 향상될 수 있다. 특히 융은 깊은 상징을 가진 어떤 이미지들이 되풀이해서 나타나는 것에 주목하였고, 어떤 상징은 우주적 의미를 지닐 뿐 아니라, 상징적 표현은 인간의 사고와 노력의 모든 측면에 영향을 미치는 심리적 과정에서 중요한 역할을 한다는 결론을 내렸다. 예를 들어, 이용 당사자가 자주 사용하는 특정한 색상, 동물, 물건 등은 그들의 내면적인 상태나 욕구를 나타낼 수 있다.

3) 단어연상검사

이 검사는 개인이 어떤 자극 단어에 의해 떠오르는 어떤 단어로 반응하는 투사기법이다. 1990년대 초에 융은 정서를 불러일으킬 거라고 생각한 100개의 단어목록이 포함된 단어연상검사를 이용해 서비스 이용 당사자들이 갖는 콤플렉스를 밝히는 데 사용하였다. 100개의 단어목록은 명사와 형용사 또는 부사를 번갈아서 무작위로 나열한 것이다. 단어연상검사를 통해 융은 각 자극 단어에 이용 당사자가 반응하는 데 걸리는 시간 및 자극 단어의 정서적 효과를 결정하는 생리적 반응을 측정하였다. 이렇게 융에 의해 시작된 이후 단어연상검사는 피험자가 자극 단어에 즉각적으로 떠오르는 어떤 단어로 반응하는지를 주로 살피며, 이용 당사자의 무의식적인 콤플렉스를 환기시키는 임상적 도구로 심리학 연구에 적용되었다.

4) 생애사(사례사, 가족력 포함)

이 방법은 심리적 장애의 발달사를 추적하는 데 사용되었다. 융은 이 방법이 서비스 이용 당사자들의 태도 변화를 야기하는 데 도움이 된다는 것을 발견하였다. 융은 자신의 사례연구를 '생애사 재구성'이라고 불렀다. 융은 이용 당사자가 과거 경험을 회상하도록 하여 조사함으로써, 현재의 신경증을 설명할 수 있는 발달 패턴을 확인하여 생애사 재구성을 하도록 하였다. 특히 어린 시절의 경험을 이해함으로써 내면세계를 탐구하는 데 유용하였으며, 생애사를 통해 자신의 성격, 감정, 행동 등에 영향을 미친 과거 경험을 살펴봄으로써, 이를 통해 현재의 심리적인 문제를 이해하고 해결할 수 있었다.

이 외에도 융의 분석심리학적 접근의 기타 개입기법으로 증상분석, MBTI 등의 방법 등이 있다.

기출문제

1. 융(C. Jung)의 이론에 관한 설명으로 옳은 것은?

① 페르소나(persona)는 외부의 욕구나 기대에 부응하는 과정에서 생긴 자아의 가면이라고 한다.
② 인간을 성(性)적 에너지인 리비도(libido)에 의해 지배되는 수동적 존재로 보았다.
③ 원형(archetype)이란 개인의 의식 속에 존재하는 유일한 정신기관이다.
④ 아니무스(animus)는 남성이 억압시킨 여성이다.
⑤ 자아(ego)의 기능에서 감각(sense)과 직관(intuiting)은 이성을 필요로 하는 합리적 기능이다.

2. 융(C. Jung)의 이론의 주요 개념을 설명한 것 중 옳지 않은 것은?

① 집단무의식은 개인적 특성과는 관계없이 누구나에게 존재하는 무의식이다.
② 자기(self)는 인간으로 하여금 인생의 완성을 추구하도록 한다.
③ 음영(shadow)은 가장 강력한 원형으로서 인간 생활의 활력과 추진력, 삶의 원천이 된다.
④ 성격은 비합리적인 기능에 따라 사고형과 감정형으로 구분된다.
⑤ 성격은 자아의 태도에 따라 내향성과 외향성으로 구분된다.

3. 융(C. Jung)의 이론에 관한 설명으로 옳은 것은?

① 정신분석(psychoanalysis)이론이라 불린다.
② 사회적 관심과 활동수준을 기준으로 심리적 유형을 8가지로 구분하였다.
③ 발달단계에 관하여 언급하지 않았다는 특징을 지니고 있다.
④ 개성화(individuation)를 통한 자기실현과정을 중요시하였다.
⑤ 성격 형성에 있어서 창조적 자기(creative self)의 역할을 강조하였다.

4. 융(C. Jung)의 이론의 주요 개념과 설명이 옳은 것은?

① 아니마(anima) : 무의식 속에서 존재하는 여성의 남성적 측면이다.
② 콤플렉스(complex) : 자체적인 추진력을 갖고 사고와 행동을 강력하게 지배할 수 있다.
③ 페르소나(persona) : 외부세계에 보여주는 이미지를 만들기 위해 자기(self)가 쓰는 가면으로, 강력한 원형이다.
④ 자기(self) : 정신세계에서 의식과 분별의 영역을 의미한다.
⑤ 리비도(libido) : 심리성적 발달과정을 이끄는 성적 본능의 에너지이다.

5. 융(C. Jung)의 이론으로 옳은 것을 모두 고른 것은?

ㄱ. 무의식을 개인무의식과 집단무의식으로 구분하였다. ㄴ. 그림자(shadow)는 인간에게 있는 동물적 본성을 포함하는 부정적인 측면이다. ㄷ. 페르소나(persona)는 개인이 외부세계에 보여주는 이미지 혹은 가면이다. ㄹ. 남성의 여성적인 면은 아니무스(animus), 여성의 남성적인 면은 아니마(anima)이다.

① ㄱ,ㄴ ② ㄷ,ㄹ ③ ㄱ,ㄴ,ㄷ
④ ㄱ,ㄴ,ㄹ ⑤ ㄱ,ㄴ, ㄷ, ㄹ

정답	1. ① 2. ④ 3. ④ 4. ② 5. ③

04

CHAPTER

자아심리이론

1. 개인심리이론: 아들러

1) 아들러의 생애

알프레드 아들러

알프레드 아들러(Alfred Adler, 1870-1937)는 오스트리아 출신의 정신의학자이자 개인심리학을 창시한 심리학자이다. 아들러는 중산층 유대인 가정에서 4남 2녀 가운데 차남으로 태어났다. 어린 시절 구루병으로 4세가 되어서야 걸음마를 시작하였고, 폐렴에 걸려 죽을 고비를 넘겼다. 또한 동생의 죽음을 경험하고 병약한 자신으로 인해 의학에 관심을 갖게 되었다. 병약한 어린 시절은 형의 그늘에 가려져 형에 대한 열등감에서 비롯된 경쟁심이 심했고, 동생들이 태어나기 전에는 늘 어머니의 관심을 독차지했으나 동생이 태어난 이후에는 동생들에게 물려주어야 했다. 이를 보상받기 위해서 아버지의 관심을 자신에게 돌려 아버지와의 친밀한 관계를 유지하였다.

아들러는 자신의 허약함과 신체적 열등감을 극복하기 위해 더욱더 열심히 공부하였다. 중등학교에 입학한 그는 심리학, 사회학, 정치학, 철학 등의 많은 학문에 관심을 가지고 꿈이었던 의사가 되기 위해 1888년 명문 비엔나대학교에 입학해서 1895년 의학박사 학위를 취득하였다. 그는 인턴십을 마친 후에 안과의사로 활동하였는데, 이때 시력이 나쁜 사람들은 청력이 발달한다는 것을 처음으로 알게 되었다. 이러한 경험은 초기 저술 중 하나인『기관 열등감과 정신적 보상(Organ Inferiority and its Psychical Compensations, 1917)』에 통합되어 드러난다. 안과의사에서 일반의로 진료과목을 바꾸고 신경학과 정신의학에 관심을 갖기 시작하면서 아동의 불치병과 사회문제에 대해 지속적인 관심을 갖게 되었다.

1902년 프로이트는 아들러를 자신의 토론 그룹에 초대했고, 이 모임은 1910년 아들러가 의장이 된 비엔나 정신분석학회(Vienna Psychoanalytic Society)로 발전하였다. 초기에 프로이트와 아들러는 조화로운 관계였지만 프로이트의 성적 개념에 대한 이론을 비판하면서 프로이트와 결별하게 되었다. 1912년 정신분석학회에서 견해를 달리한 회원들과 탈퇴하여 개인심리학회(Society for Individual Psychology)를 창설하였다.

아들러는 오스트리아 정부의 요청으로 신경증 학생과 그들 부모가 상담을 받을 수 있는 아동상담소를 설립하였다. 그곳에서 부모교육, 부모상담 프로그램, 교사교육, 집단상담의 새로운 장을 개척하였다. 당시 혁명적인 시도로 평가된 아들러의 아동상담소는 비엔나와 전 유럽으로 빠르게 확산되었다.

아들러는 제1차 세계대전이 끝난 후 비엔나를 중심으로 22곳의 아동정신병원을 열었으나 아들러가 유대인이라는 이유로 1932년 강제 폐쇄되었다. 1927년 이후부터는 미국 콜롬비아 대학교의 초빙교수를 역임하고 유럽과 미국에서 여러 차례 대중 강연을 한 경력을 인정받아 1932년 미국의 롱아일랜드 의과대학 교수직에 임명되었다. 1937년 5월 순회강연 도중 심장마비로 사망하기까지 300여권의 책과 논문을 발표하는 등 왕성한 활동을 하였다.

아들러는 상담 및 심리치료 분야에서 20세기에 가장 중요한 인물로서, 후학에게 독보적인 영향을 미쳤다. 아들러는 다양한 정신병리를 예방할 수 있는 방법으로 사회적 관심과 민주적 가족구조에서의 자녀양육을 강조하였고, 가장 중요한 개념인 열등감 콤플렉스는 자긍심의 문제와 정신건강에 미치는 부정적인 영향에 대해 설명하였다. 아들러는 자신의 성장과정에서 직접 경험한 열등감, 출생 순서, 보상추구, 사회적 관심 등을 토대로 오늘날까지도 심리학과 상담학에 지대한 영향을 미치고 있으며, '현대 심리학의 아버지'라 불린다.

2) 인간관

아들러의 개인심리학은 프로이트의 결정론적 인간관을 반대하며 인간을 분류하거나 분리, 분할할 수 없는 그 자체로서의 완전한 전체적 존재로서 보았다. 인간의 행동, 사고, 감정을 하나의 일관된 전체로서 자아일치된 유기체이며, 이러한 통합된 성격구조를 개인의 생활양식이라 하였다. 그는 인간은 누구나 불완전한 존재로서 자기완성을 역동적으로 추구하는 개인이라고 생각했고 개인이 자신과 자신이 적응해 나가야 하는 환경을 어떻게 바라보느냐에 따라 그의 행동이 결정된다고 하였다. 이는 객관적 사실보다 객관적 사실에 대한 주관적 의미부여 과정을 중요하게 보는 현상학적 관점을 수용하여, 개인이 세계를 어떻게 인식하느냐 하는 주관성을 강조하였다(이무영 외, 2023).

아들러는 프로이트와 마찬가지로 어린 시절의 중요성을 강조하지만, 어린 시절의 경험 자체가 개인의 미래를 결정하는 것이 아니라 그것을 지각하고 활용하는 개인의 주관적 방식과 결정에 따라 삶은 가변적일 수 있다고 보았다. 또한 인간이 창조적인 힘을 가지고 자신의 삶을 스스로 결정할 수 있는 능동적인 존재이며, 협동하고 상호작용하여 사회적 관계를 맺을 수 있는 사회적 존재로, 목표지향적 존재라고 보았다. 또한 인간행동의 원인보다는 행동의 목적을 강조하였으며 인간이 우월함을 추구하고 열등감을 극복하여 자기완성을 추구한다고 하였다.

개인심리이론은 기본적으로 정신역동이론을 기반하고 있지만 인본주의적 상담의 이론적 기틀을 조성하였다. 이는 현대의 인지치료, 심리치료, 가족치료, 현실치료 등의 발전에 영향을 미쳤으며, 아동지도, 청소년 교육, 자녀양육, 부모교육, 부부치료, 교정재활, 지역사회 정신건강 등의 분야에도 널리 적용되었다.

3) 주요 개념

아들러의 개인심리이론에 의하면, 인간행동의 원인보다는 행동의 목적을 강조하였으며 인간이 우월함을 추구하고 열등감을 극복하여 자기완성을 추구한다고 하였다. 아들러는 가족성원의 생활양식과 가족구조, 출생순위 등에도 많은 관심을 가졌다. 이러한 개념들은 사회복지실천에 있어 다양한 환경체계에 개입하고 가족상담과 가족치료 등에 이론적 기반을 제공하는 데 유용한 것으로 평가되고 있다. 아들러의 주요 개념을 살펴보면 다음과 같다.

(1) 열등감과 보상

아들러는 인간이 상대적으로 발달이 덜 이루어지고 기능이 떨어지는 열등한 부분이 존재할 수 있으며, 태어날 때부터 열등한 부분이 질병으로 이어질 수 있다는 것을 이론화하였다. 열등감은 누구에게나 존재하며 보편적인 것으로, 인간은 열등감을 느낄 때 부족한 점을 채우며 더 나아지기를 바라게 된다(Adler, 1956). 즉, 인간이 더 나아지기를 원하기 때문에 느끼게 되는 감정을 열등감이라고 보았다. 열등감은 인간으로 하여금 그 자리에 안주하지 않고 무언가를 추구하도록 하는, 즉 우월을 추구하는 자극이자 원동력을 말한다.

이렇게 자신에게 부족한 무언가를 충족하고자 하는 시도를 보상이라고 하는데, 보상은 인간으로 하여금 자신이 가진 잠재력을 발휘하도록 자극하는 역할을 한다. 보상의 예로 사회적응에 어려움을 겪던 소년이 성장하여 훌륭한 배우가 되거나 가난한 집안에서 고생하면서 성장한 사람이 백만장자가 되는 것이 있다. 열등감의 극복은 인간의 발달에 긍정적 목표 달성을 추구하게 하고 개인의 성공을 가져다주기도 한다. 그러나 노력하지 않고 열등감에 머무르는 사람에게는 병적 열등감이 생기는데, 이는 신체적 결함이 있거나 버릇없이 응석받이로 성장했거나 방임하여 성장하는 환경에 노출되었을 때 발생될 수 있다. 아들러는 이러한 병적 열등감이 성인기 신경증의 주요 원인이 된다고 보았다.

(2) 우월에 대한 추구

우월에 대한 추구는 열등감에 대한 보상과 관련된 개념이다. 아들러는 인간은 출생에서 사망에 이르기까지 우월성을 추구하기 위해 노력하는 존재로 보았으며, 우월성(superiority)이란 개념을 자기완성 혹은 자기실현이란 의미로 사용하였다. 이는 인간은 부족한 것을 채우고 미완성의 것은 완성해 가면서 좀 더 나은 상태로 나아가고자 하는 경향성을 가졌기 때문이다.

아들러는 인간 생활의 궁극적 목적은 우월하게 되는 것으로, 모든 인간이 갖는 기본적 동기라고 하였다. 우월을 향한 목표는 저마다 고유한 것이며, 각자가 인생에 부여하는 의미에 따라 달라진다. 우월에 대한 추구는 표현되는 잠재력의 차이에 따라, 사회적으로 이타성을 띤 긍정적인 경향과 개인적 우월성을 추구하는 부정적인 경향을 띨 수도 있다. 긍정적 경향은 다른 사람의 행복과 같은 이타적 목표를 지향하는, 즉 사회적 우월을 추구하는 사회적 관심을 의미하며, 반대로 부정적 경향은 심한 자기애(허세)나 개인적 우월성만 추구하는 이기적 목표를 지향하는 것이 된다. 이처럼 아들러의 개인심리이론은 개인이 공동체의 일원으로서 존재하며, 공동체의 이익을 위해 노력하는 것이 중요하다고 보았다. 인간은 '내가 더 나아지기 위해' 노력할 수도 있지만, '우리가 함께 더 나아지기 위해' 노력할 수도 있다. 이는 사회적 우월을 추구하는 것에 대한 관심이 곧 '사회적 관심'이다.

(3) 사회적 관심

아들러는 인간의 성적 충동보다 사회적 충동에 의해 동기화된다고 보았으며, 사회적 관심(social interest)은 개인이 이상적인 공동사회의 목표를 달성하고자 사회에 공헌하려는 경향을 의미한다고 하였다(Adler, 1964: 34-35). 이는 개인적 우월의 목표가 사회적 목표로 이동하는 것으로, 다른 사람들의 행복에 기여하기 위해 개인적 우월의 목표를 포기하는 것을 말한다.

일반적인 사회적 관심은 가족관계 및 아동기의 경험으로부터 발달하는데, 특히 협동심, 연대의식, 동료의식과 같은 사회적 관심의 발달은 아동기 어머니가 가장 큰 영향을 주며, 다음으로 아버지 역시 영향을 미치는 주요한 인물이다. 결국, 부모가 일, 우정, 사랑과 결혼 같은 주요 발달과업에서 긍정적 성취감과 만족감은 자녀의 사회적 관심 발달에 영향을 미친다는 것이다.

아들러는 사회적 관심은 선천적으로 타고나는 것으로, 훈련되는 것이 아니라 타고난 본성으로 잠재적인 것이기 때문에 사회적 맥락 속에서 개발되어야 한다고 보았다. 또한 사회적 관심을 개인의 장래에 모든 적응이 달린 중요한 부분으로 간주하였다. 이는 개인이 사회적 관계를 통해서 자아를 발전시키고 성장하기에 사회적 관심의 발달 수준이 개인의 심리적 건강을 측정하는 데 유용한 척도이며, 사회적 관심이 부족한 사람은 적응을 잘 하지 못한다고 주장하였다(Adler, 1956).

(4) 가상적 목표

아들러는 인간행동이 현실 속에서 검증될 수도 없고 확증될 수도 없는 상상 또는 가상의 목표(fictional finalism)에 의해 결정된다고 보았다. 가상적 목표는 지금-여기에 존재하며, 어떤 상황에서 개인이 추구하는 안전한 상태의 자기상을 의미한다. 그리고 가상적 목표는 개인이 스스로 결정한 것이므로 그가 지닌 창조력에 의해 형성되고 개인마다 독특한 것이라고 하였다. 누구나 각자의 열등감을 보상하기 위해 어떤 목표를 향해 나아가지만 자신이 향하고 있는 그 최종 목표가 무엇인지를 알지 못하는 경우가 많다. 따라서, 한 개인의 가상적 목표를 이해하게 되면 그의 다른 행동과 생활양식도 이해할 수 있게 된다(천정웅 외, 2019).

가상적 목표는 일상생활을 하는 데 도움이 되지 못한다면 수정하거나 버려야 하겠지만 개인으로 하여금 현실에 효과적으로 대처하도록 하는 데 도움이 된다. 아들러는 인간의 성격이 과거의 경험보다 가상적인 미래를 기대하는 데 영향을 받는다고 전제하며 인간 동기의 목표지향적인 측면을 강조하였다(이준우 · 최희철, 2021).

(5) 생활양식

아들러는 성격이라는 용어 대신 생활양식(style of life)이라는 용어를 사용하였다. 생활양식은 인생의 목표를 달성하기 위한 개인이 지닌 특성으로, 인생의 목표뿐만 아니라 자아개념, 타인에 대한 감정, 세상에 대한 태도를 포함한 한 개인의 독특한 특징을 포괄하는 개념이다.

아들러는 4~5세경 열등감을 보상하려는 심리 속에서 개인마다 독특한 자신만의 생활양식을 가지게 된다고 주장하였으며, 이때 형성된 생활양식은 성인이 되어도 근본적인 변화가 거의 일어나지 않는다고 하였다. 아들러는 병약하거나 허약체질인 아동의 상황, 응석받이 아동의 상황, 거부된 아동의 상황에서 생활양식이 왜곡되기 쉬우며 건강한 사회적 관심을 발전시키지 못하고 잘못된 생활양식인 병적인 열등감에 빠질 수 있다고 하였다.

4) 성격의 발달

아들러는 개인이 자신의 가족 구성원 중 어느 위치에서 태어났느냐에 따라 개인의 성격과 특성이 형성된다는 가설을 주장하였다. 즉, 같은 부모에게서 태어났더라도 출생순위에 따라 그들이 경험하는 가정환경은 차이가 있고, 이는 성격 형성에 주요한 영향을 미친다는 것이다. 따라서, 각 개인은 부모의 양육 태도나 가족 분위기 등을 통해 자신의 생활양식의 기초가 되는 대인관계 기술이나 사회적 관심을 발달시킨다. 그리고 이것이 궁극적으로는 성인기의 성격과 생활양식을 결정짓는 토대를 이루게 된다고 생각하였다.

아들러는 가족 내의 서열상 위치에 따라 부딪히게 되는 독특한 문제들이 있을 수 있으며, 개인이 당면한 문제가 무엇인지를 밝히고 개인이 그 문제를 어떻게 해결해 나가는지를 주목하였다. 다음에서 출생순위에 따른 성격의 특징에 대해 설명하였다.

(1) 맏이

맏이는 태어났을 때 혼자라는 독특한 위치이다. 처음에는 부모의 사랑을 독차지하다가 동생이 출생하면서 사랑을 빼앗기는 경험을 하게 되며, 사랑을 되찾기 위해 노력하면서 독자적으로 생존하는 기술을 익히게 된다. 한때 집중된 관심과 사랑의 과잉보호는 일반적으로 버릇이 없어지는 경향이 생길 수 있으며, 이는 외동자녀와 비슷한 경향을 보인다.

동생이 생기면서 '폐위된 왕'에 비유될 만큼 변화된 생활은 위협적일 수 있어 과거의 위치를 탈환하기 위해 퇴행하거나 저항으로 관심을 끌기 위해서라면 무엇이든 하려 들 수 있다. 따라서 맏이는 빼앗겼다는 생활양식의 형성으로 적대감, 반항, 동생에 대한 공격 등을 표현하기도 하며, 이러한 긴장은 신체적인 증상으로 두통, 복통, 식은땀 등이 나타나기도 한다. 또한 맏이에게는 성숙과 책임을 부모가 기대하기 때문에 윗사람들에게 동조하는 생활양식을 발달시키게 된다. 이는 성인기에 권위를 행사하고 싶어하며, 규칙과 법을 중시하는 경향이 되기 쉽다.

(2) 둘째

둘째 또는 중간에 있는 자녀는 항시 본인보다 앞서 있는 누군가가 있기에 첫째 자녀에게 열등감을 느끼고 이를 극복하기 위해 비교적 빠른 성장속도를 보이며 강한 경쟁적인 행동과 성격이 있을 수 있다. 따라서 둘째 자녀는 다른 사람의 엄격한 지도력을 견디거나 절대적 법칙이란 생각을 받아들이지 않는 혁명가적 기질을 가질 수 있다. 반면, 맏이가 너무 강하면 둘째는 현실에서 도피하게 되어 게으름, 거짓말, 혹은 도벽으로 신경증, 범죄, 자기 파멸의 길을 걸을 수도 있다.

(3) 막내

막내 자녀는 동생에게 자리를 빼앗기는 충격을 경험하지 않고 가족 내에서 귀염둥이 또는 응석받이로 키워진다. 넉넉한 가정인 경우에는 동생에게 사랑을 빼앗기는 충격 없이 온 가족의 사랑과 관심을 독차지하는 가운데 응석받이로 의존적 성향이 될 수 있다. 반면, 형편이 어려운 가정의 막내는 본인 스스로가 가정을 더 어렵게 만드는 짐과 같은 존재라고 느껴 소심하고 열등감 많은 아이가 될 수 있다.

또한 모두가 자기보다 크고 힘이 세다고 생각하여 독립심이 부족하며 심한 열등감을 경험하기 쉽다. 그러나 막내가 갖는 이점이 있는데 손위의 형제자매들을 능가하고자 하는 강한 동기를 갖고 있어 때로는 둘째의 성격 특징과 비슷하게 경쟁심이 강할 수도 있다.

(4) 외동 자녀

외동 자녀는 경쟁할 형제가 없어 애정을 독차지하여 타인에게 보호받기를 원해 응석받이가 되기 쉬우며, 의존성 높고 자기중심적인 성격이 현저하게 나타날 수 있다. 이는 경쟁의 경험도 거의 없고, 나누어 가지거나 다른 아동과 협동하는 경험의 기회가 부족하기 때문이다. 외동 자녀는 노력 없이도 계속 관심을 받고 자라왔기 때문에 자기애가 강한 경향이 있다.

여자형제로만 이루어진 가정에서의 외아들의 경우 여자형제들끼리 결속하여 고립되기 쉬울 수 있으며, 막내의 위치라면 누나들의 마스코트가 되기도 한다. 따라서, 여성적 성향을 띠거나 반대로 여성적 분위기를 저항해 남성다움을 더욱 강조하는 성향이 될 수 있다. 반면, 남자형제들만 있는 가정에서의 외동딸은 매우 여성적이거나 매우 남성적인 성향이 강한 경향을 갖기 쉽다. 그러나 다른 아동과의 교류의 기회가 충분하다면 이러한 문제는 쉽게 해결될 수 있다.

5) 성격의 유형

아들러는 생활양식에 기반하여 기본 성격구조는 일생 동안 일관성이 유지되고, 생활양식은 개인의 독특한 사고, 감정, 행동 등을 포함하고 있으며, 인생 과업 가운데 직업, 우정, 사랑과 결혼이란 중요한 인생문제에 접근하고 해결하는 방법은 생활양식에 달려 있음을 강조하였다(Adler, 1956: 133).

표 4-1 생활양식 유형

유형	생활양식의 특징
지배형	• 활동수준은 높지만 사회적 관심이 낮은 유형 • 자신의 욕구충족과 목표추구에만 관심이 있어 활동적이지만 독단적이고 공격적이며 사회의 안녕과 발전에는 관심이 거의 없음 • 인생과업에 있어 공격적, 비사회적인 방법으로 대처함
획득형	• 활동 수준은 중간 정도이고 사회적 관심이 낮은 유형 • 기생적인 방법으로 외부세계와 관계를 맺으며 다른 사람에게 의존하여 자신의 욕구를 충족시킴 • 가능한 한 많은 것을 다른 사람에게서 얻어내는 것이 주된 관심임
회피형	• 사회적 관심과 활동수준 모두 낮은 유형 • 성공하려는 욕구보다는 실패에 대한 두려움이 더 강함 • 인생과업에 있어 회피 또는 도피하는 행동으로 대처함
사회적 유용형	• 사회적 관심과 활동수준 모두 높은 유형 • 사회적 관심이 많아서 자신과 타인의 욕구를 충족시키는 한편, 인생과업을 완수하기 위해 다른 사람과 협동함

출처: 생각의 마을(2023).

아들러는 사회적 관심과 활동수준을 기준으로 성격을 유형화하였다(Ansbacher & Ansbacher, 1995: 139; Dreikurs, 1950: 90-108). 사회적 관심은 앞에서 언급한 바와 같이 개인적 이익보다 공동의 사회적 발전을 위해 협력하는 것을 의미한다. 활동수준은 삶의 문제를 해결하고자 하는 개인의 에너지 수준을 말한다. 활동수준이 높은 사람부터 무기력한 사람까지 매우 다양하며, 이러한 활동수준과 사회적 관심의 결합에 따른 생활양식은 네 가지로 구분된다.

생활양식 유형은 사회적 관심과 활동수준에 따라 지배형, 획득형, 회피형, 사회적 유용형으로 분류한다.

2. 심리사회이론: 에릭슨

1) 에릭슨의 생애

에릭 에릭슨

에릭 에릭슨(Erik Erikson, 1902-1994)은 독일의 프랑크푸르트 출신으로 미국의 발달심리학자이자 아동정신분석학자이다. 에릭슨의 친부는 덴마크 사람으로 그가 태어나기 전 어머니와 헤어졌으며, 에릭슨이 3살 때 어머니는 소아과 의사 홈부르게르 박사와 재혼하였다. 당시 어머니와 계부는 유태인이었으나 에릭슨은 덴마크의 혈통을 물려받아 외모가 전혀 달라서 이방인으로 불렸다(Coles, 1970: 180). 고등학교를 졸업한 후 아버지의 의대 진학 권유가 있었으나, 뮌헨의 예술학교에 입학했다. 하지만 곧 학교를 그만둔 에릭슨은 이러한 출신배경과 성장환경으로 정체성에 대한 심한 혼란을 겪으며 사회에서의 자기 역할에 대한 깊은 고민으로 몇 년간 유럽 전역을 떠돌며 여행하였다. 이는 에릭슨의 심리사회이론에서 자아정체감이나 심리사회적 유예기간과 같은 주요 개념들을 정립하는 데 큰 영향을 미쳤다.

에릭슨는 25세경 친구인 피터 블로스(Peter Blos)가 빈에서 혁신적 교육프로그램을 운영하는 사립학교의 교사로 초청되었다. 그곳에서 정신분석의 창시자인 지그문트 프로이트의 딸 안나 프로이트(Anna Freud, 1895-1982)가 설립한 어린이연구소에 참여하면서 에릭슨의 방황기는 끝이 나고 정신분석학에 큰 관심을 갖게 되는 계기가 되었다. 에릭슨은 안나 프로이트의 소개로 빈 정신분석 연구소에 들어가 헬레네 도이치(Helene Deutsch), 에드워드 비브링(Edward Bibring), 하인츠 하트만(Heinz Hartman) 등 뛰어난 정신분석가의 지도 아래 정신분석 훈련을 받았고, 1933년 마침내 정신분석가이자 최초 아동 정신분석학자가 되었다.

그 후 미국 보스턴 최초 아동 정신분석학자가 된 에릭슨은 매사추세츠 일반병원(Massachusetts General Hospital), 하버드 의과대학, 심리클리닉 등에서 일하면서 우수한 임상의학자라는 평판을 얻게 되었다. 1936년 에릭슨은 예일 대학교 교수가 되어 인간관계연구소(Institute of Human Relations)에서 일하면서 의과대학 강의를 하였다. 1950년에 발표한 그의 첫 저서 『아동기와 사회(Child and society)』를 통해 미국 자아심리학의 대변자로 인정받게 되었고, 정신분석학적 자아심리학을 비약적으로 발전시켰으며, 심리학뿐 아니라 교육, 사회, 정치, 경제, 문화에 지대한 영향을 미쳤다. 그는 아동의 생활과 성격에 영향을 미치는 상이한 문화 여건에 관한 연구에 보다 관심을 가졌다. 이런 사회적 요소의 중요성 때문에 에릭슨의 이론을 '심리사회적(psychosocial) 성격이론' 또는 '자아심리이론'이라고 한다. 에릭슨은 정식 대학교육을 받지 못했고 학위도 없지만 임상가와 대학교수로 왕성한 활동으로 정신분석에 기반을 둔 성격이론을 세상에 알렸다.

2) 인간관

에릭슨의 인간발달은 심리사회적 측면, 즉 생물학적 요소와 자아, 그리고 사회의 집단 구성원에 의해 일어난다고 보았다. 프로이트와 마찬가지로 정신분석학파에 속하지만 에릭슨은 정신병리보다는 건강한 사람을 중심으로 하는 이론을 전개하였다. 프로이트는 인간을 무의식과 본능에 지배받는 비합리적 · 수동적 · 결정론적 존재로 보았으나, 에릭슨은 인간이 자아를 통해 자신의 사고, 감정, 행동을 조절할 수 있는 합리적 · 이성적 · 논리적 존재라고 간주하였다. 또한 인간은 환경과의 상호작용에서 적응적 존재일 뿐 아니라 능동적이고 자율적 존재로 보았다. 에릭슨은 성격의 원초아(id)보다는 자아(ego)에 주된 관심을 가졌으며, 인간이 사회 속에서 타인과 사회적 관계를 맺어가는데 초점을 맞추었다. 에릭슨은 부모뿐만 아니라 자아가 형성하고 발달하는 과정에 문화와 문화적 차이들이 영향을 미친다고 주장하였다(이인정 · 최해경, 2020). 즉, 인간의 행동이 생물적 요인에 의해 동기화되지만, 사회적 요인에 의하여 자극받으며 환경과 상호작용함으로써 발달한다고 보았다.

에릭슨에 의하면, 정신병리가 심리사회적 발달에서 오는 신체, 심리, 사회적 측면의 갈등에 적절히 대처하지 못했기 때문에 위기가 발생한다고 보고, 자신의 발달위기에 적절히 대처하지 못함을 깨닫게 하는 것이 중요하다고 하였다(최옥채 외, 2016). 인간은 심리사회적 위기를 극복할 수 있는 잠재적 가능성이 있으며, 이 위기극복을 통해 성장해 나간다고 보았다.

따라서 에릭슨의 심리사회이론에서 인간에 대한 관점은 인간은 합리적이고 창조적인 존재로 개인이 직면하는 갈등이나 문제에 대해 합리적인 해결 방안을 탐색하고 현실을 검증하고 창조적으로 문제를 해결해 나가며, 실패하였을 경우에는 새로운 대안을 모색할 수 있는 존재이다(권중돈, 2014). 이러한 이론은 개인의 자아를 강화하고 클라이언트를 둘러싼 환경적 조건을 향상시킴으로써 문제해결이 가능하다는 사회복지의 전문적 핵심철학과 가치의 관점과 일치되어 심리사회적 접근방법의 지식기반을 제공함으로써 사회복지 실천에 중요한 영향을 미쳤다.

3) 주요 개념

(1) 자아(ego)

프로이트는 자아(ego)를 원초아(id)와 초자아(super ego) 사이의 균형을 유지하는 중추적인 요소로서, 현실성의 주체이고, 쾌락을 즐기는 행동을 중재하며, 심리적 안정을 위해 타협의 기능으로 보았다. 반면, 에릭슨에게 자아는 비교적 강력하며, 성격의 독립적인 부분으로 자신의 정체성을 확립하고 환경에 영향력을 행사하는 것으로, 자아가 환경을 지배하고자 하는 자아통제(ego mastery) 개념을 중요시하였다(Greene & Ephross, 1991). 에릭슨은 자아를 '일생 동안의 심리사회적 발달과정에서 외부환경에 대처하고 적응하면서 형성되는 역동적인 힘'으로 간주하였다(오창순 외, 2015).

에릭슨은 부모, 형제, 친구 등과 맺는 인간관계의 경험들은 자아의 발달에 중요한 영향을 미친다고 주장하였다. 즉, 대인관계가 정서발달에 중요한 심리사회적 관계라고 강조하면서, 이러한 대인관계의 질이 정서발달을 결정한다고 보았다. 그는 자아를 신체적 자아, 인식적 자아, 사회적 자아 세 가지의 측면으로 서로 연관되어 있음을 설명하였다.

(2) 자아정체감

에릭슨은 자아정체감을 자신의 존재와 역할에 대한 일관된 개념이자 능력이라고 정의하였으며, 이는 자신에 대한 총제적인 자기지각을 말한다. 에릭슨의 자아정체감은 내적 측면과 외적 측면이라는 두 측면을 모두 가지고 있는 것으로 보았다. 자아정체감의 내적 측면은 시간적 동일성과 자기연속성의 인식이며, 이는 시간이 경과하면서 자기 자신을 이제까지의 자신과 같은 존재로 지각하고 수용하는 것이라고 하였다. 또한 자아정체감의 외적 측면은 문화의 이상과 본질적 패턴을 인식하면서 그것과 동일시하는 것으로 타자와 본질적 특성을 공유하는 것이라고 하였다(Erikson, 1968: 104). 특히 에릭슨에 의하면 인간발달은 자아정체감이 없는 상태에서 자아정체감으로 이동하는 것으로 내적·외적 갈등의 과정이고 인간이 위기를 극복하면서 통합감, 판단력, 자기 자신과 주위 사람들의 판단기준에 적합한 대처방식을 습득하면서 성장하는 과정이라고 설명하였다(Erikson, 1968: 92).

(3) 점성원칙

에릭슨은 심리사회적 자아발달이 점성원칙(epigenetic principle)을 따른다고 주장하였다. 점성원칙은 생물학적 원칙에서 유래된 개념으로 인간발달에는 생물학적 계획에 있어 기초안을 가지며 이로부터 각 부분이 발생하고, 전체가 완전히 기능하는 조직체로 발달할 때까지 각 부분이 우세해지는 특정한 시기가 있다는 것이다. 즉, 인간은 점성원칙에 따라 모든 부분이 전체로서 하나의 기능을 할 때까지 성장하며, 미리 정해진 순서에 따라 발달단계를 한 단계 한 단계 밟아가며, 각 단계의 발달은 이전단계의 발달을 토대로 이루어진다(정옥분, 2007).

4) 심리사회적 발달단계

에릭슨은 인간행동과 발달을 생물학적 요인과 심리적인 요인, 사회문화적 요인의 상호작용 속에서 진행된다고 보았다. 인간은 자아가 욕구를 충족시키고자 자신의 환경과 접촉하는 발달과정에서 경험하는 심리사회적 위기와 이를 극복하는 과정을 통해 발달해 나간다. 모든 인간은 연령에 따라 심리사회적 발달을 8단계에 거쳐 순차적으로 진행되고, 각 단계에는 생리적 성숙 및 사회적 요구로부터 오는 심리사회적 위기가 수반되며 건전한 발달을 위해서는 각 단계의 위기를 적절하게 해결해야 한다. 각 단계의 심리사회적 위기를 잘 극복하면 자아특질(ego quality)이 강화된다.

에릭슨의 심리사회적 발달단계는 프로이트의 5단계 이후에 3단계를 더 추가하여 노년기까지 8개의 심리사회적 발달단계를 설명하였다.

(1) 기본적 신뢰감 대 불신감(유아기: 출생~18개월)

생후 18개월까지의 심리사회적 위기는 기본적 신뢰감(trust) 대 불신감(mistrust)이다. 이 시기는 태어나서 양육자로부터 적절한 욕구충족을 받게 되면 환경에 대한 신뢰를 형성하고, 욕구가 충족되지 않으면 불신감을 갖게 된다. 즉, 양육자의 일관된 태도로 신뢰감이 형성되면 비록 어머니가 때때로 없다 하더라도 누군가가 자신을 돌보아 줄 것이라고 믿음을 갖게 되며, 자신의 주위에 있는 세상과 다른 사람에 대해 신뢰를 발달시키게 된다. 반대로 불신감은 세상에 대해 불신의 태도를 발달시키며 사람들과의 관계에서 의심이 많고 두려워하며 걱정이 많은 사람이 될 수 있다. 유아기 신뢰감 형성은 이후 모든 사회관계에서의 적응과 밀접한 관련이 있으며, 분별 있는 신뢰를 갖기 위해서는 어느 정도의 불신도 경험하여야 한다고 보았다. 사람을 무조건 믿는 사람은 지나치게 순진하여 남의 말을 잘 믿거나 타인으로부터 상처를 받기 쉬우며, 불신을 배우지 못한 아이는 위험한 순간에 위험을 감지하지 못할 수도 있다. 따라서 건강한 발달을 위해서는 신뢰와 불신의 적절한 균형이 필요하다.

이 단계의 기본적 신뢰감 대 불신감의 갈등을 성공적으로 극복하면 얻어지는 심리사회적 능력인 '희망(hope)'이라는 자아특질을 얻게 된다. 신뢰는 희망의 토대가 되며, 희망이 확립되기 시작하면 이후 새로운 갈등이나 문제가 발생하더라도 자신감을 유지할 수 있다. 반대로 위기극복에 실패하면 공포를 느끼고 사회적으로 위축되어 나머지 생애 동안 낮은 자존감과 우울 등을 경험할 수 있다.

(2) 자율성 대 수치심과 의심(초기 아동기: 18개월~만 3세)

18개월부터 만 3세까지의 심리사회적 위기는 자율성(autonomy) 대 수치심과 의심(shame, doubt)이다. 이 시기 아이들은 다양한 신체적·정신적 능력을 빠르게 발달시키며, 걷고, 사물을 관찰하고, 의사소통하는 등 스스로 해보려는 경향을 갖게 된다. 특히, 이때 이루어지는 배변훈련은 아이의 행위에 대한 독립심을 키워주며 자율성 발달의 기초가 된다. 스스로 배변을 조절하는 경험을 하는 과정에서 부모가 너무 엄격하거나 실수를 비난하게 되면 아이들은 자기 자신에 대하여 수치심과 의심을 느끼게 된다. 반면 부모가 아동의 의사를 존중하고 배변활동을 잘 배울 수 있도록 해주면 아동은 자율성을 획득하면서 사회적 통제에 적응하게 된다.

이 단계의 자율성과 수치심과 의심의 갈등을 성공적으로 극복하면 얻어지는 심리사회적 능력인 '의지(will)'라는 자아특질을 획득하게 된다. 의지는 자기통제처럼 자유로운 선택권을 행사하기 위한 흔들리지 않는 결정을 할 수 있는 능력으로, 아동 자신이 스스로 할 수 있는 것들을 점차 늘려가면서 스스로 판단과 결정을 내리는 힘을 획득하게 되는 것이다. 반면, 위기극복에 실패하면 수치심과 의심이 깊어져 자신감이 없어지고 불안해하는 강박적 행동 또는 피해의식을 갖게 될 수 있다.

(3) 주도성 대 죄의식(유희기: 만 3~6세)

만 3~6세 시기의 심리사회적 위기는 주도성(initiative) 대 죄의식(guilt)이다. 이 시기 유아는 신체적으로 더 자유롭고 자신이 목표한 대로 움직일 수 있게 되고 언어능력이 발달하여 이해의 폭이 넓어지고 호기심이 많아져 많은 질문을 하게 된다. 또한 가정 밖에서의 다양한 사회적 놀이에 참여한다. 이때 부모가 유아에게 탐색할 수 있도록 자유를 허용하고 질문에 충실히 답해주는 분위기를 조성해 주면 유아는 주도성을 발달시킬 수 있다. 반면 유아의 신체활동이나 언어활동에 대해 스스로 할 수 있는 기회를 주지 않고 간섭이나 제한을 심하게 하거나 질문을 귀찮아하면 유아는 좌절을 느끼고 죄의식을 갖게 된다.

이 단계의 주도성과 죄의식의 갈등을 성공적으로 극복하면 얻어지는 심리사회적 능력은 사회적으로 유용한 것을 추구하고 계획하고 수행할 수 있는 '목적(purpose)'이라는 자아특질을 얻게 된다. 반면, 위기를 적절히 극복하지 못하면 자유로운 사고와 표현을 제한하는 '억제(inhibition)'의 감정을 가지게 된다. 에릭슨은 지속적인 죄의식은 성인기의 소극적 성격, 성적 무기력, 정신병리적 행동 등을 초래한다고 보았다.

(4) 근면성 대 열등감(학력기: 만 6~12세)

만 6~12세 시기로 심리사회적 위기는 근면성(industry) 대 열등감(inferiority)이다. 이 시기 아동은 학교에 다니기 시작하면서 사회적 관계가 가정에서 학교로 확장되고 근면성이 발달한다. 학교에서 아동은 읽기, 쓰기, 셈하기 등의 인지적 기술을 획득하고 또래와 어울려 놀거나 공부하면서 사회적 기술을 배우게 된다. 이때, 부모나 교사들의 건설적이고 교육적인 칭찬과 강화는 근면성을 촉진하는데 많은 영향을 주는 인물이다. 여기서 근면성은 아동 자신의 학습능력이나 기술 습득도 포함되지만 또래들과 협동하여 규칙에 순응하는 것도 포함된다. 반면 아동이 학교나 가정에서 자신에게 주어진 일에 적절한 성취감을 느끼지 못하거나 자신이 노력한 것에 대해 야단맞고, 거절당하면 열등감에 빠지게 되고 자신감을 잃게 된다.

이 단계의 근면성과 열등감의 갈등을 성공적으로 극복하면 개인적으로나 사회적으로 의미 있는 목표를 추구하면서 사회환경에 적극적인 영향력을 발휘할 수 있는 자신감인 '능력(competence)'이라는 자아특질을 갖게 된다. 능력은 주어진 임무를 수행하고 완성하는 데 기술과 지혜를 가지고 힘쓰는 것을 의미한다. 반면, 실패하면 무력감을 가지게 된다.

(5) 자아정체감 대 역할혼란(청소년기: 만 12~20세)

청소년기는 만 12~20세 시기로 아동기가 끝나는 시점에서 성인기가 시작되기 전까지에 해당된다. 이 시기의 심리사회적 위기는 자아정체감(identity) 대 역할혼란(role confusion)이다. 에릭슨은 청소년기의 자아정체감 확립을 전 생애를 걸쳐 가장 중요한 발달과업이라고 강조하였다. 청소년들은 신체적 성숙이 이루어지고 부모로부터 정서적으로 독립할 수 있게 되면서 자신이 어떤 사람이 되어야 하는가에 대해 관심을 가지게 된다. 그리고 자신의 역할을 정확히 인식하고 목적의식을 가지며, 자신에 대한 통찰력을 갖게 되면서 자아정체감이 확립된다. 또한 자신에 대한 끊임없는 질문과 함께 자신의 능력, 존재의 의미 등을 탐색하면서 고민과 방황이 나타나게 되며 이 기간이 길어지면 정체감의 혼란이 일어난다. 이를 에릭슨은 정체성의 위기라고 하였다.

이 단계의 자아정체감 대 역할혼란의 갈등을 성공적으로 극복하면 '성실

(fidelity)'이라는 자아특질이 강화된다. 성실은 스스로 지키겠다고 약속한 대로 충실할 수 있는 능력이며, 자신이 속한 사회의 질서와 기대에 부응하고자 하는 충성심이라고 할 수 있다. 반면, 잘 극복하지 못하면 정체감의 혼란으로 생소한 역할과 가치를 거부(repudiation)하면서 불확실성을 초래한다.

(6) 친밀감 대 고립감(성인초기: 만 20~40세)

성인초기는 만 20~40세까지의 시기이다. 이 시기의 심리사회적 위기는 친밀감(intimacy) 대 고립감(isolation)이다. 이 시기는 배우자를 선택하고 결혼하고 직업을 선택하고 일하는 시기로, 타인과의 관계에서 성적 친밀감이나 사회적 친밀감을 이루는 것이 주요한 발달과업이다. 다른 사람이나 자신과 친밀해지려면 자신이 누구이며 어떤 사람인지에 대한 확고한 느낌이 발달되어 있어야 하며, 자아정체감이 확립된 사람만이 진정한 의미의 친밀감을 나눌 수 있다고 보았다. 자아정체감을 확립하지 못한 사람은 자기 자신에 대하여 자신감을 가지지 못하기 때문에 타인과의 관계에서 친밀감을 형성하지 못하고 자기 자신에게만 몰두하게 되는 자아도취에 빠지고 고립감을 경험하게 된다. 고립은 친밀감의 공유를 통해 정체감을 가질 기회를 획득할 능력이 없음을 의미한다.

이 단계의 친밀감 대 고립감의 갈등을 성공적으로 극복하면 '사랑(love)'이라는 자아특질이 생긴다. 이러한 사랑은 다른 사람에 대한 보호, 존경, 책임으로 나타난다. 반면, 실패하면 남을 밀쳐내는 배척(exclusivity)을 하게 된다.

(7) 생산성 대 침체감(성인기: 만 40~65세)

성인기는 만 40~65세까지의 시기이다. 이 시기의 심리사회적 위기는 생산성(generativity) 대 침체감(stagnation)이다. 생산성은 다음 세대를 양육하는 것으로, 가정적으로는 자녀를 낳아 교육하고 사회적 전통을 전수하고 가치관을 전달하는 것을 의미한다. 사회적으로는 직장에서 다음 세대를 지도하고 양성하는 데 관심과 노력을 기울이며 학문적 성취, 기술적 생산품, 예술적 업적 등을 통해 생산성을 획득한다. 반면 침체감은 타인 및 다음 세대에 대한 관심이나 배려 없이 자기 자신의 신체적 · 물질적 측면에만 치중하는 것으로, 타인에 대한 관대함이 부족하고 자기도취적인 것을 의미한다.

이 단계의 생산성 대 침체감의 심리사회적 위기를 성공적으로 극복하면 남을 돌보는 능력인 '배려(care)'라는 자아특질이 강화된다. 반면, 실패하면 타인에게 충분한 관심을 표현하지 못하는 거절(rejectivity)의 경험과 개인적 욕구나 안위를 주된 관심으로 하는 자기도취의 상태에 빠져 이기주의를 초래한다.

(8) 자아통합 대 절망감(노년기: 만 65세 이상)

노년기는 만 65세 이후로 신체적, 사회적 상실에 직면하고 지금까지 자신의 생애가 가치 있는 삶이었는지를 돌아보는 시기이다. 이 시기는 심리사회적 위기로 자아통합(ego integrity) 대 절망감(despair)이다. 자아통합은 모든 관점에서 자신의 인생을 돌이켜 보고 겸허하게 그러나 확고하게 만족스럽다고 확신하는 것을 말한다. 반면 절망감은 지금까지 살아온 자신의 인생이 무의미하게 느껴지고 후회나 회한에 빠지게 되는 것을 말한다.

이 단계의 자아통합 대 절망감의 위기를 성공적으로 극복하면 '지혜(wisdom)'라는 자아특질을 획득하게 된다. 지혜는 한 시대를 살면서 얻은 지식으로 죽음에 직면하여 인생에는 초연하되 적극적인 관심을 갖는 것을 의미한다. 반면, 실패하면 인생이 무의미하다고 느끼며, 자신에 대한 경멸감을 경험한다.

표 4-2 에릭슨의 심리사회적 발달단계와 프로이트의 심리성적 발달단계 비교

<table>
<tr><th colspan="2">단계</th><th>에릭슨의
심리사회적 위기(발달과업)</th><th>자아특질</th><th>프로이트의
심리성적 발달단계</th></tr>
<tr><td>1</td><td>출생~18개월</td><td>기본적 신뢰감 대 불신감</td><td>희망</td><td>구강기</td></tr>
<tr><td>2</td><td>18개월~만 3세</td><td>자율성 대 수치심과 의심</td><td>의지</td><td>항문기</td></tr>
<tr><td>3</td><td>만 3~6세</td><td>주도성 대 죄의식</td><td>목적</td><td>남근기</td></tr>
<tr><td>4</td><td>만 6~12세</td><td>근면성 대 열등감</td><td>능력</td><td>잠복기</td></tr>
<tr><td>5</td><td>만 12~20세</td><td>자아정체감 대 역할혼란</td><td>성실</td><td>생식기</td></tr>
<tr><td>6</td><td>성인초기(만 20~40세)</td><td>친밀감 대 고립감</td><td>사랑</td><td rowspan="3">–</td></tr>
<tr><td>7</td><td>성인기(만 40~65세)</td><td>생산성 대 침체감</td><td>배려</td></tr>
<tr><td>8</td><td>노년기(만 65세 이후)</td><td>자아통합 대 절망감</td><td>지혜</td></tr>
</table>

출처: 최옥채 외(2016).

기출문제

1. 아들러(A. Adler)의 이론에 관한 설명으로 옳은 것은?

① 성격은 점성원리에 따라 발달한다.
② 개인의 창조성을 부정한다.
③ 무의식적 결정론을 고수하고 있다.
④ 유전적 · 환경적 요인의 중요성을 배제한다.
⑤ 인간을 목표지향적 존재로 본다.

2. 아들러(A. Adler)의 이론에 관한 설명으로 옳지 않은 것은?

① 과거 자체가 아니라 과거를 어떻게 지각하는가가 인간에게 더 영향을 준다.
② 인간은 과거에 지배되지 않으며 더 나아지고자 하는 목적을 추구하는 존재이다.
③ 열등감은 인간을 움직이게 하는 근원적인 동기가 된다.
④ 인간은 사회적 관계를 맺을 수 있는 능력을 타고난다.
⑤ 인간행동은 성격의 자율적 구조인 자아(ego)에 의해 동기화된다.

3. 에릭슨(E. Erikson)의 이론의 기본 가정에 대한 설명으로 옳지 않은 것은?

① 인간발달에는 정해진 순서가 있고 그 순서는 변하지 않는다.
② 자기(self)는 인간의 감정, 사고, 행동을 통제하고 집행하는 주체이다.
③ 모든 인간이 심리사회적 위기를 극복할 수 있는 잠재력을 갖는다.
④ 심리사회적 발달단계를 거치는 것은 인간의 보편적 현상이다.
⑤ 심리사회적 위기는 긍정적 요소와 부정적 요소를 모두 포함한다.

4. 에릭슨(E. Erikson)의 심리사회적 위기와 자아특질을 프로이트의 심리성적 발달단계와 연결한 것 중 옳지 않은 것은?

① 주도성 대 죄의식 - 목적의식 - 남근기
② 기본적 신뢰 대 불신 - 사랑 - 구순기
③ 근면성 대 열등감 - 능력 - 잠복기
④ 정체감 성취 대 정체감 혼란 - 성실 - 생식기
⑤ 자율 대 수치와 의식 - 의지 - 항문기

5. 에릭슨(E. Erikson)의 이론으로 옳지 않은 것은?

① 개인의 성격은 전 생애를 통합하여 발달한다.
② 청소년기의 주요 발달과업은 자아정체감 형성이다.
③ 각 단계의 발달은 이전 단계의 발달을 토대로 이루어진다.
④ 성격발달에 있어서 환경과의 상호작용이 중요하다.
⑤ 학령기(아동기)는 자율성 대 수치와 의심의 심리사회적 위기를 겪는다.

정답	1. ⑤ 2. ⑤ 3. ② 4. ② 5. ⑤

05
CHAPTER

인지이론

인지발달모델을 사용하는 사회복지실천에서 주요 치료 목표는 클라이언트가 역기능적 감정과 행동을 불러오는 잘못된 생각이나 신념, 왜곡, 비합리적 자기대화 등을 확인하고 이에 도전하며 변화시키도록 돕는 데 있다. 인지행동모델은 실제로 사회복지실천의 다양한 세팅에서 활용된다. 정신보건, 위기개입, 아동복지, 공공부조, 가족서비스, 물질남용 등의 영역에서 인지치료를 사용한 사회복지실천의 유용성이 밝혀지고 있다.

인지발달이론은 인간이 환경과의 적용을 통해서 자발적으로 인지구조를 발달시켜 합리적인 사고를 갖게 된다고 보는 이론이다. 피아제의 인지발달이론과 엘리스의 합리적 정서행동이론 등이 여기에 속한다.

인지발달이론은 아동의 사고발달에 초점을 둔 이론으로써 인간의 인지와 사고과정에 초점을 두고 있지만, 사회복지실천에서도 활용할 수 있는 이론이다. 이것은 사회복지실천에서 아동과 함께 일하는 사회복지사들에게 유용한 이론으로, 아동을 이해하고 그들에게 인지발달을 촉진할 수 있는 환경을 조성해 주는 지침이 될 수 있다.

1960년대 말부터 행동치료를 통한 행동 변화에 문제점들이 제기되면서 그

문제점들을 보완할 수 있는 새로운 접근법이 요구되었다. 인지행동모델은 대개 단기치료이기 때문에 치료의 종결이 정신역동적 치료나 기타 다른 치료에 비해 덜 복잡하다. 최근의 사회복지실천에 지대한 영향을 미치고 있는 인지행동모델은 사고하고 정보를 처리하는 인지과정의 연구로부터 도출된 개념과 행동주의와 사회학습이론으로부터 나온 개념들을 통합 적용한 것이다. 인지행동모델에 입각한 치료과정은 문제를 일으키는 잘못된 사정과 사고의 유형을 확인·점검하고, 재평가하여 수정하도록 격려하고 원조한다.

1. 인지발달이론

1) 일반적 특성

인지발달이론(cognitive development theory)은 피아제(Jean Piaget)에 의해 수립된 이론이다. 피아제는 5~13세 아동들의 공기놀이를 관찰함으로써 규칙의 존중에 대한 아동발달과정을 연구하여 아동들의 사고체계가 전적으로 어른들과 다르다는 사실을 확인하고 아동의 사고발달과정에 이론의 초점을 두었다. 피아제는 인간의 두뇌가 그 인지적 구조를 변화시킴으로써 환경에 적응해 나가는 능력이 있다는 것을 발견하였으며, 의사결정에서 의식적인 사고과정을 중요시하였다. 인지발달이론은 인간의 인지와 사고과정에 연구의 초점을 두고 인지적 구조가 형성되는 과정을 네 가지 단계로 구분하여 설명하였다.

2) 피아제 이론의 기본 개념

피아제는 연체동물에 관한 연구에서 인간과의 유사점을 발견하게 되었다. 연체동물이 환경의 변화에 따라 유기체의 변화를 가져오듯이, 인간의 두뇌는 인지적 구조를 변화시킴으로써 환경에 적응해 나가는 능력이 있다는 사실을 발견하였다. 따라서 그는 인간과 환경과의 상호작용이 어떻게 발달하는가를 연구하게 되었으며, 인간의 인지와 사고과정에 연구의 초점을 두었다.

피아제는 인지발달이 유전과 환경의 상호작용에 의한 적응과정이라고 하였다. 즉 인간은 능동적인 생물학적 유기체로써 환경과 끊임없이 상호작용을 하며, 이러한 상호작용을 통해서 자기 자신, 외부세계, 자기와 외부세계와의 관계에 관한 지식을 얻는다. 인간은 태어날 때부터 인간 특유의 능력을 갖고 태어나지만, 이 능력은 독립적으로 존재하는 것이 아니라 환경과 상호작용을 하면서 발달한다. 이러한 피아제의 인지발달을 이해하기 위해서는 도식, 적응, 평형 등과 같은 기본적 개념을 우선적으로 이해해야 한다.

(1) 도식

도식(scheme)은 인간이 인지발달 수준에 따라 자신의 경험적 활동에 의해서 조직화한 행동양식이다. 즉 도식은 인간이 주변 세계를 이해하고 그것에 대해 생각하는 이해의 틀인 것이다. 기본적인 반사를 갖고 태어난 신생아는 반사행동의 반복을 통해 도식을 형성해 나간다. 예를 들면, 빨기반사를 갖고 태어난 신생아는 젖을 빪으로써 빨기 도식을 지니게 되고, 이것이 기억 속에 남아서 계속 반복하게 된다. 이 과정을 통해서 도식이 분화되고 더 복잡한 도식으로 발전된다.

피아제는 아동의 두뇌가 생물학적으로 충분히 발달되지 않았고 경험의 폭이 좁으므로 이들이 지니고 있는 도식은 질적으로 성인의 도식과는 다르다고 믿었다. 연령이 증가함에 따라, 그리고 많은 경험을 통해 인지구조가 발달하게 되는데 이것이 도식의 질적 변화를 의미한다(조복희 · 정옥분 · 유가효, 1997). 즉 인간이 발달한다는 것은 자기 자신과 그 주위에 있는 환경 속에서 도식이 변화하는 것이다.

(2) 적응

적응(adaptation)은 유기체가 자신의 주위 환경조건을 조정하는 능력을 말한다. 즉 이것은 유기체가 주위 환경과 조화를 이루면서 생존을 위해 변화하는 과정이다(Zastrow & Kirst-Ashman, 1997) 유기체의 환경에 대한 적응은 동화와 조절의 상호작용에 의해서 일어난다.

① 동화(assimilation)

동화는 자신이 이미 가지고 있는 도식에 맞게 새로운 대상들을 받아들이는 인지과정이다. 즉 이것은 외부환경을 기존의 구조에 맞게 변형시킴으로써 새로운 자극을 이해하는 것이다. 예를 들면, 아동이 다리가 네 개이고 뿔이 두 개인 짐승이 '소'라는 도식을 지니고 있다면, 그는 기존의 도식에 새로운 대상인 '염소'를 끌어들여 '소'라고 이해할 것이다. 그러나 아동은 이미 지니고 있는 도식과 새로운 대상 사이의 차이를 인식하면서 기존의 도식을 변형시켜 나간다.

② 조절(accommodation)

조절은 자신이 가지고 있는 기존의 도식이 새로운 대상을 동화하는 데 적합하지 않을 때, 새로운 대상에 맞게 이미 있는 도식을 바꾸어 가는 인지적 과정을 의미한다. 즉 이것은 동화로써 외부환경에 적응하지 못할 때 자신의 도식을 변형시킴으로써 적응해 가는 과정이다. 예를 들면, 자신이 잡기에 너무 큰 물체가 주어져 잡을 수 없을 때, 아동은 자신의 잡는 방식을 적절히 조절하여 그 물체를 잡을 수 있게 된다. 동화와 조절의 과정은 보다 새로운 도식을 생성함으로써 인지발달을 이루는 주요 기능이 된다(송명자, 1996). 이와 같이 인지발달은 동화와 조절의 과정을 거치면서 일어나기 때문에, 인지발달과정에서 두 가지 측면이 서로 분리될 수 없다.

(3) 균형화

균형화(equilibration)는 동화와 조절의 상호작용을 통한 조화를 통해서 유기체가 자신과 환경 간의 균형상태를 이루는 것을 의미한다. 이와 같이 평형은 사고의 균형을 의미하며, 유기체는 그의 환경과의 상호작용을 통해서 균형을 추구하면서 발전해 나간다. 여기에서 균형은 정지된 상태가 아니라 계속적으로 움직이는 동적인 상태이다.

피아제는 인간의 인지발달이 동화와 조절이라는 적응과정을 통하여 내면적인 평형을 이루면서 발달한다고 설명하고 있다. 이러한 평형은 새로운 사태에 접할 때 균형이 깨지게 되며, 따라서 평형상태를 다시 회복하기 위해 적응과정이 되풀이됨으로써 보다 높은 수준의 인지발달이 이루어지게 된다고 하였다. 한편, 동화와 조절이 이루어지는 과정은 모든 연령과 인지발달단계에서 동일하며, 평형은 모든 연령 단계에서의 인지발달을 설명해 줄 수 있는 보편적인 원리이다.

표 5-1 피아제의 인지발달이론의 주요 개념

개념	주요 초점	실례
도식 (schema)	정신적 구조 또는 경험을 의미 있게 조직하는 방법으로 연령에 따라 변화한다. 첫 번째 도식은 운동형태로 나타나는데 이 운동형태의 도식으로 영아가 주변 세계를 이해해 나간다.	생후 1개월 정도 된 영미는 '파악도식'으로 물체를 대한다. 손에 닿는 어떤 물체라도 같은 방식으로 물건을 잡는다. 그러나 4개월이 되면 제공된 물체의 크기에 따라 손을 벌리는 정도가 달라진다.
적응 (adaptation)	환경과의 직접적인 상호작용을 통하여 도식이 변화하는 과정이다. 동화와 조절로 이루어진다.	그림책에서 처음으로 캥거루를 본 희경이는 캥거루를 이해하기 위하여 도식들을 적용시키려고 노력한다.
동화 (assimilation)	현재의 도식에 의하여 세계를 해석하는 것이다. 아동들은 주변 세계를 이해하기 위해 도식을 동화시키거나 사용하려고 애쓴다. 도식의 성공적인 사용은 균형상태, 안정된 인지적 상태를 만든다.	처음에 희경이는 현재의 도식을 캥거루에 적용시켜 보는데, 그것을 '토끼'라고 부른다.
조절 (accommodation)	새로운 도식을 창출하거나 새로운 사물을 이해하기 위해 도식을 바꾸는 것이다. 아동이 동화하는 것보다 조절을 더 많이 할 때 불균형 상태에 있거나 또는 인지적 불안정에 있게 된다.	희경이는 캥거루가 토끼와 같지 않다는 것을 알아차린다. 희경이는 도식을 물체를 해석하기 위해 수정하는데 캥거루를 '우스운 토끼'라고 부른다.
균형화 (equilibration)	발달을 통하여 균형과 불균형 사이를 왔다 갔다 하면서 좀 더 효과적인 도식을 점차적으로 만들어 간다.	희경이가 '토끼 도식'을 수정했을 때 새로운 인지적 구조는 주변 세계를 이해하는 데 더 적합하다
조직화 (organization)	도식과 관련된 과정은 상호관계된 체재 속에서 모아진다. 따라서 주변 세계에 대하여 잘 적용될 수 있다.	희경이가 '토끼 도식'을 수정했을 때 새로운 인지적 구조는 주변 세계를 이해하는데 더 적합하다

3) 인지발달단계

피아제는 인지발달이 동화와 조절이라는 적응과정을 통해 심리구조의 재구성을 이룩함으로써 이루어진다고 하였다. 즉 인지발달은 타고난 유전적 기질과 환경과의 상호작용의 결과이며, 여기에는 성숙, 물리적 경험, 상호작용의 세 가지의 요소가 필요하다. 피아제는 인지발달을 감각운동기, 전 조작기,

구체적 조작기, 형식적 조작기의 네 가지 단계로 구분하였으며, 각 단계의 순서는 바뀌거나 생략될 수 없이 일정하지만, 연령 범위는 고정적이지 않다고 하였다.

표 5-2 피아제의 인지발달단계

단계	연령	주요 특징
감각운동기	영아기(출생 후 2세까지)	행위 도식의 인식
전 조작기	유아기(2~6세)	직관과 상징적 사고, 비논리적 사고
구체적 조작기	아동기(6~12세)	구체적 사물에 대해서만 논리적 사고
형식적 조작기	청소년기와 성인기(12세 이후)	추상적이며 논리적 사고

(1) 감각운동기

감각운동기(sensorimotor period)는 상징적 사고와 언어의 사용이 불가능하기 때문에 환경에 적응하기 위하여 신체적 감각 및 운동발달에 의지해야 한다. 영아는 자기의 신체나 주위의 물체를 잘 알지 못하지만 빨기반사, 파악반사 등으로 환경에 적용하게 된다. 좀 더 성장한 영아는 자신과 물체를 알게 되고, 응시하고, 목표물을 향해 움직이고, 다른 사람의 행동을 모방하면서 적응한다(이옥형, 2002). 감각운동기는 출생 후부터 약 2세까지이며, 여섯 단계로 구성된다.

① 반사활동

출생 직후부터 약 1개월까지 영아는 환경에서 받는 자극에 적응할 수 있는 반응을 창출하는 도식을 형성한다. 영아는 입에 닿는 것은 무엇이든지 빨고, 손에 닿는 것은 잡으며, 소리가 나는 쪽으로 고개를 돌리는 등 일련의 반사활동을 반복적으로 한다. 즉 환경 내의 여러 자극을 도식을 통하여 동화시켜 나간다.

반복적인 동화과정에서 물체의 크기에 따라 입술 모양을 조정하거나, 잡는 방식을 전환하는 등 초보적인 조절도 일어나게 된다. 반사활동단계에서 이루어지는 발달 변화는 극히 적으며, 영아는 단순히 환경의 자극에 대한 반응으로써 사물을 보고, 잡고, 빠는 반사활동을 반복한다. 그러나 여러 감각활동은 앞으로 영아가 자신의 세계에서 여러 대상을 이해하는 중요한 초석이 된다(송명자, 1996).

② 일차순환반응

출생 후 약 1~4개월까지 영아는 우연히 새로운 경험을 하게 되면서 흥미를 끄는 이러한 행동을 반복한다. 즉 이 단계는 새로운 경험을 흥미 있게 받아들이고, 이것을 새로운 상황에서 반복하여 행동하는 능력을 나타내는 시기이다. 예를 들면, 영아는 우연히 어떤 물건이 입에 닿게 되어 빨게 되다가 입에서 떨어지면 다시 잡아서 빠는 행동을 반복하게 되며, 빨기와 잡기가 연합하게 된다. 일차순환반응이란 최초의 도식이 새로운 도식과 연합하여 우연히 일어났던 흥미로운 행동을 반복하는 것을 의미한다.

영아의 흥미를 끄는 행동은 영아의 신체를 중심으로 반복해서 나타나는 단순한 것들이다. 자신의 신체를 제외한 외부적인 사건들은 일어나지 않는다. 이 시기에는 재미있는 일이 반복되어 새로운 상황에서도 행동하는 능력을 갖추게 된다는 점에서 중요하다. 즉 일차순환반응은 환경이 주어지는 대로 학습하거나 획득하는 것이 아니라, 영아 스스로 발견한 자신의 신체에 대한 탐구과정이며 이해과정이다(조복회 · 정우분 · 유가효, 1997).

③ 이차순환반응

출생 후 약 4~8개월까지 영아는 최초로 자신의 환경 내에 있는 사물이나 상황에 관심을 가지고 이들을 탐색하는 행동을 보이게 된다. 이차순환반응이란 영아가 자신이 아닌 주위환경에 대해 인식하게 되면서 우연히 했던 어떤 행위가 재미있었다면 똑같은 결과를 얻기 위해 행동을 반복하는 것이다. 예를 들면, 유모차에 누워 있는 영아가 눈 위에 있는 딸랑이를 손으로 건드려서 나는 소리를 듣고 흥미로우면 반복해서 손으로 건드리는 행동을 한다.

영아의 반복적 행동은 자신의 행동을 통해 환경 내에서 어떤 결과를 얻게 될 수 있다고 인식한 다소 의도적이고 목적을 지닌 행위라 할 수 있다.

그러나 이러한 의도적인 행위는 우연한 것이며, 행동 이전에 목표를 갖고 계획되지는 못한다. 또한 이 시기에는 스스로 어떤 반응을 새롭게 만들어 내는 능력을 갖게 되며, 대상영속성의 개념이 서서히 나타나기 시작한다.

④ 이차도식의 협응

출생 후 약 8~12개월까지 영아는 특정한 목적을 달성하기 위해 이전에 획득한 여러 가지 도식을 새로운 상황에 사용하게 된다. 이차도식의 협응은 목적을 달성하기 위해 의도적으로 수단이 되는 기존의 다른 도식들을 협응시키는 것을 의미한다. 예를 들면, 영아가 장난감을 잡으려고 베개를 치우는 것은 목적을 달성하기 위한 수단의 사용이다.

영아는 이 시기에 특정한 목적을 계속적으로 지향하는 행동을 하게 되며, 사람과 사물을 구별하게 되고, 숨긴 물건을 기억했다가 다시 찾으려고 하는 대상영속성(object permanence)이 어느 정도 획득된다. 즉, 영아의 행동은 수단과 목적을 결합하는 최초의 의도적인 문제해결 행동이며, 실질적인 지적 행동이다. 또한 이 시기에는 유아의 모방능력이 급속하게 발달되어 신체적인 움직임뿐 아니라 얼굴 표정도 모방할 수 있게 된다.

⑤ 삼차순환반응

출생 후 약 12~18개월까지 영아는 수단과 목적의 관계를 단순히 반복하는 것이 아니라 적극적인 탐색과 시행착오과정을 통해 새로운 행동과 결과를 탐색하게 된다. 즉 삼차순환반응은 단순한 목적을 지닌 반복이 아니라 새로운 행동이 어떤 결과를 가져올 것인가를 알아보기 위해 다양하게 반복적으로 실험해 보는 것이다. 예를 들면, 영아는 손바닥으로 탁자를 약하게도 두드려 보고 강하게도 두드려 보면서 그에 따라 소리가 다르게 나는 것을 즐거워하며 반복적으로 두드린다.

영아는 마치 되풀이해서 새로운 실험을 하듯이 사물을 탐색하고, 속성을 파악하여 새로운 도식을 형성하게 된다. 즉 영아는 여러 가지를 스스로 학습해 보면서 외부세계에 대한 호기심을 일으켜 여러 가지 도식을 발달시켜 나간다는 것이다. 그러나 일련의 행동들이 감각운동 차원에서 이루어지며, 사고로 내면화되지 못하는 점에서 이 단계의 인지발달에 한계가 있다(송명자, 1990).

⑥ 사고의 시작

출생 후 약 18~24개월까지 영아는 좀 더 내면적으로 사고한 후에 행동을 하게 된다. 영아는 문제를 해결하기 위해 실재의 물체뿐만 아니라 상징이나 이미지를 인지적으로 조합하고 조정하기도 한다. 즉, 상징을 통해 새로운 인지구조를 생각하기도 하며, 이러한 인지구조들을 결합시켜 새로운 수단을 알아내는 사고를 시작한다. 이 시기에는 시행착오과정을 통해 다른 행동을 취하는 것이 아니라 머릿속으로 생각을 한 후 행동한다(조복희 외, 1997).

영아는 목격한 행동을 그 자리에서 모방하지 않고 시간이 지난 후에 사라진 모델의 행동을 재생할 수 있는 지연모방(deferred imitation)을 획득하게 된다. 지연모방이 가능하다는 것은 영아가 관찰한 상황을 표상의 형태로 저장하고 있음을 입증해 주는 예가 된다. 표상이 형성되면서 눈앞에 없는 대상에 대한 사고가 가능하게 되며, 전 조작기 사고의 단계로 이행하게 된다.

(2) 전 조작기

전 조작기(preoperational period)는 2~7세경의 유아에게 해당되는 시기로서 감각운동적 인지구조에서 조작적 인지구조로 전환되는 과도기이다.

유아는 언어의 급격한 발달과 함께 사물이나 사건을 내재화할 수 있는 능력이 생기며, 보이지 않는 것을 기억하는 표상능력이 획득되고, 상징적으로 사고하는 능력이 발달한다. 그러나 이와 같은 사고능력의 발달에도 불구하고 유아는 자아중심성, 직관적 사고, 물활론, 상징적 기능, 타율적 도덕성, 꿈의 실재론 등을 지니고 있다.

① 자아중심성(egocentrism)

자아중심성은 유아가 자신의 관점과 상이한 다른 사람의 관점이 존재한다는 사실을 알지 못하기 때문에, 모든 사람이 자신이 보는 것과 같이 세상을 보고 있다고 생각하는 것을 말한다. 즉 유아가 타인의 생각, 감정, 지각, 관점 등이 자신과 동일하다고 생각하는 것이다. 이 시기에는 외부세계에 대해 자신이 생각하는 것이 전부이고 유일하며 그것만이 가능한 것이라고 생각하기 때문에, 모든 사람들이 다 자신과 똑같은 방식으로 사물을 보고 있다고 생각한다.

자아중심성은 시각조망(visual perspective)과 언어에서 가장 명료하게 찾아볼 수 있다. 유아는 사물을 볼 때 자신의 위치에서만 사물을 이해할 뿐 타인의 위치에서 보이는 사물의 모습을 추론하지 못하는 사고의 한계가 있다. 또한 유아는 듣는 사람이 자신이 하는 말을 이해할 수 있는가의 여부는 고려하지 않은 채 자신의 생각만을 전달하는 의사소통 양상을 보인다(송명자, 1996).

② 직관적 사고(intuitive thought)

직관적 사고는 유아가 아직 사물이나 사건의 여러 측면에 주의를 기울일 줄 모르기 때문에, 그 속에 내재된 규칙이나 조작을 이해하지 못하고 사물이나 사건이 갖는 단 한 가지의 가장 두드러진 지각적 속성만으로 그것들을 판단하는 것을 말한다. 직관적 사고는 전 조작기의 중심적인 사고 양상으로 보존 개념, 분류화, 서열화 등에서 잘 나타난다. 전 조작기에는 어떤 대상을 단 한 가지의 지각적 특성에 의해 판단하는 직관적 사고 때문에 보존 개념이 획득되지 못한다. 또한 이 시기에는 직관적 사고 때문에 유목 간의 부분과 전체의 논리적 관계 및 상위유목과 하위유목 간의 위계관계를 이해하지 못하여 분류화와 서열화가 획득되지 못한다.

③ 물활론(animism)

물활론은 사물은 모두 살아 있고 각자의 의지에 따라 움직인다고 생각하는 것이다. 즉 유아는 생명이 없는 대상에게 생명과 감정을 부여한다. 4~6세가 되면 유아는 활동하는 것은 모두 살아 있는 것으로 여긴다. 예를 들면, 유아는 태양은 빛을 발하기 때문에 살아 있으며, 산은 아무것도 하지 않으므로 죽어 있다고 본다. 6~8세가 되면 유아는 움직이는 것들에 한해 생명을 부여한다. 예를 들면, 탁자와 꽃은 움직이지 않으므로 죽은 것이고, 자전거와 구름은 때때로 움직이므로 살아 있는 것으로 생각한다. 8세경이 지나야 비로소 스스로 움직이는 것에 한해서 생명을 부여하며, 그 이후가 되어야 생명이 있는 것을 식물과 동물에 한정시킨다(Crain, 1993).

④ 상징적 기능(symbolic function)

상징적 기능은 유아가 눈에 보이지 않는 사물이나 행동을 표상하기 위해 상징을 사용하는 능력을 말한다. 상징적 기능은 상상놀이, 그림 및 언어를 통해서 가장 잘 표현하고 있다. 상상놀이란 가상적인 사물이나 상황을 실제 사물이나 상황으로 상징화하는 놀이이다. 예를 들면, 나무토막으로 총 놀이를 하는 유아는 실제로 나무토막으로 놀이를 한다기보다는 자신의 머릿속에 있는 표상을 나무토막이라는 상징물을 통해 재현하고 있는 것이다. 상상놀이를 통해 아동은 어떤 대상, 사람 및 상황의 속성을 재현할 수 있다. 소꿉놀이, 기차놀이, 병원놀이 등은 상징놀이에 속한다(송명자, 1996).

그림은 유아의 내적 표상이 표출되는 중요한 상징적 수단이다. 예를 들면, 유아가 해를 그릴 때 눈, 코, 입을 그려 넣거나, 버스에 타고 있는 사람들의 다리까지 그려 넣는 것은 그들이 눈에 보이는 것을 그리는 것이 아니라 자신의 머릿속에 있는 심상을 그리고 있음을 보여주는 것이다. 또한 언어는 유아의 내적 표상을 표현하는 상징적 수단이다. 언어는 유아의 시야를 넓혀주며, 언어를 통해서 유아는 과거를 다시 체험할 수 있고, 미래를 이야기할 수 있으며, 사건을 다른 사람에게 전달할 수 있다.

⑤ 타율적 도덕성(heteronomous morality)

타율적 도덕성은 유아가 성인들에 의해 부여된 규칙에 맹목적으로 복종하는 것을 뜻한다. 유아는 그들이 항상 따라야 하는 하나의 강력한 규칙이 있으며, 규칙은 고정되어 있어서 변화될 수 없고 생각한다. 또한 그들은 규칙이란 지키지 않으면 벌을 받기 때문에 절대적으로 지켜야 한다는 것이다. 유아는 저지른 잘못이 크면 클수록 의도가 어떻든 간에 벌이 크고 더 나쁘다고 생각하여 의도보다 결과에 치중하는 것을 알 수 있다(유안진 · 김혜선, 1996), 이러한 타율적 도덕성은 10세경까지 지속되다가 그 이후에 규칙이 협동적인 상호작용을 위한 계약이라는 것을 배우게 되면서 자율적 도덕성이 나타난다.

⑥ 꿈의 실재론(realism)

꿈의 실재론은 유아가 자신이 꿈꾼 것이 실제라고 생각하는 것이다. 즉 유아는 꿈이 현실로 존재한다는 것을 전적으로 믿고 있다는 것이다. 예를 들면, 4세의 여아에게 꿈에 나타난 거인이 실제로 있느냐고 물으면, 정말로 거기에 있었고 내가 깨었을 때 그만 사라져 버렸으며, 마루 위에서 발자국도 보았다고 말한다. 유아가 점차 성장하면서 꿈이 실제가 아니라는 것을 깨닫게 되지만, 성인들과는 다른 방식으로 꿈을 생각한다. 그들은 자신의 꿈이 타인에게도 보이며, 바깥으로부터 들어오는 것으로 생각하고, 꿈을 꾸는 동안 그들의 외부에 그대로 남아 있다고 생각한다. 유아는 점차적으로 꿈이 실재적인 것이 아닐 뿐만 아니라 그 내적 근원과 소재도 알 수 없다는 것을 알게 되며, 성인들이 가르쳐 주는 꿈의 다른 특성들도 알게 된다. 6~7세경이 되어서야 비로소 꿈이 그들은 꿈의 성질을 완전히 이해하게 된다(Crain, 1993).

(3) 구체적 조작기

구체적 조작기(concrete operational period)는 7~12세경의 아동에게 해당되는 시기로서 사고가 안정되고 일관성이 있으며, 논리적 추리력을 갖게 되며 조작적이다. 이 시기는 논리적 사고가 현저하게 발달하는 시기이지만, 아동의 사고가 현실에 존재하며 관찰이 가능한 구체적 사건이나 사물에만 한정되어 있기 때문에 이 시기를 구체적 조작기라고 한다. 아동은 가상적인 상황을 만들어서 추론할 수 없기 때문에 추상적이고 복잡한 가설의 정신적 사고는 아직 가능하지 않다. 구체적 조작기에 아동은 인지능력이 발달하여 보존 개념, 분류화, 서열화, 탈중심화, 자율적 도덕성 등을 갖게 된다.

① 보존 개념(conservation)

보존 개념은 어떤 대상의 외적 형태가 변화되어도 그 양적 속성이나 실체가 바뀌지 않는다는 사실을 이해하는 것이다. 구체적 조작기 동안 아동은 수 · 길이 · 면적 · 무게 · 부피 등 여러 형태의 보존 개념을 획득해 나간다. 이 시기에 아동은 아무것도 보태거나 빼지 않았을 때는 본래의 양이 동일하다는 동일성(identity) 및 어떤 변화 상태란 그 변화과정을 역으로 거쳐 가면 본래의 상태로 되돌아갈 수 있다는 가역성(reversibility)을 이해할 수 있다. 또한 아동은 어떤 차원에서의 변형에 의한 양의 손실은 다른 차원에서 얻어진다는 보상(compensation)을 이해할 수 있다. 이와 같이 아동이 동일성, 가역성 및 보상을 이해할 수 있기 때문에 보존 개념의 획득이 가능하다.

② 분류화(classification)

분류화는 여러 사물과 현상들을 그 속성의 유사성에 따라 분류하여 이들의 공통적인 범주를 찾아내는 것을 말한다. 구체적 조작기에 아동은 사물의 분류에서 전체와 부분과의 관계를 이해할 수 있으며, 사물을 일정한 속성에 따라 분류할 수 있다. 분류화는 단순 분류화, 중다 분류화 및 유목 포함으로 나누어진다. 단순 분류화는 하나의 속성을 기준으로 분류하는 것이며, 중다 분류화는 두 개 이상의 속성을 기준으로 분류하는 것이다. 유목 포함(class inclusion)은 상위유목과 하위유목과의 관계를 이해하는 것이다.

③ 서열화(seriation)

서열화는 어떤 특정의 속성이나 특징을 기준으로 하여 서로의 양립이 불가능한 유목으로 나누면서 동시에 상호관계에 따라 사물을 잘 어울리게 배열하는 것이다. 즉, 여러 사물이나 현상들을 특징 속성에 따라 순서대로 배열하는 것을 말한다. 구체적 조작기에 아동은 사물 간의 관련성을 이해할 수 있기 때문에 한 대상이나 사물을 여러 대상이나 사물과 비교할 수 있게 되어 차례대로 나열할 수 있다. 서열화는 단순 서열화, 중다 서열화 및 변환적 추론으로 나누어진다.

단순 서열화는 한 가지 속성을 기준으로 두 대상씩을 비교하면서 순서대로 배열하는 것이며, 중다 서열화는 두 가지 속성을 동시에 고려하면서 순서대로 배열하는 것이다. 변환적 추론은 두세 가지 사물간의 관계성을 이해하고, 그것들의 관계를 기준으로 하여 순서를 배열하는 것이다. 여기에서 중다 서열화와 변환적 추론의 개념은 9세 이후에야 획득된다(유안진 · 김혜선, 1996).

④ 탈중심화(decentralization)

탈중심화는 사물의 어떤 두드러진 특성이나 측면에만 얽매이지 않고 여러 가지 특성이나 측면을 고려하는 다면적 사고를 할 수 있다는 의미이다. 구체적 조작기에 아동은 자신의 관점과 다른 사람의 관점을 구별할 수 없는 자아중심성에서 벗어나 다른 사람의 관점과 사물의 다른 특성을 고려하게 된다.

⑤ 자율적 도덕성(autonomous morality)

자율적 도덕성은 규칙이 상호합의에 의해서 제정되며, 서로가 동의하면 언제든지 자율적으로 변화될 수 있다는 것을 의미한다. 즉, 구체적 조작기에 아동은 사회적 규칙이 사람들의 동의에 의해 만들어진 것이며, 그들의 동의에 의해 변경될 수 있다고 생각한다. 또한 행위의 결과보다 행위자의 의도에 따라 옳고 그름에 대한 판단을 내리게 된다.

예를 들면, 아동이 어머니를 도와주기 위해 설거지를 하다가 유리컵을 깨뜨렸다면 고의로 그렇게 한 것이 아니기 때문에 잘못했다고 판단하지 않는다. 아동은 사회적 규칙을 어겼다고 해서 반드시 처벌을 받는 것은 아니며,

정상참작이 필요하다는 것을 인정한다(최윤미 외, 1998).

(4) 형식적 조작기

형식적 조작기(formal operational period)는 12세경부터 성인이 되기까지의 시기로서 가장 성숙된 인지적 조작을 할 수 있는 단계이다. 이 시기에는 구체적이고 현실적인 세계를 넘어서 추상적으로 사고를 할 수 있게 되며, 과학자와 유사한 가설 연역적 추리를 할 수 있고, 조합적 사고가 가능해진다. 또한 명제 내 사고뿐만 아니라 명제 간의 사고도 가능해진다.

① 추상적 사고(abstract thinking)

추상적 사고는 실제적 구체적으로 경험할 수 없는 사물이나 사건을 머릿속으로 생각하는 것이다. 형식적 조작기에는 어떤 사물에 대해 다양한 요인을 함께 고려할 수 있을 뿐만 아니라 사물이 존재하는 방식과 기능하는 방식에 대해 창의적으로 사고할 수 있다. 또한 이 시기에는 자신의 미래에 대해서나 자신이 나아갈 사회에 대해서도 사고를 하게 되며, 현실과 다른 가상적 사회를 꿈꾸고 구상하기도 한다.

② 가설 연역적 추리(hypothetical-deductive reasoning)

가설 연역적 추리는 제시된 문제에 내포된 정보로부터 하나의 가설을 설정하여 일반적인 원리를 바탕으로 특수한 원리를 논리적으로 이끌어내는 것을 말한다. 즉 구체적 조작기에는 어떤 문제 상황에 놓이게 되면 과거의 문제해결 경험을 바탕으로 문제를 해결하려고 하지만, 형식적 조작기에는 문제해결 방안과 관련된 가설을 설정하고 체계적인 검증을 통하여 하나의 문제해결의 원리를 표출해 낸다.

③ 조합적 사고(combination thinking)

조합적 사고는 하나의 문제를 해결하기 위해 여러 가지 가능한 해결책을 논리적으로 구성하여 문제해결에 이를 수 있는 사고이다. 구체적 조작기에는 문제해결을 위한 가능한 방법을 체계적으로 조합하여 생각하지 못하지만, 형식적 조작기에는 문제해결을 위해서 사전에 모든 가능한 방법을 생각하고 체계적으로 조합할 수 있는 능력을 갖게 된다.

2. 엘리스의 인지행동적 성격이론

1) 합리정서행동치료이론의 개념

엘리스는 1955년 초에 인본주의적, 철학적, 행동적 심리상담 · 치료를 결합하여 합리정서치료를 완성하여 현재의 Rational Emotive Behavior Therapy (REBT)의 기반을 마련하게 되었다(Elis, 1994, 1997). 인지적 치료들은 명칭의 다양성에도 불구하고 근원적으로 같은 토대를 가지며 일부 국소적 차이점이 있을 뿐이다. 이 치료모델 간 차이는 인지행동주의 구조에서 인지 측면과 행동 측면 중 어느 것을 더 강조하느냐와 함께 인식, 기억, 정보처리과정, 판단, 의사결정과 같은 인지과정에 어느 정도로, 어디에 초점을 두는가에 있다. 실제로 인지치료는 사용하는 사람에 따라 다양한 이름으로 불리는데, 일반적으로 아론 벡(Aron Beck)의 인지치료(cognitive therapy)가 가장 많이 알려져 있고, 그 외 앨리스의 합리정서치료(rational-emotive therapy), 매켄바움(Machenbaum)의 인지행동수정, 라자루스(Lasrus)의 복합형태치료, 몰트스비(Maultsby)의 합리행동치료(rational behavior therapy) 등이 이 모델에 기여하였다(이명수 외, 2018).

합리정서행동치료(REBT)이론은 그 상당 부분이 심리학보다는 내담자의 근본적인 철학이 변하기를 도모한다는 측면에서 철학에 뿌리를 두고 접근하고 있다. 합리정서행동치료이론은 인간의 인지적 · 정서적 · 행동적인 측면을 강조하는 이론이며, 지적인 작업만을 강조하지 않은 점을 강조하고 있다. 또한, '긍정적 사고'라고 불리는 것을 강조하지도 않으며, 부정적 사고를 무조건 낙관적 사고로 대체하려고도 하지 않는다.

2) 인간에 대한 관점

(1) 인간의 본성에 대한 관점

엘리스는 인간의 본성에 대하여 인간을 자기와 대화하고, 자기를 평가하며, 자기를 유지하는 존재로 보고, 합리정서행동치료(이하 REBT)는 인간이 합리적이고 '올바른' 사고와 비합리적이고 '올바르지 못한' 사고를 할 수 있는 가능성을 모두 가지고 태어난다고 가정한다. 사람은 자기보존, 행복, 사고와 언어, 사랑, 다른 사람들과의 대화, 성장과 자기실현 등의 경향을 가지고 있다. 또한 그들은 자기파괴, 사고 회피, 게으름, 실수의 끝없는 반복, 미신, 인내심 없음, 완벽주의와 자기비난, 성장잠재력의 실현 회피 등의 경향성도 가지고 있다.

(2) 인간에 대한 기본적인 가정

엘리스가 지적한 인간에 대한 기본적인 가정은 다음과 같다(이명수 외, 2018).

① 인간은 외부의 조건보다는 자신 스스로가 자신의 정서적 혼란을 일으키는 여건을 만든다.
② 인간은 사실을 왜곡하고 정서적 혼란을 일으키게 하는 생득적 · 문화적 경향성을 가지고 있다.
③ 인간은 동시에 사고하고, 느끼고, 행동하며, 이들은 상호 간에 영향을 주고받는다.
④ 인간은 자신의 사고, 정서와 행동의 과정을 바꿀 수 있는 능력이 있다.

(3) 인간의 정서에 대한 관점

REBT에서는 사고의 결과로 정서가 나타난다고 보고 있어서 정서장애는 개인이 믿는 비합리적이며 논리로 기인하여 발생하고, 그 결과 자기패배적인 감정이나 행동으로 연결된다고 주장한다.

한편, REBT에서는 정서를 적절한 정서와 부적절한 정서로 구분하고 있다. 적절한 정서는 다시 긍정적인 정서와 부정적인 정서로 구분할 수 있다. 이러한 적절한 정서는 그것이 부정적인 경우에도 앞으로 행동하는 데 더 나쁜 결과를 초래하는 것을 방지하며, 자기가 바라는 바를 더 잘 성취할 수 있도록 하고, 자기가 바라지 않는 것을 줄일 수 있도록 주의하고 조심하게 해준다.

REBT는 대부분의 정서장애의 핵심이 '비난'이라고 주장한다. 그러므로 우리가 신경증이나 성격장애를 극복하려면 자신과 타인에 대한 비난을 하지 않는 것이 좋다. 대신에 우리의 불완전함에도 불구하고 우리 자신을 수용하는 것을 배우는 것이 중요하다.

3) ABCDE 이론(성격이론)

(1) ABCDE 이론의 개념

가. ABCDE 이론의 구성

ABCDE 이론은 REBT 이론의 중심이다. 그리고 이 이론에서 6가지 구성은 다음과 같다.

> A(활성화시키는 사건: Activating Event) – B(신념: Belief)
> – C(정서적 · 행동적 결과: Consequence) – D(논박하는 중재: Disputing)
> – E(효과: Effect) – F(새로운 감정: Feeling)

① 선행사건(Activating Event): 개인에게 정서적 혼란을 야기하는 어떤 사건과 관련하여 시험에 빠지게 된다.

② 신념체제(Belief System): 어떤 사건이나 행위 등과 같은 환경적 자극에 대해서 개인이 갖게 되는 태도 또는 사고방식

③ 결과(Consequence): 선행사건을 접했을 때 비합리적인 사고방식을 가지고 그 사건을 해석함으로써 느끼게 되는 정서적 결과

④ 논박(Disputing): 자신이 가지고 있는 비합리적인 신념이나 사고에 대해서 도전해 보고 과연 그 사상이 사리에 맞는 것인지를 다시 한번 검토해 보도록 상담자가 촉구하는 것

⑤ 효과(Effect): 내담자가 가진 비합리적인 신념을 철저하게 논박함으로써 합리적인 신념으로 대치한 다음에 느끼게 되는 자기 수용적인 태도와 긍정적인 감정의 결과(인지적 효과, 정서적 효과, 행동적 효과/새로운 철학으로의 도달)

⑥ 감정(Feeling): 상황에 대한 적절한 새로운 감정

(2) 논박의 과정

ABCDE 이론 과정은 D의 논박 과정이다. 본질적으로 D는 상담자가 내담자에게 그들의 비합리적인 법에 도전하도록 도와주기 위한 과학적인 방법을 적용하는 것이다. 여기서 내담자는 논리적인 원리를 배우고, 이 원리를 통해 비현실적이고 증명할 수 없는 가설을 파괴할 수 있다.

이러한 논박의 과정은 크게 3가지로 구분된다(이명수 외, 2018).

- 탐지: 내담자는 비합리적 신념, 특히 '~하지 않으면 안 된다. 나는 ~해야 한다'는 식의 절대적인 관념과 끔찍한 자기비하를 탐지하는 방법을 배운다.
- 반박: 탐지가 끝난 후 내담자는 논리적이고 경험적으로 질문하는 방법과 자신에게 강렬하게 논쟁해서 그것을 행하지 않는 방법을 배움으로써 그들의 역기능적인 신념을 반박한다.
- 변별: 내담자는 합리적(자기 원조적) 신념과 비합리적(자기 패배적) 신념을 변별하는 방법을 배운다.

(3) 철학적 재구성

REBT의 궁극적인 목적은 우울증과 자기비난의 감정을 최소화시키는 것이다. 그러므로 ABCDE 이론을 통하여 인간의 역기능적 성격을 변화시키는 철학적 재구성의 과정을 분석해 보면 다음과 같다.

첫째, 인간의 정서적 문제의 책임이 대체로 우리 자신에게 있다는 사실을

완전히 인식하는 것이다.

둘째, 우리가 이 혼란들을 유의미하게 변화시킬 수 있는 능력을 가지고 있다는 사실을 인정하는 것이다.

셋째, 우리의 정서적 문제가 대부분 비합리적 신념으로부터 나온다는 것을 인식하는 것이다.

넷째, 이 신념들을 명백히 지각하는 것이다.

다섯째, 자기 패배적 신념을 논박할 만한 가치를 찾는 것이다.

여섯째, 우리가 변화하려면 신념과 이에 따르는 역기능적 감정 행동을 반박하기 위해서 정서적 · 행동적 방식으로 열심히 노력해야 한다는 사실을 수용하는 것이다.

일곱째, 남은 생애 동안에도 혼란스러운 결과를 근절하거나 변화시키는 REBT 방법을 시행하는 것 등이다.

기출문제

1. 구체적 조작기에 처음 나타날 수 있는 특징은?

① 상상놀이
② 추상적 사고
③ 보존개념 획득
④ 가설과 추론
⑤ 대상영속성 개념 획득

2. 다음 보기에서 설명하는 개념은?

> 과거에 사회복지사에게 부정적인 감정을 가지고 있던 클라이언트의 엄마가 현재의 사회복지사는 과거와는 다른 사람임을 느끼고 인식이 변하였다.

① 도식　② 조정　③ 동화
④ 협응　⑤ 평형

3. 인지발달단계가 올바르게 연결된 것은?

① 감각운동기 → 구체적 조작기 → 전조작기 → 형식적 조작기
② 감각운동기 → 전조작기 → 구체적 조작기 → 형식적 조작기
③ 전조작기 → 구체적 조작기 → 형식적 조작기 → 감각운동기
④ 감각운동기 → 전조작기 → 형식적 조작기 → 구체적 조작기
⑤ 전조작기 → 감각운동기 → 형식적 조작기 → 구체적 조작기

4. 다음 중 Piaget의 인지발달단계에서 대상영속성을 획득하는 시기는?

① 감각운동기
② 전조작기
③ 구체적 조작기
④ 형식적 조작기
⑤ 모든 단계에서 가능

5. Piaget의 전 조작적 시기에 논리적 사고발달을 방해하는 요인은?

가. 자아중심성	나. 형식성
다. 비가역성	라. 보존성

① 가, 나, 다
② 가, 다
③ 나, 라
④ 라
⑤ 가, 나, 다, 라

정답	1. ③ 2. ③ 3. ② 4. ② 5. ②

06

CHAPTER

행동주의이론

학습이론은 행동주의이론이라고도 부른다. 이 이론은 생물학적 요인보다는 환경적 요인을 더 강조한다. 행동주의이론가들은 개인의 인생에서 얻게 되는 학습경험이 인간발달에서의 변화의 중요한 원인으로 보고 있다. 따라서 아동은 환경을 재구성함으로써 발달에 변화를 가져오게 할 수 있다. 즉 직접 관찰하고 측정하고 경험할 수 있는 행동을 연구하는 것이 더 중요하다고 본다. 행동주의이론에서는 인간발달에서 단계를 설정하지 않고, 자극과 반응과의 관계를 연구한다.

행동주의의 주요한 이론인 파블로프(Pavlov)의 고전적 조건형성이론, 왓슨(Watson)의 행동주의이론, 스키너(Skinner)의 조작적 조건형성이론, 그리고 반두라(Bandura)의 인지적 사회학습이론에 대해 고찰해 본다.

1. 고전적 조건형성이론

1) 일반적 특성

고전적 조건형성이론(classical conditioning theory)은 러시아의 생리학자 파블로프(Ivan Patrovich Pavlov)의 동물실험을 통해 확립되었으며, 미국의 심리학자 왓슨(John B. Watson)이 이 이론을 인간에게 적용하여 행동주의 학습이론의 기초가 되었다. 고전적 조건형성이론은 중성자극을 반응을 유발하는 조건자극으로 변화시켜 조건반응을 일으키도록 하는 반응적 조건형성(respondent conditioning)에 관한 이론이다.

2) 파블로프의 고전적 조건반사와 고전적 조건형성

(1) 개념

파블로프는 개들이 입 안에 음식이 들어가기 전에도 침을 분비한다는 사실을 발견하였다. 개들은 음식이 오는 것을 보거나 가까이 오는 발걸음 소리만 들어도 침을 분비하게 되어, 이전에는 반응을 일으키지 않았던 자극이 조건형성을 통하여 반응을 일으킨다는 사실을 발견하였다. 파블로프는 이를 통해 고전적 조건형성의 기틀을 마련했으며, 행동주의 학습이론을 확고한 과학적 기반 위에 올려놓은 최초의 학자가 되었다.

고전적 조건형성은 일정한 자극에 의해서 선천적으로 유발되는 반응을 그것과 아무런 관계가 없는 중성자극과 연합시킴으로써 그 중성자극이 조건자극으로 변화되어 조건반응을 일으키게 하는 것을 말한다. 이러한 조건자극으로 인하여 일어나는 조건반응은 주어진 자극에 대한 새로운 반응으로써 학습된 반응이다.

파블로프의 개의 타액 분비에 관한 연구에서 개에게 음식물을 주면 개는 타액을 분비하게 되는데, 종소리를 울린 다음 음식물을 주는 일을 몇 차례 반복하게 되면 나중에는 종소리만 울려도 개가 타액을 분비하였다. 여기에서 개는 종소리에 대해 반응하도록 조건형성된 것이다. 이러한 과정을 고전적 조건형성이라고 한다.

여기에서 음식물을 주는 것은 무조건자극(unconditioned stimulus)이며, 음식에 대해 타액을 분비하는 것은 무조건반응(unconditioned response)이다. 종소리는 타액의 분비와 관계없는 중성자극(natural stimulus)이지만, 나중에 종소리만 울려도 타액을 분비하면 종소리가 조건자극(conditioned stimulus)이 되며, 타액을 분비하는 것은 조건반응(unconditioned response)이 된다. 이러한 조건반응은 조건자극과 무조건자극의 연합은 오래 지속될 경우에 더욱 강화된다.

(2) 고전적 조건형성의 영향 요인

파블로프는 조건반사의 강도에 영향을 주는 몇 가지 요인을 확인하였는데, 이것을 강화와 소멸, 자발적 회복, 그리고 자극일반화와 자극변별화로 구분하였다(정옥분, 2003).

① 강화(reinforcement)

강화는 한 행동에 뒤따르는 자극 사건이 그 행동을 다시 일으킬 가능성을 증가시키는 것을 의미한다.

② **소멸**(extinction)

소멸이란 조건형성이 한번 이루어지고 나서 지속적으로 계속되는 것이 아니라 그 효과가 사라진다는 것이다.

③ **자발적 회복**(spontaneous recovery)

자발적 회복이란 자극이 소멸한 후 상당한 시간이 지난 후 자극을 다시 제시하면 조건반응이 일시적으로 다시 나타난다는 것이다. 더 이상 조건자극과 무조건자극이 없더라도 조건반응이 자발적으로 회복된다는 의미이다.

④ **자극일반화**(stimulus generalization)

자극일반화는 원래의 자극과 유사한 조건자극에 대해 조건반응하는 것을 의미한다. 즉 유사한 조건에서는 유사한 반응을 한다는 것이다.

⑤ **자극변별화**(stimulus differentiation)

자극변별화는 자극일반화에 대한 보완적인 과정으로, 어떤 자극이 다른 자극과 변별되는 경우를 말한다.

(3) 평가

이 이론은 학습상태가 이루어지는 방법을 조건반사를 이용하여 과학적으로 설명함으로써 이후의 학습이론 발전에 중요한 기초를 제공했다. 그러나 고전적 조건형성은 선천적인 반응에만 초점을 두었다는 한계가 있다. 왜냐하면 인간의 감정이나 행동은 후천적인 조건형성의 결과로 보이기 때문이다.

3) 왓슨의 고전적 조건형성(행동주의이론)

(1) 개념

왓슨은 심리학이 의식, 정신상태, 만족 등과 같은 용어를 버리고 행동의 '예언과 통제'를 목표로 삼아야 한다고 주장하였다. 특히 그는 심리학이 자극, 반응 및 습관 형성만을 연구해야 과학이 될 수 있다고 주장하였다.

1918년 왓슨은 파블로프의 고전적 조건형성을 바탕으로 어린 아동에 대한 연구를 시작하였으며, 인간발달의 문제에 학습 원리를 적용시킨 최초의 심리학자였다. 왓슨은 영아에게는 선천적으로 타고난 특질이 없으며, 그들의 성장 · 발달은 양육 환경과 그들의 생활에서 중요한 위치를 차지하는 부모를 비롯한 주변 사람들의 양육방식과 태도에 달려 있다고 하였다.

① 왓슨의 행동주의이론과 양육

왓슨은 자신에게 12명 정도의 아이를 주어 모든 조건이 갖추어진 조건에서 성장시킬 수 있다면, 그들의 재능, 취미, 적성 등과 관계없이 예술가, 법률가를 포함한 도둑까지도 만들 수 있다고 주장하였다. 이것은 부모의 양육 태도의 중요성을 강조하고 있다.

(2) 자극반응 연합과 영향 요인

파블로프는 조건반사의 강도에 영향을 주는 몇 가지 요인을 확인하고 이것을 강화와 소멸, 자발적 회복, 그리고 지극일반화와 자극변별화로 구분하였다. 왓슨도 단순한 자극과 반응의 연합을 넘어서는 요인을 고려하여 빈도법칙과 최근법칙으로 구분하여 접근하였다.

① 빈도법칙(law of frequency)

빈도법칙은 어떤 자극에 반응을 자주 할수록 그 자극에 대해 같은 반응을 강하게 나타나는 것을 의미한다.

② 최근법칙(law of recency)

최근법칙은 특정한 자극과 특정한 반응 간의 연합이 시간적으로 근접해 일어날수록 그 연합이 일어날 가능성이 높아지는 것을 말한다. 즉 빈도법칙은 횟수를 의미하고 최근법칙은 시간적 흐름을 의미한다.

③ 실험

왓슨은 영아의 정서반응이 선천적인 것이 아니고 자극과 반응의 연합에 의해서 학습된 것임을 증명하는 실험을 하였다.

왓슨은 앨버트(Albert)라는 11개월 된 영아를 대상으로 그가 흰쥐에 대해 공포를 갖도록 조건형성이 이루어질 수 있는가를 알아보고자 했다. 앨버트는 처음에 흰쥐에 대해 아무런 공포반응을 보이지 않았지만, 흰쥐를 보여주고 동시에 큰 소리가 나게 하였더니 놀라는 반응을 일으켰다. 앨버트에게 이러한 실험을 몇 차례 반복한 후 흰쥐만 보여줘도 공포반응을 보이게 되었다.

이것은 중성자극이던 흰쥐가 큰소리와 연합하여 조건자극으로 변화되면서 조건반응을 일으키도록 조건형성이 이루어진 결과이다. 흰쥐를 보고 공포반응을 일으킨 앨버트는 그 뒤 자극이 일반화되어 여러 사물을 갖고 놀지만 털이 난 것은 모두 무서워하였다.

왓슨은 영아가 성장함에 따라 분노, 사랑 등과 같은 정서적 반응의 상당한 부분을 고전적 조건형성을 통해 학습하는 것으로 보았다. 그는 어린 아동이 동물을 무서워하는 공포에 대해서 그것을 조금씩 감소시키는 방법을 통하여 소거시킬 수도 있다고 하였다.

(3) 평가

왓슨은 심리학자들이 인간의 행동을 연구하는데 파블로프의 고전적 조건형성이론을 어떻게 연관시키는가를 확인시켰으며, 유아기에서의 고전적 조건형성의 역할에 관한 수많은 연구를 하도록 자극하였다. 그러나 왓슨의 이론은 정서적인 반응을 포함한 선천적인 반응이나 반사적 반응에 한정된다는 비판도 있다(Crain, 1993). 또한 이 이론에 대해 행동주의자들도 논란이 되고 있는데, 이러한 평가와 관계없이 행동주의가 심리학에 미친 영향은 매우 크다.

2. 조작적 조건형성이론

1) 일반적 특성

조작적 조건형성이론(operant conditioning theory)은 스키너(Burhus F. Skinner)가 고전적 조건형성이론을 수용하여 더욱 발전시킨 이론이다. 그는 행동주의 학습이론의 가장 뛰어난 선구자로서, 인간의 행동이 반응행동(response behavior)보다는 조작행동(operant behavior)에 의해 더 많이 좌우된다고 보았으며, 조작적 조건형성 및 그와 관련된 다양한 원리와 방법을 제시했다. 조작적 조건형성이론은 인간의 행동이 행동의 결과에 의해 변화된다고 보고, 환경을 조작하여 그러한 행동의 반응 비율에 영향을 미칠 수 있도록 한 이론이다.

2) 인간행동에 대한 관점

(1) 자율적 인간관의 부정

스키너는 인간이 자신의 운명을 스스로 결정하는 자유로운 행위자가 아니며, 인간의 행동이 개인의 선택에 의해 지배된다는 가정도 있을 수 없다고 하였다. 즉 인간은 그의 행동을 스스로 창출하는 존재가 아니라 환경적 상황에서 행동 목록을 습득해 온 유기체이며, 개인의 행동은 그 자신이 속한 객관적 세계에서 겪은 과거의 경험 또는 현재의 경험에 의해 결정된다는 것이다(Nyc, 1991).

(2) 인간행동에 대한 유전적 설명의 거부

스키너는 선천적이고 유전적인 요인이 행동에 영향을 준다는 사실을 부인하지는 않았다. 즉 인간의 어떤 행동의 양상을 출생 계절, 체형 또는 유전적 소질 등 생물학적 · 유전적 요소로 보는 데는 반대하지 않지만, 이러한 것은 조작에 의해 변형하기 어렵기 때문에 이들을 거부한다는 것이다(Hielle & Zicgler, 1994).

유전적 소질은 사람들이 반응을 보일 수 있는 일반적인 반응의 범위를 결정하며, 그 반응 뒤에 오는 어떤 결과가 그 반응을 강화할 것인가를 결정하는 데에도 영향을 준다고 생각했다. 그러나 스키너는 만약 유전적 소질로 행동을 설명한다면 환경도 반드시 고려해야 하며, 환경이 그동안 인간의 행동을 통제해 왔으며 앞으로도 통제할 것이라는 점이 중요하다는 것이다. 그는 특정한 행동의 원인이 본능에 있다고 보는 것을 반대했다. 그 이유는 본능으로만 설명을 하면 인간행동에 대한 환경의 인과적 역할이 무시되는 경향이 있기 때문이라는 것이다.

(3) 인간행동의 법칙성

스키너는 인간의 모든 행동은 법칙적으로 결정되며, 예측이 가능하고, 환경적 통제 아래에서 가져올 수 있다고 가정하였다. 스키너는 인간이 자유의지를 가진 존재라기보다는 매우 복잡하기는 하지만 틀림없는 기계로 볼 수 있다고 주장하였다. 또한 그는 인간행동과학의 목표는 연구할 현상을 예측하고 통제하는 것이라고 하였다. 즉 인간의 행동에 대한 설명은 측정과 관찰을 할 수 있는 실험적 조작을 통해서 이루어져야 하며, 철학적 사색에 의존하는 방법으로는 아무것도 결정할 수 없다는 것이다.

스키너는 모든 과학은 단순한 것으로부터 복잡한 것으로 발달하는 것이므로 인간을 연구하기에 앞서 하위동물을 연구해야 한다고 주장하였다. 즉 그는 하위동물이나 인간이 서로 행위는 다를지라도 그 행위를 통제하는 기본적인 과학적 법칙은 다르지 않으므로 이러한 법칙을 다른 유기체에 일반화할 수 있다고 하였다.

(4) 인간행동에 대한 내적 영향의 부정

스키너는 인간의 행동을 인간의 내적 영향에 의한 것으로 보기보다는 자기의 주위 환경에 대한 반응으로 보아야 한다는 것이다. 즉 동기 · 욕구 · 갈등 · 감정 등은 인간행동을 이해하는 데 아무런 도움을 주지 못하며, 개인에게 영향을 미치는 환경과 그것에 의해 나타나는 반응 사이의 기능적 관련성을 통해서 인간의 행동을 설명해야 한다는 것이다. 인간행동에 관한 연구는 개인의 행동을 좌우한다고 보는 내적 · 정신적 특성을 연구하는 것이 아니라, 유기체의 행동과 그 행동의 강화된 결과 사이의 어떤 독특한 관계의 양식을 발견하려는 데 있다는 것이다.

3) 조작적 조건형성

(1) 반응행동

스키너는 행동을 반응행동(respondent behaviors)과 조작행동(operant behaviors)으로 분류하였다. 반응행동은 구체적인 자극에 의해 유발되는 구체적 행동으로써 일종의 반사이다. 즉 이것은 이미 알려진 자극에 의해 자동적으로 유발되는 반사적 반응으로써, 자극이 행동보다 먼저 나타나게 된다. 파블로프가 연구한 고전적 조건형성은 이러한 반응행동에 관한 것이다. 여기에서 중요한 것은 반응행동이 조건형성될 수 있다는 점이다.

스키너는 선행하는 조건자극이 조건반응을 유발한다는 고전적 조건형성을 인정했다. 그러나 가장 중요하면서도 복잡한 행동은 단순히 특정 자극에 대해 조건화된 반사적 반응은 아니라고 생각했다. 오히려 인간에게 중요한 행동은 방출되어 어떤 결과를 가져오는 반응이라고 믿었다.

그는 고전적 조건형성에서 강조하는 수동적인 유기체보다는 능동적이고 적극적인 유기체에 더 많은 관심을 가지고 있었다. 그는 반응행동과 관련된 고전적 조건형성을 강조한 왓슨과는 달리 조작행동과 관련된 조작적 조건형성을 강조했다(Nye, 1991).

(2) 조작행동

조작행동(operant behaviors)은 환경을 조작해서 어떤 결과를 가져오도록 하는 행동이다. 즉 이것은 하나의 행동에 어떤 결과가 뒤따르게 되고, 그 결과의 특성에 따라 유기체가 그러한 행동을 되풀이하는 습득된 행동을 말한다. 예를 들면 아동이 독서를 할 때 부모가 관심을 보이고 칭찬하게 되면 아동은 독서를 계속하게 될 것이다. 이때 아동이 독서를 계속하게 되는 행동은 부모의 관심과 칭찬으로 인하여 나타난 조작행동이다. 조작행동은 자극에 의해 유발되는 것이 아니고 스스로에 의해 방출되는 것이며, 이것은 능동적인 유기체의 특성이다. 즉 반응행동은 그에 앞서 일어나는 사건들에 의해 직접적인 통제를 받지만, 조작행동은 처음부터 쉽게 확인할 수 있는 유발자극이 없이 유기체가 보이게 되는 행동이며 그 결과에 의해 통제된다. 우리가 일상생활에서 하고 있는 대부분은 중요한 행동은 조작행동이다(Schultz & Schultz, 1994).

(3) 조작적 조건형성

인간의 행동은 그 행동의 결과에 의해 변화된다. 행동의 결과가 유익하다면 조작행동이 미래에 출현될 가능성이 증가한다. 이러한 것을 행동이 강화되었다고 하며, 어떤 행동이 강화를 받으면 그 행동은 반복되는 경향이 있고 더욱 강력해진다. 즉 장차 그와 유사한 상황에서 그런 유형의 행동이 다시 나타날 가능성이 증가된다. 강화에 의해 영향을 받은 조작행동은 조건형성되며, 그 행동은 반응 비율이 증가하게 되고 그 사람의 행동 목록에서 일상적인 반응으로 자리를 잡게 된다. 이러한 반응들이 조건화된 행동(conditioned behavior)이다.

조작적 조건형성(operant conditioning)은 반응의 결과에 따른 변화가 반응이 발생하는 비율에 영향을 미치도록 한 절차이다. 즉 이것은 행동이 그 결과에 의해 변화된다고 보고, 그러한 행동의 반응 비율에 영향을 미칠 수 있도록 임의로 조건을 제시하는 과정인 것이다.

스키너는 자신의 이론을 증명하기 위해 스키너 상자(Skinner Box)라는 독특한 실험 장치를 만들었다. 이 상자의 한쪽 구석에는 지렛대가 있고, 이것을 누르면 전원과 연결되어 자동으로 먹이와 물이 나오도록 고안되어 있다. 실험에서 굶주린 쥐를 상자에 집어넣으면 쥐는 처음에는 먹이를 얻기 위해 이리

저리 돌아다니다가 우연히 지렛대를 누르게 되고, 그럼으로써 먹이를 얻게 된다. 시간이 흐름에 따라 쥐는 지렛대를 더욱 자주 누르게 된다. 스키너의 실험에서 나타난 이러한 과정을 조작적 조건형성이라 한다.

한편, 고전적 조건형성이 행동보다 먼저 제시되는 조건에 초점을 두는 것이라면 조작적 조건형성은 행동이 일어난 후의 결과에 초점을 둔다. 그러한 행동의 결과를 어떻게 제시하느냐에 따라 조작행동이 강화되거나 소거될 수 있다.

표 6-1 고전적 조건형성과 조작적 조건형성의 비교

구분	고전적 조건형성	조작적 조건형성
자극의 원인은 무엇인가?	알려져 있고 중요함	관련성이 없음
반응의 원인은 무엇인가?	반응은 자극에 의해 유도됨(S)	반응은 유기체에 의해 방출됨
자극과 반응과의 관계	유도 자극은 방응에 성행함(SR)	강화자극은 반응에 따름(RS)
각각의 예	눈 깜박이기, 소화	운전, 잔디깎기, 사회화
사용되는 다른 용어	고전적 조건화/S 형태 학습/ 연합적 이동/ 조건화	도구적 조건화/R 형태 학습시행착오 학습/문제해결

출처: 조복희(1999).

4) 조건형성의 원리

(1) 강화와 소거

① 강화(reinforcement)

강화란 보상을 제공하여 행동에 대한 반응을 강력하게 하는 것이다. 즉 이것은 행동에 대한 반응의 가능성을 증진하기 위한 어떤 활동이다(Engler, 1991). 강화는 스키너의 조작적 조건형성에서 가장 중요한 개념이며, 조작행동의 발생 가능성과 깊은 관계가 있다.

강화에는 정적 강화(positive reinforcement)와 부적 강화(negative reinforcement)가 있다. 정적 강화는 반응의 비율을 높이기 위해서 자극을 제공하는 것을 말하며, 부적 강화는 불쾌하거나 혐오스런 자극을 제거함으로써 반응의 가능성을 높이는 것을 말한다. 이러한 두 가지 강화는 모두 반응의 가능성을 증대시킨다.

예를 들면, 스키너 상자에서 먹이를 제공하는 것은 정적 강화이며, 전기가 흐르는 상자에 놓인 쥐가 지렛대를 누르면 전기쇼크를 멈추게 할 수 있다고 할 때 지렛대를 누르는 행동이 강화되는데, 여기에서 전기쇼크를 제거하는 것은 부적 강화이다. 만일 견디기 힘든 추위를 회피하기 위해서 운동을 더 많이 한다면, 그때의 반응은 부적으로 강화된 것이다. 인간의 많은 행동은 정적 강화의 경우처럼 어떤 결과를 얻을 수 있기 때문에 또는 부적 강화의 경우처럼 어떤 것을 회피할 수 있기 때문에 조건형성되는 것이다.

② 미신 행동(superstitious behavior)

미신 행동은 강화와 반응 간의 우연한 연합으로 조건형성되는 것을 말한다. 즉 이것은 우연히 생긴 결과가 마치 어떤 원인과 결과인 것처럼 생각되어 그것이 미래의 행동을 다시 일으키는 것이다. 조작적 조건형성이 환경을 조작해서 어떤 결과를 가져오게 하는 것이지만, 미신 행동은 가끔 어떤 반응과 그 반응에 뒤따르는 결과 사이의 관련성이 매우 우연히 일어나는 것이다. 예를 들면, 야구선수가 목걸이를 하고 경기를 하였을 때 승리하는 경우가 많았다면 경기 때마다 목걸이를 하고 나갈 것이다.

스키너에 따르면 미신 행동은 반드시 개인 자신의 조건화 역사의 결과는 아니라는 것이다. 미신의 대부분은 민속학, 전설, 원시문화, 마술 등의 형태로 한 세대에서 다음 세대로 계승된다. 비록 많은 사람들이 어떠한 조건에서 직접적인 행운이나 불운을 경험하지는 않았지만, 이러한 생각은 그들 문화의 사회적 배경을 통하여 전해지고 가끔 강화되었기 때문에 미신으로 남아 있게 된다(Hjelle & Ziegler, 1994).

③ 소거(extinction)

소거는 더 이상 강화되지 않아서 반응이 약화되거나 사라지는 경향을 말한다. 예를 들면, 아동이 부모의 주의를 끌기 위해서 지나치게 울거나 투정을 부릴 때, 이러한 바람직하지 않은 행동이 발생할 때마다 주의를 기울이지 않고 계속 내버려 둔다면 이러한 행동은 약화되거나 사라지게 될 것이다.

(2) 일반화와 변별

① 일반화(generalization)

일반화는 특정한 상황에서만 반응을 보이던 것이 비슷한 다른 상황에서도 반응을 보이는 것을 말한다. 즉 이것은 강화된 행위가 다양한 관련 상황으로 확장되는 경향이다. 이것은 자극일반화(stimulus generalization)와 반응일반화(response generalization)로 구분할 수 있다.

자극일반화는 하나의 반응이 단 하나의 자극에만 조건형성이 될지라도 그러한 특정한 자극에만 반응을 하는 것이 아니라 그와 비슷한 다른 자극들에 대해서도 반응을 보이는 것을 말한다. 반응일반화는 어떤 특정한 반응이 강화되면 그와 비슷한 다른 상황에서도 반응을 보이는 것을 말한다.

② 변별(discrimination)

변별은 주어지는 자극에 대해서 선택적으로 반응을 보이는 것을 말한다. 이것은 자극일반화 이후에 분화과정을 통해 나타나는 것으로, 어떤 자극에 반응하는 행동은 강화해 주고 다른 자극에 반응하는 행동은 강화하지 않음으로써 학습된다. 한편 사회 적응에 있어서 반응을 일반화하는 능력도 중요하지만, 각기 다른 상황에서 변별을 잘하는 능력도 중요하다. 인간의 지적인 행동은 변별할 수 있는 능력에 의존하는 경우가 많다. 스키너는 건강한 성격은 일반화와 변별의 능력을 혼합한 결과로 발달한다고 주장하였다(Hjelle & Zicgler, 1994).

(3) 처벌

① 개념

처벌(punishment)은 바람직하지 않은 행동에 제시하는 혐오자극이다. 즉 이것은 현대 생활에서 가장 보편적인 통제기법으로써 체벌과 같은 혐오자극을 제공하거나 소중하게 여기는 특권 등을 철회함으로써 바람직하지 않은 행동의 수행이 감소되도록 하는 것이다. 처벌은 행동을 통제하는 데 빠른 효과를 나타내기도 하지만, 일시적으로만 효과를 나타낼 수도 있다. 처벌이 행동 통제에 항상 효과적으로 작용하는 것만은 아니며, 원치 않았던 부작용을 초래할 수도 있다. 따라서 정적 강화는 최대화하고 처벌은 최소화하여 행동을 조절해야 한다.

② 처벌과 부적 강화

처벌과 부적 강화는 비슷해 보이지만 서로 다른 것이다. 처벌은 체벌과 같은 혐오자극을 제공하거나 보상을 제공하지 않음으로써 특정 행위의 발생을 억제하는 것이며, 부적 강화는 혐오자극을 제거함으로써 특정 행위의 반응 비율을 증가시키는 것이다(Crain, 1993).

(4) 행동조성

행동조성(shaping)은 유기체의 행동이 바람직한 행동에 가까워질 때까지 점진적으로 행동을 형성해 가는 과정이다(Engler, 1991). 즉, 이것은 유기체 내에 잠재되어 있는 행동이나 학습할 가능성이 있는 거의 모든 종류의 행동들을 조건형성하여 시간을 더 단축하고 더 빨리 학습하도록 하는 접근방법이다. 행동조성은 원하는 행동에 접근할 때마다 강화가 주어지기 때문에 행동에 대한 점진적 접근(method of approximations)이라고도 하며, 복잡한 행동이나 기술을 학습시키는 데 매우 유용한 방법이다. 스키너는 조작적 조건형성이 행동을 조성하는 방식은 조각가가 조각품을 만드는 방법과 유사하다고 지적했다.

조작적 조건형성과정에서 원하는 행동이 일어났을 때 강화를 제공함으로써 학습이 이루어지지만, 학습시키기를 원하는 행동이 자발적으로 일어날 가능성이 적은 경우가 많다. 이러한 문제를 해결하기 위해서는 조건형성을 하고자 하는 행동에 가장 가까운 행동부터 점진적으로 접근하여 강화하는 방법인 행동조성이 필요하다. 특히 복잡한 행동을 학습시킬 때 모든 가능한 행동을 구체적이고 세분화된 단계로 구분하여 점진적으로 접근하도록 하는 것이다. 인간의 많은 행동은 행동조성을 통해서 점진적으로 학습된다.

5) 강화계획

(1) 개념

강화계획(reinforcement schedule)은 조작적 행동이 습득되고 유지될 수 있도록 강화가 제시되는 조건을 나타내는 규칙을 말한다. 이것은 조작적 조건형성이 모든 다른 조건이 동일하다면 강화된 행동은 반복되는 경향이 있으며,

반면에 강화되지 않은 행동은 반복되지 않거나 소멸되는 경향이 있다는 사실에 근거하여 강화가 제시되는 절차를 나타낸 계획이다. 강화계획은 강화가 제시되는 연속성의 여부에 따라 연속적 강화와 간헐적 강화로 나눌 수 있다.

(2) 연속적 강화와 간헐적 강화

① 연속적 강화(continuous reinforcement)

연속적 강화는 어떤 행동이 나타날 때마다 지속적으로 강화가 제시되는 것이며, 발달이 빨리 이루어지지 못하거나 바람직하지 못한 행동을 수정할 때 사용된다. 그러나 이것은 대부분의 일상생활에서 행동할 때마다 일정하고 규칙적으로 강화가 제공되기 어렵기 때문에 실용적이거나 경제적이지 못한 방법이다. 대부분 인간의 사회적 행동은 간헐적으로 강화된다.

② 간헐적 강화(intermittent reinforcement)

간헐적 강화는 어떤 행동이 나타날 때마다 강화가 제시되지 않고 간헐적으로 제시되는 것이다. 간헐적 강화는 크게 반응의 시간에 따른 간격 계획과 반응의 회수에 따른 비율계획으로 나눌 수 있으며, 이것은 다시 강화가 규칙적으로 제시되는 고정계획, 불규칙적으로 제시되는 변수계획으로 나눌 수 있다. 여기에서 간헐적 강화계획은 고정간격계획, 변수간격계획, 고정비율계획, 변수비율계획으로 구분된다.

③ 고정간격계획(fixed-interval schedule)

고정간격계획은 유기체의 반응 비율과 관계없이 특정한 시간 간격을 정해 놓고 그 기간이 경과한 후에 강화가 주어지는 것이다. 예를 들면, 열심히 일을 하든 않든 간에 정해진 날짜가 되면 받게 되는 월급 및 학업성취의 정도에 관계없이 정기적으로 보는 중간고사와 기말고사 등이 여기에 속한다. 고정간격계획은 강화를 받은 행동이 규칙적으로 나타나지 않으며, 강화를 받은 직후에는 한동안 반응이 정지하는 경향을 보인다. 그 이후에 다시 반응 비율이 점진적으로 증가하여 다음의 강화시기에 가까워질수록 반응은 급속하게 증가한다.

④ 변수간격계획(variable-interval schedule)

변수간격계획은 강화가 일정한 시간 간격에 따라 일어나다가 강화 사이의 간격이 불규칙해져서 예측할 수 없는 것이다. 즉 이것은 강화를 주는 평균 시간간격은 일정하지만 실제 강화가 주어지는 시간간격은 다른 경우를 말한다. 예를 들면, 학생들에게 안정된 학습을 시키기 위해 치르는 불시의 시험은 여기에 속한다. 변수간격계획은 강화를 받은 직후에 다시 강화를 받을 수도 있는 것처럼 언제 강화가 주어질 것인가를 알 수 없기 때문에 유기체의 반응이 비교적 안정되어 있고 일관성이 있으며 천천히 소거된다.

⑤ 고정비율계획(fixed-ratio schedule)

고정비율계획은 미리 정해 놓은 또는 고정된 회수의 반응을 수행한 후에 강화를 제공하는 것이다. 즉, 이것은 특정한 회수의 행동이 일어난 후에 강화가 주어지는 것이다. 예를 들면, 상품의 생산량이나 판매량에 따라 보상이 주어지는 근로자의 성과급은 여기에 속한다. 고정비율계획은 반응이 많을수록 더 많은 보상을 받기 때문에 유기체의 반응 비율이 높게 나타난다. 이것은 고정간격계획처럼 강화를 받은 직후에는 반응이 일시적으로 정지될 수 있으나, 즉각 반응 비율이 높아지는 경향이 있다.

⑥ 변수비율계획(variable-ratio schedule)

변수비율계획은 강화를 받는 데 필요한 반응의 수가 어떤 정해진 평균치 범위 안에서 무작위로 변하는 것이다. 즉 일정한 반응의 회수 안에서 강화가 언제 주어질 것인가를 예측할 수 없는 것이다. 예를 들면, 일정한 회수 안에서 거액이 나오도록 설계되어 있지만, 언제 나올 것인가를 알 수 없는 슬롯머신과 경마가 여기에 속한다. 변수비율계획은 보상을 받기 위해서 유기체가 높은 비율의 반응을 나타내며 학습된 행동의 소거도 매우 느리기 때문에 행동을 유지하는 데 가장 효과적인 방법이다(Schultz & Schultz, 1994).

⑦ 접근방법

네 가지의 강화계획들 중에서 변수비율계획이 가장 높은 반응을 지속적으로 유지시키며, 그 다음으로는 고정비율계획, 변수간격계획, 고정간격계획의 순으로 반응을 지속시킨다(최순남, 2002). 강화계획은 행동을 통제하거나, 수정하거나, 조성하는 데 효과적으로 활용될 수 있는 기술이기 때문에 임상현장과 산업현장을 비롯한 다양한 분야에서 폭넓게 적용될 수 있다.

한편, 강화계획에서 특정 반응의 가능성을 증가시키거나 감소시키기 위해서 매개물로 활용하는 강화인자(reinforcer)에는 물질적 강화인자, 상징적 강화인자, 사회적 강화인자가 있다. 물질적 강화인자는 음식, 금전, 옷, 상품권 등이 있으며, 상징적 강화인자로는 토큰, 스티커, 막대기 등이 있고, 사회적 강화인자로는 칭찬, 미소, 주목, 인정, 호의, 사회적 승인 등이 있다.

6) 행동수정

행동수정(behavior modification)은 조작적 조건형성의 원리를 활용하여 행동의 변화를 추구하는 기술이다. 이것은 관찰이 가능한 개인의 문제행동을 대상으로 하며, 이러한 행동의 학습 · 강화 · 유지 · 약화 · 제거에 초점을 두고 있다. 행동수정은 다양한 기법을 활용하여 문제행동을 수정하며, 그러한 기법에는 정적 강화, 부적 강화, 소거, 변별, 적응, 충만, 체계적 둔감화, 토큰경제 등이 있다.

이러한 행동수정 기법에서 적응(adoption)은 불안을 일으키는 자극을 조금씩 점차로 제시하여 그 자극에 점점 익숙하도록 하는 것이며, 충만(flooding)은 불안을 일으키는 자극을 갑자기 많이 일시에 제시하여 불안을 소멸시키는 것이다. 체계적 둔감화(systematic desensitization)는 볼프(Wolpe)가 제시한 기법으로 불안을 일으키는 최하위 자극부터 시작하여 점차 높은 서열의 자극을 제시하여 불안이 발생하지 않도록 하는 것이다. 토큰경제(token economy)는 에일론(Ayllon)이 제시한 기법으로 다양한 특권으로 교환할 수 있는 토큰을 활용하여 개인의 행동을 수정하는 공동체 활동이다(Engler, 1991). 즉 이것은 개인이 적절한 행동을 할 때 상징적 강화인자로써 토큰을 주고, 토큰이 일정하게 모였을 때 개인이 원하는 것과 교환하는 방법으로 행동을 수정하는 기법이다.

3. 사회학습이론

1) 일반적 특성

사회학습이론(social learning theory)은 인지적 학습이론이라고도 부르는데, 반두라(Albert Bandura)에 의해 세워진 이론이다. 이 이론은 실험을 통해 동물들이 어떻게 미로를 학습하고, 수수께끼 상자를 해결하며, 어떻게 스키너 상자에서 지렛대 누르기를 학습하는지를 관찰하였다. 그는 인간의 내적 과정을 바탕으로 한 연구를 넘어 사회적 상황 속에서의 행동의 학습에 관심을 갖고 인간행동의 상호결정론과 행동의 습득에서 관찰학습의 중요성을 크게 강조하였다. 인간은 타인의 행동을 관찰함으로써 행동을 학습하며, 여기에는 내적 인지적 요소가 포함된다는 것이다.

그리고 이 이론에서 아동들의 갑작스러운 변화는 고전적 조건형성 또는 조작적 조건형성을 통해 이루어지는 것이 아니라, 다른 사람의 행동을 관찰함으로써 학습된다고 주장하고 있다. 그리고 사회학습이론은 관찰학습으로, 다른 사람의 행동에 대한 관찰을 통해 학습을 하는데, 이것을 모방 또는 모델링이라 한다. 즉 사회학습이론이란 인간의 행동이 사회적 상황 속에서 개인의 내적 · 인지적 과정과 환경적 영향력 간의 상호작용으로 결정된다는 성격 이론이다.

2) 사회학습이론의 기본원리

(1) 내적 과정의 초월

반두라는 인간의 행동이 의식하에서 작용하는 동기 · 충동 · 욕구 등과 같은 내적 과정으로부터 일어난다고 보는 것은 개념적 · 실험적 근거로 볼 때 한계가 있다는 것이다. 즉 인간의 내적 동기요인은 각각 다른 상황에서 다른 사람들을 대할 때 또는 다른 사회적 역할을 가질 때, 어떤 행동의 빈도와 강도가 다르게 나타나는 점을 잘 설명해 주지 못한다는 것이다. 인간의 내적 과정을 바탕으로 한 연구는 이미 발생한 사건들에 대해서 흥미로운 해석을 제공할 수는 있지만 경험적인 타당성이 의문시되며, 어떤 상황 속에서 인간이 어떻게 행동할 것인가에 대한 예측 능력이 부족하다는 것이다. 즉 인간행동에 대한 이해를 향상시키려면 개념적 · 경험적 측면에서 설명 능력이 향상되어야 한다는 것이다. 따라서 인간의 행동을 이해하기 위해서는 내적 과정을 초월하여 사회적 상황이나 역할에 대해서 더 많은 주의를 기울여야 한다(이근홍, 2002).

(2) 상호결정론

반두라는 인간이 어느 정도 자기 방향성을 제시할 수 있는 우수한 능력을 갖고 있기 때문에, 인간의 행동이 내적 과정에 의해서 움직여지는 것도 아니며, 환경에 영향을 받는 것만도 아니라는 것이다. 오히려 인간행동의 원인들은 행동적 · 인지적 환경적 영향력 간의 끊임없는 상호작용으로 이해되어야 한다고 하였다.

이러한 반두라의 상호결정론(reciprocal determinism)은 인간의 행동이 개인(person), 행동(behavior), 환경(environment)의 요소들 간의 지속적인 상호작용에 의해서 결정된다고 보는 견해이다. 즉 인간의 행동은 개인의 기질적 요인들과 사회의 상황적 요인들이 상호의존적으로 영향을 미친 결과이다.

인간의 행동은 환경에 의해서 영향을 받기도 하지만, 어느 정도 자신의 행동에 영향을 미칠 수 있다. 또한 인간은 외적 자극에 대해서 단순히 반응만 하는 존재는 아니며, 상징을 사용할 수 있는 비범한 능력을 가지고 있으므로 행동으로 나타나는 인지과정인 사고하고, 창조하며, 계획하는 일들을 할 수 있다(Hjell & Zicgler, 1994).

(3) 관찰학습

반두라는 인간행동이 직접적인 외적 강화가 주어지지 않더라도 관찰학습(observational learning)을 통한 모델의 영향으로 습득될 수 있다고 보았다.

사회적 상황 속에서 사람들은 단순히 다른 사람들의 행동을 관찰함으로써 훨씬 더 빨리 행동을 학습할 수 있다는 것이다. 여기에서 관찰학습이란 환경적 자극에 대한 반응을 통하여 행동을 학습하는 것이 아니라 타인의 행동을 관찰함으로써 학습하는 것이다.

관찰학습은 다른 사람의 행동을 관찰하여 단순히 모방하는 것이 아니며, 여기에는 내적인 인지 요소들이 포함된다. 또한 다른 사람들이 새로운 행동을 시도할 때 어떤 결과가 나타나는지를 보게 된다. 이러한 과정을 대리강화(vicarious reinforcement)라고 하는데, 이것도 인지적 과정이다. 따라서 자기 자신이 직접적인 행동을 하지 않고도 자신의 행동의 결과에 대해 예상할 수 있다. 인간은 많은 종류의 모델을 통하여 행동을 학습하며, 상징적 모델의 또 다른 형태인 언어적 지시를 통해서도 많은 것을 배우게 된다(Crain, 1993).

(4) 행동결과의 예측성

반두라는 강화가 인간행동의 습득 · 유지 · 수정의 필수조건이기는 하지만, 이것은 행동이 어떻게 습득되고, 유지되고, 변경되는가를 완전히 설명해 주지 못한다고 주장한다. 그는 대부분의 인간행동이 직접적인 외적 강화에 의해서 통제되지 않는다는 것이다. 인간은 과거 경험의 결과를 통해서 어떤 종류의 행동은 가치가 있는 결과를 가져올 수 있으며, 어떤 행동은 바람직하지 못한 결과를 가져올 수 있는가를 알 수 있게 된다. 그렇기 때문에 인간의 행동은 예상되는 결과에 의해 많이 규제된다는 것이다.

인간은 실제로 경험한 결과가 아니더라도 결과를 상상하여 행동할 수 있다. 즉, 인간은 실제 결과를 상징적으로 표현할 수 있는 능력을 가지고 있으며, 미래 결과를 행동에 영향을 미치는 현재의 동기요인으로 해석할 수 있다. 이와 같은 고도의 정신과정은 인간에게 통찰력과 예측능력을 제공한다.

(5) 자기규제

사회학습이론에서는 인간의 독특한 자기규제(self-regulation) 능력에 중요한 역할을 부여하고 있다. 인간은 당면한 환경적 상황을 조정해 나가고, 인지적 능력을 발휘하며, 그들 자신의 행동 결과를 산출해 냄으로써 그들의 행동에 어느 정도 영향력을 행사할 수 있다. 이와 같이 자기규제는 자신의 행동에 영향력을 행사할 수 있는 개인의 능력이기 때문에 창조되는 것이며, 환경의 영향에 의해서 유지된다.

반두라는 상징적 사고를 할 수 있는 인간의 우수한 지적 능력이 그들의 환경을 다루는 하나의 강력한 수단을 제공하고 있다고 주장한다. 인간은 상징화하는 능력을 갖고 있으므로 실제적이고 외부적인 시행착오를 범하지 않고서도 문제를 해결할 수 있으며, 여러 다른 행동의 가능한 결과들을 예상하고 그에 따라 우리의 행동을 수정할 수 있다는 것이다. 또한 인간은 바람직한 미래상을 형성할 수 있는 능력이 있으므로 자기 행동이 장기적인 목표를 취하도록 해주는 행동 전략을 가질 수 있다(Hielle & Ziegler, 1994).

3) 관찰학습의 과정

관찰학습은 직접적인 강화가 주어지지 않은 상태에서 관찰을 통하여 행동에 대한 학습이 이루어지는 것이다. 이것은 모델링이 제공하는 정보기능을 통해서 학습이 발생하며, 적절하거나 부적절한 행동의 표본이 되는 모델 행동의 상징적 표상의 습득을 통해 이루어진다. 관찰학습은 네 개의 상호관련된 구성요소인 주의집중과정, 보존과정, 운동재생과정 및 동기과정으로 이루어진다.

(1) 주의집중과정

① 개념

주의집중과정(attentional process)은 모델의 행동을 관찰하고 주의 깊게 집중하며, 모델을 정확하게 지각하는 과정이다. 즉 이 과정에서는 단순히 모델과 모델의 행동을 보는 것만으로는 불충분하며, 모델을 모방하는 데 이용할 적절한 관련 정보를 이끌어낼 수 있도록 충분한 지각적 정확성을 가지고 모델에 주의를 기울여야 한다. 왜냐하면, 어떤 사람이든 모델 행동의 두드러진 특징이나 뚜렷한 단서를 주시하지 않거나 정확하게 지각하지 않는다면 관찰에 의해서 많은 것을 배울 수 없기 때문이다. 주의집중과정은 이와 같이 모델의 행동을 보고 어느 것을 선택적으로 지각하고, 어느 것을 습득할 것인가를 결정한다.

② 유형

주의집중과정에서 모델의 행동에 더욱 밀접하게 주의를 기울일수록 그것을 모방할 가능성은 더욱 높아진다. 즉 유능해 보이는 모델이나 개인적인 매력이 있어 보이는 모델은 이러한 속성이 없는 모델보다 모방할 가능성이 높은데, 이것은 그 모델이 다른 것에 비해서 주의를 기울일 가능성을 더욱 높여주기 때문이다. 특히 대중매체를 통해 나타난 매력적인 모델은 모방할 가능성이 더욱 높다. 또한 관찰자 스스로 수행하려고 했던 행동을 모델이 수행할 경우에는 개인적 관련성이 없을 때보다 더욱 많은 주의를 기울인다. 관찰자는 긍정적 또는 부정적 결과를 산출하는 모델의 행동에 더욱더 밀접하게 주의를 기울이며, 관찰된 처벌은 관찰학습을 증진시키는 데 효과적이다(Schulz & Schult, 1994).

(2) 보존과정(기억과정)

① 개념

보존과정(retention process)은 언젠가 모델을 통하여 주의 깊게 관찰한 행동을 기억하여 장기간 보존하는 과정이다. 만일 사람이 관찰한 행동을 기억할 수 없다면 모델의 행동을 통하여 영향을 받을 수 없으며, 행동의 변화도 가져올 수 없을 것이다. 이 과정에서는 모델의 행동을 보고 즉각적으로 반응을 보이는 것이 아니라 나중에 필요할 때 사용할 수 있도록 어떤 방법을 통하여 묘사하는 것이다(Engler, 1991).

② 유형

모델의 행동을 기억하여 장기간 보존하기 위해서는 이것을 어떤 상징적인 형태로 부호화해야 한다. 반두라는 모델의 행동을 기억하여 다음에 자신의 행동으로 전환되도록 하는 수단으로 심상(imaginal) 및 언어(verbal)적인 두 가지의 내적 표상체계(internal representation system)를 제안했다.

③ 심상적 표상체계

심상적 표상체계는 사람이 모델을 관찰할 때 감각조건 형성과정을 통해 관찰된 것을 비교적 지속적이고 용이하게 상기시킬 수 있는 심상으로 만든다. 심상이 형성되면 이전에 관찰된 사건들에 대한 어떤 준거를 통해 즉각적으로 생생한 물리적 자극의 심상이나 영상이 기억된다.

④ 언어적 표상체계

언어적 표상체계는 이전에 관찰한 사건에 대한 언어적 부호화를 나타낸다. 모델을 관찰하는 동안 관찰자는 모델이 행하는 것을 스스로 말로 거듭 되풀이할 수 있을 것이다. 이러한 하위 음성적 묘사는 실제적 행동의 실행 없이도 나중에 내적으로 연습될 수 있다. 사람은 모델화된 일련의 행동을 다음에 시행하기 위해서 마음속에서 예행연습을 하는 것이고, 그가 그 기술을 수행하고자 할 때 언어적 부호는 적절한 실마리를 제공하는 것이다(Hjelle & Ziegler, 1994).

(3) 운동재생과정

① 개념

운동재생과정(motor reproduction process)은 모델을 모방하기 위해서 모델 행동의 상징적 표상을 적절한 행동으로 전환하는 과정이다. 사람들이 모델 행동의 상징적 표상을 주의 깊게 형성하고, 기억하고, 여러 번 그 행동을 연습하여도 그러한 행동을 올바르게 수행하지 못할 수 있다. 물론 어떤 행동을 관찰하고 의도적으로 연습하는 것은 적어도 이전에 관찰한 것을 근거로 해서 필요한 동작수행을 할 수 있도록 하기 때문에 학습을 촉진할 수는 있다. 그러나 단순한 관찰이나 연습만 가지고는 매끄럽고 조화된 행동을 수행하기에는 충분하지 않다. 완전한 행동을 수행하려면 운동동작의 계속적인 실천과 정보의 환류에 근거한 자기수정적 조정이 필수적이다.

② 유형

운동재생과정은 네 가지 하위 단계를 포함하고 있다. 그것은 반응행동의 인지적 조직, 행동의 개시, 행동의 점검 및 행동의 정제이다. 행동을 수행하기 위해서 사람들은 인지적 수준에서 반응행동을 선택하고 조직화하며, 행동이 수행되는 방법에 관한 인식을 기초로 하여 행동을 시작한다. 행동 수행능력은 행동을 구성하는 데 필요한 기술에 의존하므로, 행동 개시 이후에 이러한 기술을 바탕으로 행동을 점검한다. 또한 행동 수행과 관련된 각각의 부분들을 모방하고 연습하며 조정함으로써 행동이 구성된다(Engler, 1991).

(4) 동기과정(동기유발과정)

① 개념

동기과정(motivational process)은 행동을 수행하게 하는 데 영향을 미칠 수 있는 정적 강화가 주어지면 모델의 행동을 수행하는 과정이다. 사람들은 모델의 행동을 습득하고, 기억하고, 능숙하게 수행할 수 있는 능력을 가지고 있을지라도 그 행동이 부정적으로 승인되거나 바람직하게 받아들여지지 않는다면 그러한 학습은 좀처럼 외부행동으로 활성화되지 않을 수 있다. 그러나 정적 자극이 주어지면 모델 행동에 대한 관찰학습은 빠르게 행동으로 전환된다. 그와 더불어 정적 강화는 습득된 행동을 표현하거나 수행할 가능성을 실제로 증가시킬 뿐만 아니라, 사람의 주의집중과정이나 보존과정에도 영향을 미친다.

② 유형

모델의 행동에 주의를 기울이고, 그것을 기억해 두고, 행동으로 옮기려는 의도에 영향을 미칠 수 있는 방법은 그렇게 행동하는 것에 대한 강화나 처벌을 예상하는 것이다. 다른 사람의 행동이 긍정적인 보상을 초래하거나 어떤 유해한 사태를 방지하는 것을 관찰하는 것은 그 행동에 주의를 기울이고, 기억하며, 나중에 그 행동을 수행하는 데 강한 자극제가 될 수 있다.

이처럼 모델을 관찰한 이후에 똑같은 행동을 실제로 실천하도록 하기 위해서는 충분한 보상이 주어져야 한다. 행동의 결과가 값지고, 유용하며, 매력이 있다면 행동을 실천하려는 경향은 더욱 두드러지게 나타날 것이다. 또한 모델이 그러한 행동 결과로 긍정적 결과를 경험하면 관찰자는 대리강화를 받게 되고, 그것을 더욱 모방하게 될 것이다.

4) 사회화의 영향 요소

(1) 공격성

① 개념

공격성은 다른 행동들과 마찬가지로 부분적으로 조작적 조건형성의 결과로 볼 수 있다. 사회화 과정에서 아동들은 공격적인 모델을 관찰하고 그 모델이 언제 강화를 받는가를 주시하며, 이에 따라 모델의 행동을 모방한다. 다른 사람들이 공격적인 행동을 했을 때, 어떤 일이 일어나는지 생각해 보거나 실제 관찰하는 것은 그러한 경험을 스스로 갖는 것만큼 효과를 발휘할 수 있기 때문이다. 이와 같이 아동의 공격성은 대리강화를 통한 관찰학습을 통해서 이루어질 수 있다.

② 유형

아동은 특히 대중매체에서 접하는 폭력이나 범죄 장면에서 나오는 공격적 행동을 학습하게 되며, 다만 그러한 행동을 할 수 있는 환경이 조성될 때까지 억제하고 있다는 것이다. 아동은 공격적인 모델을 관찰하고 획득한 반응을 똑같이 수행하기도 하지만, 이러한 행동은 그와 유사한 다른 행동을 수행하는 데에도 영향을 미치게 된다. 그와 마찬가지로 공격적인 모델이 이전에 학습한 공격성을 억제하는 데에도 효과가 있다는 것이다. 만일 아동이 공격적인 행동을 하는 사람이 벌을 받는 것을 관찰했다면, 아동은 자신의 충동을 억누르고 그러한 행동을 하지 않게 될 것이다(Crain, 1993).

(2) 성 역할

① 개념

성 역할의 많은 부분들은 사회화 과정에서 학습될 수 있다. 사회화 과정에서 아동은 자신의 성에 적합한 방식으로 행동하는 것을 배우게 된다. 사회는 소년에게는 남성적 특성을, 소녀에게는 여성적 특성을 발달시키도록 격려한다. 성질이 부분적으로 유전적인 요소가 연결되어 있기는 하지만, 더 많은 것들은 사회화 과정에서 모방을 통한 학습에서 얻어진다.

② 유형

성 역할의 학습에서 아동들은 관찰을 통해 두 가지 성과 관계되는 행동을 모두 학습하게 되지만, 대개 자신의 성에 적합한 행동만을 선택하여 수행하는 경우가 많다. 한편 성 역할을 관찰하는 데 있어서 특정 모델을 모방한 것에 대해 보상을 받을 때 그러한 모델의 후속행동을 더 잘 기억하는 것처럼, 사회적 강화는 관찰과정에도 영향을 미친다.

(3) 친사회적 행동

① 개념

친사회적 행동(prosocial behavior)은 이타성, 협동심, 기부행위, 원조활동 등을 비롯한 긍정적이고 온정적인 사회적 행위를 말한다. 이러한 친사회적 행동은 그러한 행동을 하는 적절한 모델에 대한 관찰을 통해 쉽게 영향을 받게 된다. 특히 대중매체에서 접할 수 있는 다양한 친사회적 행동의 모델은 사람들에게 그러한 행동을 할 수 있는 동기를 부여하며, 행동을 습득할 수 있는 많은 기회를 제공한다.

② 유형

친사회적 행동을 하는 모델들이 특히 아동에게 협동심을 기르거나, 어려운 사람들을 돕거나, 다른 사람들을 위해 기부하거나, 다른 사람들의 감정에 관심을 갖는 행동에 영향을 주고 있다는 것이다. 부모의 행동은 자녀가 친사회적 행동을 학습하는 데 훌륭한 모델이 될 수 있으며, 특히 자녀들이 이타성을 학습하는 데 크게 영향을 미칠 수 있다는 것이다.

(4) 대리강화

① 개념

대리강화는 자신이 직접 행동을 하여 결과를 경험하지 않고도 모델이 하는 행동을 보고 강화를 받는 절차를 말한다. 우리는 사회적 존재로서 타인의 행동과 그 행동들이 보상받고, 무시되고, 또는 처벌당하는 상황을 계속 주시한다. 타인의 행동으로부터 관찰되는 보상과 처벌은 우리의 행동을 규제하는 데 흔히 커다란 역할을 한다. 이와 같이 대리강화는 인간의 행동을 조정하는 데 매우 중요한 역할을 한다.

② 정적 대리강화

대리강화는 관찰자가 모델이 한 행동에 뒤따르는 결과를 직접 목격할 때마다 작용한다. 정적 대리강화는 타인이 강화되는 것을 본 관찰자가 자기 행위를 증가시키는 경우를 말한다. 반면에 대리처벌은 관찰된 부정적 결과가 비슷하거나 또는 이와 같은 방식으로 행동하려는 사람들의 경향을 감소시킬 때 발생하게 된다.

③ 보상과 처벌

관찰한 결과에 의해 얻은 정보는 관찰자로 하여금 어떤 외부에서 가해진 강화요인이 보상이 될 것인지 처벌될 것인지를 판단할 수 있도록 해준다. 따라서 만일 어떤 사람이 다른 사람들이 그들이 행한 것에 대해 보상받는 것을 본다면 그러한 행동을 할 가능성은 더 커지며, 다른 사람이 처벌받는 것을 보았다면 그러한 행동을 할 가능성은 더 작아진다(Hjelle & Ziegler, 1994). 직접적인 경험으로부터 초래되는 모든 학습현상들은 타인의 행동과 그 행동의 결과를 관찰하는 것에 근거하여 대리적으로 발생할 수 있다.

(5) 자기강화

① 개념

자기강화(self-reinforcement)는 자신의 기대와 표준을 정해 놓고 그것에 도달하거나 초과하거나 미치지 못할 때 자기 자신에 대한 보상과 처벌을 스스로 관리하는 것이다. 즉, 이것은 자신이 스스로 통제할 수 있는 보상과 처벌을 자신에게 제공함으로써 자신의 행동을 개선하거나 유지하는 과정이다(김동배 · 권중돈, 1998).

② 유형

인간행동은 전적으로 외적인 영향에 의해서만 좌우되는 것이 아니며, 자신의 감정 · 사고 · 행동을 통제할 수 있는 능력을 가지고 있기 때문에, 자기 생성적 요인과 외적 영향 요인의 상호작용에 의해서 지배된다. 사람들은 대개 자신의 성취기준을 설정해 놓고 자신의 노력을 판단하여 평가하고 이를 보상하거나 처벌한다. 그들은 자신의 행동을 개선하고, 자신의 성취를 칭찬하거나 비판하며, 자신이 이용할 수 있는 수많은 사회적 · 물질적 보상과 처벌을 스스로 관리한다.

우리의 많은 행동들은 자기강화의 연속적인 과정을 통해서 규제된다. 자기강화는 우리가 자신의 행동을 평가하는 수행의 내적 표준 및 주관적인 기준을 요구한다. 우리의 과거의 행동은 때때로 현재의 행동을 평가하는 준거가 되며, 미래의 더 나은 수행을 위한 자극이 된다. 우리가 성취의 어떤 수준에 도달하면 동기가 부여되며 만족해하고 표준을 상승시키며, 성취하는데 실패하면 더욱 현실적인 수준까지 표준을 낮추게 된다(Schultz & Schultz, 1994).

(6) 자기효력

① 개념

자기효력(self-efficacy)은 자신의 생활에 대처하는 적절성, 효율성 및 능력의 감정이며, 삶의 사건들을 일으키고 규제하는 능력에 대한 자신의 인식이다(Bandura, 1982). 즉, 자신이 특정 행동을 성공적으로 수행할 수 있다는 효과성의 인식인 것이다. 자기효력은 행동 수행의 표준을 달성하고 유지하는 것을 통하여 향상시킬 수 있다.

② 유형

자기효력이 낮은 사람들은 자신의 생활사건에 어떠한 영향도 발휘할 수 없다는 무력감을 느낀다. 그들은 자신의 행하는 노력이 실패할 것이라고 믿으며 점점 의기소침하고, 무관심하며, 염려하게 된다. 그들이 어려운 일을 당했을 때, 그들은 처음의 시도에서 문제를 효과적으로 처리하지 못할 경우에 빨리 포기한다. 자기효력이 극히 낮은 사람들은 그들이 아무것에도 영향을 미칠 수 없다고 확신하기 때문에 어떤 일에도 대처하려 하지 않을 것이다.

반면에 자기효력이 높은 사람들은 직면하는 사건이나 상황을 효과적으로 처리한다고 믿는다. 어려운 일을 성공적으로 극복할 것을 기대하기 때문에, 과업을 헤쳐 나가고 그것을 높은 수준으로 수행하게 된다.

자기효력이 높은 사람들은 자기효력이 낮은 사람들보다 자신의 능력에 대한 확신을 가지고 있으며, 자기 의심을 거의 표현하지 않는다. 도전 의식이 강하며, 능동적으로 새로운 상황을 추구해 나간다.

자기효력을 높이기 위해서는 도달할 수 있는 목표를 세우고 수행능력을 증진시켜 성공한 경험을 갖게 하며, 대리적으로 성공의 경험을 증진시킬 수 있는 적절한 모델과 접하게 해야 한다. 또한 사람들이 성공적으로 수행할 수 있는 자신의 능력을 신뢰하도록 언어적인 설득과 격려가 필요하며, 힘을 증진시키는 운동 프로그램, 스트레스 감소, 대처능력 등을 통하여 심리사회적 각성을 촉진해야 한다(Schultz & Schultz, 1994).

기출문제

1. 사회학습이론에 대한 설명이다. 옳은 것은?

① 인지능력에 대해 비중을 두지 않는 편이다.
② 복잡한 행동패턴은 각각 분리하고 강화해서 서서히 학습된다.
③ 타인의 행동을 기계적으로 모방하면서 자신의 행동을 형성한다.
④ 성격 또는 행동의 결정 요인으로 심리적 기재를 중요하게 여긴다.
⑤ 인간은 행동을 모방하거나 사회학습 경험으로 성격을 형성한다.

2. Bandura의 관찰학습과정 중 기호화된 표상을 외형적 행동으로 전환하는 단계는?

① 주의과정
② 개입과정
③ 보존과정
④ 운동재생과정
⑤ 동기과정

3. 구체적 조작기에 처음 나타날 수 있는 특징은?

① 상상놀이
② 추상적 사고
③ 보존 개념 획득
④ 가설과 추론
⑤ 대상영속성 개념 획득

4. 특정한 행동이 일정한 수만큼 일어났을 때마다 강화를 주는 강화계획은?

① 연속적 강화계획
② 고정비율 강화계획
③ 고정간격 강화계획
④ 가변비율 강화계획
⑤ 가변간격 강화계획

5. Bandura의 사회학습이론 중 모델행동의 상징적 표상을 적절한 행동으로 전환하는 과정은?

① 주의집중과정
② 보유과정
③ 동기과정
④ 자기강화의 과정
⑤ 운동재생 과정

정답	1. ⑤ 2. ④ 3. ③ 4. ② 5. ⑤

07

CHAPTER

인본주의이론

1. 인본주의의 개요

인본주의(humanitarianism)는 인간의 성장과 변화에 대한 접근법으로 정신역동학파에서 말하는 무의식의 본능적인 개념과 행동주의 실험에 대한 환경결정론을 거부하면서 등장하였다. 인본주의적 상담이론은 1940년대 로저스에 의해 시작되었으며, 초창기에는 비지시적 상담으로 시작하여 1950년대에는 클라이언트 중심주의라고 하였다. 1974년을 기점으로 인간중심적 상담, 즉 인본주의라고 했으며, 제3의 심리학이라고 불린다.

인본주의이론은 사랑, 의미, 가치, 자아실현, 선택, 창조성과 같은 인간의 자아실현의 경향성과 긍정적 측면에 초점을 두었다(Corey, 2016). 뿐만 아니라 문제해결 과정에서 클라이언트를 중심으로 클라이언트가 가지고 있는 능력이 문제해결에 충분히 반영되어야 함을 강조한다. 그러므로 이 이론에서는 인간은 누구나 잠재력을 소유하고 있다고 믿는다. 그들에게 잠재되어 있는 능력, 즉 개인 안에 이미 다 존재되어 있는 능력을 발현시키는 것을 심리치료의 목표로 삼고 있다. 따라서 이 이론의 핵심은 인간에 대한 성장 가능성과 잠재능력에 대한 믿음이다. 이러한 인간에 대한 신뢰는 대인원조, 즉 사람을 상대한 원조기관에 종사하는 전문가라면 누구나 가져야 하는 태도이자 자세이다.

클라이언트와 사회복지사가 만나는 관계에서 클라이언트가 진실성이나 일치성, 정확한 공감적 이해 및 무조건적인 긍정적 존중을 지각하도록 하는 것이다. 이러한 과정에서 클라이언트의 성격 변화는 그의 존재가 자신의 내적 경험을 더 많이 인식하는 방향 또는 자신의 내적 경험이 유동적이고 변화할 수 있도록 허용하는 방향으로 진행이 될 수 있도록 원조하여야 한다. 이러한 원조를 클라이언트가 지각한다면 그의 내적 경험과 일치하게 행동하는 방향이 일어날 것으로 보고 있다(장수환 외, 2017). 그러므로 치료자가 클라이언트의 관계를 중요시한다는 공통점이 있다. 게다가 문제해결 기법이 기술보다는 클라이언트에 대한 상담자, 즉 사회복지사의 태도를 더 중요시한다.

제 3의 세력인 인본주의는 실존적인 철학에 근거를 두고 있으며, 인본주의의 발달에 기여한 주요 인물 중 로저스(Carl Rogers)는 '인간중심적 접근방법(personal-centered approach)'을 제시하였다. 이 접근방법은 모든 인간이 긍정적인 방향으로 성장하고자 하는 경향성과 자기결정 및 자아실현의 경향성을 가지고 있으며, 자신의 운명을 스스로 결정하고 자유롭게 선택하는 존재라는 점을 중시하였다. 그러므로 자기(self)에 관한 것에 초점을 두기 때문에 '현상학적 이론' 또는 '자아실현이론'이라고 불린다. 이와 함께 매슬로(Maslow) 역시 인간을 자아실현을 위하여 노력하는 존재로 설명하였으며, '욕구위계이론'을 제시하였다.

이러한 학문적 경향을 반영하며 미국을 중심으로 활동하던 로저스와 매슬로는 성격형성과정에서 인간의 창조성과 합리성의 역할을 강조하는 인본주의이론을 전개하였다. 이 장에서는 인간중심이론이라고 불리는 인본주의이론의 특징을 로저스와 매슬로의 이론을 중심으로 살펴본다.

2. 로저스의 인간중심이론

1) 이론의 기본 관점

로저스는 심리학을 공부하는 과정에서 프로이트의 무의식 결정론적 관점에 갈등을 느끼고, 자신이 추구하던 자유로운 인간에 대한 믿음에 기반한 인간중심적 이론을 전개하였다(오재은, 2007; Cohen, 1997). 이러한 로저스의 학문적 경향은 인간을 바라보는 관점에서 나타난다. 로저스는 인간은 자유로우며 자신의 행동에 책임을 지는 존재이며, 인간은 무의식에 의해서만 결정되는 것이 아니라 본인이 원하고 목적하는 바를 추구하는 유목적적 존재라고 인식하였다(Rogers, 1959; 이영희 · 박외숙 · 고향자, 2007). 이러한 인식의 결과 로저스는 인간을 합리적이고 건설적 방향으로 지속적으로 성장해 나가는 통합적이고 전체적인 존재로 인식하는 인간중심적인 심리학 이론을 전개하였다.

이러한 로저스의 인간관은 이론의 기본 가정에서도 잘 나타난다. 로저스는 객관적 현실세계란 존재하지 않으며 개인이 주관적으로 인식한 현실세계만 존재한다고 주장한다(Rogers, 1995). 이러한 것을 현상학적 인식이라고 하는데, 다음의 예를 보면 그 개념이 좀더 명확해질 것이다.

우리가 현재 알고 있는 물리학에서 말하는 원자와 분자는 객관적 현실세계에 존재하던 것이다. 하지만 학문의 발달로 인해서 원자와 분자의 존재를 사람들이 인식하기 전까지는 원자와 분자는 사람들에게는 존재하지 않는 것이나 마찬가지였다. 이렇게 인식을 하지 못하는 객관적 존재는 당시 사람들의 행동이나 성격 형성에 영향을 미치지 못하였다. 즉, 주관적으로 존재를 이해한 후에야 원자나 분자의 특성이 어떠하고 기능은 어떠한가를 살피기 위한 학자들의 후속행동에 영향을 주었다.

이러한 관점에서 로저스의 이론에서 가정하고 있는 인간행동은 개인이 세계를 지각하고 해석한 결과라고 볼 수 있다. 이러한 그의 인간관과 기본 가정들은 로저스의 이론 전개에 영향을 준다.

2) 이론의 주요 내용 및 개념

(1) 성격구조

로저스는 성격 자체의 형성 원인에 대한 연구보다는 상담의 결과 어떻게 성격변화가 이루어지는지에 대해 더 많은 관심을 가졌다. 로저스 이론에 따르면 인간의 성격은 세 가지의 핵심요소를 가지고 있다. 첫째가 유기체, 둘째가 현상적 장, 셋째가 로저스 이론에서 가장 중요한 개념인 자아이다.

첫째, 유기체란 신체, 정서, 지식 등을 포괄하는 통합적 존재로서의 '전체 인간'을 말한다(주은선, 2007; Rogers, 1961). 인간은 경험에 대해 신체, 정서, 지식 등의 유기체의 일부 또는 전부를 통해서 유기체적으로 반응한다. 다시 말해 인간은 어떤 자극이 있을 때 무의식적이거나 결정론적으로 그 자극에 수동적으로 영향을 받는 것이 아니라 자극에 대하여 인간의 신체적, 정신적, 지식적 전체를 통해서 반응한다. 이러한 의미에서 로저스 이론의 인간관은 인간 내부적인 다양한 차원을 포괄하는 총체적 입장을 띤다. 인간을 유기체라는 용어를 사용해서 통합적 존재로 인식한 것은 인간의 개인체계 내적 다양성을 인정하고 있다는 점에서 개인체계 내적 특성을 인지, 정서, 행동 등의 다양한 측면에 초점을 두고 이론을 전개한 향후 심리학의 발전에 기여한 바가 크다.

둘째, 경험적 세계 또는 주관적 경험으로도 불리는 현상학적 장이란 개인이 특정 순간에 인식할 수 있는 것들의 총체를 의미한다. 위에서 살펴본 것처럼 로저스 이론에서 인간은 신체, 정서, 지식 등을 포괄하는 전체적인 유기체로 인식되었다. 인간의 유기체적 특징인 신체, 정서, 지식 등은 개인마다 차이가 있을 수 있으므로 개인의 고유한 유기체적 특성에 따라서 동일한 현상을 이해하는 데 차이가 있을 수 있다. 그러므로 실제 인간의 행동에 영향을 주는 것은 무의식 결정론적 관점에서 주장하는 것처럼 과거의 경험이나 행동주의 입장에서 주장하는 것처럼 객관적으로 존재하는 실제적 사실 자체가 아니라 바로 개인 유기체가 그것을 어떻게 지각하는가에 따라서 달라질 수 있음을 보여준다는 점에서 프로이트의 무의식 결정론적 관점이나 앞으로 배울 행동주의적 관점과는 차이가 있다.

셋째, 자기(self)는 현재 자신이 어떤 존재인가에 대한 개인적 판단 또는 개념으로 자기 자신에 대한 상(self-image)이다(Rogers, 1961). 로저스의 관점에서 자기는 자신을 포함한 전체적인 현상학적 장에서 인식된 환경 속에서 자신을 인식한 결과 분화된 '나'에 대한 일련의 의식과 가치를 의미한다. 개인의 이러한 자기상은 개인이 현상을 인식하고 유기체가 반응할 때 자기 자신의 자기상에 부합하게 인식하고 반응하게 한다는 점에서 성격의 구성요소 중 가장 중요한 요소들 중의 하나이다. 현상의 인식과 인식 결과에 따라 행동함에 있어 인간은 본인의 자기상에 맞도록 인식하고 행동하므로, 자기는 유기체가 세상을 인식하고 행동하는 데 일관성을 유지할 수 있도록 한다. 이렇게 일관성이 유지된 것의 총체적 특징이 개인의 성격특성으로 나타난다. 그러므로 자기는 성격구조의 중심이며 성격 발전의 핵심이라고 할 수 있다.

(2) 인간관

로저스는 인간은 미리 정해진 성격의 패턴은 없으며, 살아가는 동안의 경험에 따라 각 개인의 성격은 달라진다. 그러므로 특정한 유형의 성격을 가지고 태어나는 것이 아니라 자신의 경험에 의해 자신을 형성한다. 그는 오랜 임상경험을 바탕으로 인간은 기본적으로 자유로우며, 자신의 행동에 책임지고 합리적이며, 건설적인 방향으로 성장해 나가는 미래 지향적 존재라고 본다. 인간은 자신 스스로 문제를 해결하고 이해할 수 있는 능력을 지니고 있으며, 사람의 발달은 고정된 것이 아니라 발달 진행 중인 단계라고 본다. 그러므로 이러한 선천적 잠재력을 발휘할 수 있도록 조건이 적절히 갖추어진다면 인간은 무한한 성장 및 발전이 가능하다고 결론지었다. 따라서 로저스는 인간의 본성 속에는 개인주의적이고 부정적인 견해를 반대하는 선을 소유한 존재로 이해하고 있으며, 모든 인간에게 자아실현의 경향 그리고 자유, 합리성이 있다고 주장한다(장성화 외, 2016: 138-139).

(3) 자기실현 경향성

자기(self)는 개인적 경험을 바탕으로 형성되는 것으로 자기 및 자기실현의 개념은 로저스 이론에서 매우 중요한 것이다(주은선, 2007). 자기가 분화되기 전인 유아는 본인의 내적 경험 또는 자신이 처해서 인식하고 있는 주관적 세계를 분리해서 이해하지 못한다. 인간이 본능적으로 타고나는 자기실현 경향이 아기로 하여금 경험적 잠재력을 확대하도록 함에 따라 부모와 같은 중요한 타인과의 상호작용이 일어나게 되고, 이러한 상호작용의 결과 유아의 유기체적 경험의 일부가 '자기' 또는 '자기개념'으로 분화된다. 즉, 인간은 태어날 때는 자기가 분화되지 않지만, 성장하면서 부모나 중요한 타자와의 상호작용을 통해서 타자와 분리된 자기를 인식하고 자기상을 형성하게 된다. 로저스의 인간중심이론에 따르면 자기를 형성하는 과정에서 인간은 총체적 자기형성의 경험을 성공적으로 이끌어가기 위해서 타인으로부터 긍정적 관심과 관대한 반응을 필요로 한다.

프로이트는 정신분석학에서 인간행동의 근원을 생리 · 성격 에너지로 본 것에 비해 로저스는 인간행동의 근원을 자아실현의 욕구로 보았다. 자아실현의 욕구는 현상학적 장에서 자기는 이미지를 유지하고 증진시키려는 욕구로서, 로저스는 자아실현의 욕구와 이러한 욕구성취를 가능하게 하는 성장잠재력이 선천적인 것이라고 간주하였다. 로저스에 따르면 인간은 본능적으로 자아실현의 욕구가 있는데, 이러한 자아실현의 욕구는 다면성을 갖는다.

첫째, 자기유지(self-maintenance)이다. 자기유지란 자기의 자아상을 훼손시키지 않고 최소한 현재 상태를 유지하려는 욕구를 말한다. 자아상의 기반의 상당부분을 성적에 두고 있는 학생을 예로 들면, 최소한 지난 학기 정도의 성적을 유지해서 자아상에 훼손이 가지 않도록 노력하는 경우를 생각할 수 있다.

둘째, 자기향상(self-advancement)이다. 자기향상이란 자기의 자아상을 현재의 것보다 긍정적인 이미지로 변화시키려는 욕구를 말한다. 앞의 예처럼 자아상 기반의 상당부분을 성적에 두고 있는 학생이 이번 학기에는 지난 학기보다 성적을 더 잘 받아서 본인의 자아상을 좀 더 긍정적으로 향상시키려고 노력하는 것을 예로 들 수 있다.

셋째, 자아실현(self-actualization)이다. 자아실현의 욕구를 선천적인 인간의 기본욕구로 보았듯이, 로저스에 따르면 인간은 외적인 힘에 의존하고 통제받기보다는 독립성, 자기책임성, 자기규제, 자율성 및 자아통제가 높은 수준으로 나가려는 경향이 있다. 자아실현의 과정은 자신을 창조하는 과정이고, 갑자기 달성될 수 있는 것이 아니라 점진적으로 완성되는 특성이 있다. 자아실현은 자아상을 훼손할 수 있는 허기를 면하기 위해 방어하는 등의 단순한 차원에서부터 자기의 목적을 달성하여 원하는 자아상을 이루려는 적극적 차원까지를 포함한다. 이러한 의미에서 자기유지와 자기향상은 자아실현을 위한 과정으로 이해할 수 있다. 사람에게는 본인이 현재 인식하고 있는 자아상인 현실적 자아와 나중에 어떻게 되고 싶다는 미래지향적인 이상적 자아가 있다. 이러한 현실적 자아와 이상적 자아의 차이를 줄여나가는 것이 자아실현의 과정이다.

(4) 충분히 기능하는 사람

로저스의 인간중심이론은 자신의 잠재력을 인식하고 능력과 재질을 발휘하여 자신에 대한 완벽한 이해와 경험을 풍부히 하는 방향으로 이동해 나가는 사람을 '충분히 기능하는 사람(fully functioning person)'이라고 하였다(주은선, 2007). 인간중심이론의 인간관을 반영하여, 로저스가 말하는 충분히 기능하는 사람은 다음과 같은 특성을 가지고 있다.

첫째, 경험에 대한 개방성이다. 즉 경험을 함에 있어 규제를 받지 않은 상태에서 자신의 감정과 태도를 자율적으로 경험할 수 있어야 충분히 기능하는 사람이 될 수 있다. 둘째, 실존적 삶을 사는 사람이 충분히 기능하는 사람이 될 수 있다. 셋째, 자신의 유기체에 대한 신뢰가 있는 사람이 충분히 기능하는 사람이다. 이러한 의미에서 만족스런 행동에 도달하는 원동력은 내가 지향하는 바가 맞고 반드시 도달할 수 있다는 자신감이다. 넷째, 환경이나 과거에 메이지 않고 자기의 통제력을 믿는 자율감을 가지고 있는 사람이 충분히 기능하는 사람이다. 즉, 삶에 대한 개인적 통제력을 가지고 있고, 이러한 통제력이 환경 또는 과거의 사건들에 의해서 결정되는 것이 아니라 자기 자신에게 달려 있다고 믿는 사람이 충분히 기능하는 사람이 될 수 있다. 다섯째, 충분히 기능하는 사람은 창조성이 있다. 즉 충분히 기능하는 사람은 자율적인 사람이므로 남들로부터의 인정에 별 관심이 없기 때문에 자기 자신이 존재하는 모든 영역에서 창의적 소신과 삶으로 스스로를 표현할 수 있으므로 충분히 기능하는 사람이 될 수 있다.

로저스가 주장하는 '충분히 기능하는 사람'의 특성은 〈표 7-1〉과 같다.

표 7-1 충분히 기능하는 사람

구분	내용
경험에 대해 개방성	• 가치의 조건에 구애받지 않고, 자신의 모든 감정과 태도를 자유롭게 경험하고 개방적이다. • 위협받는 것이 전혀 없으므로 방어해야 하는 것도 전혀 없다. • 긍정적, 부정적 정서들을 폭넓게 받아들인다.
실존적인 삶의 태도	• 매 순간 충실하게 살아가고 자기심상과 경험이 일치한다. • 존재하는 어느 순간에서나 완전하게 충분한 삶을 영위하며, 매 순간의 경험을 새롭고 신선하게 느낀다.
자기 유기체에 대한 신뢰감	• 자신을 신뢰하기 때문에 자신이 옳다고 느끼는 대로 행동하며, 타인의 판단에 의해 행동하는 것이 아니다. 또한 이성적이거나 지적인 요소들보다 더 믿을 만하다고 생각하고 합리적인 행동에 도달할 수 있는 능력을 보유하고 있다. • 결정에 도달하는 데 사용된 자료가 왜곡되지 않고 정확하므로 그들 스스로를 신뢰한다.
창조성	• 모든 영역에서 창의적인 소신과 삶으로 스스로를 표현하며, 사회규범과 문화적 배경에 얽매이지 않는다. • 문화에 단순히 적응하는 것이 아니라, 자신이 원하는 방식으로 그리고 자신만의 독특한 방식으로 살아간다.
경험적 자유	• 선택과 행동에서 자유롭고 자신이 스스로 선택한 행동과 그 결과에 대해서는 책임을 지며, 인생을 충분히 즐긴다. • 외적인 압력이나 강압으로부터도 그리고 자신의 내적인 혹은 잠재적인 긴장이나 근심으로부터 자유롭다.

출처: 노수희(2022). p.298; 고명수 외(2013). p.154.

3) 비판적 고찰

로저스의 이론은 인간을 수동적으로 존재로 보는 무의식 결정론적 관점이나 환경결정론적인 행동주의적 관점과는 다르게 인간을 합리적이고 창조성을 가진 목적 지향적 존재로 인식한다. 후속 이론의 발달과 실천적 개입에 큰 영향을 끼쳤지만 이론의 한계도 지적되는데, 여기서는 로저스 이론의 긍정적 평가와 부정적 평가에 대해서 살펴본다.

로저스의 이론은 인간 내면의 주관적 경험을 다룰 수 있는 새로운 과학적 연구 모델이다. 그러나 인간 본성에 대해 긍정적인 측면만 강조하고 인간의 부적응적인 면에 대해서는 설명이 부족하다. 또한 인간의 정서적, 감정적인 측면을 강조한 반면에 지적, 인지적인 측면을 무시하는 경향이 있다.

그리고 치료자의 비지시적 태도가 모든 클라이언트에게 적용되기 어렵다. 상담자가 면접의 방향을 잡아야 할 책임이 있기 때문이다. 더불어 심리검사나 상담을 할 때에는 객관적인 자료를 활용하여 원조해 주는 때가 많으나 이 부분이 부족하다.

3. 매슬로의 욕구위계이론

1) 이론의 기본 관점

매슬로의 이론도 인본주의로 분류되는 것에서 추측할 수 있듯이 그의 인간관이나 기본적 관점도 로저스의 그것들과 일맥상통한다. 매슬로도 인간에 대해서 희망적이고 낙관적인 견해를 가지고 있어서, 인간이 환경을 능동적으로 창조할 수 있는 존재라고 인식하였다(Maslow, 1987). 또한 인간은 누구나 내부에 건전하고 창조적인 성장을 위한 가능성을 가지고 있고, 개인적 성취와 자아실현을 위해서 노력한다고 믿는 인간에 대한 긍정적 신념을 가지고 있었다. 이러한 인간에 대한 신뢰의 바탕에는 인간이 자신의 행동, 정서, 사고를 조직할 수 있는 역동적 성격구조를 가지고 있어서 의식적 정신과정을 통해서 개인의 행동을 통제할 수 있다는 신념이 깔려 있다. 로저스와 마찬가지로 매슬로도 인간의 주관적인 경험을 강조하여 실체로 행해진 객관적 행동보다는 그 행동을 인간이 어떻게 해석하느냐가 더 중요하다고 인식하였다. 이러한 관점은 프로이트의 정신분석이론의 수동적인 무의식 결정론이나 행동주의의 환경결정론적 관점과 차별화되는 인본주의이론의 중요한 특징이다.

2) 이론의 주요 내용 및 개념

(1) 욕구

프로이트가 인간행동의 근원을 심리적 성적 에너지로 이해한 것처럼, 매슬로는 욕구가 인간이 살아가는 데 꼭 필요한 것이며, 이를 충족시킴으로써 만족을 얻는 일종의 본능과 같은 것이라고 주장하였다(오혜경, 2009). 욕구는 선천적인 것이지만 욕구를 충족시키기 위해서 인간이 하는 행동은 후천적으로 학습된 것이므로 개인에 따라서 상당한 차이가 있다. 즉, 동일한 수준의 욕구가 표출되었더라도 이를 해소하기 위한 행동을 하는 것은 개인이 상황을 어떻게 인식하느냐에 따라 다르다.

매슬로는 인간의 행동을 활성화시키는 다섯 가지 타고난 욕구를 주장하였다. 매슬로는 이러한 인간행동의 근원이 되는 욕구를 생리적 욕구, 안전에 대한 욕구, 애정과 소속의 욕구, 자존감의 욕구, 자아실현의 욕구로 구분하였다. 생리적 욕구나 안전의 욕구와 같은 하위차원의 기본적 욕구가 충족되지 않으면 생리적 · 심리적 역기능이 발생하여 혼란상태에 빠지게 되고, 이러한 기본적 욕구가 지속적으로 충족되면 역기능과 혼란상태를 예방하고 건강하고 성숙한 상태를 달성하게 된다. 생리적 욕구가 충족되어야 안전의 욕구가 생기는 것처럼 특정 상위욕구의 충족을 위해서는 사전에 보다 근본적 하위욕구의 충족이 이루어져야 하는데, 이러한 이론이 매슬로의 욕구계층이론이다. 이 이론에 따르면 하위욕구가 충족되면 다음 단계의 욕구에 의해 동기유발이 되며 상위욕구가 강하게 일어나려면 하위욕구가 어느 정도 충족되어야 한다. 욕구위계이론을 자세히 살펴보면 다음과 같다.

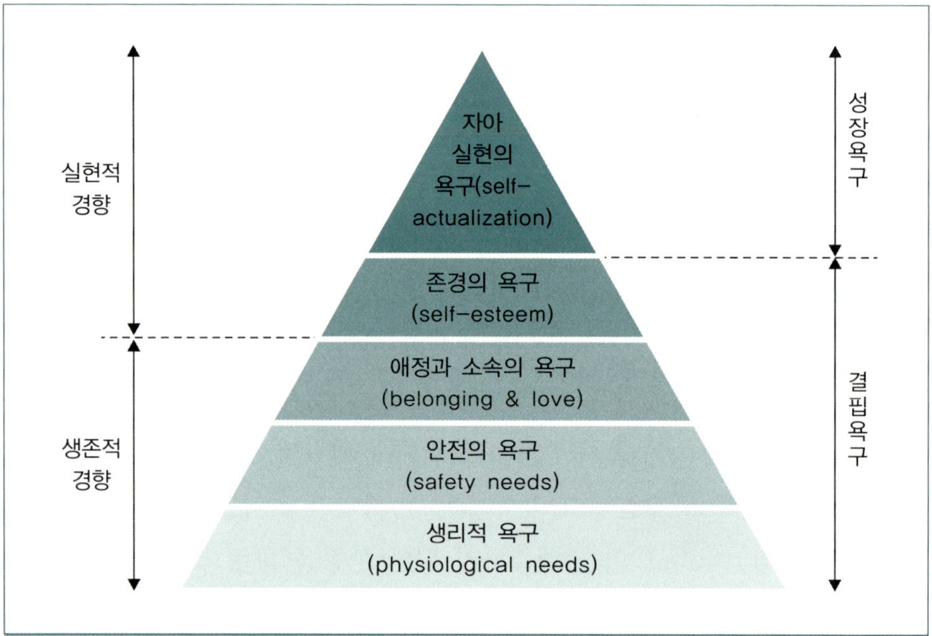

[그림 7-1] 매슬로의 욕구위계구조

매슬로에 의하면 인간은 살아가는 데 필요한 욕구들인 생존적 경향의 욕구충족을 바탕으로 궁극적으로 자아실현을 하려고 하는 경향을 가지고 있다(장태연 · 노현정, 2005). 그러므로 인간을 본능적으로 생존적 경향의 욕구를 충족한 뒤에 궁극적으로는 자아실현을 위해서 노력하는 존재로 인식한다. 이러한 인식에 바탕을 두고 매슬로는 욕구위계구조를 제시하였다(Malow, 1987).

매슬로의 욕구위계구조는 생리적 욕구, 안전에 대한 욕구, 애정과 소속의 욕구, 존경의 욕구를 인간의 생존에 필요한 욕구로 보고 생존적 경향의 욕구로 분류하는 한편, 자아실현의 욕구를 인간이 추구하는 가장 상위단계의 욕구로 간주하고 실현적 경향의 욕구로 분류하였다. 생존적 경향이란 인간의 생존을 생리적 차원에서 유지하려는 경향이고, 실현적 경향이란 생존의 욕구가 충족되어야 성취 가능한 것으로 인간이 자신의 잠재능력, 기능, 재능을 발휘하여 성장욕구를 충족하려는 경향을 말한다.

표 7-2 매슬로의 욕구위계 5단계 주요 내용

욕구	내용
생리적 욕구	• 인간에게 나타나는 가장 기본적이고도 강력한 욕구이다. • 인간 생존을 위해 물리적으로 요구되는 필수조건이기 때문에 생리적 욕구가 충족되지 않으면 인간의 신체는 제대로 기능하지 못하게 되고 생존에 위협을 가할 수 있다. • 음식, 물, 성, 수면, 배설, 호흡 등과 같은 인간의 생존에 필요한 욕구이다.
안전의 욕구	• 평상심과 질서를 유지하고자 하는 욕구로 신체적 안전 및 심리적 안정을 모두 포함한다. • 불안과 공포로부터 해방되고자 하는 욕구이다. • 경제 위기나 실업 등으로 인해 개인 삶의 불안을 사회보장제도로 경제적 안전이 보장되게 하려고 한다.
애정과 소속의 욕구	• 생리적 욕구와 안전의 욕구가 충족되면 동반자와 가족들에 대한 욕구가 출현된다. • 타인과 어울리고 애정을 나누는 대인관계로부터 발생하는 단계이다. • 학대부모 자녀에게는 폭력, 방만, 회비, 외면 등과 같이 애정과 소속의 욕구가 결핍되는 요인이 나타나게 되면 교우관계, 가족관계 등을 포함한 전반적인 사회적 관계를 형성하고 유지하는 데 장애를 형성할 수 있다.
존경의 욕구	• 존중은 타인으로부터 인정받고, 가치 있는 존재가 되고 싶어하는 것은 인간의 전형적인 욕구를 나타낸다. • 사회에 필요한 사람이라는 느낌을 갖지 못하면 존중의 욕구가 충족되지 않아 자아존중감이 낮아지거나 열등감을 갖게 된다.
자아실현의 욕구	• 욕구단계 중 가장 높은 단계에 위치하고 있는 욕구로 개인의 타고난 성장 잠재력 혹은 능력을 실행하려는 욕구이다. • 가장 인간다운 욕구라 할 수 있다.

① 생존적 경향의 욕구

생존적 경향의 욕구에서 가장 기본적인 것은 '생리적 욕구(physiological needs)'이다. 생리적 욕구는 의식주에 대한 욕구, 성적 욕구, 수면 욕구, 휴식 욕구, 배설 욕구 등 생리적 균형을 유지하는 데 요구되는 기본적 욕구이며 생명을 유지하는 데 없어서는 안 될 욕구들이다.

가장 하위단계의 욕구인 생리적 욕구가 어느 정도 충족되고 나면 인간은 신체적 · 정신적 위협에 대한 공포나 기존의 생존 욕구의 위협에서 벗어나 안정을 찾으려는 욕구를 가지게 된다. 이러한 욕구를 '안전에 대한 욕구(safety needs)'라고 하는데, 자기 자신을 외부의 위협으로부터 안전하게 보호하고자 하는 육체적 안전과 심리적 안정에 대한 욕구를 일컫는 말이다.

생리적 욕구와 안전의 욕구가 어느 정도 충족되고 나면 인간은 집단에 소속되거나 사랑이나 우정 또는 애정을 얻고 싶어 하는 욕구가 생긴다. 이러한 욕구를 '애정과 소속의 욕구(belonging needs)'라고 한다. 생리적 욕구와 안전의 욕구가 대개 개인적 수준에서 충족될 수 있는 욕구들인 것에 비해 애정과 소속의 욕구는 다른 사람으로부터 사랑을 받고 다른 사람을 사랑하고자 하며 어떤 집단에 소속하여 집단의 구성원으로서의 역할을 수행하고자 하는 등 대인관계를 통해서 교환하고 소속됨으로써 충족될 수 있다는 점에서 사회적 욕구이다.

생리적 욕구, 안전의 욕구 및 애정과 소속의 욕구가 어느 정도 충족되면 인간은 자기의 행위나 인격을 남으로부터 승인받고 칭찬받고 싶어 하는 욕구가 생긴다. 이러한 것은 '존경의 욕구(self-esteem needs)'라고 하고 이것은 어떤 중요한 책임을 맡아 잘 수행함으로써 자신의 가치를 스스로 인정하고 다른 사람으로부터 존경을 받고자 원하는 욕구이다. 구체적으로는 자존감의 욕구는 자존심을 유지하고, 다른 사람들로부터 인정과 존경을 받고 싶어 하는 욕구이다. 자존감의 욕구가 충족되면 개인은 자기존중을 할 수 있고, 다른 사람으로부터 존경을 받게 된다. 자기존중은 자신의 능력에 대한 신뢰감, 성취감, 독립성 등을 느낌으로써 성취될 수 있고, 다른 사람으로부터의 존경은 명성, 주목, 지위, 긍정적 평판 등을 통해서 충족될 수 있다. 열심히 노력하여 많은 재산을 축적한 사람이 어느 시기에 가서 자신의 전 재산을 사회단체나 교육기관에 기꺼이 내어놓는 일은 바로 이러한 자존감의 욕구에서 나온 행동으로 이해할 수 있다.

② 실현적 경향의 욕구

생리적 욕구, 안전에 대한 욕구, 애정과 소속의 욕구 및 자존감의 욕구가 어느 정도 충족되고 나면 사람은 자신이 잠재적으로 실현가능한 최대한의 자신이 되려고 하는 욕구가 있다. 이러한 욕구를 '자아실현의 욕구(self-actualization)'라고 한다. 자아실현의 욕구는 전체적인 것으로 인격적 욕구로서 인간 최대의 욕구이다. 이러한 의미에서 매슬로는 자아실현의 욕구를 자신의 모든 잠재적 능력을 최대한 발휘하여 가치 있는 삶을 누리고자 자기가 성취할 수 있는 모든 것을 성취하려는 욕구로 이해하였다.

매슬로는 대부분의 사람들이 자아실현을 할 수 없는 요인으로 다음과 같은 것을 생각해 볼 수 있다고 하였다. 첫째, 사람들이 잠재력에 대한 존재와 자기 자신의 잠재력에 대해서 모르는 경우가 대부분이다. 둘째, 사람들이 자신의 능력을 의심하고 두려워하는 경향을 가져 자아실현을 할 수 있는 기회를 소멸하기 때문이다. 셋째, 사람을 둘러싸고 있는 사회적 환경이 흔히 자아실현의 욕구 표출을 억눌러 버릴 수 있다. 넷째, 안전에 대한 욕구가 가져다주는 강한 부정적 영향 때문이다. 즉 사람들은 안전하다고 느끼면 거기에 안주하는 경향이 있어서 자아실현의 욕구를 충족시키는 동기유발이 되지 않을 수 있다.

(2) 인간 동기의 종류

매슬로는 인간의 좌절을 극복하는 것보다는 균형을 회복하고 성장에 오히려 더 관심을 가졌다. 인간이 원하는 행복, 만족, 성장을 위해 활동하는 동기를 가지고 있다. 이러한 동기를 결핍동기와 성장동기로 구분하였다.

결핍동기는 생명과 삶을 유지하기 위해 꼭 필요한 동기이다. 또한 인간은 결핍상태가 발생하면 결핍상태를 극복하기 위해 목표지향적 활동을 하게 된다. 이 결핍동기의 제1형태는 기본적 욕구를 포함한다. 결국 결핍이 동기로 작용하고 기본적인 욕구가 결핍동기로 더 강하게 작용할 수 있다.

성장동기는 기본적 욕구 이상의 높은 수준의 욕구인 성장욕구를 충족하고자 한다. 더불어 인간이 살아가는 기쁨과 열정을 증진시키고 새로운 경험을 다양하게 하려는 데 목표를 둔다. 또한 삶을 창조하려고 하며, 욕구단계 하위 4가지 욕구가 어느 정도 충족이 되어야 작동하는 동기이다.

성장욕구가 좌절되면 불신, 우울, 무관심, 절망 등의 심리상태로 직접 또는 즉각적으로 나타나지 않더라도 인간의 성장과 발달을 저해하는 요인이 되며, 또한 잠재력을 충분히 발휘하지 못한다(이인정 · 최해경, 2020: 389-390).

(3) 자기실현인의 특징

매슬로는 자기실현에 대한 정의를 내린 후 그 정의에 맞는 사람들의 공통적 특성을 발견하고자 하였다. 자기실현자는 존재가치에 의해 동기화되고 성장동기로서 존재가치가 경험을 확장하고 삶을 풍부하게 한다. 또한 자아실현자는 신경증 같은 병이 없고 연령적으로도 중년 이상이라고 보았다. 즉, 중년기 이전에는 자아실현을 이루기가 어렵다. 성인기에는 에너지가 성욕, 결혼과 부모역할, 교육, 직업경력 등 여러 방향으로 분산이 되기 때문이다. 그러나 중년기에는 이러한 욕구가 대부분 충족되므로, 자아성숙을 향한 노력에 에너지의 초점을 두어야 한다(정옥분, 2015: 213).

자아실현을 이룬 사람들의 특징은 다음과 같다(Masolw, 1970; 박희숙 · 강민희, 2022: 81).

- 현실에 대해 효율적으로 지각하며 안정된 관계를 유지한다. 가식이나 거짓 등을 빨리 간파할 수 있으며, 타인을 정확히 지각한다.
- 불만 없이 자신의 약점과 강점을 받아들이고 다른 사람들을 수용한다.
- 행동, 내적 생활, 사고, 충동에도 꾸밈이 없고 자율적이며, 개인적인 윤리 강령을 가진다.
- 자아중심적이지 않고 문제중심적이며, 자신보다 외부의 문제들에 관심을 가진다.
- 자신에게 해를 입히거나 불편해하지 않으면서 혼자일 수 있다.
- 물리적, 사회적 환경으로부터 비교적 독립되어 있다.
- 삶의 기본적인 것들에 대해 경외, 기쁨, 경이, 환희 등을 느끼며 감사하는 능력이 있다.
- 모든 인간에 대해 강하게 이입된 감정과 애정을 느끼며 동시에 인본주의를 지지한다.
- 보통 사람들보다 소수이기는 하지만 더 친밀하고 깊은 대인관계를 가진다.
- 민주적인 성격특성을 가지고 있어 누구에게나 조건 없이 우호적이며 모든 사람을 존중한다.
- 수단과 목적을 분명하게 구분하며 목적을 수단보다 훨씬 더 중요시한다.
- 유머감각이 있다.
- 때 묻지 않은 어린아이에 가까운 창조성을 지닌다.
- 자아 충족적이고 자율적이기 때문에 특정한 방식으로 생각하고 행동하라는 사회적 압력에 저항하며 극단적인 대립을 해소할 수 있는 능력이 있다.

3) 비판적 고찰

매슬로의 욕구이론은 인본주의이론의 기틀을 마련하였고 인간의 욕구에 대해 단계적으로 설명하여 사회복지실천현장에서 클라이언트의 욕구 수준을 고려한 관계형성과 미래를 가늠할 수 있는 근거를 마련해 주었다.

하지만 매슬로가 제시한 다섯 가지 욕구가 전부 충족되는 경우는 드물다. 일반적인 사람의 경우 다섯 가지 욕구가 모두 부분적으로 충족되어 있는 것이 대부분이며, 상위욕구 계층으로 올라갈수록 욕구충족의 수준이 낮아지는 것이 일반적이다. 그러므로 매슬로의 욕구 5단계는 다양한 관점을 충분히 고려하지 않은 상태에서 욕구를 위계적으로만 이해하려고 한 한계가 있다.

기출문제

1. 로저스의 현상학적 성격이론에 대한 설명이다. 옳은 것은?

① 현상학적 장은 경험적인 세계 또는 객관적인 경험을 말한다.
② 과거의 사건이 바로 현재의 행동을 결정한다.
③ 자기 개념은 현재의 자기 모습에 관한 것이다.
④ 인간은 성장 지향적인 유기체이다
⑤ 과거의 자신과 현재의 자신에 대한 개념이 바로 자신의 자아상이다

2. 매슬로의 이론에서 결혼을 하고 가족과 지역공동체의 한 구성원이 되고 싶어 하는 욕구를 무엇이라 하는가?

① 생리적 욕구
② 자아실현의 욕구
③ 안전의 욕구
④ 자아존중의 욕구
⑤ 소속과 애정의 욕구

3. 다음 로저스의 이론에 따른 클라이언트와의 바람직한 관계형성방법에 해당하는 것을 모두 고르시오.

㉠ 일치성과 진실성	㉡ 정적 강화에 의한 행동 증가
㉢ 감정이입적 이해와 경청	㉣ 지시적 조언과 권유

① ㉠, ㉡, ㉢　　② ㉠, ㉢　　③ ㉡, ㉣
④ ㉣　　⑤ ㉠, ㉡, ㉢, ㉣

4. 다음 중 매슬로의 이론에 관한 설명으로 옳지 않은 것은?

① 인간의 본성은 본질적으로 선하다고 전제한다.
② 다섯 가지 욕구는 동시에 일어날 수 없다고 전제한다.
③ 위계서열이 낮은 욕구일수록 강도와 우선순위가 높다.
④ 연령에 따른 욕구발달단계를 구체적으로 제시하였다.
⑤ 창조성이란 누구에게나 잠재해 있기 때문에 특별한 자질, 능력을 요구하지 않는다.

5. 다음 중 매슬로의 욕구단계이론에 관한 설명으로 옳은 것은?

① 클라이언트의 문제행동 수정에 유용하다.
② 클라이언트의 욕구를 사정하는 데 유용하다.
③ 중년기 이후에 발생하는 노화현상을 이해하는 데 유용하다.
④ 클라이언트에게 무조건적인 긍정적 관심을 갖는 데 유용하다.
⑤ 클라이언트의 생애발달단계를 사정하고 개입의 유형을 결정하는 데 유용하다.

정답	1. ④　2. ⑤　3. ②　4. ④　5. ②

PART 03

사회환경의 이해

▸▸▸ CONTENTS

08
CHAPTER

생태체계적 관점

1. 사회체계에 대한 이해

1) 체계

체계(system)란 상호의존적이고 상호작용하는 부분으로 구성된 전체, 즉 부분 간 관계를 맺고 있는 일련의 단위로 정의된다. 사회는 부분이며 전체라고 할 수 있는 체계로 구성되어 있다. 또한 체계의 여러 구성요소들의 상호작용은 총체적인 특성을 갖는다. 따라서 여러 구성요소들의 상호관계는 부분들의 집합 이상인 하나의 전체를 창조한다. 즉, 사회체계는 내부적으로 하위체계를 가지고 또한 외부적으로도 상위체계를 가지고 있다. 이러한 체계들은 각각의 다른 기능을 발휘하면서 상호의존적 관계를 가지며, 어느 한 수준의 체계나 같은 수준의 다른 체계가 변하면 또 다른 체계에도 영향을 미치게 된다. 체계는 자체적으로 다른 체계와 구분되는 경계를 가지지만 상호간의 교류가 이루어지며, 어떤 한 체계의 변화와 문제는 다른 체계의 변화와 문제로 나타날 수 있고 또한 다른 체계에도 영향을 주기 때문에 체계 간에는 일방적이 아니라 쌍방적 인과관계가 나타나는 경향이 있다. 이러한 사회체계는 상호 간의 개방과 폐쇄의 계속선상에서 경계와 상호작용을 하면서 안정의 틀을 깨지 않는 선에서 변화를 추구하고 있다. 일반체계이론은 체계는 기능하고, 성장하고, 발달하고, 다른 체계와 상호작용한다는 원칙을 설명하고 있다.

2) 사회체계

사회적 환경 안에 존재하는 다양한 형태의 인간 공동체에 적용할 수 있는 사회조직의 모형이며 사람들로 구성되어 있고, 사람들에게 영향을 미치는 체계들을 말한다. 개인, 집단, 가족, 지역사회, 조직, 계층, 문화 등이 사회체계(social system)이다.

개인은 내적으로 신체적, 사회적, 정서적, 인지적 측면 등의 하위체계로 구성되어 있다고 보고, 개인을 중심으로 보면 개인으로 구성된 가족, 소집단, 조직, 지역사회, 국가사회, 문화, 대륙 등과 같은 상위체계가 있다.

사회체계의 특성은 상호작용이나 상호의존성에 의해 통합된 조직이며, 외부환경과 지속적인 상호교류를 통해 다양한 수준에 걸쳐 존재하면서 안정적인 구조를 지닌다. 또한 하나의 체계 변화가 전체 환경의 체계 변화를 가져오기도 하며, 성장과 발달을 유지하기 위해서는 적절한 수준에서 개방적이어야 한다.

2. 일반체계이론

1) 일반체계이론의 개념

일반체계이론(General System Theory: GST)은 생물학자인 버틀란피(Ludwig von Bertalanffy, 1901-1972)에 의해 창시되었다. 이 이론은 유기체와 환경 간의 체계적인 상호작용, 상호관련성에 대해서 전체성, 상호성, 개방성의 개념으로 설명하고 분석하려는 이론이다. 즉, 체계를 구성하는 속성과 이들 간 상호작용의 속성을 이해하고, 복잡한 체계의 관계 속성 또는 체계 내부에서 이루어지는 상호작용의 특성을 파악하기 위해서 개발된 이론이다. 개인과 환경을 원인과 결과라는 인과적 관점에서 보는 것이 아니라 두 체계를 상호보완적인 전체로 파악하여 인간과 환경 간의 상호작용, 개인과 체계가 효율적으로 기능할 수 있게 하는 데 관심을 둔다. 따라서 개인과 사회문제의 원인을 직선적 원인으로 해석하기보다는 결과와 상호 연결된 전체로 파악한다. 개인과 환경 어는 쪽도 일방적으로 영향을 미치는 관계가 아니라 상호인과적 관계, 즉 순환적 원인론을 제시하고 있다. 이러한 관계 속에서 체계의 구성요소들 간의 관련성을 파악하고 설명한다.

체계란 상호의존적이고 상호작용하는 부분으로 구성된 전체이며, 부분들 사이의 관계를 맺고 있는 일련의 단위들이다. 또한 상호관계를 맺고 있는 구성단위들의 집합체이지만 구성단위들이 단순집합이 아니라 구성단위 간의 상호작용 또는 관계 양상을 포함하는 하나의 전체 또는 단위를 의미한다. 체계는 목적이 지향하는 바에 따라서 항상성과 규칙을 유지하면서 끊임없이 변화한다. 조직화, 상호인과성, 항구성, 공간성, 경계의 기본적인 속성이 있다.

2) 주요 개념

체계는 어떤 형태의 상호작용이나 상호의존성에 의해 통합된 조직이다. 한 체계의 요소들은 상호 간에 영향을 미치고, 상호작용에 의해 구성된 요소들이 독특한 전체를 구성한다. 그러므로 체계의 전체는 각 부분들의 합보다 큰 비총합성을 이룬다.

체계는 전체를 형성하기 위해 서로 조화로운 통합된 부분으로 구성되어 있다. 체계는 자체의 경계를 초월하여 외부환경과 지속적인 에너지 교환으로 생존하며, 내적기능의 변화와 발달이 이루어진다. 또한 이러한 체계의 변화가 환경의 변화를 야기한다. 더불어 비교적 안정된 구조를 지니고 있으며 부분들 간의 지속적인 관계를 맺음으로써 비교적 안정된 상호작용의 유형을 지니고 있다.

체계는 매우 다양한 수준에 걸쳐 존재한다. 체계의 구조적 특성에는 경계, 개방, 폐쇄, 대상, 상위, 하위 등의 체계가 있고, 또한 공유영역, 홀론, 엔트로피, 역엔트로피(넥엔트로피), 시너지, 호혜성이 있다. 체계의 진화적 특성은 균형, 항상성, 안정상태로 구분된다. 체계의 행동적 특성은 투입-전환-산출-환류(피드백), 정적환류, 부적환류, 동등결과성, 다중결과성으로 분류된다.

(1) 체계의 구조적 특성

① 경계

체계를 외부환경으로부터 구분해 주는 눈에 보이지 않는 선 혹은 테두리이다. 체계는 체계 내부의 관계를 특징짓고 체계에 특정 정체감을 제공하며, 체계 내부로의 에너지 투입과 외부로의 에너지 산출을 규제한다. 체계를 둘러싸고 있는 경계의 속성에 따라 개방체계와 폐쇄체계로 구분할 수 있다. 건전한 체계는 반투과성의 경계를 가지며, 이 경계를 유지한다. 반투과성 경계는 체계가 성장하고 발달하기 위해 적절한 수준에서 개방적인 체계를 말한다.

② 개방체계와 폐쇄체계

개방체계는 체계가 그것을 둘러싸고 있는 환경과 상호작용한다고 인식하는 것을 의미한다. 그리고 이 체계는 다른 체계와 에너지, 정보, 자원 등을 상호교류하는 것으로 체계 내 사람들이 환경 또는 다른 체계들과 서로 주고받으면서 상호작용을 하는 경우를 말한다. 반투과성 경계를 갖고 있는 체계이며, 체계의 성장 및 발달에 필요한 정보나 에너지를 외부로부터 자유롭게 받아들임으로써 체계 자체의 기능을 유지 혹은 발전시킬 수 있다.

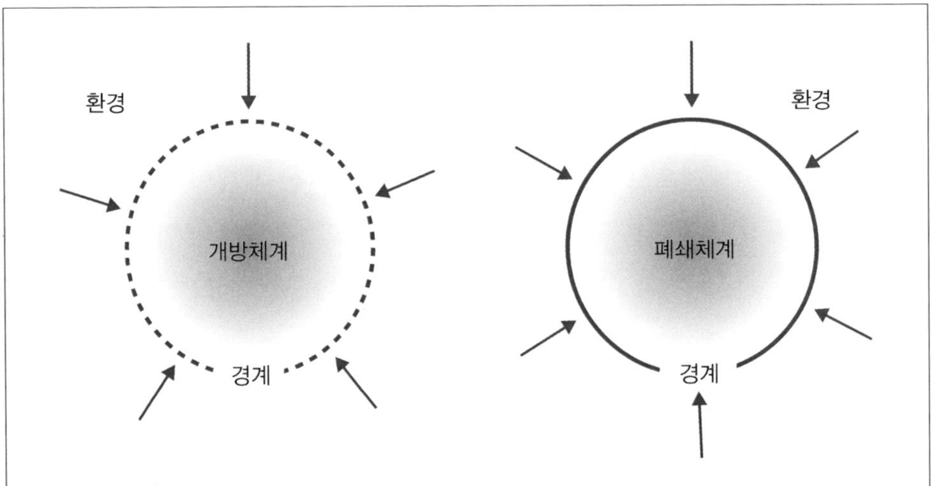

[그림 8-1] 개방체계와 폐쇄체계

폐쇄체계는 다른 외부체계들과 상호교류가 없거나, 혹은 교류할 수 없는 체계를 말한다. 다른 체계와 상호작용하지 않아 고립되어 있는 체계이며, 정보나 에너지의 투입 또는 산출이 거의 없다. 뿐만 아니라 폐쇄체계를 구성하고 있는 부분들은 시간이 지남에 따라 구성원들 사이의 구별이 거의 없어지며, 이후 시간이 지나감에 따라 점차 동일성을 띠게 된다. 따라서 체계 내의 조직구성 및 그 기능이 쇠퇴하게 된다. 이러한 상태를 엔트로피 상태라 하는데, 엔트로피 상태가 지속되면 체계는 소멸한다. 사회조직에서 폐쇄체계의 예로는 정신과의 보호병동, 교도소 등이 있다.

③ 대상체계, 상위체계, 하위체계

대상체계는 분석 대상이 되는 체계이다. 예를 들면 가족 갈등이 관심사라면 이 가족체계는 대상체계이다.

상위체계는 대상체계 외부에 있으면서 그 체계에 기능적으로 영향을 미치는 사회단위이다. 예를 들어, 가족이 다니는 종교기관은 대상체계의 상위체계이다.

하위체계는 2차적 종속적인 체계로 큰 체계 속에 있는 더 작은 체계를 말한다. 대상체계 내부에 있으면서 내부의 다른 하위체계들과 상호작용하며 체계를 구성한다. 예를 들어 가족체계의 하위체계에는 부부체계, 부모-자녀체계, 형제체계 등이 있다.

④ 공유영역

공유영역(interface)은 두 개의 체계가 함께 공존하는 곳으로 체계 간의 교류가 일어나는 곳이다. 즉, 어떤 대상체계가 상위체계나 하위체계와 교류하면서 만들어지는 독특한 상호작용의 유형 혹은 공유된 경계이기도 하다. 다른 체계들과 접촉을 하거나 의사소통을 하는 지점을 말하며, 예를 들면 실습지도자와 실습생의 서면 계약서도 여기에 해당한다.

⑤ 홀론

홀론(holon)은 중간체계가 갖고 있는 이중적인 성격을 나타내는 말로써, 하나의 체계는 상위체계에 속한 하위체계이면서 동시에 다른 것의 상위체계가 된다는 개념이다. 예를 들어 가족체계는 부부체계의 상위체계이지만 지역사회의 하위체계이다.

⑥ 엔트로피

체계 구성요소 간의 상호작용이 감소함에 따라 유용한 에너지가 감소하는 상태로 체계가 서서히 무질서와 혼돈의 상태를 향해 나아가는 것이다. 뿐만 아니라 체계 내부의 에너지를 소모해 감으로써 점차 쇠약해지는 경향성이다. 이와 함께 체계 내에 질서, 형태, 분화가 없는 무질서한 상태로 폐쇄체계에서 일어나는 현상이다. 또한 외부체계와 교류가 차단되어 외부의 에너지 투입이 이루어지지 않는다.

엔트로피의 예로는 가족 안에서 부부 사이가 나빠서 대화가 없어지고 긴장이 흐르게 되면 그로 인해 부모-자녀 관계도 불안정해질 수 있다. 이때 자녀가 일탈에 빠진다면 부모-자녀 간 상호작용이 감소되고 가족 내 질서, 위계를 불안정하게 만들게 된다. 또한 이러한 일들은 부모-자녀 간 경계도 불명확하게 만들게 된다. 따라서 이러한 역기능적 행동의 증가가 바로 엔트로피 상태인 것이다.

⑦ 역엔트로피(넥엔트로피)

체계 외부로부터 에너지를 유입함으로써 체계 내부에 유용하지 않은 에너지, 즉 이용 불가능한 에너지가 감소되는 것을 말한다. 또한 체계 내에 질서, 형태, 분화가 있는 상태로 개방체계에서 나타나는 특성이다. 역엔트로피가 증가하면 체계 내에 질서와 법칙이 유지되고 정보의 필요성이 높아진다. 엔트로피와 반대되는 경향이다.

역엔트로피의 예로는 부부갈등으로 인해 가족 내 엔트로피가 증가한 경우, 부부가 외부 자원인 상담실을 통해 부부상담을 받고 난 뒤 부부관계가 회복되는 계기를 맞게 된다. 따라서 외부 도움으로 가족 내 역기능적 관계가 개선되고 가족원 간의 긴장이 감소하게 되면 이러한 상태는 역엔트로피에 해당된다.

⑧ 시너지

체계 내에 유용한 에너지가 증가하는 것을 말한다. 체계 구성요소 사이에 상호작용이 증가하면서 나타난다. 더불어 개방체계의 속성인데, 개방체계는 에너지를 고갈시키지 않고 구성요소의 상호작용을 촉진함으로써 계속해서 에너지를 만들어내기 때문이다.

시너지의 예로는 부부갈등이 있는 가족이 외부 상담을 통해 부부관계가 개선되면 가족 전체의 분위기가 긍정적으로 바뀌는 경우로 예전에 없었던 가족단위 모임이나 행사에 적극 참여하거나 자녀들이 더욱 성숙해지는 등의 긍정적 변화가 나타날 수 있는데 이러한 것이 시너지 효과에 해당된다.

⑨ 호혜성

한 체계에서 일부가 변화하면 그 변화가 모든 다른 부분들과 상호작용하여 나머지 부분들도 변화하게 된다는 개념이다. 이러한 호혜성의 원리는 어떤 문제나 현상에 대해 한 가지 원인에 따라 결과가 단선적 인과성이 아니라 관련된 부분 요소들 간의 상호교류과정에서 원인과 결과를 해석하려는 순환적 인과성을 의미하기도 한다. 호혜성의 원리와 관련된 개념이 동등결과성과 다중종결성이다.

(2) 체계의 진화적 특성

① 균형(평형상태)

외부환경으로부터 새로운 에너지의 투입 없이 현상을 유지하려는 체계의 속성이다. 체계가 고정된 구조를 가지고 주위 환경과 수직적인 상호작용을 하기보다 체계 내에서 수평적인 상호작용을 하면서 거의 교류를 하지 않는 상태이다. 주로 폐쇄체계에서 나타나며, 체계의 구조 변화가 거의 없는 고정된 균형상태이다. 또한 변화보다는 현상 유지를 가장 바람직한 상태로 여기면서 조직이나 집단과 거의 교류를 하지 않는다. 균형의 예로는 폐쇄적인 관료조직이나 엘리트집단 등이다.

② 항상성

체계가 균형을 위협받았을 때 이를 이전의 상태로 회복하고자 하는 체계의 경향을 말한다. 주로 개방체계에서 나타나는 균형상태로 환경과 지속적으로 상호작용하면서 정적인 균형보다는 역동적인 균형을 이루고 있는 상태로, 이때 체계의 구조는 달라지는 것이 거의 없다. 항상성과 균형의 유사점이 체계의 구조가 크게 달라지지 않는다는 점이라면, 균형은 체계 간 교류가 없는 반면 항상성에서는 체계 간에 역동적 교류가 있다는 것이 차이점이다. 그러므로 개방체계에서 보면 균형, 항상성, 안정상태 순으로 역동적이라고 할 수 있다.

③ 안정상태

균형이나 항상성에 비해 더욱 개방적이고 역동적이다. 항상성이 체계의 일관성을 유지하기 위해 일정한 범위 내에서만 변화하려고 하는 데 비해 안정상태는 체계 자체를 변화시키는 노력을 통해 외부자극을 받아들인다.

안정상태에서는 체계가 붕괴되지 않도록 환경 변화에 맞게 체계 자체를 변화시킨다.

(3) 체계의 행동적 특성

① 투입-전환-산출과 환류

투입은 환경에서 체계로 자원, 에너지, 정보 등이 유입되는 것을 의미한다. 과업 관련 투입과 유지 관련 투입이라는 두 형태가 있다. 과업 관련 투입은 사회체계가 관심을 갖는 욕구, 문제 혹은 기회로 발생하는 것을 말한다. 유지 관련 투입은 욕구를 충족하거나 문제를 다루거나 기회를 모색하거나 이용하는 데 필요한 자원을 말한다.

전환은 투입된 자원, 에너지, 정보 등을 가지고 체계 내에서 산출하기 위해 처리하는 과정을 말한다.

산출은 체계가 처리한 결과를 환경에 배출하는 것을 말하며, 이는 다른 체계에서 투입으로 작용하는 동시에 그 자체의 환류를 통해 다시 투입으로 작용한다.

환류는 자신이 수행한 것에 관한 정보를 체계가 받는 것이며, 정보의 투입에 반응하는 행동을 가져오며, 새로운 정보에 자신의 행동결과를 포함시켜 다음의 행동을 수정하는 의사소통의 조직망을 의미한다.

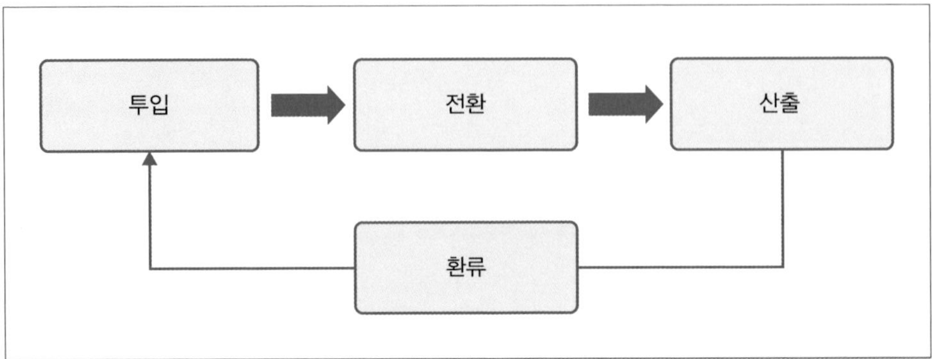

[그림 8-2] 투입, 전환, 산출의 환류과정

출처: 노수희(2022). p.361.

② 정적환류

체계가 한쪽 방향으로 이탈되어 가는 것을 말하며, 엔트로피가 증가하고 있는 체계에서 나타난다. 또한 체계에 급진적이고 불연속적인 변화를 통하여 체계를 변화시키는 환류를 의미한다.

정적환류의 예로는 부부 싸움이 심각해져서 어떤 배우자도 결과를 통제할 수 없는 상태에 도달한 경우를 말한다.

③ 부적환류

체계의 이탈을 수정하거나 변화시키는 것을 말한다. 또한 원래의 행동을 감소시키거나 혹은 지속하지 못하도록 상호작용의 형태를 바꾸거나 목표를 수정하는 것을 의미한다. 체계의 항상성을 유지하고 변화를 극소화하면서 체계 자체를 유지하는 환류, 즉 체계 내의 부분만을 변화시키고 체계 전체는 유지하는 기능을 한다.

④ 동귀결성(동등결과성)

동귀결성(equifinality results)은 다른 체계들이 초기에는 각각 다른 상태였으나 투입이 같은 경우에는 비슷한 안정상태의 결과에 도달할 것이라는 의미이다. 즉 처음의 조건과 수단에 관계없이 결과는 동일하다는 개념으로 이러한 결과는 다양한 방법으로 동일한 결과를 얻을 수 있기 때문에 한 가지 사고에만 집착하지 말라는 것으로 중요함을 시사한다.

⑤ 다중귀결성(다중종결성)

다중귀결성(multifinality results)은 처음의 조건과 수단이 비슷하다고 할지라도 다른 결과가 야기되는 것을 말한다. 이것은 체계이론의 기본 가정이다. 사회복지사가 동일한 치료적 방법으로 개입을 하더라도 그 치료의 효과는 체계에 따라 달라질 수 있음을 이야기한다.

3) 비판적 고찰

일반체계이론을 일반적인 과학뿐만 아니라 생물학, 물리학 등의 자연과학 분야로부터 사회학, 심리학 등에도 적용하여 인간의 행동과 사회현상 및 문화현상까지를 설명하고자 하였다.

인간을 이해하는 데 단선적인 인과관계 관점의 의료적 모델에서 탈피하여 순환적 인관관계로 전환하게 하였고, 총체성을 강조하는 체계적 사고를 강조함으로써 사회복지실천이 클라이언트와 체계들 간의 상호작용을 향상하도록 하였다.

3. 생태체계이론

사회복지학은 전통적으로 인간과 환경 간의 상호작용을 강조하는 환경 속의 인간이라는 관점을 강조하고 있다. 환경 속의 인간이라는 관점은 개인체계 내적 요소나 환경체계 요소들에 대해서 독립적으로 접근하기보다는 양자 간의 상호작용에 대한 이해가 중요하고 이러한 체계 간의 상호작용을 통해서 인간행동과 성격 형성을 설명할 수 있다고 가정한다(Bertalanffy, 1968; Dale, Norlin & Smith, 2010). 환경 속의 인간이라는 관점에서 체계 간의 상호작용에 대한 역동성을 가장 잘 설명해 줄 수 있는 이론 중의 하나가 생태체계이론이다. 생태체계이론은 개인체계와 사회체계에 관한 일반체계이론의 주요 개념을 사용하면서 생태학적 관점을 도입한 이론이다(Franklin, 2002). 일반체계이론의 기본적 개념을 수용하고 있으므로 생태체계이론은 일반체계이론의 기본적 개념을 수용하고 있으므로 생태체계이론은 일반체계이론과 유사한 면이 많다.

하지만 일반체계이론이 추상적이고 분석적인 수준에 머무르는 반면, 생태체계이론은 생태학적 관점을 도입하여 인간과 환경 간의 동적 관계를 상호작용 또는 항상성의 유지라는 측면에서 분석적으로 고찰할 수 있는 인식틀을 제공하였다. 생태체계이론을 고찰하기 위해서는 바탕 이론으로 일반체계이론과 생태학적 이론을 살펴볼 필요가 있다.

1) 생태체계이론의 배경

생태체계이론의 이론적 틀은 일반체계이론과 생태학적 이론에 있다. 원래 체계이론은 18세기 물리학 영역에서 출발하여 자연과학분야에서 발달한 이론이다. 이러한 자연과학적 이론이 20세기에 와서 버틀란피에 의해서 인간과 환경체계를 이해하는 일반체계이론으로 발달하였다. 일반체계이론은 자연과학적 체계의 개념을 개인과 사회적 환경체계에 접목함으로써 인간과 환경체계 사이에 이루어지는 상호작용과 상호관계를 설명하는 데 유용한 방식으로 상호작용하고 상호의존하는 부분들로 구성된 전체를 뜻한다. 즉, 체계는 체계 내부적으로 상호작용을 통하여 하위체계 구성요소 간에 서로 영향을 미치는 복합체인 동시에 외부적으로 상위체계와도 지속적으로 교류하는 부분이다. 자연과학과 사회과학적 특징을 접목한 일반체계이론은 복합적인 인간 및 사회적 현상에 과학적 접근을 하는 이론적 틀을 제공하였다는 점에서 의미가 있다.

한편, 체계이론은 추상적이어서 현실적 사회현상을 실증적으로 설명하는 데는 한계가 있다는 비판을 받았다. 또한 일반체계이론은 체계 간의 상호작용적 측면에 초점을 맞추어서 체계의 구성요소들 간의 순환론적 인과관계에 대해 이해하는 데 기여한 반면, 체계가 왜 상호작용하게 되는지 설명하는 데는 한계가 있었다. 이러한 일반체계이론의 한계를 극복하는 데 기여한 것이 생태학적 관점이다.

일반체계이론이 체계의 범위를 주로 인간과 사회환경체계에 초점을 둔 반면, 생태학적 관점은 인간과 사회환경을 둘러싸고 있는 자연환경도 체계를 구성하는 부분으로 인식한다(Franklin, 1968). 생태학적 관점에서 인간관은 환경과 상호작용하고 다른 사람과 관계를 맺는 인간의 능력은 타고난 것이라고 가정한다. 일반체계이론에서는 인간 및 체계가 왜 상호작용하는지에 대해 설명하는 데 한계가 있었는데, 생태학적 관점에서는 체계 간에 균형과 항상성이 유지되지 못할 때 균형과 항상성을 회복하기 위하여 하위체계가 상위체계에 적응하거나 상위체계가 하위체계에 영향을 주기 때문에 상호작용이 일어난다고 가정한다. 즉 생태학적 이론은 체계 간에 불균형이 생겼을 때 항상성을 회복하기 위해서 상위체계와 하위체계 간에 상호보완적 작동구조가 유발되고 유기체는 환경과 분리될 수 없고 상호작용하므로 유기체와 환경을 통합적 체계로 이해한다. 지금까지 살펴본 것처럼 사회현상을 체계 간의 상호작용의 복합체고 이해하는 일반체계이론의 바탕 위에 체계 간의 상호보완성과 항상성의 유지를 위해서 상호작용이 생긴다는 설명을 하는 생태학적 관점이 도입되게 되고 그 결과 생태체계이론이 형성된다. 그러므로 생태학적 이론이 유기체와 환경을 분리해서 이해할 수 없는 통합적 체계로 이해하는 것처럼 생태체계이론에서는 개인, 사회체계, 자연체계를 분리해서 이해할 수 없고 상호보완하며 항상성이 유지되어야 하는 통합적 체계로 이해한다(Germain, 1991).

2) 생태체계이론의 기본 가정

일반체계이론과 생태학의 영향을 받은 생태체계이론에서는 인간을 환경과 분리해서 생각할 수 없는 총체적 존재로 인식한다. 이러한 맥락에서 생태체계이론적 입장에서는 인간과 환경은 분리해서 이해될 수 없으며 인간의 몸, 인간이 구성하는 사회체계 및 자연환경체계는 상호의존적 성격을 가지고 있어서 체계 간의 항상성 유지를 위해서 지속적으로 상호작용하는 상호보완적 관계를 유지한다고 이해한다. 생태체계이론적 관점에서는 무의식 결정론이나 유전적 결정론, 환경결정론 등은 인간의 성격과 행동을 전체적으로 설명할 수 없고, 인간의 성격과 행동은 인간이 환경적 요구에 적응하고 환경을 자신의 욕구에 맞게 수정 변화시키는 과정에서 형성되고 발달된다고 본다. 생태체계이론은 인간이 태어나면서부터 환경 속에서 효과적으로 기능할 수 있는 능력이 있다는 낙관론적 인간관을 가진, 즉 인간은 개인체계 내적 요소로부터 분출되는 요구와 자기가 속한 환경체계의 요구를 개인과 환경 간의 항상성이 회복 · 유지될 수 있도록 상호교류할 수 있는 자율성과 자기규제능력을 지니고 있는 존재이다. 생태체계론적 입장에서 인간과 환경은 항상성 유지를 통해서 상호작용하면서 하나의 통합적 체계를 형성하게 되므로 개인은 자연환경과 사회적 상황 속에서 이해될 수 있고, 인간의 성격이나 행동적 특성은 개인과 환경 사이의 상호작용의 산물이다(Germain, 1991).

3) 생태체계이론의 주요 개념

(1) 체계 및 체계 간의 상호작용

체계란 서로 관련을 맺고 상호작용하는 요소들의 집합이다(Ashford Lecroy & Lortie, 2001). 생태체계이론에서 체계는 개인체계와 환경체계로 나누어 볼 수 있다. 개인체계는 인간의 행동이나 성격에 영향을 주는 신체적 요소, 심리적 요소, 행동적 요소 등으로 구성되어 있다. 심리적 요소는 세분하면 정서적 요소, 인지적 요소 등으로 나누어 볼 수 있다. 환경체계는 사회체계와 자연환경체계로 대분류해 볼 수 있다. 사회체계란 인간이 살아가면서 속해 있는 다양한 공동체를 말하는 것으로, 가족, 친구, 또래집단, 지역사회 등과 같은 미시적 사회체계와 정부, 국가, 세계 등의 거시적 사회체계로 나누어 이해할 수 있다.

개인체계와 사회체계는 자연환경에 속해서 영향을 주고받으면서 변화되고 존속된다. 예를 들어, 기후는 그 지역의 산업이나 사람들의 생활양식을 결정하는 주요 요인이다. 온대기후에 속한 국가의 산업, 주택 형태 등은 열대기후나 사막기후 국가와는 다르게 나타난다. 하지만 인간은 자연의 영향을 받기만 하는 것이 아니라 자연에 적응하면서 살아가기도 한다. 예를 들어 홍수가 자주 일어나는 지역에서 홍수방지차원에서 다목적 댐을 세운다거나, 사막 지역이지만 관개용수 시설을 확충하여 사람이 살기에 적합한 지역으로 바꾸는 경우도 있다. 이러한 생태체계이론에서 말하는 체계와 체계 간의 상호작용을 그림으로 나타내면 [그림 8-3]과 같다.

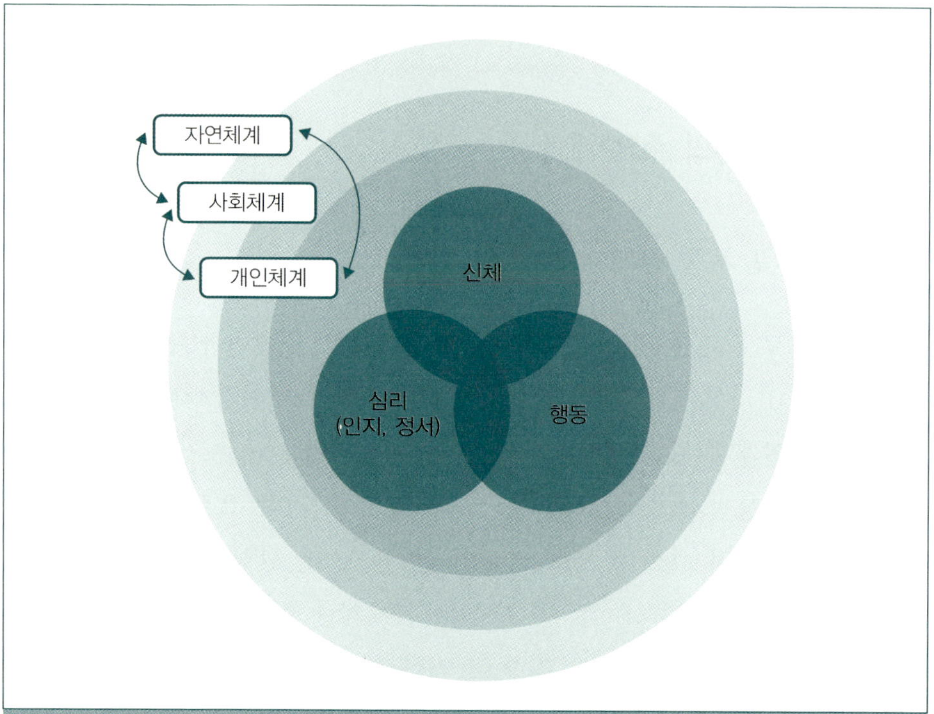

[그림 8-3] 생태체계이론의 도식적 표현
출처: 강성경(2011). p.227.

개인체계는 사회체계에 속하여 서로 상호작용하면서 유지 존속된다. 개인체계는 사회체계의 영향을 받기도 하지만 개인체계도 하위체계를 포함하는 것을 이해할 수 있다. 예를 들어서 모든 인간은 신체적 요소가 있다. 인지·정서와 같은 심리적 요소 및 체계 간의 상호작용의 주요 통로가 되는 행동적 요소가 있다. 인지행동이론에서 살펴본 것처럼 개인체계들 간에도 상호작용이 존재한다. 특정 객체에 대한 개인의 인지적 평가는 그 사람의 그 객체에 대한 정서적 반응이나 행동적 특성을 형성하는 데 영향을 준다.

사회체계는 사회체계를 구성하는 개인체계나 소집단체계 등의 구성 부분을 초월하여 존재하는 집합체로서 가족, 지역사회, 국가 등이 포함된다. 사회체계는 일반적으로 1차집단과 2차집단으로 나누어 볼 수 있다. 1차집단은 가족이나 친구처럼 관계 자체가 목적이 되는 집단이고, 2차집단은 기업처럼 관계 자체의 목적보다는 집단이 공동으로 추구하는 목적을 중시하는 집단으로 이해할 수 있다. 체계를 구성하는 기본단위라고 볼 수 있는 개인체계는 이러한 1차집단이나 2차집단에 복합적으로 속해서 생활하는 경우가 많다. 가족을 구성하는 개인체계인 부모와 자녀들의 가족 구성원으로 형성되고 확대가족의 경우 조부모까지 포함하게 된다.

(2) 브론펜브레너의 환경체계의 수준

브론펜브레너는 인간의 발달과 행동에 영향을 주는 환경을 다섯 가지의 체계로 설명하고 있다. 체계는 개인을 둘러싸고 있으며, 다섯 가지의 체계는 미시체계, 중간체계, 외체계, 거시체계, 시간체계이다. 각 체계의 특성은 다음과 같다.

미시체계는 한 개인이 매일 직접 접하는 가장 가까운 체계로 가장 밀접한 상호작용이 일어나는 체계이다. 가족, 직장, 친구, 이웃, 종교단체 등을 예로 들 수 있다. 중간체계는 미시체계와 미시체계 간의 관계이다. 대표적인 예로 부모-교사, 부모-친구관계 등을 예로 들 수 있다. 외체계는 개인이 직접 참여하거나 직접 관계를 맺는 것은 아니지만 개인의 발달에 직간접적으로 영향을 주는 여러 사회환경으로 구성된다. 예를 들면 부모의 친구, 형제가 속한 학급, 의료기관 등 다양한 환경체계를 말한다. 거시체계는 다른 체계보다 큰 사회적, 문화적 요소들을 포함하는 환경으로, 예를 들면 문화적 가치와 종교적 가치, 법, 관습, 사회의 정치 · 경제 시스템, 윤리, 전쟁이나 경기침체,

자연재해 등과 같이 지속적으로 사회 전반에 영향을 미치는 요인들이 이에 해당된다.

시간체계는 인간에게 영향을 주는 환경의 영향은 발달과정에 따라 다를 수 있으며, 동시에 사회 · 역사적 상황에 따라 다를 수 있다. 예를 들어 한 개인의 인생에서는 어렸을 때 경험하지 못한 결혼이나 이혼을 인생의 특정 시점에 하기도 하며, 또 사회의 구성원으로 특정 시기에 사회에서 일어나는 상황이나 사건들을 공유하기도 한다.

이렇듯 다섯 가지의 체계는 인간의 발달과정, 즉 인간의 전 생애에 걸쳐 서로 교류하면서 영향을 미친다. 이를 도식화하면 [그림 8-4]와 같다.

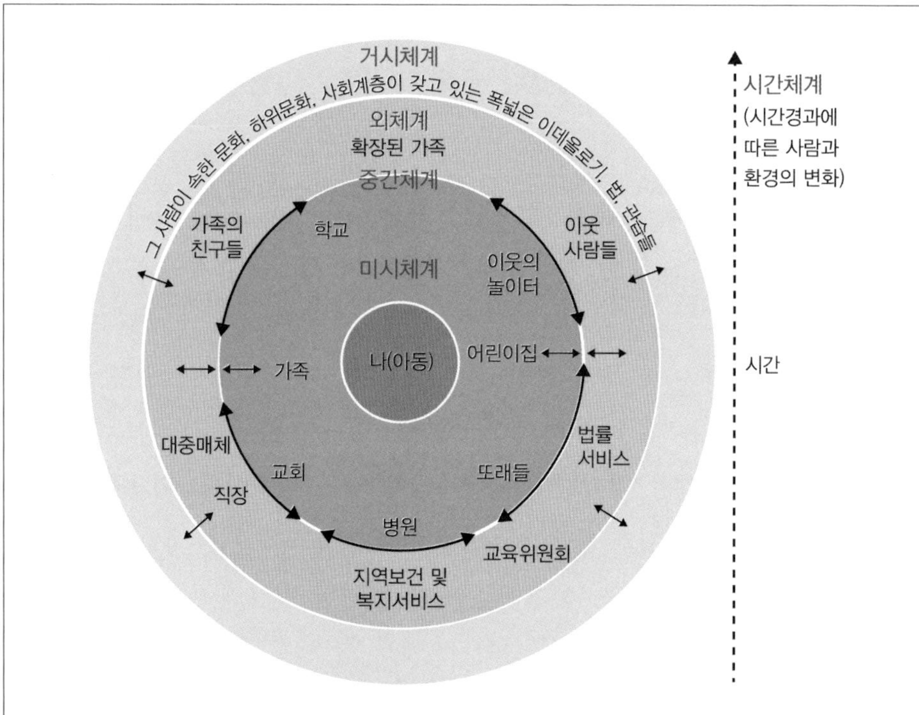

[그림 8-4] 다섯 가지 환경체계의 수준

출처: 박희숙 · 강민희(2022). p.110.

4) 생태체계적 관점의 이론들

생태체계이론은 다양한 후속 이론들의 이론적 기반이 되었다. 그러한 이론 중에서 스트레스-코핑 모형과 스티그마의 형성이론에 대해 고찰해 본다.

(1) 스트레스-코핑 모형

스트레스-코핑 모형(stress-coping model)은 미국의 사회심리학자인 라자루스와 포크만(Lazarus & Folkman, 1984)에 의해서 제시된 모델이다. 스트레스란 환경체계로부터의 부담이 과중할 때를 의미한다. 환경적 부담이 과중하다는 의미는 대상체계와 다른 체계 간에 항상성이 깨어져 적응유연성이 약해진 상태로 볼 수 있다는 점에서 기본적으로 생태체계이론 관점을 수용하였다. 스트레스-코핑 모형은 스트레스가 생겨 체계 간의 항상성이 깨어졌을 때 스트레스를 받은 체계는 환경에 다시 적응하게 되는데, 이러한 적응과정에서 체계내적 자원요소들과 체계외적 자원요소에 따라서 적응의 결과가 다르게 나타날 수 있다고 가정한다. 이러한 스트레스-코핑 모형을 그림으로 나타내면 [그림 8-5]와 같다.

대상체계를 가족으로 가정해서 스트레스-코핑 모형을 살펴보면, 환경의 요구에 부응하기에 부하가 너무 커서 적응하기 어려운 상황을 일컫는데, 가족 차원에서 가구소득이 없어져서 가족체계가 적응유연성을 잃어버린 경우를 상정해 볼 수 있다. 가구소득이 없어지면 구족구성원들은 소득이 없어짐으로 해서 깨어진 항상성을 회복하기 위해서 노력하게 되는데 이러한 스트레스는 환경체계에 적응하여 어떠한 형태로든 항상성을 회복하는 결과를 가져오게 된다. 이러한 적응은 신체적 차원이나 심리정서적 차원 또는 행동적 차원에서 나타날 수 있다.

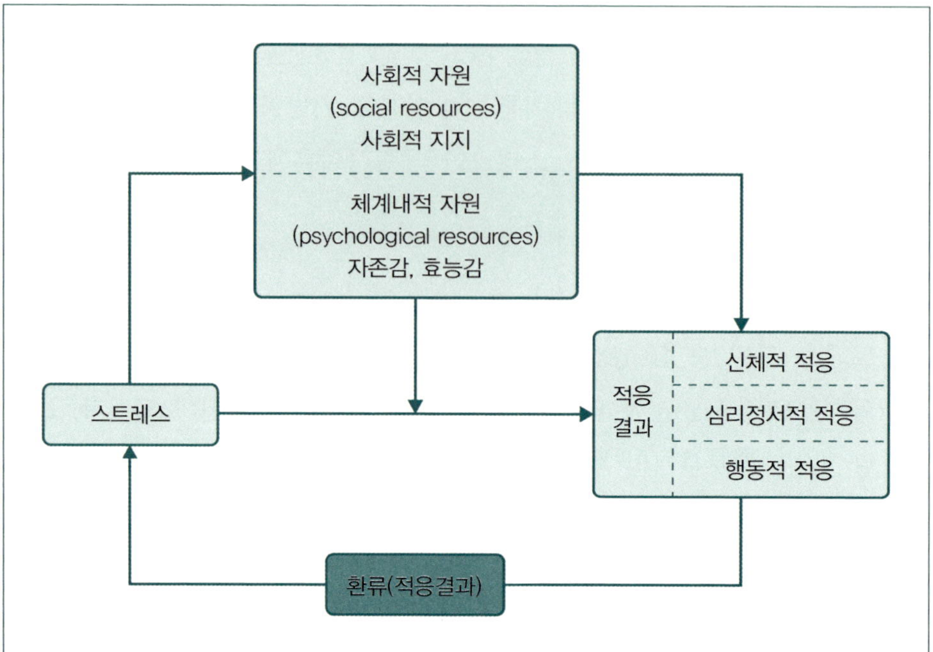

[그림 8-5] 스트레스-코핑 모형

출처: 강상경 외(2021). p.217.

일차적으로 가구소득이 없어지면 가족 구성원은 심리적으로 우울해지거나 행동적으로 기존에 수행하던 역할수행을 못하게 되는 위축된 행동을 보이기 쉽다. 하지만 가구소득이 없어졌다고 해도 모든 가족이 같은 수준은 아니며 내적 자원과 외적 자원의 수준에 따라 다르게 나타날 수 있다.

(2) 앤더슨 모형

앤더슨 모형은 의료서비스 이용의 예측 요인을 설명하는 이론이다(Andersen, 1995). 앤더슨 모형에 따르면 사람들이 질병이 있을 경우 의료서비스를 이용하게 되는데, 동일한 질병이 있어도 환경적 자원이나 개인적 자원의 차이에 따라 사람들마다 의료서비스 이용 유형이 다르게 나타날 수 있다고 가정한다. 즉 질병이라는 의료서비스에 대한 동일한 욕구가 있어도 의료보험 유무, 의료보호 유무, 병원까지 이동수단의 유무, 지역사회의 의료서비스 제공 정도 등의 체계내적이나 체계외적 요소에 따라서 실질적 의료서비스를 이용하는 형태는 다르게 나타난다. 앤더슨 모형도 스트레스-코핑 모형과 유사하게 의료적 욕구라는 개인체계적 상황을 해결하는 방법이 체계내적, 체계외적 자원의 정도에 따라 다르게 표현될 수 있다는 체계 간의 상호작용의 관점에서 의료서비스 이용형태를 설명하는 점에서 생태체계이론을 바탕으로 한 이론이라 할 수 있다. 앤더슨 모형에 나타난 체계 간의 상호작용의 역동적 매커니즘을 도식화해 보면 [그림 8-6]과 같다

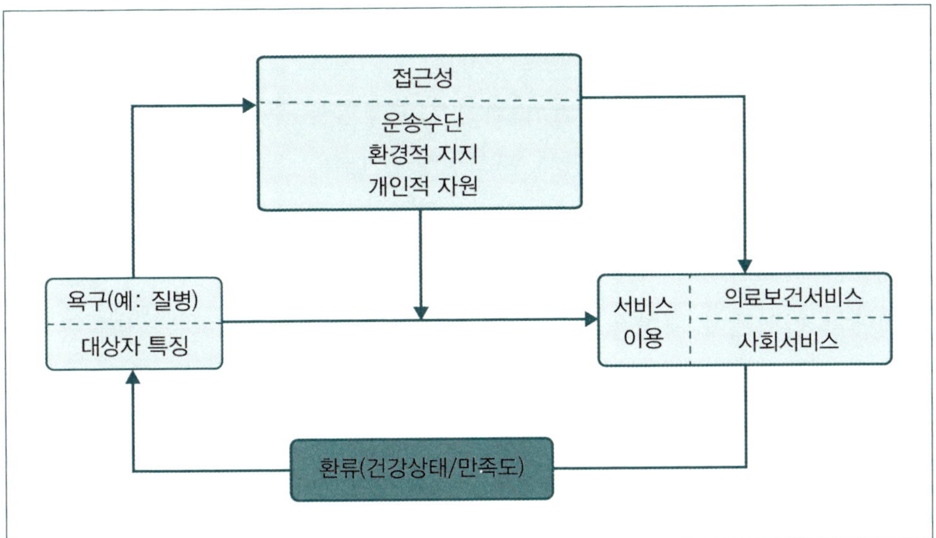

[그림 8-6] 앤더슨 모형
출처: 강상경 외(2021). p.219.

앤더스 모형은 만약 대상자가 질병이 있을 때 질병 때문에 적응유연성이 떨어지게 되므로 대상자는 서비스 이용을 통하여 질병을 치료함으로써 항상성을 회복하려고 할 것이다. 하지만 동일한 질병을 가졌더라도 모든 사람이 동일한 서비스를 이용하는 것은 아니고 체계적 · 내적 자원의 유무나 정도에 따라서 서비스 이용 형태가 달라질 수 있다는 것을 보여준다.

(3) 스티그마 형성과 유지

스티그마(stigma)의 형성과 유지의 과정도 특정 사회집단에 대한 부정적 인식이 왜 형성되고 유지되는지를 체계이론적 관점에서 이해할 수 있는 유용한 틀을 제공한다. 스티그마는 개인체계 내적으로 일어나는 심리과정의 본질과 사회체계의 조직적 과정의 특성이 복합적으로 유기적인 상호작용을 함으로써 형성되고 유지된다(Kahng, 2006). 즉, 인간은 본성적으로 사회현상을 분류하고 범주화하여 이해하면서 인지적 효율성을 추구하는 경향이 있다.

이러한 인지적 특성으로 인해 사회현상에 대해서는 인지적 이해의 틀인 스키마가 형성되고, 스키마는 보통의 경우에는 인지적 효율성을 담보하기 때문에 지속되고 유지된다. 개인이 가지고 있는 특정 인지는 사회적 상호작용 과정에서 타인에게 영향을 주고 인지적 특성을 사회 구성원들 간에 공유하게 된다. 이러한 인지로서의 스티그마의 형성과 유지의 경로는 [그림 8-7]과 같다.

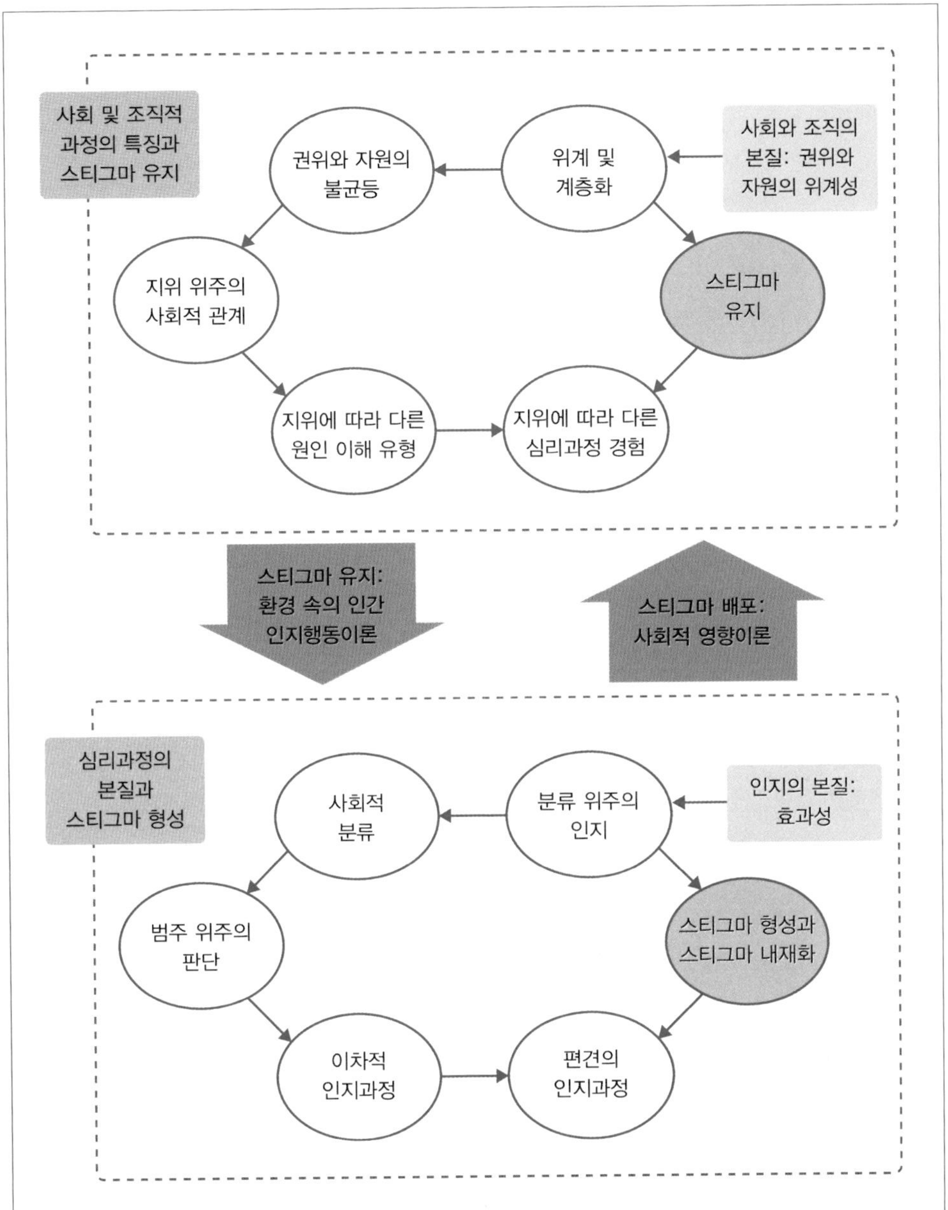

[그림 8-7] 스티그마의 형성과 유지

출처: 강상경 외(2021). p.221.

기출문제

1. 다음 보기가 설명하는 것은?

> 가족 내 소통이 단절되면서 가족 구성원이 타인처럼 소원해지고 상호 믿음이 부족하고 긴장이 증가한다.

① 엔트로피　② 넥엔트로피　③ 역동성
④ 시너지　⑤ 다중종결성

2. 외부로부터 새로운 에너지 투입 없이 현상을 유지하려는 체계의 속성은?

① 항상성　② 균형　③ 안정상태
④ 홀론　⑤ 적응

3. 생태체계관점에 대한 설명으로 옳은 것은?

> ㉠ 체계이론과 생태학 이론을 통합한 관점이다.
> ㉡ 여러 사회복지 영역에 포괄적으로 적용가능하다.
> ㉢ 사회복지실천의 사정단계에서 유용하다.
> ㉣ 개인과 환경을 분리할 수 없는 것으로 본다.

① ㉠, ㉡,㉢
② ㉠, ㉢
③ ㉡, ㉣
④ ㉣
⑤ ㉠, ㉡, ㉢, ㉣

4. 다음 중 생태체계적 관점이 사회복지실천에 미친 영향으로 옳지 않은 것은?

① 환경 속의 인간이라는 관점을 유지하게 한다.
② 인간발달단계에 대해 거시적인 접근을 한다.
③ 클라이언트가 처한 상황을 다양한 체계수준에서 설명하게 한다.
④ 개인과 사회의 문제를 원인과 결과의 관계로 해석할 수 있게 한다.
⑤ 생태체계이론은 가족체계를 우선 강조하는 경향이 있다.

5. 인간행동에 영향을 미치는 사회체계에 관한 설명으로 옳지 않은 것은?

① 가족 내의 구조적 변화는 개인의 행동에 영향을 미친다.
② 인간의 성격은 조직생활을 하면서 변화될 가능성이 있다.
③ 집단은 집단역동성을 통해 개개인의 사회화에 영향을 미친다.
④ 지역사회의 특성은 인간의 성격 형성에 긍정적, 부정적 영향을 미친다.
⑤ 동일 문화권에 속하는 사람들 간에는 일반적으로 동일한 성격을 지닌다.

정답	1. ① 2. ② 3. ⑤ 4. ④ 5. ⑤

09

CHAPTER

구조기능주의와 사회체계

1. 구조기능주의이론

1) 기본 개요

구조기능주의이론(structural functionalism)은 가장 오랜 전통을 가진 사회를 이해하는 이론이다. 이 이론은 1930년대 들어 세계대공황을 극복한 미국에서 사회체계의 안정과 유지를 목표로 하버드대학교 교수였던 파슨스(Talcott Parsons)를 중심으로 주창된 것이다. 이후 1940년대부터 1960년대까지 미국 사회에서 가장 영향력 있는 사회학 이론으로 평가받고 있으며, 지금도 사회체계를 설명하는 주요 이론이다.

구조기능주의이론에서 인간과 사회에 대한 관점은 사회 속의 인간(person in environment)이라는 사회복지 관점과 유사하다. 하지만 개인보다는 전체를 중요시 여겨 다른 부분들이 서로 상호 밀접한 관계를 맺으며 안정을 만들어내고 연대를 위해 전체 체계가 개인을 통제하는 방식을 강조한다(최옥채 외, 2020). 사회란 움직이는 복잡한 체계로 본다. 그래서 사회의 구성 부분인 개인들은 각자의 기능을 수행하면서 실제로 존재하는 사회를 유지 · 존속시켜주는 역할을 한다고 본다.

구조기능주의이론은 사회 전체의 균형, 안정, 통합을 중요하게 생각한다. 사회의 각 부분들은 각각의 고유한 기능을 가지고 있으며, 이러한 기능은 서로 보완적인 기능을 수행하므로 사회는 항상 안정을 유지하면서 통합을 추구한다(조성연, 2022).

구조기능주의이론은 거시적 관점의 이론으로서 사회를 살아 있는 유기체와 같이 상호관련된 하위체계들이 안정된 체계로 조직되어 있는 것으로 본다. 구조기능주의이론은 사회의 이익과 안정을 위해 모든 하위체계가 조화롭게 기능한다고 한다. 예를 들어, 가족은 자녀 출산과 사회화의 기능을 통해 사회의 구성원을 충원하는 것처럼 사회의 하위체계인 가족이 전체 사회의 조화로운 기능에 기여한다. 따라서 구조기능주의이론은 사회체계를 분석하기 위해 이를 구성하고 있는 하위체계들이 다른 하위체계와 사회 전체에 어떤 영향을 미치는지에 초점을 둔다.

구조기능주의이론은 특정 체계를 이루고 있는 하위체계들이 제 기능을 발휘하지 못하거나 상위체계가 하위체계를 적절하고 공평한 처벌과 보상에 의해 통제하지 못할 때, 사회제도 등으로 특정 사회의 기능에 결함이 생길 때 특정 체계는 해체될 수 있다고 본다. 그러므로 구조기능주의이론에 의하면 가족은 하나의 하위체계로서 사회라는 상위체계의 영향을 받아 변화한다.

2) 주요 개념

(1) 체계의 기능적 요건

파슨스는 사회를 하나의 체계(system)로 보았다. 개인은 사회의 일부분으로 사회를 벗어나서는 살 수가 없으며, 자신이 속한 세계에서 자신의 역할을 수행하며 살아가는 사회 유기체적 존재이다. 그래서 개인과 모든 사회의 조직이나 제도는 사회의 유지라는 목적 달성을 위해 기능하는 하나의 부분으로 인식한다.

사회체계는 다양한 제도화를 통해 생겨나고 이 제도화를 통해 사회구조가 생성되고 유지되는데, 이러한 사회체계란 제도화된 역할의 집합체라고 볼 수 있다(박철현, 2016). 사회가 하위체계에게 역할을 부여하고 그 역할을 잘 수행해 주기를 기대하며, 각 부분이 역할 수행을 잘 수행하게 되면 사회의 통합이 촉진된다. 구조기능주의에서는 전체 기능과 함께 부분의 기능도 중요시한다.

파슨스는 사회가 안정적 기능을 수행하기 위해서는 구체적으로 네 가지의 기능적 필수요건들이 충족되어야 한다고 보았다. 네 가지의 기능적 요인은 AGIL 모형으로 불리며 개념과 도식은 다음과 같다(Ritzer, 2016; Turner, 2019; 강정한 외, 2013; 권중돈, 2022).

① Adaption function(적응)

환경의 요구에 대처하는 데 필요한 자원을 확보, 효율적으로 배분하며, 환경에 적응하고 이를 통해 환경을 체계의 요구에 맞추는 기능이다.

② Goal attainment(목적 달성)

사회체계의 유지를 위해 목적 설정과 설정된 목적을 달성하기 위해 자원을 동원하는 기능이다.

③ Intergration(통합)

사회체계 유지를 위해서는 각 사회의 부분들이 조화를 이루며 통합시킬 수 있는 기능이다.

④ Latency(잠재성)

체계는 개인들의 행위 동기를 유발하고 지속하는 특유의 문화 유형을 제공하고 가치를 창출하고 지속, 변형시키는 기능이다. 유형 유지와 긴장 관리 기능을 포함한다.

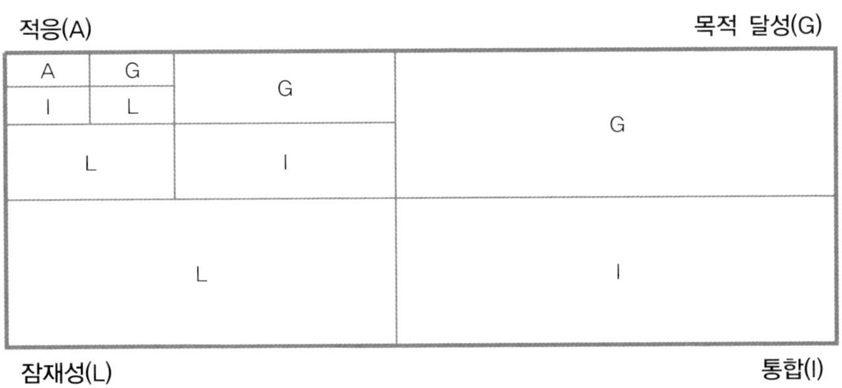

[그림 9-1] AGIL 모형

3) 체계의 구조

파슨스는 구조는 곧 체계를 의미한다고 하며, 체계란 부분들과 그들 사이의 관계를 나타내며 부분들의 관계가 결국 하나의 전체를 이루게 된다고 하였다. 파슨스는 사회를 상호관련된 제도들로 구성된 하나의 커다란 체계로 규정하였는데, 이러한 의미로 사회구조를 사회체계와 동일한 개념으로 이해할 수 있다(오명호, 1987).

파슨스의 사이버네틱(cybernetic, 유기체의 자기제어 원리) 위계이론에 따른 행위체계의 일반적인 구조와 체계 사이의 위계구조를 도식으로 제시하면 [그림 9-2]와 같다.

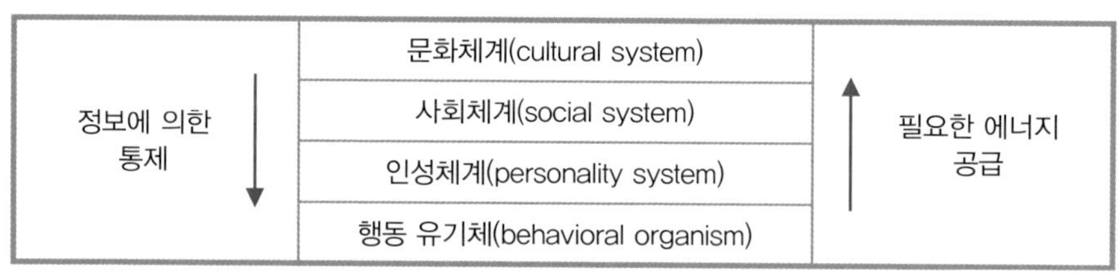

[그림 9-2] 체계 간의 위계구조

낮은 수준들은 더 높은 수준들에 필요한 에너지와 조건을 제공한다. 둘째, 위계 내에서 더 높은 수준들은 그보다 낮은 수준들을 정보로써 통제한다. 체계의 네 가지 세부구조에 대한 설명은 다음과 같다(김왕배 외 역, 2006).

(1) 문화체계

사회구성원 혹은 행위체계의 행위를 동기화시키는 규범(norm)과 가치

(value)를 제공함으로써 잠재성 유형 유지(L) 기능을 수행한다.

문화체계(cultural system)는 다양한 하위체계들을 결합해 주는 기능을 수행하며, 문화는 주로 상징적이고 주관적인 성격을 가지므로 하나의 체계에서 다른 체계로 쉽게 전달되는 특성을 가진다. 학습과 사회화를 거쳐 하나의 인성체계에서 다른 인성체계로 이동하게 되며, 이는 다시 확산을 통해 한 사회체계에서 다른 사회체계로 이동하게 된다.

(2) 사회체계

최소한의 물리적, 환경적인 측면을 갖는 상황에서 상호작용하는 다수의 구성원(행위체계)으로서 구성된 체계를 의미하며, 사회체계(social system)는 관련 제도와 구성요소, 인성체계를 통제함으로써 I(통합)의 기능을 수행한다.

파슨스가 말한 사회체계 존속의 선행요건은 여섯 가지로 설명할 수 있다.

첫째, 다른 체계와의 조화로운 작동을 위해 구조화한다.

둘째, 사회체계 존속을 위한 다른 체계들의 지원한다.

셋째, 사회체계 구성원들의 욕구를 충족시킨다.

넷째, 사회체계 구성원들의 적절한 참여를 유도한다.

다섯째, 사회체계 혼란을 야기할 수 있는 잠재적 행동을 최소한 통제한다.

여섯째, 구성원 간 갈등 심화 정도에 따라 통제한다.

(3) 인성체계

인성체계(personality system)는 개인체계로도 불리는데, 체계의 목표를 규정하고 그것을 성취하기 위한 자원 동원을 통해 목적 달성(G)의 기능을 수행한다. 인성은 사회화를 통해 사회체계와 문화로부터 파생되기는 하지만, 인성의 기본적 요소는 욕구-성향으로 행위 동기의 가장 중요한 단위이다. 이러한 욕구-성향은 단순히 타고나는 것이 아니라, 환경적 영향을 통해 개인의 영향을 통해 습득된다.

파슨스의 욕구-성향 세 가지 유형은 다음과 같다.

첫째, 행위자가 사회적인 관계에서 애정과 인정 따위를 추구하도록 동기화한다.

둘째, 내면화된 가치를 통해 행위자가 다양한 문화 기준들을 준수하도록 유도한다.

셋째, 행위자가 적절한 반응을 주고받게 하는 역할기대가 있다.

이렇듯 파슨스는 행위자를 수동적인 모습으로 제시하였다.

(4) 행동유기체

체계의 위계 중 최하위의 구조이며, 인간을 한 유기체로 설정한 개념으로 유기체적 체계(organic system)로 불리기도 한다.

행동유기체(behavioral organism)는 인간을 행위의 주체자(actor)로 환경에 적응하고 그것을 변화시키며 적응(A) 기능을 수행한다. 환경에서 얻은 자원(에너지)을 다른 세 가지 체계에 제공하는 원천이므로 적응적 기능과 가장 직접적 관련이 있다.

4) 구조기능주의와 사회복지실천

구조기능주의이론에서는 인간을 마치 한 유기체로 보고 이들을 둘러싼 다양한 환경 안에서 적절한 균형과 안정을 유지하려는 존재로 보고 있다. 마찬가지로 사회도 서로 연관된 제도로 구성된 하나의 커다란 체계로 보고 있다.

사회는 부분 체계가 전체 체계에 대하여 기능적으로 공헌해야 생존하고 발전할 수 있다고 보고, 각각의 부분 체계가 긍정적 공헌을 할 수 있도록 사회화 기능과 통제기능을 발휘해야 하는 제도적 장치가 있어야 한다고 주장한다.

구조기능주의이론에서 인간을 수동적, 순응적 존재로 인식하기 때문에 사회화 과정에서의 실패나 일탈행위 등의 개인 내부의 결함이나 체계 내적인 문제에서 그 원인을 찾는다. 그렇기 때문에 사회복지실천현장에서의 개입도 이러한 내적 결함을 개선하고 보완하여 본래의 역할과 기능을 수행하도록 개입활동을 실시한다(최옥채 외, 2020).

2. 사회체계

인간은 환경으로부터 영향을 받으며, 환경 역시 인간의 행동에 의해 영향을 받게 된다. 그러므로 다양한 사회복지실천현장에서 사회복지사가 다양한 문제 상황에 직면한 클라이언트를 돕기 위해서는 인간의 발달과 행동에 영향을 주는 사회체계에 대한 충분한 논의가 필요하다.

1) 가족

가족이란 성인 남녀의 결합으로 시작되지만, 시간이 지날수록 한 개인을 이해할 때 분리해서 생각할 수 없을 만큼 복잡하고 밀접한 정서적 관계로 결합한다. 인간은 가족 속에서 태어나 자라면서 가족으로부터 가장 큰 영향을 받고, 성인이 되어 또 다른 가족을 형성한다. 가족을 올바르게 이해하기 위해서는 각 개인의 특성과 함께 가족 전체의 상호작용 형태와 관계 특성을 살피는 것이 바람직하다.

(1) 개념

가족은 인간이 태어나서 처음 경험하는 사회의 기본단위로서 시대와 사회문화에 따라, 생물학적, 관념적, 법적 관점에 따라 다양하게 정의할 수 있다. 이처럼 가족은 인간이 가진 제도들 가운데 가장 오래된 것으로서 단순하게 물리적 · 정신적 공간을 공유하는 집단이 아니라, 세대를 거듭하면서 가족 고유의 문화를 소유함으로써 가족규범과 가족 내 역할, 권위구조, 의사소통 형태, 협력 과정, 문제해결방법 등 여러 가지 과업을 효율적으로 수행해 나가는 사회체계이다.

가족에 대한 일반적인 정의를 살펴보면 다음과 같다. 기존 정의들은 혈연과 혼인, 자녀양육이라는 측면에서 바라보는데, 바커(Barker, 1994)는 혈연, 결혼, 입양 등으로 관련된 둘 이상의 사람들로 구성되어 함께 거주하는 사람들의 집단으로 정의하고 있다. 머독(Murdock, 1949)도 성적 친밀감이 허용되는 성인 남녀, 그리고 출산하거나 입양한 자녀로 구성되어 있으며, 함께 살면서 경제적인 협력을 하는 사회집단으로 규정하고 있다.

국제연합(UN)의 '가족에 관한 일반적 정의'(1994) 형태와 다양성에 관계없이 가족은 여전히 사회의 기본단위며 사회화의 주도적인 역할과 배우자와의 파트너십은 물론, 세대와 가족 구성원 간의 결속과 화합을 도모하는 주요한 역할을 수행하고 부모는 기본적으로 민주주의 사회의 기본가치에 따라 자녀를 양육하는 주체라고 강조한다. 이렇듯 과거의 가족에 대한 정의는 구조적 측면을 보다 강조하였다.

가족의 정의도 시대에 따라 달라지면서 부부 중심의 혈연 혹은 법적 관계에 의한 전통적 의미의 핵가족에 대한 개념도 변화하고 있다. 그리하여 가족을 정의할 때 법과 혈연관계를 넘어 '친밀한' 관계의 의미가 중요한 기준으로 대두된 지 오래다.

이렇듯 가족은 사회 변화에 따라 달라지기 때문에 현대사회에서 가족 변화는 당연한 특성이다(조성연 외, 2022).

(2) 기능

가족의 기능은 가족이 수행하는 역할이나 행위로써의 가족의 행동을 의미하며, 이러한 행동의 결과가 사회의 유지와 존속, 가족 구성원의 성장, 생존유지, 욕구충족에 어떤 영향을 주는지와 관련된다(유영주 외, 2005).

변화된 사회가 가족에 미치는 영향에 대해서도 농경사회는 가족과 친족이 경제, 정치, 종교, 교육에 이르기까지 모든 기능을 담당하였으나, 산업화 후 사회의 여러 제도가 각각의 기능을 담당하게 되면서 가족의 역할은 정서적 기능과 재생산 및 사회화 기능으로 축소되었다.

가족의 기능이 변함에도 불구하고 가족은 여전히 사회의 중요한 소속집단이며 사회와 개인을 연결하는 주요 기능을 수행한다. 이러한 가족이 수행하는 기능은 가족 구성원의 심리사회적 특성에 영향을 미치게 되고, 나아가 가족의 생활수준이나 양식을 결정하고, 결국은 가족 구성원의 생활 만족도에도 많은 영향을 미친다.

듀발(Duvall)은 서구사회 현대가족의 기능에 대한 주요한 기능을 네 가지로 설명하였다.

첫째, 가족은 가족 구성원 간에 애정을 도모한다.

둘째, 가족은 안정감을 부여해 주고 수용해 준다.

셋째, 가족은 만족감과 목적의식을 부여해 준다.

넷째, 가족은 지속적인 동료감을 느끼게 해준다.

가족의 기능에 대한 학자들의 의견은 다양하지만 대체로 애정과 보호의

기능, 자녀 출산과 양육의 기능, 사회화 기능, 경제적 협조의 기능 등으로 요약할 수 있다.

(3) 가족의 유형

가족의 유형은 그 사회의 문화적 전통과 함께 사회경제적 배경에 따라 다양한 형태를 나타내기 때문에 한 가지 기준으로 유형을 분류하기에는 무리가 있다. 현대사회의 변화로 인하여 전통사회에서는 볼 수 없었던 다양한 유형의 가족이 등장하였고, 가족의 범위도 남성 혈통중심과 혈연에서 점차 벗어나고 있다.

첫째, 가족의 크기에 따라 대가족(large family)과 소가족(small family)으로 분류되고 있다. 대가족은 다세대로 구성된 확대가족(extended family)에 해당하며, 핵가족은 부부가족, 핵가족이 해당된다.

둘째, 가족의 구성에 따라 핵가족(nuclear family)과 직계가족(stem family), 방계가족(collateral family)으로 나뉜다. 핵가족은 부부와 혼인으로 출산한 자녀로 구성되며, 직계가족은 결혼한 자녀 중 한 부부가 부모와 동거하는 가족으로 가족이 영속되는 것을 전제로 한다. 방계가족은 확대가족이라고도 하는데, 이는 형제자매의 부부 혹은 그 이상으로 확대된 혈연을 같이하는 사람들과 가족을 이루는 경우다.

셋째, 부부의 권력을 중심으로 모권 가족(matriarchal family), 부권 가족(patriarchal family)로 나뉜다.

넷째, 가계 승계에 따라 부계가족(patrilineal family), 모계가족(matrilineal family), 양계제가족(bilineal family) 등으로 나뉜다.

이외에도 가족구조와 형태에 영향을 주는 가족 내외부 요인이 있다. 이로 인한 가족에는 다음과 같은 유형이 있다.

① 노인가족

노인이 포함된 가족인 노인가족은 다시 노인 혼자 사는 독거노인가족과 노부부만 생활하는 유형과 함께 본인도 부양받아야 하는 상황에서 자녀들의 이혼, 사망, 가출 및 실종 등의 이유로 손자녀를 양육하는 조손가족으로 나뉜다. 이렇듯 손자녀양육을 하는 조손가족은 경제적인 문제와 함께 손자녀의 발달단계별 특성에 따른 욕구충족의 문제와 부모의 부재로 인한 손자녀의 심리적인 문제 등도 더해지면서 다양한 사회적 지원이 필요하다.

② 한부모가족

배우자의 사망, 이혼, 가출 등으로 배우자 중 한 명이 양육에 참여하는 유형으로, 부재한 다른 부모의 역할을 혼자서 감당해야 한다는 역할 부담으로 인해 심리적 문제, 자녀양육에 따른 경제적인 문제가 발생할 수 있다.

③ 독신가족

독신가족은 현재 배우자가 없는 가족으로, 결혼 유무에 따라 미혼 독신가족, 이혼 독신가족, 사별 독신가족으로 분류한다.

독신가족의 발생 원인은 개인주의, 가부장적 가족제도에 대한 반발과 적절한 배우자를 선택하지 못했거나 높은 이혼율과 함께 결혼에 대한 가치관의 변화와 독신자들을 위한 독립된 생활공간의 증가와 고령화에 원인을 찾을 수 있다.

④ 다문화가족

다문화가족은 국적이 다른 남녀가 결혼하여 가정을 구성한 가족을 의미한다. 다문화가족의 증가 원인은 산업 활성화에 따른 인적자원 필요성에 따라 아시아 지역의 많은 사람이 직업을 찾거나 연수 등으로 유입과 농어촌의 결혼 적령기 남성과의 결혼으로 인한 결혼이민자 가족의 증가에 원인을 찾을 수 있다.

다문화가족의 어려움은 문화의 차이, 의사소통의 문제, 부부 상호작용의 어려움에 따른 자녀양육 문제, 사회적 부정적 시각에서 오는 심리적 위축감 등이 발생한다.

⑤ 재혼가족

재혼가족은 결혼한 경험이 있는 배우자가 이혼이나 사별 후에 다시 결혼하는 것을 의미한다. 산업화 이후 이혼율의 증가와 함께 재혼도 증가하고 있다. 초혼과 달리 재혼가족은 사회문화적 편견이나 새로운 가족 구성원과의 결합으로 인한 가족생활주기의 불일치 등으로 심리적 어려움과 적응의 문제를 겪게 된다.

⑥ 맞벌이가족

부부가 함께 경제활동에 참여하는 가족이다. 맞벌이가족의 증가는 여성의 교육수준 향상과 출산력 감소에 따른 노동력 부족과 함께 여성의 사회 진출이 활발해졌다. 기혼 여성의 사회참여는 가사노동과 자녀양육으로 인한 어려움이 발생한다. 이를 해결하기 위해서는 직장생활과 가정생활의 양립을 위한 다양한 가족친화적 정책의 제도 지원이 필요하다.

⑦ 기타 가족

기타 가족은 결혼한 부부가 자녀 없이 지내는 무자녀가족, 혼인신고를 하지 않고 사는 동거가족, 결혼에 대한 가치관의 변화로 결혼을 하지 않고 사는 가족, 그리고 동성애가족, 부모의 사망이나 이혼 등으로 부모가 부재한 소년소녀가족 등을 들 수 있다.

(4) 가족생활주기

가족은 하나의 생태체계로써 변화하고 적응하는 모습을 보인다. 이러한 가족의 특성을 이해하기 위해서는 가족생활주기에 대해 알아야 한다.

가족생활주기는 비슷한 사건과 위기를 경험하고, 비슷한 발달과업을 달성하고자 하는 가족의 범주를 구분함으로써 각 단계가 가지고 있는 특성과 문제를 파악하는 데 유용하다(장윤옥, 1993).

다음은 첫 자녀의 연령을 중심으로 구분한 듀발(1977)의 8단계 가족생활주기이다.

① 신혼부부 가족: 부부 확립기, 무자녀기
② 자녀 출산 및 영아기 가족: 첫 자녀 출산~30개월
③ 유아기 가족: 첫 자녀 30개월~6세
④ 아동기 가족: 첫 자녀 6~13세
⑤ 청년기 가족: 첫 자녀 13~20세
⑥ 독립기 가족: 첫 자녀가 독립할 때부터 막내 자녀가 독립할 때까지
⑦ 중년기 가족: 부부만이 남는 가족~은퇴기까지
⑧ 노년기 가족: 은퇴 후~사망

2) 집단

인간은 사회환경과 상호작용을 하며 집단에 소속되고자 하는 욕구를 가지고 성장하게 된다. 이렇듯 개인은 생애주기를 거치면서 수많은 집단을 경험하게 된다. 이러한 개인의 집단 경험을 통해 성격, 인간관계의 질, 생활과업 수행에 직접적 · 간접적 영향을 받게 된다.

(1) 개념

집단에 대한 정의는 학자마다 다양하게 정의하고 있다. 왜냐하면 다양한 집합체에 통용되기 때문이다.

브라운(Brown, 1991)은 어떤 목적을 성취하기 위해 상호작용을 하는 소규모 사람들의 대면적 모임을 집단이라고 하였으며, 존슨과 존슨(Johnson & Johnson, 1997)은 대면접촉을 하는 둘 이상의 사람들이 상호작용을 하며 집단에 소속한 것을 알고 긍정적인 상호의존성을 인식하며 공동의 목적성취를 위해 노력하는 조직이라고 하였다.

최옥채(2007)는 서로 관련되어 있는 사람들의 집합으로써 개인들의 단순한 집합이 아니라 그 안에 있는 사람들의 관계가 구형화되어 있는 조직된 체계라고 규정하였다.

① 집단 목적

집단 목적은 집단 구성원들이 기대하는 이상의 것으로서 집단에 관여한 사람들 간의 상호작용의 결과이다. 이러한 목적은 집단 구성원들의 기대와 희망, 바람이 융합된 것으로서 집단의 존립 이유가 된다.

② 집단 문화와 집단 규범

집단 문화는 집단 구성원들이 공통적으로 가지고 있는 가치와 신념, 관습, 전통을 의미하며, 집단 문화가 발달한 경우 집단 전체와 개별 성원의 목적 성취를 촉진할 수 있다. 그러나 이와 반대로 이러한 집단 성원이 가진 독특한 개별 태도와 가치가 집단의 발달과 기능을 저해하는 요인이 될 수도 있다.

집단 규범은 구성원들 간에 공유된 행동 기준을 의미한다. 이러한 행동 기준은 구성원들 간에 행해질 적절한 행동방식이 된다.

③ 집단응집력

집단응집력은 집단 성원들이 보이는 집단에 대한 헌신과 몰입의 정도를 의미하며, 응집력이 강한 집단은 성원 간에 공유된 가치와 행동 유형을 가지고 있다.

응집력은 소속 집단에 대한 만족도에도 영향을 미치게 된다. 응집력이 높으면 소속 집단에 대한 만족도도 높으며, 응집력이 낮은 집단 성원은 소속 집단에 대한 만족도도 낮고 함께 협동하고 이를 통한 집단 목적 달성에도 어려움을 겪게 된다.

④ 리더십

리더십은 집단의 목적 달성을 위해 함께 활동할 때 사회적 영향력이나 힘을 의미한다. 집단에서의 리더는 리더십을 발휘하여 집단의 목적과 목표를 달성하는 구성원 간의 단합과 함께 집단을 유지하고 성장하도록 동기 부여하는 역할을 수행한다.

⑤ 지위와 역할

지위는 집단 속에서 정해지는 구성원의 위치를 의미하며, 이러한 지위에 영향을 미칠 수 있는 요인은 개인적 호감, 특성, 성격, 연령, 지식 정도, 집단에 대한 기여도 등이 있다.

⑥ 상호작용

상호작용은 상대방에게 의미를 전달하기 위해 언어적 · 비언어적 상징을 사용하는 것을 의미한다. 상호작용을 통하여 집단의 목적 성취 등의 문제를 다루기 위해 집단 성원들이 서로 정보와 의견을 나누고 제안하는 과정을 통해 자신들의 문제와 집단 문제에 대한 의견을 표명하고 해결해 나간다.

⑦ 하위집단

하위집단은 집단이 유지되고 발전되는 데 긍정적인 영향을 주기도 하지만, 리더십에 도전하거나 부정적인 역동이 발생하여 집단의 유지와 목적 달성에 위협이 되기도 한다.

(2) 특성

집단은 일정한 목적을 가지고 움직이는 체계이다. 집단은 내적으로 구성원들을 통제하기 위한 수단으로 독특한 규범과 문화를 발전시키며 주변 체계의 영향을 받는다. 사회체계적 관점에서 집단의 특성은 다음과 같다(이근홍, 2015).

① 집단의 크기

집단은 구성원들과의 상호작용에 의해 제한을 받게 되며, 규모가 작은 편이다. 집단의 크기는 최소 두 명 이상의 구성원으로 이루어진다. 구성원 간에 직접적인 상호작용이 없다면 집단의 의미를 상실한다.

② 공통된 목표

집단에는 구성원들이 함께 공유하고 실제 달성해야 할 공통적 목적이 있어야 한다. 이를 위해 집단 구성원들 간의 역할과 직접적인 상호작용을 통해 전체적인 집단의 성격에 따라 행동하게 된다.

③ 정체성

집단에서 구성원들은 전체로서 집단에 대한 정체성을 갖게 된다. 이러한 집단 특성은 다 함께 집단적 행동을 할 때 '우리 의식'을 통해 나타난다.

④ 개인행동에 대한 영향

집단은 구성원들에게 사회통제기능과 함께 사회화의 기능을 수행한다. 이를 통해 독특한 하위문화를 형성하게 되며, 구성원들의 행동에 영향을 미치게 된다.

⑤ 내적 · 자연적 기반 상호작용

집단 내 상호작용은 구성원들의 내적 혹은 자연적 상태를 기반으로 정서적 맥락에서 이루어진다. 집단 관련 행동들은 이성적이기보다 감성적 · 정서적 부분에 기반한다.

(3) 집단의 유형

집단의 유형은 집단의 크기, 목적, 활동 범위에 따라 다양하게 구분된다. 먼저 집단의 유형은 상호작용과 정서적 결속에 따른 분류와 구성 동기, 그리고 집단의 목적에 따라 유형을 나누고 살펴보고자 한다.

① 1차집단과 2차집단

1차집단은 혈연과 지연을 바탕으로 이루어진 자연발생적인 집단을 의미한다. 예를 들어 가족, 친구 등이 있다. 2차집단은 목적 달성을 위해 계약에 의해 만들어진 인위적 집단을 의미한다.

1차집단의 인간관계는 정서적이고, 감성적인 면이 강조되는 반면에, 2차집단은 예를 들어 군대처럼 구체적인 목적을 위해 만들어지고, 수단적이며 능률과 합리성이 요구된다.

② 자연집단과 형성집단

자연집단은 1차집단과 성격이 유사하여 자연발생적으로 만들어진 집단이다. 형성집단은 2차집단의 특성이 강하고 일정한 목적을 갖는 특성을 가진다. 자연집단은 또래집단처럼 공식적인 지원체계가 없는 것이 특징이다. 형성집단은 예를 들어 특정 위원회나 팀(team)처럼 일정한 목적을 갖는 것이 특징이다.

③ 치료집단

치료집단의 목적은 성원들의 행동 변화와 함께 개인적인 문제의 개선과 상실된 기능의 회복을 돕는 데 있다.

치료집단에서 집단지도자는 전문가, 권위적인 인물 또는 변화 매개자로서의 역할을 수행하며, 집단의 공적 내에서 개별 성원의 목적을 구체적으로 수립하고 원조하는 역할을 한다.

치료집단에서 자기 표출의 정도는 높은 편이나 성원들이 겪는 문제에 따라 차이가 난다. 치료집단의 예는 건강증진협회에서 지원하는 금연집단, 보호관찰 청소년집단, 약물중독 치료집단 등이 있다.

④ 사회화집단

사회화집단은 사회적 관계에서 어려움을 가지고 있어서 사회생활에서 필요한 사회적 기술을 학습하거나 사회적 행동을 습득하는 데 목적을 둔다. 예를 들어, 사회화집단은 역할 연습, 여가활동 등의 특정 프로그램 활동에 참여하여 대인관계기술을 습득하고 사회기술 훈련집단, 자치집단, 여가집단으로 구분한다. 사회기술집단에서는 의사소통방법과 자기주장 훈련을 하며, 자치집단은 정신병동이나 시설에서 생활하는 사람들의 역할과 책임, 그리고 권리 등에 대해 배우며, 여가집단은 스카우트 활동, 캠핑, 스포츠 활동 집단 등이 있다.

⑤ 지지집단

지지집단은 집단 구성원 간 서로 상호원조하며 지지와 정보를 제공하고 효과적으로 대처하고 적응할 수 있도록 원조하는 데 목적을 둔다. 지지집단의 집단 지도자 역할은 자조와 상호원조를 통한 대화기술 향상을 돕도록 동기화하며, 미래에 대한 희망을 촉진하는 역할을 한다. 예를 들어, 만성정신질환자 가족모임, 이혼가정의 자녀모임, 암 환자 가족모임, 한부모집단 모임, 아동양육에 어려움을 함께 나누는 부모집단, 지역사회에서 사회 복귀를 준비하는 정신장애인집단 등을 들 수 있다.

⑥ 교육집단

교육집단은 집단 구성원들의 지식, 정보 또는 기술의 향상에 목적을 둔다. 정보제공방법은 특정 분야 전문가 혹은 훈련받은 전문가에 의한 교육을 통해 집단 상호작용이나 토론을 통해 진행되는 치료집단을 의미한다. 예를 들어, 청소년 성교육집단, 부모역할 훈련집단, 조울증 교육집단, 위탁가정을 준비하는 부모 모임 등이 있다.

⑦ 성장집단

집단 구성원들이 자신의 잠재능력을 최대한 발휘할 수 있도록 돕는 데 목적을 둔다. 성장집단에서 구성원들은 자기감정에 대한 자각, 대인관계 의사소통 향상, 생활양식의 변화 등을 목표로 성장과 훈련에 초점을 두는 훈련을 한다. 예를 들어, 결혼생활 향상 집단, 감수성 훈련 집단, 청소년 대상의 가치명료화 집단, 퇴직 준비 집단, 여성의식 고양 집단, 잠재력 개발 집단 등이 있다.

3) 조직

우리는 조직 속에서 태어나고 조직 속에서 학습하고 성장하며 살아가고 있다. 이렇듯 인간에게 조직은 매우 중요하면서도 복잡하게 관련지어 있다. 우리는 여러 단위의 크고 작은 조직을 통해 인간관계를 형성하고 조직 구성원으로서 해야 할 책임, 의무, 규칙, 역할 등을 습득하게 된다.

(1) 개념

조직이란 하나의 사회체계로 다른 체계들과 마찬가지로 쉽게 정의하기 어렵다. 파슨스(Parsons)는 조직을 특정한 목표를 추구하기 위한 사회적 단위 또는 집단으로 정의하였다. 에치오니(Etzioni, 1961)는 조직을 특정한 목적을 추구하기 위한 사회적 단위 또는 집단이라고 정의하였으며, 장석출(1997)은 조직을 '2명 이상의 사람이 모여 같은 목표를 달성하고자 어떤 일을 하여 그 성과나 업적을 이루는 것'으로 정의하였다. 최창현(1995)은 인간에게 중요한 영향을 미치는 거시체계 중 하나로 일정한 목표를 합리적으로 달성하기 위해 형성된 분업과 통합의 활동체계를 갖춘 사회적 단위의 협동체계라고 하였다.

이와 같은 정의들을 통합해 보면, 조직이라 특정한 목적이나 임무를 성취하기 위해 의도적으로 구성되어 분업과 통합 등의 상호의존적인 활동을 하는 사회체계라고 할 수 있다.

사회복지실천 관점에서의 홀랜드(Holland, 1995)의 정의는 일반적인 조직과 차별해 사회서비스 조직을 강조함으로써 조직의 특성을 정리하였다. 사회서비스 조직은 사회화와 같은 정상적인 인간의 기능을 지원하거나 유지를 돕는데 중점을 둔다. 그래서 사회서비스 조직은 소비자에게 직접 서비스를 전달하며, 서비스 제공자와 받는 자 간에 인간관계를 중요시하는 과정으로 바라보면서 서비스를 받는 자의 복지 향상에 조직의 정당성을 부여한다. 이러한 조직의 설명은 사회복지실천 과정에서 사회복지사가 지켜야 할 책무성과 목적, 그리고 전문성을 의미하고 있다.

(2) 특성

① 특정한 목적을 갖는다. 조직은 특정 목적 실현을 위해 구성되며, 조직의 목적은 정관이나 규정에 서술되어 있다.
② 일정한 규범을 지닌다. 조직의 규범은 조직 구성원이 수행해야 할 의무, 역할 권리, 조직의 운영 방식 등을 통해 추구하는 목적 달성을 원활하게 한다.
③ 체계화된 구조를 지닌다. 조직은 체계로서의 특성을 지니게 되는데, 구성원들의 행동을 통제함과 동시에 조직에 필요한 지위와 역할을 부여하여 권한을 보장하기도 한다.
④ 조직의 문화를 지닌다. 조직 문화는 조직 구성원들의 공통된 성향을 외부에 반영함으로써 조직 고유의 특성을 나타나게 한다.
⑤ 외부환경과의 교류를 지속한다. 조직은 외부환경과 지속적인 교류를 통해 성장 발전하고 존속할 수 있다.
⑥ 집합행동을 한다. 집합행동은 조직 구성원의 결집을 강화하여 조직이 대외적으로 큰 힘을 발휘할 수 있도록 한다.

(3) 유형

조직의 유형은 학자들마다 다양하게 분류될 수 있으나, 파슨스의 사회적 기능과 에치오니의 통제 형식에 따른 분류를 살펴보자.

① 파슨스(Parson, 1960)의 사회적 기능에 따른 유형

파슨스는 조직이 사회적 필요성을 충족시키기 위해 어떤 기능을 수행하느냐에 따라 조직을 생산조직, 정치조직, 통합조직, 체제유지조직으로 나누었다.

- 생산조직: 경제활동을 통한 적응을 강조하는 기업
- 정치조직: 사회의 목적 달성과 권력 형성 및 배분을 주도하는 조직으로 행정기관, 정당이나 국회
- 통합조직: 사회질서 유지를 목적으로 하는 사법기관, 경찰서, 군대
- 체제유지조직: 교육과 사회화를 담당하는 종교기관이나 학교

② 에치오니(Etzion, 1961)의 통제에 따른 유형

- 강압적 조직: 강제적으로 참여하는 조직으로 구성원의 통제를 물리력에 의존하는 교도소나 군대
- 공리적 조직: 실리적인 목적을 위해 가입이나 탈퇴를 하는 회사나 경제단체로서 물리적 보상(보수, 부수입, 근로조건 등)
- 규범적 조직: 규범적 권한과 도덕적 복종이 결합된 종교나 자원봉사, 정당, 전문직 단체 등

4) 지역사회

지역사회는 개인을 둘러싼 광범위한 사회체계로서 사회복지실천에서 중요하게 인식된다. 지역사회는 정치적 · 사회적 · 경제적 체계에 의한 변화와 영향을 받으면서 다른 하위체계에 영향을 미치기도 한다.

(1) 개념

지역사회는 일정한 지리적 구역을 전제조건으로 하여 거주하는 주민들에게 생활수단의 원천이며, 일정 지역에 사는 사람들의 집합체를 일컫는다. 지역사회는 사회의 중요한 부분이며 그 자체가 하나의 사회로서 가족, 집단, 조직의 행동에 영향을 미치고 그들에게 영향을 받으며 변화하고 발전한다.

최옥채(2010)는 지역사회를 다양한 욕구나 문제를 가지고 있으며, 일정한 규모의 지리적 공간 안에서 지역사회 주민의 상호작용이 활발하게 이루어지고 지역사회의 욕구나 문제를 해결하기 위해 사회복지실천이 가능한 일정 규모의 장이라고 정의하였다.

(2) 특성

놀린과 체스(Norlin & Chess, 1997)는 지역사회의 특성을 다음과 같이 다섯 가지로 제시하였다.

① 지역사회는 물리적 또는 지리적 장소에 의해 제한된 사회체계의 형태이다.
② 지역사회는 공동의 장소에 거주하거나 그곳에서 동일시된 사람과 그들의 사회조직에 초점을 둔다.
③ 지역사회는 그곳에 거주하는 사람들의 삶의 질 향상을 최고의 목적으로 한다.
④ 지역사회는 주민의 공통 욕구와 문제, 성장과 발달의 기회와 연결된 상호의존적 사회체계이다.
⑤ 지역사회는 전체 사회의 하위체계로서, 개인이 사회와 관계를 맺고 사회가 개인과 연관된 중요한 중간체계이다.

(3) 기능

지역사회가 공통으로 수행하는 주요 기능은 경제제도로서 생산 · 분배 · 소비의 기능과 함께 가족제도로서의 사회화 기능, 정치제도로서 사회통제기능, 종교제도로서 사회통합의 기능, 사회복지제도로서 상호부조기능의 다섯 가지 기능이 있다(박태영, 2008).

① 생산 · 분배 · 소비의 기능

지역사회 주민들이 일상생활 영위를 통해 이루어지는 기본적인 재화 및 서비스를 생산 · 분배 · 소비하는 과정이 이루어지는 경제적 공간이다.

② 사회화 기능

사회화는 지역사회가 공유하는 일반적인 사회적 가치, 지식, 행동양식 등을 지역주민에게 전달하는 과정을 의미한다. 이러한 사회화 기능을 통해 지역주민에게 지역사회의 문화와 가치를 내면화시키는 과정이다.

③ 사회통제기능

지역사회에는 체계의 유지를 위해 지역주민들이 지켜야 할 법과 도덕, 그리고 규칙 등의 규범이 존재한다. 이러한 규범을 준수하도록 하는 강제성이 결여된다면 지역사회의 질서가 붕괴되어 지역사회체계가 붕괴되고 해체될 수도 있다.

- 공식적 사회통제: 경찰이나 법원과 같은 사법기관에서 수행
- 비공식적 사회통제: 가족이나 종교단체

④ 사회참여기능

지역사회가 사회적 목적을 달성하기 위해서 또는 개인의 발전을 위해 지역사회에서 이루어지는 제반 활동에 참여할 수 있도록 기회를 제공하는 기능을 의미한다. 사회참여는 개인의 성장과 발전에 이바지한다.

⑤ 상부상조의 기능

지역사회 주민이 스스로의 욕구를 충족할 수 없을 때, 지역사회의 공식·비공식적 지원체계로부터 필요한 서비스를 제공받는 것을 의미한다.

- 공식 지원체계: 보건소, 병원, 사회복지시설과 기관, 각종 협의체, 사회단체 등
- 비공식 지원체계: 가족, 친척, 친구, 종교단체, 자원봉사자 등

5) 문화

사회가 존재하는 곳에는 반드시 문화가 있다. 문화는 모든 인간의 생존에 필수적 요소로 작용하며, 모든 인간의 행동은 문화적 맥락 안에서 발현된다. 이렇듯 인간의 삶과 관련된 대부분의 영역에서 그들 나름대로의 행동양식이나 규범을 지닌 문화가 존재하게 되므로, 사회복지사는 다양한 사회복지실천 현장에서 클라이언트를 이해하기 위해서는 그들이 속한 다양한 문화, 종교, 인종과 함께 민족 등의 배경에 대한 이해가 먼저 선행되어야 한다.

(1) 개념

문화를 한 사회 또는 사회적 집단에서 나타나는 예술, 문학, 생활양식, 가치관, 전통, 신념 등의 독특한 정신적·물리적·지적 특징으로 정의하였다.

이처럼 문화는 거시체계로서 인간이 자연상태에서 벗어나 일정한 목적 또는 생활과 이상을 실현하고자 사회 구성원에 의해 습득되고, 공유되고, 전달되는 행동양식과 생활양식의 과정이며, 이러한 과정에서 이룩한 물질적 · 정신적 소득을 통틀어 의미한다.

- 좁은 의미의 정의: 문화는 예술과 관련되거나 교양 있고 세련된 생활 모습을 의미한다.
- 광의의 의미: 문화는 한 사회 구성원들이 주어진 환경에 적응하고 극복하면서 만들어 온 그 사회의 전반적인 생활양식을 말한다.

(2) 특성

문화는 자연스럽게 사회 구성원들 간에 공유되며, 사회 속에서 성장하면서 학습을 통해 습득된다. 이러한 문화는 한 세대에서 다음 세대로 전승되고 누적된다. 다양한 문화가 갖는 특성은 다음과 같다.

① 학습성: 문화는 선천적으로 타고나는 것이 아니라 다양한 사회 경험 속에서 후천적으로 학습된다.

② 보편성: 문화는 어떠한 사회에서도 존재한다.

③ 사회성: 인간의 사회적 동물로서 문화와 분리하여 생각할 수 없다.

④ 공유성: 한 사회 구성원에게 공통적으로 나타나는 행동 및 사고방식으로 사회 구성원들의 행동과 사고방식을 예측 가능하게 한다.

⑤ 축적성: 문화는 한 세대에서 다음 세대로 전승되며, 새로운 지식과 생활방식이 쌓이면서 문화 전승이 이루어진다.

⑥ 다양성: 인간 사회의 생활양식이 서로 다르기 때문에 다양한 문화가 존재한다.

⑦ 전체성: 문화는 내용 하나하나가 별개가 아니라 하나의 전체 또는 체계

이다. 사회의 지식, 도덕, 법, 제도 등의 수많은 요소가 서로 밀접하게 연계되어 하나의 전체를 이룬다.

(3) 기능

문화는 상황을 정의하고, 태도 및 가치를 결정하며, 사람들에게 행동지침을 제공한다.

① 사회화의 기능

문화는 개인이 사회에서 어떻게 행동하고, 말하고, 어떻게 인식할 것인가를 가르쳐 주는 지침이 된다.

② 욕구충족의 기능

문화는 다양한 생활양식을 통해 의식주 같은 개인의 욕구를 충족시켜, 안정감을 가지고 살아가도록 한다.

③ 사회통제의 기능

문화는 사회 속에서 개인의 행동양식을 규정하며 대인관계와 사회생활에서 자기의 행동이 미칠 영향에 대해 알고 적절하게 행동하게 한다.

④ 사회 존속의 기능

문화 없이는 사회가 존재할 수 없다. 사회가 계속 존재하는 것은 사회가 문화의 학습과 전승을 통해 지속적으로 새로운 구성원에게 문화를 전해 주기 때문이다.

기출문제

1. 체계의 공통된 특성이 아닌 것은?

① 전체성
② 내부 구성요소들 간의 상호의존성
③ 환경과의 상호작용
④ 균형
⑤ 불변성

2. 사회학 이론 중 구조기능주의의 특징이 아닌 것은?

① 사회의 질서와 균형에 관심
② 진보 성향의 이론
③ 통합, 합의, 집합의식, 연대를 강조하는 합의론
④ T. Parsons가 대표적 학자
⑤ 사회 대부분의 현상이 사회의 존속이나 통합에 기능적

3. 사회집단의 종류와 내용이 바르게 된 것은?

① 성장집단 – 인간의 관심에 중점, 원조를 주는 일
② 치료집단 – 행동교정과 정서적 안정, 집단치료 등을 도모하는 집단
③ 인카운터집단 – 감각인식집단, 감수성훈련집단, 경쟁집단
④ t집단 – 부부집단, 남녀노소집단
⑤ 자조집단 – 마음과 마음의 만남을 통해 이상적인 원초단계를 찾으려는 집단

4. 관습적 행위와 양식, 타인들에 대한 예의 에티켓, 가벼운 성질의 규범이나 불쾌한 행동 등은 다음 문화의 종류 중 어디에 해당하는가?

① 관념적 문화
② 물질문화
③ 대중문화
④ 반문화
⑤ 규범적 문화

5. 파슨스의 사회의 4가지 차원의 체계 중 가장 상위에 있는 체계는?

① 문화체계
② 인격체계
③ 사회체계
④ 가족체계
⑤ 행동적 유기체계

정답	1. ⑤ 2. ② 3. ② 4. ⑤ 5. ①

10
CHAPTER

사회환경의 이해

1. 갈등주의이론

1) 갈등이론의 개념

(1) 갈등의 개념

인간이 살아가는 사회는 다양한 사람들과 서로 관계를 맺으며 그 속에서 조화와 경쟁이 이루어진다. 이 중에서 사회의 주요 요소를 대립과 경쟁 그리고 갈등과 변화의 관계에 있다고 주장하는 이론이 갈등이론이다. 갈등이론의 시작은 이전의 구조기능주의가 사회를 합의와 균형만 존재하는 이상향으로 바라보고 있다는 비판에서 출발하였다. 주요 내용은 사회는 의견대립과 갈등이 존재하고 있어 항상 변화하며, 갈등은 사회발전에 기여한다고 본다. 이론적으로 사회에는 무질서가 항상 존재하여 불안정하기 때문에 갈등이 일어나는 현상은 비정상적인 것이 아니라 보편적인 현상이라고 본다.

따라서 이 이론은 다른 이론에 비해 사회통합이 잘 되어 있고 잘 짜인 체계가 아니라는 점을 강조한다. 우리의 주변에서 흔히 나타나는 경제적 이해관계나 정치권력이 바로 갈등의 중요한 요인으로 작용하고, 모든 사회는 일부 구성원들이 다른 구성원들을 탄압하고 강제함으로써 유지된다고 본다. 그러므로 사회문제는 지배자의 탄압과 착취에서 비롯하며, 사회의 각 부분들 간의 관계는 협동적이라기보다는 경쟁적이라고 정의하고 있다.

일반적으로 갈등주의이론에서 강조하는 중요한 개념들은 다음과 같다.

첫째, 갈등이란 사회의 재화는 일정하나 인간의 욕망은 무한하여 모든 사회는 이를 둘러싼 갈등과 긴장상태에 놓여 있다. 또한 지배집단과 피지배집단의 대립적 관계도 계속적인 긴장과 갈등을 유발시키고 있다.

둘째, 변동으로 사회는 여러 측면에서 변동을 겪는다. 또한 개인 사회 구성원인 개인 및 집단 간의 계속적인 투쟁과 갈등은 사회의 변동을 불가피하게 만들며 사회변동의 원인이 된다. 이러한 역동성은 외관상으로는 평온할지 모르나 내면적으로는 활기차게 변동이 일어나며 때로는 표면화되거나 폭력화되기도 한다.

셋째, 강압으로 사회는 사회 구성원의 일부에 의한 다른 일부의 강압에 그 토대를 둔다. 지배집단은 피지배집단을 강압적으로 억압하고 동시에 이데올로기를 통해 지배체제를 효과적으로 통제한다. 지배집단은 자신들의 위치를 위협받지 않기 위해 계속적으로 새로운 질서를 창출하려고 노력한다.

이러한 측면에서 갈등이론은 사회현상을 다음과 같이 개념적으로 설명하고 있다.

① 사회체계는 갈등을 일으키며, 갈등은 사회의 일반적 특징이다.
② 갈등은 사회구조에서 서로 상반되는 이익에 의해 발생된다.
③ 상반된 이익은 지배-피지배집단 간 제한된 자원과 권력의 불평등한 분

배에서 발생한다.

④ 서로 다른 이익으로 인해 2개의 갈등집단이 형성된다.

⑤ 갈등은 해결과정을 거쳐 다시 새롭게 상반된 이익을 만들고 다시 갈등 관계가 발생한다.

⑥ 계속되는 갈등의 결과로 인해 사회 변화는 사회의 일반적 특징으로 자리 잡는다.

(2) 갈등이론의 관점

갈등주의이론에서는 사회를 갈등, 변화, 강압, 경쟁, 와해의 관계를 가지고 계속적인 변화나 새로운 질서를 찾는 것으로 보고 있다. 이러한 측면에서 갈등주의의 주요 관점은 다음과 같다.

첫째, 사회의 모든 요소는 긴장 · 경쟁 · 갈등을 일으키는 원인이다.

둘째, 갈등의 원인은 사회에 존재하는 지배계급과 피지배계급이 가진 권력의 차이에서 비롯된다.

셋째, 지배집단은 피지배집단과 언제나 불일치와 갈등을 보이며, 이것은 사회분열과 사회변동을 초래하기도 한다.

넷째, 사회질서의 유지는 지배집단의 강제에 바탕을 두고 있다.

2) 갈등이론의 출현과 발전

현재 사회를 설명하는 여러 이론 중 갈등이론은 사회학 분야에서 주요 이론 중 하나로 여겨진다. 갈등이론이 사회 내에서 발생하는 갈등, 경쟁, 불균형 관계가 사회 변화와 발전의 원동력이라고 전제하고 있다. 하지만 갈등이론은 사회의 단편적인 면만 설명했으며, 갈등을 해결할 수 있는 뚜렷한 방법을 제시하지 못해 비판을 받기도 한다.

갈등이론은 사회의 기능론적인 접근방식에서 사회통합에 필요한 사회문화적 '기능'과 이 외의 조건을 찾기 위해 갈등, 분열, 그리고 변동을 가져오는 불평등의 영향을 과소평가하면서 갈등과 변화를 상대적으로 소홀히 다루는 것에 대한 이론적 반박에서 새롭게 부각되었다. 이처럼 갈등주의이론은 기능주의이론에 반발하여 나왔는데, 그 시작은 마르크스(Marx)와 베버(Weber)로부터라고 볼 수 있다.

이후 1950년대 후반과 1960년대에 다렌도르프(Dahrendorf), 데이비드 로크우드(David Lockwood), 존 렉스(John Rex)와 루이스 코저(Lewis Coser) 등의 학자들이 그 당시 지배적이었던 탈콧 파슨스 학파에 대한 이론적 비판으로 사회적 합의에 대해 강조하는 기능주의에 대립하여 사회생활에서 갈등의 중요성을 강조하였다. 하지만 현재 갈등이론 학자들은 기본 가정이나 주장 내용에서 갈등주의이론과 일치하지 않아 갈등주의이론의 관점을 취하는 학자들에 따라 다양하다는 특징을 보인다.

(1) 카를 마르크스의 갈등이론

초기 갈등주의이론가인 마르크스(Karl Marx)는 사회에서 생성되는 갈등에 대하여 자본주의 사회에서 계급 간 대립이 사회 변화의 원동력이 된다고 주장하였다. 이러한 주장은 계급 간의 대립과 투쟁을 강조하고 있는데 주요 개념은 다음과 같다.

경제적 기반구조와 상부구조의 관계로 생산수단과 생산관계로 형성되는 사회의 경제적 기반구조가 정치, 법, 문화 등을 결정하는 상부구조를 만들어 낸다는 본다. 계급과 계급투쟁은 갈등이론의 핵심으로 마르크스는 자본가계급과 노동자계급 간의 대립과 투쟁에 주목하였다. 여기서 전자는 생산수단을 소유한 지배계급이며, 후자는 노동력만을 가진 피지배계급을 의미한다. 소외는 노동자들이 자신의 노동과정과 산출물로부터 분리되는 현상을 의미한다. 그리고 이러한 의미로 인해 노동은 자아실현의 수단이 아닌 단순한 생존수단으로 취급된다는 것이다. 따라서 사회 변화는 혁명을 통해 이루어진다고 보았다. 마르크스는 이론을 통해 노동자계급의 혁명만이 계급 없는 평등한 사회를 만들 수 있고 계급혁명으로 평등사회가 실현되며, 혁명 후에는 생산수단의 공동소유와 능력에 따른 분배가 실현될 것이라고 보았다.

마르크스 이론은 당시 사회적으로 문제를 지닌 자본주의 내재된 모순과 착취구조를 규명하고, 계급투쟁을 사회발전의 동력으로 간주했다는 데 있다. 하지만 경제적 요인을 지나치게 강조하고 다른 사회문화적 변수를 간과했다는 비판 역시 함께 제기되고 있다.

(2) 막스 베버의 갈등이론

막스 베버(Max Weber)는 카를 마르크스의 '이익갈등'과 달리 '정상성의 상실'을 역사 전개가 특정한 경험적 상황들을 조건으로 한다고 주장하면서 간접적으로 마르크스의 갈등이론을 비판하기도 하였다. 특히 베버는 마르크스와 달리 혁명적 갈등이 점점 고조되다가 마침내 혁명에 다다르는 것이 아니라고 하면서 다음과 같이 갈등과정이 일어난다고 하였다.

A. 피지배계급은 정치적 권위에 대한 정당성을 철회할 때 지배계급과 갈등을 일으킬 가능성이 커진다.
B. 피지배계급은 계급, 신분집단, 정치적 위계 내 성원 간의 상관관계가 높거나, 사회적 위계 내에서 자원분배의 불평등 정도가 높을 때, 권력이나 위신, 부의 사회적 위계에서 상승할 수 있는 사회 이동 가능성이 낮을 때 정치적 권위의 정당성을 받아들이지 못할 가능성이 커진다.
C. 지배계층과 피지배계급의 갈등은 카리스마를 지닌 지도자들이 피지배

계급의 분노를 동원할 수 있을 때 더욱 일어나기 쉽다

D. 카리스마적 지도자가 투쟁에 성공할 때, 새로운 규칙체제와 행정체제를 통해 권위를 일상화하려는 압력이 일어나게 된다.

E. 그러나 새로운 체제도 귀속지위에 기초하여 새로운 형태의 불평등을 낳게 되어 처음과 같은 과정을 거치며 갈등을 만들게 된다고 하였다.

베버는 마르크스가 불평등적인 경제적 기초를 강조하면서 유산계급과 착취당하는 무산계급의 사회적 양극화를 주장한 것과 달리, 권력, 부, 위신의 분배에서의 갈등을 계급이나 신분, 정당 간의 다양한 관계에 주목하면서 그 관계에 따라 다른 자원을 통제할 수 있는 범위가 결정되는 것처럼 지배계층과 피지배계급의 완벽한 양극화는 피할 수 있다고 보았다.

(3) 게오르크 지멜의 갈등이론

지멜(Georg Simmel)은 갈등을 다룸에 있어서 마르크스와 같이 갈등이 어디에서나 존재하는 것으로 파악하였으나 갈등으로 인한 폭력현상보다는 어떻게 갈등이 결속과 통합을 증대시키는지에 대한 갈등이 미치는 긍정적인 영향력을 분석하고자 하였으며, 이를 형식사회학이라 명명하였다.

마르크스와 유사하게 지멜은 폭력적인 갈등 감정이 고조된 결과임을 강조한다. 그리고 이러한 감정 고조는 특히 갈등을 일으키는 집단의 내부결속력이 클 때 일어나기 쉽고, 성원들이 갈등을 자기들의 개인적 목적과 자기 이익을 초월하는 것으로 보는 정도가 폭력의 가능성을 증대시킨다고 하였다. 그러나 계급이익과 투쟁의 관계를 보는 시각에서 지멜은 마르크스와 달리 폭력의 수준은 갈등이 갈등집단들에 의해 명백하고 제한된 목적 달성을 위해 수단으로 인식될 때 줄어든다고 보았다. 이런 측면에서 마르크스가 가정한 계급이익을 객관적으로 인식하는 것이 폭력투쟁을 위한 조직을 결성하게 한다는 마르크스의 이론을 반박하는 차이가 있다.

즉, 지멜은 갈등을 일으키는 집단이익이 명확할수록, 그들의 목적이 더욱 더 명확해지고 집중된다고 주장하였다. 그리고 명확한 목적을 가지면 협상과 타협과 같은 전투적인 수단이 그 집단의 특정한 목적을 이루기 위해 사용될 가능성이 높다는 것이다. 그러므로 지멜에게 있어 공동이익에 대한 인식은 비폭력적인 갈등으로 이끄는 것이라 보았다. 이는 이익과 목표가 명확하게 규정되지 못하는 노동조합의 초기 형성기에는 노사분쟁에 폭력이 수반되나 이익이 분명해짐에 따라 폭력적 갈등이 점차 덜 폭력적인 형태의 사회협상으로 대체한다는 것이다.

지멜은 높은 정도의 상호의존성을 가진 체계에서 정도가 낮고 빈번한 갈등이 반드시 강화되거나 급진적인 사회변동으로 귀결되지 않는다고 보았다. 이는 마르크스가 주장한 최초의 경미한 갈등은 투쟁하는 이들을 점점 더 양극화됨에 따라 강화된다고 예상하였고, 궁극적으로 체제 내의 급진적인 사회변동을 이끄는 폭력적 갈등을 유발한다고 보는 이론적 주장과 차이를 보인다. 지멜은 오히려 이러한 갈등은 규범적으로 규제하게 되고 그 때문에 사회적 안정성을 증대하고 나아가 갈등을 일으키는 집단들의 조직이 증대되고, 연합이 형성되면 그들의 목적이 규정됨에 따라 폭력은 줄어든다고 하였다. 그리고 이러한 조직화와 이익의 명료화는 협상과 타협을 포함하는 보다 온건한 형태의 갈등이 일어나게 하는 경향을 만든다고 하였다.

(4) 랄프 다렌도르프의 변증법적 이론

20세기 전반기 갈등이론은 보수 이데올로기로 종종 비난받던 기능주의에 대한 비판으로 자리잡았다. 특히 독일의 사회학자인 다렌도르프(Dahrendorf) 등의 이론사회학은 갈등지향의 사회학을 전개하면서 1970년대에는 갈등이론이 사회학의 가장 지배적인 이론적 접근방법이었던 기능주의를 대체하게 되었다.

다렌도르프의 변증법적 갈등시각은 마르크스와 베버, 지멜의 정합적인 이론의 정리를 통합하려는 노력의 일환에서 시도되었다. 그는 갈등을 해소하려는 제도화 과정으로 '권위적으로 조정되는 단체(Imreative Coodination Association: I.C.A)'의 노력을 제시하였다. 권위적으로 조정되는 단체인 I.C.A는 비록 권력이 어떤 사람으로부터 다른 사람들의 강압을 의미하는 것이지만 I.C.A 내에서는 이 권력 관계가 정당화되는 경향이 있으며, 지위가 다른 사람을 지배할 수 있는 권위로 받아들여지거나, 규범적인 권리를 가진다고 하였다. 따라서 사회체계 모두에 존재하는 I.C.A들의 다양한 유형 속에서 권위 관계를 창출하는 과정에 의해 사회질서가 유지되는 것으로 보았다.

그러나 권위와 권력은 특정한 I.C.A의 하위집단들이 그것을 얻기 위해 경쟁하고 투쟁하는 희소자원이므로 이 희소자원들은 제도화된 유형들에서 갈등과 변동의 주요 원천으로 보았다. 이를 간략히 설명하면, 어떤 특정한 I.C.A는 기본적인 두 가지 역할 유형인 '지배하는 역할과 지배당하는 역할'로 유형화 된다. 이 유형에서 지배그룹은 계속 권위를 유지하는 것이, 지배당하는 그룹은 권위를 재분배하는 것을 이익으로 하는 상호 모순된 이해의 인식이 점차 증대되면서 두 갈등집단으로 양극화되면서 권위를 두고 경쟁을 벌이게 된다. 따라서 이러한 갈등이나 경쟁의 해결이란 I.C.A에서 권위의 재분배를 의미하며, 갈등은 사회체계 내의 변동의 원천이 된다는 것이다. 하지만 이러한 해결방법은 권위의 재분배로 인해 사회는 또다시 지배와 피지배의 그룹으로 분화되는, 끝없는 갈등의 순환이 나타나게 된다는 기본적인 문제를 지니고 있다.

이러한 갈등 해소의 사회적 방식은 마르크스가 혁명투쟁으로 사회를 재조직화하거나 권력과 재산을 재분배하여야 한다는 시각에서 벗어나 다렌도르프는 권위의 재분배과정을 통해 갈등을 해소할 수 있는 방법론을 제시하고 있다는 기본적인 차이를 보인다.

(5) 루이스 코저의 갈등 기능주의

코저(Lewis A. Coser)는 『사회갈등의 기능(1956)』에서 갈등을 기능주의적인 틀 내에서 연구하였다. 그는 저술을 통해 비록 갈등이 사회질서에 있어서 파괴적일 수 있기는 하지만 또한 어떠한 환경에서는 질서를 유지하는 데 기여할 수도 있다는 것을 보여 주고자 했다. 그는 갈등은 보다 넓은 합의의 체계 내에서 일어나고, 사회조직을 실질적으로 강화하는 안전판이며, 창조적 긴장의 원천으로 기능하기도 한다는 주장을 하였다. 이처럼 코저는 구조기능주의의 범주 안에서 갈등을 설명하고자 하였는데 사회 안에서의 갈등은 사회체계를 재통합하여 결국 사회의 불균형을 해소하고 사회질서를 회복한다고 주장하였다.

코저는 사회는 갈등을 통해 변화를 이끌어 내는 기능이 있다고 보면서 다음과 같이 갈등의 기능적인 측면을 강조하였다.

① 한 체계 내의 단위들이 좀 더 분화되고 기능적으로 상호의존적일수록 갈등은 더욱 자주 일어나고 강렬성과 폭력성에서는 낮은 정도로 나타나기 쉽다.
② 갈등의 강렬성과 폭력성이 낮을수록 체계 단위들의 혁신과 창조성의 수준을 증가시키며, 체계 단위를 양극화시키기 전에 적대들을 해소하게 되며, 갈등 관계의 규범적 조절을 촉진시키고, 현실적 쟁점에 대한 인식을 증가시켜 사회단위들 사이에 연합적 제휴의 수를 증가시킨다.
③ 이러한 과정을 거치면서 체계 전체의 내부적인 사회통합 수준은 높아지고 외부적 환경에 적응하는 역량이 향상될 것이다.

(6) 갈등이론의 비판

갈등이론은 사회적 불평등, 계급갈등, 사회 변화와 발전에 사회에서 나타나는 불균형의 변화를 통해 사회가 발전된다고 보는 이론이다. 이론의 핵심 개념으로는 사회 내에서 자원과 권력이 불균등하게 배분되어 있으며, 이러한 불평등 구조가 갈등의 주요 원인이 된다고 본다. 또한 사회를 구성하는 다양한 계급 간의 갈등, 특히 자본가계급과 노동자계급 간의 대립에서 나타나는 계급갈등을 자본주의 사회의 핵심적 특징으로 규정한다. 이러한 불균형을 해소에 있어 이론에서는 갈등을 부정적인 측면이 아닌 사회 변화와 발전을 촉진하는 중요한 요인으로 간주하고 있다. 그리고 갈등을 통해 사회는 공정하고 평등한 구조로 진화할 수 있다고 본다.

하지만 갈등이론은 다양한 비판에 직면했다. 비판론자들은 갈등이론에 대해 지나치게 경제적 요인에만 주목하고 있다는 점을 지적한다. 이런 이유로 사회의 변화와 발전에 대해 갈등 외에 사회적 통합과 협력의 역할을 과소평가하는 오류를 범하고 있다고 본다. 또한 모든 사회적 변화를 계급갈등의 결과로 환원시키는 것은 지나치게 단순화된 해석이라는 비판도 제기되고 있다. 그럼에도 불구하고, 갈등이론은 사회 내부의 불평등과 갈등 관계를 이해하고 사회적 변화의 동력을 분석하는 데 있어 사회적 약자의 측면에서 바라볼 수 있는 이론적 틀을 제공하고 있다.

3) 갈등이론과 사회복지실천

하디나(Donna Hardina)는 지역사회의 사회복지 회복을 위해 다음과 같이 갈등이론의 행동적 적용이 이루어질 수 있다고 보았다. 먼저 사회의 중요자원인 사회자원의 경쟁에 있어 지역사회의 자원과 힘은 유산계층이 소유하고 있음을 이해하는 것이 중요하다는 것이다. 다음으로 상대적으로 사회자원을 적게 보유하고 있는 소외계층이 받는 억압의 근원은 계급, 인종, 능력, 성별과 관련된 차별이 주를 이루고 있음을 인식하여야 한다는 것이다. 이는 유산계층이 전체 사회의 의사결정과 관련된 공식적, 비공식적 조직을 통제하고 있어 나타나는 현상이다. 따라서 지역사회복지실천은 소외계층, 무산계층의 의사결정과 관련된 역량의 강화에 목적을 두고 이를 위해 사회자원을 활용하여야 하는 실천이 필요하다고 보았다.

지역사회복지실천에서 갈등이론의 활용은 선제적으로 지역사회에 존재하고 있는 불평등의 구조에 대한 이해가 중요하다. 즉, 무산계급은 지역사회 내에서 자원과 권력에 접근할 수 있는 기회가 박탈되어 억압받으며 불평등을 경험하고 있는 상태라는 것이다. 따라서 지역사회복지실천은 소외된 주민의 권력과 자원에 대한 접근권을 확보하도록 함께 일하는 것이며, 주요 방법은 옹호, 조직화, 역량강화, 의사결정 접근권 향상, 평등한 자원 배분 노력 등이다.

이러한 실천의 과정에서 사회복지실천가는 지역사회의 각 계층들은 이해관계에 의해 형성되고 지역사회의 이익, 자원의 차이가 갈등을 유발하며, 이러한 체계 간의 갈등이 지역사회복지를 증진할 수 있는 동력이 될 수 있다는 것을 알아야 한다. 또한 지역사회의 갈등은 기본적으로 불평등한 배분 관계에서 발생하며, 표출된 갈등 관계가 지역사회의 변화를 가져오는 힘이 된다는 것을 이해하여야 한다.

2. 상징적 상호작용이론

1) 상징적 상호작용이론의 개념

(1) 이론의 개념

상징적 상호작용이론은 정치, 경제, 종교, 교육 등과 같은 비교적 큰 사회구조에 관심을 두는 대신, 개인과 개인, 개인과 집단, 개인과 사회 간에 일어나는 일상적인 상호작용의 과정에 초점을 두는 이론이다. 이론에서 인간은 사회적 상호작용을 통해 인간 고유의 사고능력을 행사하도록 해주는 의미와 상징을 습득하며, 그 의미와 상징은 인간으로 하여금 독특한 행위와 상호작용이 가능하도록 해주는 역할을 한다고 본다.

이론에서는 인간이 사회 속에서 다른 사람들과 상호작용을 통해 이미지와 표준적인 의미를 만드는 것, 사람들의 의사소통 및 상호작용의 특정 효과를 설명한다. 또한 사회를 개개인의 상호작용 속에서 이루어진 해석으로 구성된 유동적인 과정이라고 정의하고 있다. 여기서 가장 중요한 것은 인간이 사용하는 모든 기호로 상징이란 언어 · 문자 · 기호 · 몸짓 등을 말한다. 이처럼 상징은 인간이 주변 사물이나 행위에 대해 주관적으로 부여한 것으로 이러한 방식으로 인간은 모든 사물에 주관적으로 의미를 부여하게 된다.

상징적 상호작용이론은 사회 · 문화 현상에 대한 미시적 관점으로서 거시적 사회학 이론이 간과한 개인의 능동적인 사고과정과 행위의 선택 그리고 타자와의 의사소통 과정을 중시한다. 이는 사회 안에서 개별 행위자들이 일상생활에서의 상호작용을 통해 사회 · 문화 현상을 만들어 간다는 것이다. 하지만 반대로 이러한 가정에서 개인의 행위나 판단에 영향을 주거나 통제하는 사회, 국가 등 거시적 사회체계의 영향력을 도외시한다는 비판을 받기도 한다.

(2) 상징적 상호작용이론의 의미

상징적 상호작용이론은 주로 사회 · 문화 현상을 미시적인 관점에서 보는 대표적인 이론이라 할 수 있다. 이론은 상징을 매개로 한 사회 구성원 간의 상호작용에 주된 관심을 가지고 사회 · 문화현상을 보는 관점이다. 미국의 사회학자 조지 미드(George H. Mead)의 이론을 바탕으로 그의 제자 허버트 블루머(Herbert G. Blumer)가 발전시켜, 1930년대에 처음으로 '상징적 상호작용'이라는 용어가 사용되었다.

이 이론에서는 인간은 상징을 사용하여 상호작용을 하면서 그 과정에서 자신과 주위 사람들과의 관계를 깨닫고, 자신의 행동방식을 결정한다고 설명한다. 이를 상황정의에 따른 행동이라고 하는데, 상황정의란 상대방의 행위에 담긴 주관적 의미를 해석하는 것을 말한다. 즉, 인간은 상징을 서로 교환함으로써 상호작용을 하는 과정을 통해 상대방의 행위에 대한 의미를 해석하고 그 상황에 맞춰 자신의 행위를 선택하게 되는데, 이때 개인들의 주관적 방식으로 주어진 상황으로 정의하며 이에 따라 행동한다는 것이다. 따라서 상징적 상호작용이론에서 중요한 것은 객관적인 사회적 조건이 아니라, 개인이 그것을 어떻게 주관적으로 인지하고 평가하느냐에 달려 있다고 본다.

상징적 상호작용이론은 인간이 사용하는 모든 기호에는 의미가 있고, 또한 인간은 생활환경을 구성하는 모든 사물에 주관적으로 의미를 부여하는 것이라고 해석한다. 이것은 인간의 모든 행위는 대상과 의미를 주고받는 과정이라는 것을 말해준다. 실제로 인간은 사회 안에서 사회적 행위를 가장 많이 수행하기에 인간의 사회적 행위란 의미를 매개하는 상호작용이라 할 수 있다. 이는 사물과 상징에 대한 의미는 본래부터 획득되는 것이 아니라 전 생애를 통해 자신을 둘러싸고 있는 외부세계와 지속적인 상호작용을 통해 실체를 만들어 나간다는 것이다. 나아가 인간이 사회적 실재에 의미를 부여할 수 있는 능력을 가지게 된 것도 어떤 면에서는 이러한 상징적 상호작용의 지속적인 학습 결과로 볼 수 있다.

이론에서 제시하는 바와 같이 인간은 자신에게 할당된 의미의 기초 위에서 사람과 사물, 그리고 사건에 대한 실재를 규정한다. 상징적 상호작용이론은 인간의 자아 형성에 미치는 언어와 상징의 사회적 역할에 주목함으로써 어떤 대상을 지각한다는 것이 개인적인 것이 아니라 사회적 과정을 거친다는 사실을 강조하고 있다.

2) 상징적 상호작용이론과 사회복지

(1) 사회문제의 분석

상징적 상호작용이론에서는 사회문제의 원인을 다음과 같이 정의하고 있다.

① 상호작용에서 어떤 현상이나 행동에 대한 의미에 동의할 수 없다는 판단을 하는 것
② 어떤 현상을 바람직하지 않은 행동으로 낙인을 찍는 것
③ 어떤 행위에 대하여 다른 의미로 사회화된 것
④ 관습, 종교, 법, 도덕적 규범, 의사소통 등의 문제나 인간들끼리 상호작용이 잘 이루어지지 않는 것

따라서 사회문제의 해결방안으로 첫째, 적절하게 상징에 의미를 부여하고 동의할 수 있도록 사회화하거나 재사회화하는 것이 필요하다. 둘째, 낙인 행위를 유발할 수 있는 상황을 조성하지 않는 것이 중요하다. 셋째, 부정적인 낙인의 사용에 신중을 기하는 것이 필요하다.

이처럼 상징적 상호작용이론은 낙인이라는 사회현상과 관련되는 이론으로

낙인감이 가져오는 영향에 대해 사회복지실천에 주목하여야 함을 알려준다. 낙인이론에서는 일탈 혹은 범죄행동이 행위자의 심리적 성향이나 환경적 조건 때문에 낙인이 발생하기보다는 특정 행동에 대한 사회문화적 평가와 소외의 결과로 나타난다고 본다. 이러한 낙인은 실제로 상징적 상호작용이론의 주관적 의미 부여와도 연관된다. 즉, 낙인이론은 사회가 어떤 구성원에 대해 비행이란 표식이나 꼬리표(낙인)를 붙이는 행위에 초점을 두는 이론으로 사회적인 노력을 통해 변화가 이루어져야 함을 시사하고 있는 것이다.

(2) 사회복지의 실천

상징적 상호작용이론은 사회현상을 분석하는 데 개인 간 상호작용과정과 그 상호작용이 다시 개인과 사회에 미치는 결과에 관심을 둔다. 즉, 지역사회문제란 한 집단이 다른 집단이 설정한 규칙이나 규범 등에 동의하지 않기 때문에 사회적으로 다른 사람들과는 다른 행동을 하는 것이라고 본다.

상징적 상호작용이론에 따르면, 사람은 언어와 문자 등 상징을 사용하여 상호작용하며, 그 과정에서 자신과 주위 사람들과의 관계를 깨닫고, 자신이 어떻게 행동할 것인가를 판단한다. 이론은 개인들이 자신 나름대로의 방식으로 주어진 상황을 정의하며 이에 따라 행동하고 있음을 강조한다. 따라서 중요한 것은 객관적인 사회적 조건이 아니라, 개인이 그것을 어떻게 주관적으로 인지하고 평가하느냐로부터 문제인지 아닌지를 판단하게 된다. 예를 들면, 과거와 달리 노인에 대한 부정적인 인식이 확대되면서 이로 인한 영향으로 사회적으로 노인의 지위를 하락시키고, 이러한 사회현상이 있음을 인지하면서 노인이 스스로를 부정적 존재로 여기게 되는 것이 그것이다.

상징적 상호작용론은 개별 행위자들이 일상생활 속에서 상호작용을 통해 사회 · 문화적 현상이 발생하는데, 이 과정에서 개별 행위자들의 주관적인 의미가 서로 교환되는 것이라고 설명하고 있다. 이러한 상호작용 과정으로 사회는 기존의 질서가 유지되거나 변화되는 것으로 본다. 그렇기에 사회복지실천가들이 사회적으로 나타나는 사회문제를 규정함에 있어 사회 구성원들이 대상이나 사회적 현상을 어떤 의미로 정의하는지, 무엇을 문제로 보는지를 이해하는 데 도움을 준다.

하지만 상징적 상호작용이론의 한계도 함께 거론하고 있는데, 이 이론은 인간들의 무의식이나 감정, 욕구, 동기, 의도와 같은 심리적 요인을 무시한다는 점, 사회구조에 의해 인간이 때로는 구속받고 규제된다는 점을 간과하고 있다.

3. 교환이론

1) 교환이론의 형성

교환이론이란 인간이 생활하면서 사회 속에서 물질적이거나 추상적인 구조를 서로 주고받는 교환행위를 하고 있다는 것을 이론으로 정립한 것이다.

호만스(Homans)는 교환 중 특히 사회적 교환을 경제학적인 개념에 대입하여 인간이란 이윤을 추구하는 존재로서 자신이 지출한 원가나 투자액과 비교하여 이윤이 있다고 판단되어야 행동을 취하며, 일반적으로 사람들은 최대한의 이익을 기대하고 행동을 한다고 제시하였다. 그는 『사회행동: 그 원초적 형태(1961)』에서 사람들은 서로 그들에게 손실이 되는 것에 대해서는 보상을 하고, 또한 보상을 찾는 명시적인 행동을 한다고 보았다. 이러한 분석은 사람들이 보상을 교환하는 것으로 인간의 행동에 대해 행동주의적 심리학을 경제학과 결합하여 설명하였다.

레비스트로스(Lévi-Strauss)는 『친족의 기본적 구조(1947)』에서 교환에 대해 이미 형성된 사회관계를 표현하는 것으로 보았다. 레비스트로스는 교환을 관계의 형성을 선도하는 것으로 보는 대신, 사회적 관계가 교환에 의해 표현되고 접합되는 것으로 본 것이다.

블라우(Blau)는 개인들의 관계보다 사회구조에 더 관심을 가지고 이를 사회적 교환관계로 설명하려고 시도하였다. 이론적 전제는 당사자 간에 보상의 이익을 추구하는 관계만 사회적 행동으로 이해하는 것으로, 이를 구조적 교환주의라고 하였다. 그는 『사회적 삶에서의 교환과 권력(1964)』에서 대부분의 모든 인간관계를 교환으로 분석하였다. 비록 사람들은 사랑, 우정, 존경 등을 변형시키지 않고 협상할 수는 없지만, 블라우는 그것을 상품이나 서비스의 교환처럼 분석할 수 있다고 주장한 것이다.

특히 권력에 대해 교환과정에서 사회적 매력(부, 재능, 지식, 외모 등)을 많이 소유한 사람과 적게 소유한 사람으로 나누고, 적게 소유한 사람이 많이 소유한 사람과 결합할 때 권력이 발생하며, 적게 소유한 사람이 많이 소유한 사람에게 복종하게 된다고 설명하였다.

오늘날 교환이론은 개인과 개인의 관계뿐만 아니라 사회적 상호작용의 한 형태로 이해되고 있다. 우리가 살아가는 사회에서는 개인 간의 관계에서도 물질적이거나 정신적인 보상을 기대하면서 관계한다고 보고 있으며, 개인과 집단, 집단과 집단의 관계에서도 어떤 보상, 즉 물질적인 것뿐만 아니라 권력·명예·지위 등을 얻으려는 기대 때문에 교환관계가 성립된다고 말한다. 이 이론은 타인과의 관계는 물론 사회조직 속에서 흥정과 타협을 통하여 서로 주고받게 되어야 관계의 균형이 유지된다고 봄으로써 인간을 지나치게 단순하게 취급한다는 비판도 받고 있다.

2) 교환이론의 발전

(1) 고전 경제학 이론과 교환이론

사회학의 초기부터 사회학적 이론은 현대의 사회체계를 변혁하는 시장의 힘에 주목하였다. 애덤 스미스(Adam Smith)는 공급과 수요의 법칙을 밝히면서도 '행위자들이 협소하고 특수한 이익을 추구함에도 현대사회를 유지하는 힘이 무엇인가?'에 대한 질문과 답변을 통해 교환이론적 사고방식을 발전시켜갔다.

고전적 경제이론가들은 인간을 자유롭고 경제적인 시장에서 다른 사람들과 거래와 교환을 통해 물질적인 이익과 효용의 최대화를 추구하는 합리적 인간으로 보고 있다. 즉, 사람들은 시장에서 자유롭게 필요한 정보에 접근하고 모든 유용한 대안을 고려하고, 이를 토대로 자신의 혜택을 극대화할 행위과정을 합리적으로 선택한다는 것이다. 그리고 이에 대한 기준은 어떤 대안이 최대의 수익(이윤)을 가져오는지의 비용에 대한 계산이라고 한다.

그러나 이 이론의 시각은 사회학이 독립된 분야로 나타나면서 교환에 대하여 다른 견해가 나타나기 시작하였다.

① 인간은 이윤의 극대화를 추구하지 않는다. 하지만 다른 사람과의 사회적 거래에서 약간의 이익을 발생시키려는 시도를 한다.

② 인간은 완벽하게 합리적이지는 않다. 그러나 그들은 사회적 거래에서 비용과 이득을 계산한다.

③ 인간은 모든 유용한 대안에 대해 완벽한 대안을 갖고 있지 않다. 그러나 인간은 최소한의 일부 대안을 알고 있으며, 그것은 비용과 이득의 평가를 위한 토대가 된다.

④ 인간은 항상 구속성의 조건에서 행동하지만 그럼에도 거래에서 이득을

추구하기 위해 서로 경쟁한다.

⑤ 인간은 항상 거래에서 이득을 추구한다. 그러나 교환관계에 들어서면 가지고 있는 자원에 제한을 받는다.

⑥ 인간은 모든 사회에서 명확하게 규정된 시장의 경제적 거래에 간여한다. 그러나 이런 거래는 일반적 교환이 아닌 특수한 사례일 뿐이다.

⑦ 인간은 교환에서 물질적 목표를 추구하지만, 또한 감정, 서비스, 상징과 같은 비물질적 자원을 동원하고 교환한다.

이러한 견해 중 ⑥, ⑦의 경우는 사회가 단지 경제적 시장의 물질적 거래만이 아닌 다른 사회적 영향이 있음을 가정한 것으로, 교환이론은 고전 경제학의 공리주의가 가진 '경제적 인간'의 법칙에 이론적 기반을 두면서 사회학적 측면에 대하여 이론을 보완시켜 나아갔다.

(2) 인류학과 교환이론

제임스 프레이저(James Frazer)는 『구약의 민속학(1919)』에서 사회제도를 다루면서 교환이론을 분석하였다. 그는 여기에서 호주 원주민의 결혼 관습을 분석하며 이종사촌보다 고종사촌 간 결혼을 선호하는 경향을 경제적으로 해석하여 '경제적 동기'의 법칙을 다음과 같이 제시하였다.

① 교환과정은 기본적 요구를 실현하려는 사람들의 노력의 결과이다.

② 교환에 관여한 사람들이 수익을 산출할 때, 교환과정은 상호작용의 유형화를 이룬다.

③ 그러한 상호작용의 유형은 개인의 필요에 이바지할 뿐 아니라 이후 출현할 수 있는 사회구조의 종류를 구속한다.

레비스트로스는 교환원칙의 근본적인 가정을 제시하였다. 첫째, 모든 교환관계는 개인을 위한 비용 부담이다. 그 비용은 사회가 부담하는 관습, 규칙, 법률 때문에 발생된다는 점을 고려하여 개인은 그 비용을 자신이 아닌 '사회적 질서'에 할당한다는 것이다. 둘째, 사회의 모든 희소자원 분배는 규범과 가치에 의해 규제되며, 규제의 대상은 희소하거나 높은 가치가 있는 경우이다. 셋째, 모든 교환관계는 호혜성의 규범에 의해 통제받으며, 이는 유용한 자원을 받았을 때 다른 유용한 자원을 줄 것을 요구한다는 것이다. 그러나 어떤 상황에서 규범은 '상호적'이라는 것에 대해 직접적인 보답과 함께 제3자 등 타인에게라는 간접적 교환의 유형까지 포함한다.

이렇게 교환은 두 가지 유형의 상호성을 보이며, 이러한 행위가 더 큰 사회의 기능을 유지하는 기능이 되면서 사회의 통합과 연대성에 관한 잠정적 이론을 제공하였다.

(3) 심리학적 행동주의와 교환이론

심리학적 관점인 행동주의는 파블로프(Pavlov)의 '조건반사' 실험에서 태동되었다. 파블로프는 자극과 관련하여 반응을 도출해 내면서 조건반사, 소멸, 반응일반화, 반응차별의 원칙을 도출하였다. 이후 손다이크(Thorndike)는 동물이 보상받는 유형을 어떻게 유지하는지를 관찰하면서 다음과 같은 원칙으로 교환관계를 발견하였다.

① 효과의 법칙: 만족을 만드는 하나의 상황에서의 행동을 유지하려는 것으로 상황이 반복하는 미래에 더 많이 발생하도록 유지한다.
② 사용의 법칙: 상황-반응-연결이 반복과 실천에 의해 강화된다.
③ 비사용의 법칙: 실천이 계속되지 않을 때 그 연결이 약화된다.

손다이크의 이러한 실험결과는 파블로프의 연구가 엄격하게 통제된 실험실 상황에서 비롯된 것인데 비해, 자유로운 시행착오 행위에 동물을 포함시켰다는 점에서 자연적 환경에 있는 인간행동에 직접적으로 관련이 있음을 보여주었다.

현대 교환이론은 행동주의자로부터 보상이라는 개념을 가져왔고, 이것으로 공리주의적 유산을 재해석하였으며, 행위를 심리적 필요에 의해 동기화하는 것으로 보아 효용 대신 보상의 개념을 자주 사용하였다. 행동주의는 다음과 같은 이론의 일반화로 사회학적 교환이론의 일부 형태로 통합되었다.

① 어떤 상황에서 유기체는 최대 보상과 최소 징벌을 만들 행위를 표출할 것이다.

② 유기체는 과거에 보상이 증명된 행위들을 반복할 것이다.

③ 유기체는 행위를 보상받은 과거와 비슷한 상황에서 그 행위를 반복할 것이다.

④ 과거 기회의 보상과 관련된 현재 자극은 과거의 행위를 환기시킬 것이다.

⑤ 행위의 반복은 행위가 보상을 만들 때까지만 발생할 것이다.

⑥ 유기체는 이전과 동일하거나 유사한 상황에서 보상받은 행위가 보상을 가져오지 못하면 감정을 표현할 것이다.

⑦ 유기체는 어떤 특별한 행위로 보상을 받을수록 만족감으로 행위를 보상받을 가치가 줄어들어 다른 보상을 찾기 위해 대안적 행동을 할 것이다.

(4) 현재의 교환이론

교환이론은 1960년대까지 이론적 정체성을 보이지 않았으나 이후 사회학적 이론에서 중요한 관점 중 하나로 정착하게 되었다. 교환이론은 경제, 행동주의적 사고들로부터 시작하여 사회학적 이론으로 정리되었다. 그 이론은 사회구조, 불평등, 권력에 관한 사회학의 관심과 결합되면서 개인의 합리성에 입각한 합리적 선택이론, 권력의 사회적 구조와 관련된 교환 네트워크 이론으로 분화하면서 현재 교환이론의 틀이 만들어졌다.

3) 교환이론과 사회복지

교환이론은 인간들이 서로 주고받는 상호작용에 초점을 맞추고 있는 이론이다. 이론의 기본 분석단위는 개인들 간의 대면적 상호작용으로 교환자원은 금전이나 가치 있는 재화와 같은 물질적인 보상과 칭찬과 같은 비물질적인 보상을 포함한다. 이러한 이유로 사회문제의 원인을 주로 개인이나 집단, 지역사회가 보유한 교환자원의 부족이나 고갈, 가치하락으로 종속이나 굴종과 같은 비인간적인 상황이 발생하는 것이라고 본다.

이런 면에서 교환이론은 사회복지실천현장에서 실천적 도움을 제공한다. 첫째, 먼저 물질적 부족이나 결핍 상태에 놓인 빈민, 노동능력을 상실한 사람들을 위하여 사회통합적 차원에서 삶의 유지에 필수적인 금품이나 의료혜택 등의 사회복지 혜택 제공으로 정상적인 생활을 영위하도록 지원하여야 한다는 것이다. 둘째, 어려움을 겪는 사회적 약자는 스스로 문제를 해결할 능력이 부족할 뿐만 아니라 교환관계에서 불균형적일 수밖에 없기에 이의 해결을 위하여 사회복지 차원에서 서비스나 혜택이 제공된다면 자립이 가능할 것이다.

교환이론은 개인이나 사회적 관계에서 일어나는 행동과 그에 따른 보상을 말한다. 오늘의 교환이론은 개인과 개인의 관계뿐만 아니라 사회적 상호작용의 한 형태로 해석하고 있다. 이는 개인 간의 관계에서도 물질적이거나 정신적인 보상을 기대하고 관계한다는 것이며, 개인과 집단, 집단과 집단의 관계에서도 다양한 보상, 즉 물질적인 것뿐만 아니라 권력 · 명예 · 지위 등을 얻으려는 기대 때문에 교환관계가 성립된다고 보는 것이다. 하지만 교환이론은 인간의 행동이나 사회적 현상을 설명하는 데 한계를 가지고 있다는 지적을 받기도 한다.

이론은 주로 인간을 비용과 보상의 크기를 계산해서 보상이 클 때만 행동하는 이익추구적 존재로 보며, 사회구조 속에 발생하는 권력을 지나치게 도식화 · 정당화하려는 경향이 있다. 하지만 인간은 변화무쌍하고 복잡미묘하고 가변적이기에 언제든지 번복이 가능한 인간을 단순히 주고받는 관계의 존재로 간주하는 것은 정확한 분석이 아니라는 것이다. 이론과 달리 인간은 사회와의 관계에서 반드시 선택과 개방성이 존재하는 것은 아니며, 인간의 행동은 공통의 규범, 가치, 문화, 제도적 제약을 받기도 하는 존재라는 것을 간과하고 있다는 것이다.

4. 인정이론

1) 호네트의 인정이론

인정이론은 독일 철학자 게오르크 헤겔(Georg Hegel)로부터 시작되었다. 이후 악셀 호네트(Axel Honneth)는 헤겔의 인정이론을 재해석해 새로운 의미를 부여하면서 인정이론을 정착시켰다.

호네트는 사회 속에서 한 개인의 정체성 형성을 설명하는 실마리로서 인정이론을 제시하였다. 그는 인간은 사회적 존재로 한 개인의 정체성 형성은 타인의 인정에 의존하게 되며, 여기서 긍정적 자기의식은 자신이 타인 속에서 가치 있는 존재로 인식되고 있음을 알게 됨으로써 자신을 인정하게 된다고 하였다.

호네트는 인정이란 인간이 자신의 삶을 성공적으로 실현시킬 수 있는 사회적 조건이자 개인들이 자신에 대한 긍정적인 관계로 보았다. 즉, 인정이란 긍정적인 자기의식을 찾아낼 수 있는 심리적 조건이라는 것이다. 그는 인정받지 못하는 사람은 특히 사회적으로 '모욕'이나 '무시'를 경험할 때 분노라는 심리적 반작용을 일으키고 이 분노는 사회적 투쟁에 나서는 심리적 동기로 작동된다고 하였다. 이러한 인정 욕망을 둘러싼 투쟁은 상호인정에 이를 때까지 계속된다고 보았으며, 또한 모욕이나 무시가 불의한 것이라면, 인정투쟁은 도덕적인 것으로 보면서 '인정투쟁(A Struggle for Recognition)'이라는 개념을 제시하였다.

인정이론에서는 개인의 무시 경험이나 자신의 인격 전체가 부정된다는 위기의식이 개인 발전의 원동력이 된다고 본다. 이는 타인과의 관계에서 무시를 당한 사람은 투쟁에 나섬으로써 자신의 정체성을 확인받고 인격 전체를 구할 수 있기 때문이라는 것이다. 이러한 인정투쟁은 결국 새로운 인정관계를 형성함으로써 무시당하던 과거의 개인과 구별되는 개별자로서 '인정 → 무시 → 투쟁 → 새로운 인정 관계 형성'이라는 과정을 통해 사회 속에서 공존하게 된다고 하였다. 인정이론에서는 이러한 과정을 자기의식의 확립과정이자 자기의식의 성장과정으로 본다.

따라서 인정이론은 사회복지실천현장에서 클라이언트와 사회복지사 간의 상호인정을 통해 충족하지 못한 욕구를 충족할 수 있는 긍정적 관점 접근의 이론으로 볼 수 있다.

2) 인정이론의 개요

호네트는 인정이론의 핵심적 요인을 상호인정과 무시라고 보면서 다음과 같이 구분하였다. 먼저 상호인정의 유형을 사랑, 권리, 연대의 3가지로 구분하여 설명하였다.

첫 번째 상호인정 형태는 사랑이다. 헤겔은 사랑 속에서 모든 인륜성의 구조적 핵심을 추측하는 것은 상호 간의 경계 설정을 통해 등장한 공생적 결합이 비로소 공동생활에 자주적으로 참여하는 데 필수 불가결한 토대가 되는 개인적 자기 신뢰의 척도를 형성하기 때문이라고 하였다. 사랑은 단순한 감정이 아닌 인간 간의 상호작용 유형으로 이는 서로 분리되면서도 하나가 되는 정서적 결속상태로서 상대방의 욕구와 필요를 마치 자신의 것처럼 느끼며 상대방을 배려하는 관계를 말한다. 이러한 관계를 통해 사랑을 경험할수록 당사자는 자신의 욕구와 필요가 충족될 수 있다는 자신감을 가지게 된다.

두 번째 상호인정 형태는 권리관계다. 어린 아이가 어머니와 같은 구체적 타자의 지속적인 돌봄을 통해 자신에 대한 믿음을 얻듯이, 보편적 타자의 권리인정을 통해 자기 행위를 타인에게 존중받는 자율성의 표현으로 이해하게 된다. 우리가 권리담지자인 우리 자신에 대한 이해에 도달할 수 있는 것은 거꾸로 우리가 타인에 대해 어떠한 규범적 의무를 준수해야만 하는가와 연결된다. 권리관계에서 구성원들은 서로를 자율적 도덕판단능력을 갖는 동등한 주체로 인지적으로 존중하게 되고, 이를 통해 각 개인은 자기존중의 긍정적 자기관계에 도달하게 된다고 보았다.

세 번째 상호인정 형태는 연대이다. 호네트는 인간 주체들은 중단 없는 자기관계에 도달하기 위해 정서적 사랑과 권리인정의 경험을 뛰어넘어 사회적 가치부여를 필요로 한다는 것에 주목하였다. 여기서 사회의 가치공동체를 언급하며 연대가 '상호 주관적으로 공유된 가치 지평'을 전제로 하는 것으로 궁극적으로 가치부여라는 인정 형태는 사회를 이루는 가치공동체의 틀로 연결되는 중요한 요인이 된다고 보았다.

호네트는 상호인정과 대비되는 개념인 무시를 학대(폭행), 권리 부정, 존엄성 부정의 3가지로 구분하였다. 긍정적인 정체성을 형성하고 자기실현에 도달하기 위해 사랑, 권리, 연대 차원에서의 인정이 요구되는데, 이러한 인정이 유보된 경험을 무시라고 정의하였다. 일반적으로 무시란 인간에게 불의의 도덕적 감정을 불러일으키는 원인이 되는 병리적 현상으로 개인이 자신의 행위에 대해 부당한 대접을 받고 있다고 느끼는 것을 말한다.

무시가 인정과 관련을 가지는 것은 자신이 지금까지 수행해 온 도덕적 범주가 모욕이나 굴욕 같은 거절된 인정 형태로 나타나기 때문이다. 이것이 문제가 되는 이유는 타인으로부터 정당한 이유 없이 무시를 당한 사람은 자기비하의 감정을 느끼고 이를 내면화하여 낮은 자기가치 부여와 열등감으로 고통받으며, 자신의 능력에 대한 불신과 실천적 자기관계 형성에 문제를 나타내기 때문이다.

3) 인정이론과 사회적 가치

호네트의 인정이론 핵심은 개인의 성공적 자아실현 결정요인이 타인의 인정을 통해 자신이 인정받음으로써 정체성을 갖게 되어 성공적 자아실현을 이룬다는 것이다. 사회복지실천현장에서 클라이언트를 인정하고 존중함으로써 사회복지사도 인정과 존중의 대상이 된다는 것이다. 이러한 상호 인정 관계를 통해 클라이언트와 사회복지사는 긍정적인 파트너 관계를 형성할 수 있다. 인정이론의 인간행동과 사회환경에 대한 시도는 사회가 인정의 대상과 내용면에서 얼마나 많은 구성원에게 사회적 인정을 향유하게 하느냐에 따라 그 사회에 대한 규범적 평가를 할 수 있다고 보았다. 이는 이전에 사회에서 인정받지 못한 개인의 정체성 확립이 사회적 인정 확장으로 그 실현기회를 갖게 되어 사회정의도 실현됨을 의미하는 것으로 설명된다.

호네트는 인간의 정체성 차원을 자연적 욕구, 보편적 이성, 특수한 개성의 차원으로 구분하고, 이러한 각각의 차원에서 정체성 실현을 가능하게 하는 인정 유형으로 사랑, 권리부여, 사회적 연대를 구별하였다. 이것이 행복을 가능하게 하는 사회적 조건이 된다는 것은 이로부터 비로소 긍정적 자기관계인 자신감, 자존감, 자부심이 형성될 수 있기 때문이다. 즉, 개인은 자신의 자연적 욕구를 충족시켜 주려는 정서적 배려를 체험하면서 아무런 불안감 없이 행동할 수 있는 자신감을 갖게 되며, 자신에게 다른 사람과 동등한 권리가 부여될 때는 자신 역시 다른 사람과 동등한 존재라는 자존감을, 그리고 사회적 연대를 체험하면서 자신의 개성이 공동체로부터 가치를 부여받고 있다는 자부심을 갖게 된다는 것으로 인간행동을 이해할 수 있다.

호네트의 이론적 핵심목표는 사회를 구성하는 구성원들 간의 상호인정을 통해 건강한 사회를 실현할 수 있다고 설명하고 있다. 그는 인정이론에서 자기 자신에 대한 인식을 자신감, 자존감, 자부심으로 구분하였다. 여기서 자신감은 돌봄과 사랑을 조건으로 하며, 자존감은 법적 관계와 권리를 조건으로, 자부심은 연대관계가 조건이라고 보았다. 호네트는 이 중에서 자신감을 개인 정체성의 근본적 요소로 보았다.

따라서 인정이론에서는 사랑의 인정 관계가 권리나 사회적 연대를 통해 부여되는 형태의 인정보다 더 우선되어야 건강한 사회 실현으로, 사회복지실천현장에서 인간행동에 대한 긍정적 인식 필요성을 시사한다. 즉, 사회적 인정을 받는다는 것은 건강한 자아의식의 발달이 가능하며, 아울러 정서적 배려를 타인에 대한 인정으로 파악함으로써 인간이 누리는 행복의 가능 조건을 인격적 조건, 심리적 조건을 넘어 사회적 조건까지 확대하였다. 즉, 정서적 배려를 자신과 관계된 타인의 욕구가 충족가치가 있음을 적극적으로 긍정하는 일종의 인정행위로 파악하여, 적극적 자기관계를 가능하게 하는 다양한 인정으로 설명하였다. 이것이 결국은 인간의 삶을 행복하게 하는 사회적 조건이 된다고 본 것이다.

호네트는 이렇게 타인과 사회적 연대를 맺는다는 것은 개인이 지닌 개성이 공동체에 기여한다는 가치부여하에 가능하다고 보았다. 그렇기에 인정을 통해 서로가 공동체 구성원이라는 정서적 일체감 속에서 서로를 격려하고 지원하는 공동체 의식이 표현된다는 것이다. 또한 인정행위를 통해 형성된 특정한 인간관계가 유지되기 위해서는 지속적으로 인정행위가 있어야 한다고 보았다. 이는 사회 안에서 타인의 시각에서 자신의 행동을 규율하고 반성하면서 서로 화해를 이루려는 태도를 견지하면서 배려, 존중, 격려가 자연스럽게 발현되어 인간행동과 사회환경에 대한 이해가 된다는 것이다. 이러한 측면에서 호네트는 인정을 통해 인간이 자기 자신으로 존재하면서도 동시에 타인에 의존하여 행동하는 상호작용 관계가 유지되는 안정된 사회가 이루어질 수 있다고 보았다.

기출문제

1. 사회체계의 주요 개념으로 옳지 않은 것은?

① 시너지는 체계 내에 유용한 에너지가 증거하는 것이다.
② 경계는 모든 사회체계에서 볼 수 있는 사회적 구조를 말한다.
③ 엔트로피는 체계 내에서 질서, 형태 분화가 있는 상태를 의미한다.
④ 항상성은 시스템이 지속적으로 안정적 균형을 유지하려는 경향이다.
⑤ 균형은 외부환경으로부터 새로운 에너지의 투입 없이 현상을 유지하려는 속성이다.

2. 인간이 생활하면서 사회 속에서 물질적이거나 추상적인 구조를 서로 주고받는다는 교환행위를 하고 있다는 이론은?

① 교환이론
② 인정이론
③ 갈등이론
④ 상징적 상호작용이론
⑤ 행동주의이론

3. 인간이 사용하는 모든 기호에는 의미가 있고, 또한 인간은 생활환경을 구성하는 모든 사물에 주관적으로 의미를 부여하는 이론은?

① 갈등이론
② 상징적 상호작용이론
③ 행동주의이론
④ 교환이론
⑤ 인정이론

4. 인간은 자신의 삶을 성공적으로 실현시킬 수 있는 사회적 조건이며 개인들이 자신에 대한 긍정적인 관계를 유지하고자 한다는 이론은?

① 인정이론
② 갈등이론
③ 교환이론
④ 행동주의이론
⑤ 상징적 상호작용이론

5. 갈등이 사회질서에 있어서 파괴적이거나 어떠한 환경에서는 질서를 유지하는 데 기여한다고 보는 이론은?

① 갈등이론
② 교환이론
③ 상징적 상호작용이론
④ 인정이론
⑤ 행동주의이론

정답	1. ③ 2. ① 3. ② 4. ① 5. ①

PART 04

발달이론의 이해

▸▸▸ CONTENTS

11
CHAPTER

태내기와 영·유아기

인간의 발달은 태내에서부터 시작하여 사망에 이르기까지 전 생애를 통해 이루어진다. 그 중 어머니의 뱃속에서 지내는 약 9개월간의 태내기 시기와 출생 이후 약 6년 동안의 기간은 인간 전 생애의 발달과 성장에 많은 영향을 미치는 매우 중요한 시기이다. 이 장에서는 태내기, 영아기, 유아기에 나타나는 각각의 발달 특성을 알아보고 각 시기에 영향을 미치는 요인들을 살펴본 후 사회복지실천 영역에 대해 논의하고자 한다.

1. 태내기

태내기는 수정된 세포가 어머니의 태내에서 자라서 탄생하기까지의 임신 기간으로, 개인의 따라 약간의 차이가 있으나 일반적으로 수정부터 출산에 이르기까지의 기간인 약 280일간으로 약 40주이다. 이 시기는 생애 초기에 해당하는 기간으로 태내기라고 명한다.

1) 태내기의 발달 특성

태내기는 인간의 전 생애 중 가장 빠른 발달이 진행되는 임신시기이다. 태내기의 발달은 수정에서 출산까지 3단계로 성장 발달을 진행한다.

(1) 임신 1단계

임신 초기에서 2개월까지 기간으로 1~2주 사이에 수정란은 급속한 세포분열이 일어나며 자궁 내에 착상하면서 양막이 형성되고 양수 및 태반이 만들어진다. 양수는 태아의 성장을 도우며 체온을 유지해 주고 외부 압력이나 질병 감염으로부터 보호해 주는 역할을 한다(이기숙 외, 2023: 107). 2~7주 사이에는 중요한 신체기관과 신경계가 형성되며, 8주 무렵에는 인간의 기본적인 신체부위를 모두 갖춘 태아의 모습이 만들어진다. 이 시기에 태아는 소량의 약물이나 병균만 투입되어도 치명적인 영향을 받게 되어 문제가 발생된다. 태아에 문제가 생길 경우 영구적 손상이 될 수 있으므로 임신 1단계는 산모의 질병이나 영양결핍, 약물 등에 민감한 주의와 관심을 가져야 할 중요한 시기이다.

(2) 임신 2단계

임신 3개월경부터 6개월까지의 기간으로 9주 정도부터는 태아의 근육이 발달되어 움직임을 초음파로 관찰할 수 있다. 임신 2단계에서 태아는 발가락과 손가락이 나누어지고, 눈과 피부, 손금, 솜털 및 머리카락이 발달하며, 심장박동도 규칙적으로 이루어지게 된다(김수정 외, 2023). 16주경부터 산모는 태동을 느낄 수 있고 20주 정도에는 태반이 안정되기 시작한다. 24주경에서 태아는 눈의 감각이 발달하여 눈을 감고 뜰 수 있다. 이 시기에 산모는 입덧이 대부분 사라지고 호르몬의 균형도 조절되어 정서적으로 안정이 되므로 태아와 유대감이 강해진다(Cohen & Slade, 2000).

(3) 임신 3단계

임신 7개월부터 출산까지의 기간으로 태아의 발달이 완성되고 생존을 준비하는 시기이다. 28주경이 되면 태아가 조산으로 출산되어도 90% 생존이 가능하다. 34주경에는 피하지방이 축적되어 몸이 통통해지고 자궁이 좁아져

표 11-1 개월 수에 따른 태아의 성장발달단계

개월 수	태아의 성장발달단계
수정 8주 (임신 10주)	태아의 크기 약 4cm, 몸무게 10~20g, 뇌세포가 거의 완성되고 내장도 거의 발달한다. 산모의 경우 입덧이 시작되기도 한다.
임신 12주	태아의 크기 약 6~7cm, 몸무게 70~100g, 손가락 및 발가락을 구별할 수 있다. 태아의 생식기가 보인다. 태아가 스스로 움직임이 생긴다.
임신 16주	태아의 크기 약 12cm, 몸무게 110g, 14주부터는 성을 구분할 수 있다. 심장박동 소리가 강해진다. 엄마의 감정을 태아도 함께 느낀다.
임신 20주	태아의 크기 15~20cm, 몸무게 약 300g, 머리카락이 생기기 시작하고 눈썹과 속눈썹이 자란다. 몸을 활발하게 움직이고 몸의 방향을 자주 바꾼다.
임신 24주	태아의 크기 25~30cm, 몸무게 약 500~600g, 피부에 주름이 생기고 지방이 축적되기 시작한다.
임신 28주	태아의 크기 37~39cm, 몸무게 약 1,100g, 청각이 발달해 엄마의 목소리를 듣는다. 태아의 폐는 이때 급격히 성장한다. 태아는 이때 출생해도 생존이 가능하다(90%).
임신 32주	태아의 크기 40~43cm, 몸무게 약 1.5~1.8kg, 골격과 감각기관이 완성된다. 출산 준비를 위해 횡격막으로 호흡준비를 하며, 태아의 머리가 아래로 향하기 시작한다. 이때 출생하면 거의 다 생존할 수 있다.
임신 36주	태아의 크기 45~48cm, 몸무게 약 3.2kg, 피하지방이 축적되어 피부의 주름이 거의 사라지고 몸이 통통해진다. 웃고, 찡그리는 등 다양한 표정을 짓는다. 자궁이 좁아져 태아의 움직임은 둔해진다.
임신 40주	태아의 크기 50cm, 몸무게 약 3.4kg, 태아의 성장이 완료된 시기로, 몸이 더욱 통통해진다. 출산이 임박한 태아(38~40주)의 경우 손가락 빨기와 같이 신생아들이 나타내는 모습들을 보여준다.

출처: 황현주(2018). pp.118-119 재구성.

태아의 움직임이 둔해진다. 40주 정도의 태아는 성장이 완성된 상태로 손가락 빨기와 같은 신생아의 행동을 나타내기도 한다.

2) 태내기에 영향을 미치는 요인

태내에서 태아가 정상적으로 건강하게 성장하여 출생을 맞이하거나 결함을 가지고 부정적인 발육을 하는가는 유전인자 및 염색체 이상 등의 유전적 요인과 임산부의 다양한 태내 환경적 요인의 영향으로 결정된다.

(1) 유전인자 및 염색체 이상

부모로부터 자녀에게 전달되는 특성을 유전인자(genes)라 하는데, 난자와 정자가 결합되는 시점부터 유전인자의 영향력은 발휘된다. 즉, 부모의 유전인자로 인해 수정이 이루어지는 순간에 자녀의 성, 피부색, 머리카락 색, 신체 크기, 기질 등의 특성이 결정된다(이숙재 외, 2023: 71). 유전인자는 염색체(chromosome)에 의해 전달된다. 유전인자는 외모나 건강과 같은 신체적 특성뿐만 아니라 성격 등의 심리적 특성에도 영향을 미치는데 일차적으로는 부모로부터 유전정보를 물려받지만, 일부는 우연히 또는 알 수 없는 원인에 의해서 염색체 조합이 임의로 형성되기도 한다(오창순 외, 2015: 238). 겸상적혈구빈혈증이나 혈우병, 페닐케톤뇨증 등은 부모의 유전인자로 인해 발생한다. 특히 태아에게 염색체가 부족하거나 불필요한 상태가 되면 태아에게 치명적 영향을 미치게 되어 유산을 하거나 터너증후군, 클라인펠터증후군, X염색체결함증후군, 다운증후군 등의 장애가 발생되기도 한다.

(2) 임산부의 연령

부모가 가장 건강하고 정상적인 아기를 출산하기 위해서는 적절한 연령에 임신을 하는 것이 바람직하다. 여성의 최적 임신 연령은 20대이다. 35세 이상인 경우 다운증후군 출생 가능성이 높고 자연유산이나 임신중독증과 난산의 가능성도 높다(Snow, 1998). 특히 산모연령과 영아사망에 대한 연구에 의하면 25세 미만과 35세 이상의 산모에서 영아사망 위험이 높으며(홍재석, 2016), 35세 이상이 되면 가임력과 난자의 질이 떨어져 임신되는 태아의 염색체 이상 가능성이 높아진다. 10대 임산부가 출산한 신생아의 사망률도 20대 산모에 비해 2배 정도 높다(조복희, 2006). 현대는 여성들의 결혼이 늦어지고 있어 임산부의 연령도 고령인 경우가 많다. 건강한 출산을 위해 임신 전부터 산부인과 진료를 통해 미리 준비하고, 임신 중에도 태아의 상태와 임산부 건강관리를 꾸준히 하는 것이 필요하다.

(3) 임산부의 영양상태와 건강

임산부는 태아가 건강하게 발달하도록 필요한 영양을 공급해야 한다. 평소보다 임신기간에는 건강한 음식을 좀 더 늘려서 섭취해야 한다. 임산부가 영양을 잘 섭취하면 조산이나 저체중아의 출산, 혹은 임신중독증에 걸릴 확률이 줄어든다(김이정 외, 2008). 특히 임신 말기는 태아의 뇌가 빠르게 성장하는 시기로, 적절한 영양이 공급되지 않으면 태아의 뇌가 충분히 자라지 못하여 태아의 중추신경계 발달에도 손상을 가져올 수 있다(손병덕 외, 2023: 273). 그러므로 임신 중기부터는 음식 영양섭취에서 부족한 철분이나 비타민, 미네랄 등을 적절하게 섭취하는 것도 필요하다.

임산부는 건강한 아기를 출산하기 위해서 건강상태를 유지해야 한다. 임산부가 만성소화질환이 있거나 비만, 고혈압, 간질환 등의 질병을 가지고 있으면 태아의 발달이 지연되거나 유산이 될 수 있다. 특히 임산부의 풍진은 태아의 심장과 뇌에 부정적인 영향을 미친다. 임산부의 매독이나 임질은 기형아나 지적장애로 출산할 가능성을 높이고, 경우에 따라서 유산이 될 수 있으므로 조심해야 한다. 출산 후 감염으로 인해 영아기에 사망하는 아기도 많다. 임신을 하면서 임산부는 다양한 질병에 걸리기도 한다. 임산부에게 주로 나타나는 질병은 〈표 11-2〉와 같다.

표 11-2 임산부에게 나타나는 질병

병명	증상
임신소양증	전신 피부에 가려움증이 생기는 증상으로 임신 말기에 나타나며, 배나 허벅지 등의 가려움증이 더욱 심해진다. 주로 임신 중 호르몬의 변화로 나타나는데, 임산부가 원래부터 가지고 있는 체질적 요인에 임신에 따른 변화가 더해져 생긴 것으로 본다.
임신중독증	흔히 임신 중 고혈압성 질환을 말하며, 가벼운 단백뇨와 부종만 보이다가도 갑자기 두통, 시력장애, 상복통(배가 아픈 증상) 등의 증상과 함께 중증으로 진행될 수 있다. 태반 혈류 공급 장애로 태아를 사망에 이르게 할 수도 있는 질환이므로 예방과 조기 발견이 중요하다.
급성신우신염	약간의 혈뇨가 방광 자극 증세가 있다가 갑자기 열이 나고 오한이 나면서 허리가 아프고 식욕부진이나 구역질, 구토 등의 증상이 나타나며, 앞쪽 갈비뼈 아래 부위가 아프다.
탈수로 인한 쇼크	입덧으로 인한 구토 증세가 오래 지속되면 탈수와 전해질 균형에 문제가 생겨 쇼크에 빠질 수 있다. 장기간 발생하는 구토는 즉각 대처해야 하며, 증세가 오래간다고 생각되면 입원도 고려해야 한다.
질염	질염은 세균, 곰팡이 등에 의하여 질 점막에 생기는 염증을 말한다. 임신 중 질염은 감염균에 따라 조산과 같은 합병증을 일으킬 수 있으므로 반드시 치료가 필요하다.
추간판탈출증	척추뼈의 하나하나를 이어주는 물렁뼈 추간판이 뒤에 지나가는 척수를 누를 정도로 빠져나와 요통이 발생하는 경우로, 임신으로 인하여 자궁이 무거운 상태에서 자세가 좋지 않은 상태로 무거운 것을 들거나 오랫동안 걸었을 때 발생한다.
위염과 위궤양	위염은 위의 점막에 염증이 생기는 병으로 임신으로 커진 자궁에 위가 떠밀리면서 위치가 바뀌고 눌리는데다, 호르몬의 영향으로 위, 십이지장의 운동이 지연되어 먹은 음식들이 식도의 아래쪽을 향해 되올라오기 때문에 자주 발생한다.
치질	임신으로 생긴 변비가 정맥을 눌러 치질이 생긴다. 치질은 예방하는 것이 중요한 데, 대변을 볼 때 배 근육의 긴장을 풀어주어 변비가 되지 않도록 한다.
임신 중 부종	태반으로부터 나오는 여성호르몬 등으로 인해 체내의 수분이 많아지기 때문에 부종이 생긴다. 특히 후기에는 자궁이 커지면서 혈관을 눌러 혈액순환이 잘 안 되고 수분이 정체되면서 하지부에 부종이 심해지는 경우가 발생하기도 한다.

출처: 김경철 · 김은혜 · 정혜승(2023). pp.152-153.

(4) 임산부의 약물과 물질 섭취

임산부의 질병을 치료하기 위해 사용하는 약물은 태반을 통해 태아에게 전해지므로 반드시 의사의 지시에 따르도록 한다. 특히 임신 첫 3개월 동안에 복용하는 약은 기형아의 발생률을 높이므로 조심하는 것이 좋다(이숙재 외, 2023: 76).

임산부가 섭취하는 술이나 담배 그리고 커피나 차 및 초콜릿, 탄산음료는 태반을 통해 태아에게 전달된다. 특별히 커피나 콜라 등에 들어 있는 카페인은 임산부의 혈압과 심박수를 증가시키므로 섭취를 삼가는 것이 좋다. 임산부의 흡연은 유산이나 조산, 미숙아의 발생도를 높인다. 담배연기에는 60여 가지의 발암물질과 4,800여종의 화학물질이 포함되어 있으며 이들 중 유해한 성분이 상당수 포함되어 있어, 호흡기계, 순환기계 질환 등을 일으키며, 유산과 기형아 출산의 위험을 증가시킨다. 임신기간 중 간접흡연을 한 산모의 아이는 성장저하로 인해 저체중 및 급성 유아사망증후군이 증가한다고 보고되었다(주현주, 2016).

〈임신 중 흡연의 신체적 위해〉

- 임산부가 흡연을 했을 때 태아에 미치는 영향
  미숙아 출산률 증가, 저체중아 출생률 증가, 유아 돌연사증후군 발생 위험, 태아의 행동 정신발달 저하, 태아의 지능 및 학습 기억력 저하, 흡연으로 인한 모유 맛과 향의 변화

- 임산부가 흡연을 했을 때 임산부에게 미치는 영향
  태반조기박리, 전치태반, 조기양막파열, 조산, 자연낙태, 유산, 자궁외임신 등

- 임산부가 흡연을 했을 때 태아와 유아에게 미치는 영향
  성장에 저해, 유아돌연사증후군, 폐기능 저하, 천식 악화, 호흡기 및 기관지 감염, 폐성장장애, 폐렴, 호흡기 자극, 기침, 가래

출처: No Smoke Guide 금연길라잡이 www.nosmokeguide.go.kr

특히 알코올은 빠른 속도로 태반에 침투하여 태아의 혈액에 그대로 전달된다. 또한 임산부의 알코올 섭취 습관은 태아알코올증후군(Fetal Alcohol Syndrome: FAS)을 유발하여 소뇌증, 발달지연, 성장부진 등의 장애아를 출생하게 만드는 원인이 될 수 있으므로 주의가 필요하다.

(5) 임산부의 심리적 정서상태

여성이 임신을 하게 되면 호르몬의 변화가 생겨 기분 변화를 겪게 되며 불안정한 감정도 경험하게 된다. 임산부는 신체의 생리적인 변화와 함께 태아의 건강, 출산에 대한 불안과 양육에 대한 긴장 등 다양한 부분으로 인해 스트레스를 받는다. 임산부의 스트레스는 부정적인 정서상태를 유발한다.

임산부의 정서적 상태는 태아에게 바로 영향을 미치게 된다. 임산부가 심리적으로 평안할 때와 달리 스트레스를 받거나 공포심이나 분노심, 불안감 등에 노출되면 아드레날린 분비가 촉진된다. 이 물질은 임산부의 혈관을 수축시켜 태아에게 산소 부족 현상을 일으키게 되고 태아는 스트레스를 받게 된다. 태아는 이로 인해 미숙아나 저체중아 등의 부정적인 신체발달을 초래할 수 있다. 그러므로 가족이나 동료는 임산부가 스트레스를 받지 않고 긍정적인 정서상태를 유지할 수 있도록 올바른 환경을 조성해 주어야 한다.

스트레스는 임산부에게 우울한 정서상태를 형성하게 한다. 특히 임신 중 우울은 임산부로 하여금 부적절한 산전관리나 영양결핍, 자살 초래 등의 심각한 문제를 일으킬 뿐 아니라 태아 기형, 특히 뇌신경계 기형을 유발하여 태아의 발달장애나 조산의 확률이 높은 것으로 연구되고 있다(Oh, 2005; Dayan et al., 2006). 또한 임신 중의 우울증세와 재발성 우울증은 출산 후 아동의 사회심리적 기능의 저하와 정서, 행동 문제의 증가와 연관이 높은 것으로 보고되었다(Luoma et al., 2001). 그러므로 건강한 태아 발달을 위해서 임산부와 더불어 가족이 정성으로 태교를 함께 하며 태어날 아기를 사랑으로

기다리는 노력이 필요하다.

〈우리나라의 전통 태교〉

우리나라에서도 태교의 중요성은 크게 강조되어 왔습니다. 특히 1801년의 『태교신기』(사주당 이씨와 그 아들 유희 공동 저작)는 태교에 관하여 집대성한 가장 오래된 고전 중 하나입니다. 이 책은 임신부와 집안 식구들이 보고 듣고 먹고 생각하고 느끼고 행동하는 모두가 태아에게 전달되어 태아의 기질을 만든다고 얘기하고 있습니다. 급한 일, 분한 일, 나쁜 일, 천한 일은 태아를 병들게 하며 희(喜), 노(老), 애(哀), 락(樂), 애(愛), 오(惡), 욕(慾)의 7가지 감정을 임신부가 느끼는 대로 닮기 때문에, 임신부 곁에는 착하고 좋은 일을 하며 좋은 감정을 느끼는 사람만 있게 해야 한다고 기록되어 있습니다. 가족 태교의 중요성을 알 수 있습니다. 가족 모두가 편안하고 행복한 느낌을 갖는 것이 아기를 위해 무엇보다 중요하다는 것이겠지요. 이 책에는 태아의 신체 건강은 물론, 정신건강에 대해서도 이미 기록되어 있습니다. 물론 과학적인 근거는 제시되어 있지 않고 조금은 이치에 맞지 않는 면도 있지만, 선조들의 과학적인 지혜를 엿볼 수 있습니다.

가령 임신부는 잘 때 엎드리지 말고 송장처럼 눕지 말며 임신 후반기에는 옷을 쌓아 옆을 괴고 절반은 왼쪽으로, 절반은 오른쪽으로 누워야 한다고 기록되어 있습니다. 이는 임신부가 똑바로 누우면 커진 자궁이 대동맥을 눌러 자궁으로의 혈류에 지장을 초래하여 태아로 가는 영양 및 산소 공급이 원활치 못할 수도 있다는 의학적인 근거와 정확히 일치합니다. 얼마 전까지 임신부가 왼쪽으로 눕는 것을 권장하기도 했는데, 최근 연구 결과에 따르면 왼쪽으로 눕거나 오른쪽으로 눕거나 별 차이가 없다고 합니다. 태교의 목적은 태아가 잘 자랄 수 있도록 태아의 환경을 좋게 만들어 주는 것입니다. 전통 태교의 비논리적이고 비과학적인 일면은 과감히 버리더라도 뛰어난 선조들의 지혜들은 요즘의 태교에 적절히 접목해 보는 것도 의미가 있을 것입니다.

출처: [네이버 지식백과] 동서고금의 태교-선인들의 지혜가 내려오다 (차병원 임신정보)

우리나라에서는 전통적으로 가정마다 임산부를 대상으로 태교를 강조해왔다. 태교란 임신 중 부모가 실천하는 교육적 노력으로 좋은 것을 보고, 듣고 느끼며, 심성을 곱게 가지고, 몸을 주의 깊게 움직이는 것이다. 전통사회에서 잉태한 여성에게 권하는 것들을 살펴보면, 생명의 시작에 대한 의미를 산모가 인지하도록 하고, 그것을 매우 소중히 여기고 살피라는 의미가 담겨 있음을 짐작해볼 수 있다. 보기 좋고 바른 것을 보며, 좋은 음식을 섭취하고, 좋은 소리를 듣는 등 임신을 전후로 하여 각별히 금기하는 것들이다(진애라, 2016). 선조들은 생명이 잉태되기 전부터 그 이후에 이르기까지 전 과정을 모두 애써서 준비하고 그를 통해 육아의 마음가짐을 늘 되새기게끔 하고 있음을 엿볼 수 있다.

(6) 그 외 요인

납이나 수은, 농약, 제초제, 임산부가 사용하는 염색약이나 화장품, 식품첨가물, 인공감미료, 기타 유독성 화학 물질은 경우에 따라 태아의 기형발생을 유발할 수 있다. 임산부는 천연식품을 섭취하도록 하며 납성분이 들어 있는 그릇은 사용하지 말고 유독성 물질에 노출되지 않도록 조심해야 한다. 방사선은 유전자 돌연변이와 염색체 손상을 가져올 수 있으므로 임신 중 X-ray 검진 시에는 각별한 주의가 필요하며 방사선 노출 위험이 있는 곳은 피하도록 한다.

아버지도 태내 발달에 많은 영향을 미친다. 아버지가 유독성 화학물질이나 방사선, 알코올, 담배 등에 노출이 많은 경우 비정상적인 정자 생성이 일어나 태아의 유산이나 출산 후 아동기 암 같은 질환이 발생할 수 있다. 연구에 의하면 아버지의 연령이 높을 경우 왜소증, 다운증후군 등과 같은 선천적 장애가 발생할 수 있다고 보고된 바 있다.

〈임신 시 아빠의 나이도 중요한 이유〉

연구 결과에 의하면 남성의 나이가 많을수록 아이의 '지능과 정신 건강'에 악영향을 미치는 것으로 나타났다.

호주 퀸즐랜드 대학 존 맥그래스(J. Mcgrath) 박사 연구팀은 1959~1965년 미국에서 태어난 33,437명의 아이들을 대상으로 출생 당시 부모 나이를 조사하고 이들이 8개월, 4살, 7살이 될 때마다 지적 능력에 대한 조사를 진행했다. 그 결과 출생 당시 아버지의 나이가 많은 아이들의 경우 다양한 검사에서 지적 능력 점수가 떨어지는 것으로 나타났다. 일례로 아버지의 나이가 50세인 경우 IQ가 평균 100.7이었는데, 아버지의 나이가 20세인 경우 106.8로 많은 차이가 있었다. 반대로 출생 당시 엄마의 나이가 많은 아이들의 경우에는 오히려 지적 능력 점수가 높게 나타났다.

연구팀은 이에 대해 태어날 때부터 이미 만들어졌던 난자가 나오는 여성에 비해 남성의 정자는 계속 만들어지기 때문에 나이 든 남성의 경우 잘못된 정자가 만들어질 위험이 높아지기 때문이라고 설명했다.

또한, 인디애나 대학 Brian M. 교수 연구진에 따르면 임신 시 아버지가 고령인 경우 그 아이들이 향후 정신과 질환 발병 가능성이 높고, 학업 능력도 저하될 수 있다는 연구 결과를 밝힌 바 있다. 연구진은 1973년부터 2001년까지 스웨덴에서 태어난 2,615,081명을 대상으로 그들의 1,408,669명의 아버지와 1,404,484명의 어머니를 분석했다. 아버지들은 나이를 기준으로 20세 이하부터 5살 간격으로 45세 이상까지 7개의 그룹으로 나누어서 아이들의 자폐증, 정신병, 주의력결핍과잉행동장애(ADHD), 학업 성적 저하, 낮은 IQ 등 10개 사항에 대해 그 빈도를 분석했다.

연구 분석 결과 45세 이상의 아버지로부터 태어난 아이들은 20~24세의 아버지로부터 태어난 아이들보다 정신과 질병 및 학업 능력의 저하가 더 빈번히 관찰됐다. 자폐증, ADHD, 정신병, 조울병, 자살시도, 물질 남용, 학업 성적 저하 및 학업 성취도 저하의 8개 분야가 모두 45세 이상의 아버지 자녀에서 그 빈도가 증가하는 것으로 나타났다. 자폐증의 경우 3.5배, ADHD의 경우 13배, 학업 성적 저하 및 학업 성취도 저하는 1.5배 정도 그 가능성이 더 증가하는 것으로 분석됐다.

출처: [네이버 지식백과] 건강을 위한 첫걸음 하이닥(www.hidoc.co.kr)

3) 사회복지에서의 실천 영역

첫째, 태아에게 영향을 미치는 요인들은 유전적인 요인뿐 아니라 임산부의 경제적인 어려움과 가족갈등, 심리적인 문제와 미혼임신 등 다양한 환경적 특성에 따라 작용할 수 있다. 건강한 아기를 갖고자 하는 예비부모는 임신 전부터 아기를 맞을 준비를 해야 한다. 인간의 전 생애에 영향을 미칠 수 있는 중요한 발달 시기인 태내기 사회복지실천 또한 임신 후보다는 임신을 준비하는 예비부모에서부터 시작되어야 한다.

둘째, 태아기 사회복지는 임신을 원하지만 불임이나 유산으로 정신적인 고통과 가족갈등 속에 있는 가임부부, 의도하지 않은 임신이나 성폭력에 의한 임신 등의 어려움으로 힘들어 하는 당사자들에게 사회복지적 서비스를 지원해야 할 필요성이 발생한다. 사회복지사는 서비스가 필요한 당사자들이 다양한 방법을 통해 원하는 선택을 할 수 있게 하고, 필요한 관계기관을 연계하여 사회복지서비스를 실천 진행하도록 한다. 임신 가능성이 있는 부부에게는 신체검사를 통해 만성질환이나 태아의 발달에 영향을 미칠 만한 질병이 있는지를 임신 전에 확인하여 치료와 유전상담을 받도록 지원한다.

셋째, 경제적으로 어려운 상황의 임산부에게는 국가의 정책을 활용하여 출산에 대한 서비스를 연계하여 지원한다. 특히 원하지 않았던 임신으로 힘들어 하거나, 부모로서의 준비가 부족하다는 인식을 가지고 있는 임산부들은 낙심과 우울감에 빠질 수 있으므로 이러한 심리적 문제를 예방하기 위한 임산부 교육이나 배우자와 함께하는 프로그램을 제공하여(손병덕 외, 2023: 283), 건강하고 안전한 임신과 출산이 이루어지도록 사회복지서비스를 실천하는 것이 바람직하다.

2. 영아기

출생 직후부터 1개월간의 아기를 신생아기라 한다. 1개월 이후부터 만 2세까지, 개월 수로 24개월까지의 시기의 아기를 영아기라고 한다. 영아기는 인간의 일생 중에서 신체적 발달이 가장 급속하게 일어나는 시기다. 이 시기 아기는 신장과 체중이 늘어나고 두뇌가 발달하며, 골격의 발달과 근육의 발달이 활발하게 이루어진다.

1) 영아기의 발달 특성

영아기의 발달은 다음 단계 시기의 성장과 발달에 큰 영향을 미친다는 점에서 영아기는 매우 중요한 시기다. 영아기 발달의 중요성을 살펴보면 다음과 같다(노희연 외, 2020; 윤매자 외, 2023 재구성).

첫째, 성장급등기로 질적 · 양적으로 급속하게 성장한다. 영아의 신체발달은 뒤집고, 기고, 앉고, 서서 걷고, 뛰고 달리게 되고, 언어발달은 울음으로 의사 표현하고, 쿠잉, 옹알이를 통해서 말을 할 수 있게 되고, 정서발달은 분화되지 않은 1차 정서가 점점 다양하고 복잡한 2차 정서로 분화되며, 다양한 탐색과 감각적 경험을 통해 세상을 알아가는 놀라운 발전이 일어나는 중요한 시기이다.

둘째, 신체적 · 정신적 독립이 이루어진다. 영아는 세상에 태어날 때 스스로 통제할 수 없는 존재이지만 양육을 통해 스스로 목을 가누고, 뒤집고, 기고, 앉고, 서고, 걷기까지의 과정을 스스로 해냄으로써 신체 · 운동 측면에서 독립하게 된다. 또한 자신과 타인을 구별하고, 자기주장이 생겨나면서 심리적 독립심도 이 시기에 이루어진다.

셋째, 다양한 탐색을 통해 세상을 알아 나간다. 영아는 오감각을 통해 세상을 경험하고 탐색하며 세상에 대해 이해해 나간다. 이는 영아기가 발달의 결정적인 시기이자 민감한 시기라는 점을 고려할 때, 영아가 주변을 살피고 탐색하는 행동은 세상에 대한 지식과 정보를 쌓아 가는 중요한 학습이 된다.

넷째, 사회 · 정서적 경험은 이후 인성과 성격발달의 기초가 된다. 영아기

동안 부모나 주 양육자와 맺는 긍정적인 애착관계는 이후 다른 사람과의 관계에서도 긍정적인 관계를 형성할 수 있으나, 부모나 주 양육자와의 관계가 부정적이면 이후 다른 사람들과 부정적인 관계를 형성하게 된다.

다섯째, 일상생활을 수행하기 위한 기본생활 습관을 기른다. 영아기에는 먹기, 씻기, 배변하기, 수면하기 등의 습관이 형성되는 시기이다. 이 시기에 적절한 습관이 형성될 수 있도록 지원받으며, 이후 스스로 자조기능이 발달하여 기본생활을 수행할 수 있는 능력을 갖추게 된다.

여섯째, 교육적 효과가 가장 높다. 영아기에 신체, 인지, 언어, 사회 · 정서 등의 적절한 지원을 받은 영아는 이후 건강한 자아개념의 발달로 이후 유아기, 아동기 동안 많은 성취와 긍정적인 정서를 형성하게 되고 발전해 나갈 수 있다.

(1) 1개월까지의 영아기 특성

의학적으로는 출생 후 4주간(1개월)의 아기를 신생아(neonate)라고 한다. 이 기간은 1개월이라는 짧은 기간이지만 신체의 각 부분들이 외부환경에 적응해야 하는 중요한 시기다. 특히 이 시기는 인간의 전 생애 중 가장 취약한 시기이며, 돌봄의 미흡으로 인한 돌연사 등 영아사망이 매우 많이 나타나는 시기로 돌봄이 가장 필요한 시기다.

① 피부

출산 시 신생아는 몸에 끈적끈적한 태지라는 보호물질에 쌓여 태어난다. 신생아의 태지는 시간이 지나면서 자연스럽게 떨어져 나간다. 막 태어난 신생아기의 피부는 주름이 많고 탄력이 적은 편이다. 신생아기의 몸은 대부분 솜털로 덮여 있는데, 신생아의 솜털은 시간이 지나면서 목욕 시 자연적으로 조금씩 빠져나가게 되고 나중에는 없어진다.

② 울음

아기가 태어나면 울게 되는데 신생아기의 첫 울음은 첫 호흡을 뜻한다. 신생아기의 호흡은 성인에 비해 매우 빨라서 보통 1분에 30~40번, 심장박동은 1분에 120~180회 정도이다. 울음은 아기에게 아주 중요한 역할을 한다. 특히 신생아기의 울음은 신체발달에 있어서 폐활량을 향상시키고 항상성을 유지하게 한다. 울음은 또한 심장과 호흡체계의 활동을 더욱 활발하게 하는 기능을 돕는다. 신생아는 울음을 통해 자신의 요구사항을 표현한다. 아기의 울음은 배고픔이나 불편함, 졸림이나 아픔, 위안 등 필요한 것을 부모에게 알리는 의사소통의 방법이다. 신생아는 자신의 상태에 따라 울음소리를 다르게 낸다. 울음소리의 다름은 양육자가 아기의 욕구를 알아차릴 수 있는 중요한 단서가 된다. 양육자는 울음의 신호를 잘 살펴서 적절하게 아기의 욕구를 충족시켜 주는 것이 필요하다.

③ 수면

출생 후 신생아기는 초기에 젖 먹는 시간을 제외하고는 지속적으로 하루 평균 20시간 정도의 잠을 잔다. 기저귀가 축축해졌을 경우나 배가 고플 때만 깬다. 그러나 한 달 정도 지나면서 점점 수면 리듬이 생기고, 잘 때와 깰 때가 구분되어 낮 동안 깨어 있는 시간이 점점 길어지게 된다. 그러면서 밤에는 깨었다가도 다시 잘 수 있게 된다.

④ 반사행동

반사행동은 외부 자극에 대해 보이는 자동적이고 무의적이며 선천적인 반응을 의미한다. 신생아들은 주요한 반사행동을 다양하게 보이는데 반사행동 중 몇 가지를 자극-반응-소멸시기-기능으로 나누어 살펴보면 〈표 11-3〉과 같다(이기숙 외, 2023: 123-124 재인용).

표 11-3 신생아 반사행동

반사행동	자극	반응	소멸시기	기능
눈 깜박임 반사	눈에 빛을 비치거나 머리 가까이에서 손뼉을 치면	눈을 빠르게 깜박인다.	영구적	강한 자극으로부터 보호해 준다.
근원반사	입 가장자리 주변의 뺨을 건드리면	자극이 있는 쪽으로 머리를 돌린다.	3주(자발적 빨기가 됨)	젖꼭지를 찾도록 돕는다.
빨기반사	신생아의 입에 손가락을 넣으면	손가락을 빤다.	영구적	음식 섭취를 가능하게 한다.
수영반사	목욕통에 아기의 얼굴을 아래로 향해 두면	수영 동작으로 노를 젓듯이 찬다.	4–6개월	물에 빠졌을 때 생존할 수 있게 돕는다.
모로반사	등을 수평으로 잡고 약간 머리를 떨어뜨리게 두거나 아기가 의지하고 있는 것의 뒷면에서 소리를 지르면	등을 활 모양으로 포옹하는 것처럼 하고 두 다리는 뻗으며 양팔은 벌렸다 몸 쪽으로 향한다.	6개월	어머니에게 매달리는 것을 돕는다.
파악반사	아기의 손에 손가락을 놓고 손바닥을 누르면	성인의 손가락을 자발적으로 잡는다.	3–4개월	자발적인 잡기를 위한 준비가 된다.
긴장성 목 반사	잠에서 깨어나 엎드려 누워 있는 동안 아기의 머리를 한쪽으로 돌려주면	머리를 돌린 쪽 팔은 얼굴 앞에서 뻗고 다른 팔은 구부린다. 'fencing position'이라 한다.	4개월	자발적인 뻗기를 위한 준비가 된다.
걷기반사	아기의 양팔 아래를 잡고 바닥에 닿게 두 발을 놓으면	발을 번갈아 짚으면서 걷는 것처럼 반응한다.	2개월	자발적인 걷기를 위한 준비가 된다.
바빈스키 반사	신생아 발바닥의 발가락에서 뒤꿈치를 향해 건드리면	발끝을 바깥쪽으로 벌렸다 춤추듯이 안으로 움츠린다.	8–12개월	알려지지 않았다.

반사행동은 신생아의 장애 유무를 판별할 때 소아과에서 검사하게 된다. 반사가 약하게 나타나거나 아예 나타나지 않을 경우, 지나치게 경직되었거나 과장되게 나타나는 경우, 또는 정상적으로 사라져야 할 시점이 지나서도 반사가 나타난다면 뇌 손상의 신호로 볼 수 있다(Berk, 2023; 이기숙 외, 2023 재인용). 그러나 반사행동은 개별적으로 아기에 따라 다르게 나타날 수 있으므로 반사행동 검사만으로 장애를 판단하는 것은 바람직하지 않다.

(2) 만 2세까지 영아기 특성

인간이 출생 후 1년 동안은 신체와 뇌의 성장이 급속하게 이루어지므로 이 시기를 제1성장급등기라고 한다. 특히 이 시기에는 주 양육자와 신뢰관계를 형성하게 되는데, 양육자와의 관계는 이후 대인관계 및 사회적 발달의 토대를 마련하게 되므로 이 기간은 매우 중요한 시기이다(김경은 외, 2020: 35).

① 영아기 신체발달

● 체중과 신장

아기는 보통 평균 약 50cm의 키와 3.3kg의 몸무게로 태어난다. 남아는 평균체중이 3.4kg이고 여아는 3.2kg이다. 첫돌이 되면 출생 시 몸무게의 3배로, 두 번째 돌이 되면 4배로 증가한다. 영아기 초기에 체중이 급격하게 증가하는 것은 식욕 증가로 인해 지방이 축적되기 때문이다. 1년이 지나면서 젖살이 빠지기 시작하여 살이 단단해지고 체중의 증가 속도는 점차 감소한다(이기숙 외, 2023: 139).

키는 첫돌이 되었을 때 평균적으로 75cm 정도 되어 출생 시보다 50% 커지고, 두 돌이 되면 약 88cm가 되어 출생 시보다 75% 증가한다. 만 2세 아기의 키는 성인이 되었을 때 키의 1/2에 해당한다(한유미, 2022: 166). 생후 첫 1년간은 키나 체중에서 급속한 성장이 이루어진다. 첫 1년에 비해 생후 2년에서는 성장 속도가 다소 느리지만 그럼에도 빠르게 성장한다.

● 골격과 치아

영아의 골격은 성인과 비교할 때 크기가 작고 뼈의 수도 작다. 특히 손목뼈는 성장판이 열려 있기 때문에 뼈마디 사이의 간격이 넓다. 영아의 뼈는 부드럽고 유연하여 잘 부러지지 않으며 뼈의 발달과정은 머리에서 아래쪽으로 내려가는 두미발달법칙에 따른다(황현주, 2018: 169).

치아는 생후 6개월부터 아래 앞니부터 나기 시작해 24~36개월경에는 20개의 젖니(유치)가 모두 나지만 아기마다 개인적으로 치아가 나는 시기가 다르기도 하여 차이가 많이 나는 경우가 있다.

표 11-4 영아기의 대근육 발달

월령	발달 특징
1개월	손발을 제멋대로 뻗으며, 목은 받쳐 주지 않으면 가누지 못하고 턱을 들지만 지탱하는 시간이 짧다.
2개월	안쪽으로 구부리고 있던 다리를 곧게 펴기 시작하고, 고개를 들어 올리려 애쓰고, 엎드려 놓으면 머리와 가슴을 들어 올리려 한다.
3–4개월	좌우로 흔들어 몸을 뒤집는다.
5개월	똑바로 누워서 손으로 자신의 발을 잡을 수 있고, 붙잡은 발을 입으로 가져간다.
6개월	배밀이를 하며, 눕혀 놓으면 어느 쪽으로도 구를 수 있고, 팔을 잡아 주면 고개를 들어 혼자 앉을 수 있다.
7개월	양손과 무릎으로 기는 네발 기기를 하고, 앉은 상태에서 물체를 잡기 위해 몸을 돌릴 수 있다.
8–9개월	팔과 다리를 이용하지 않고 엎드린 채 움직일 수 있고, 뒤를 볼 수 있으며, 가구를 붙잡고 서며 계단을 기어 올라간다.
10개월	기어 다닐 때 몸의 중심이 앞쪽에 있고, 5초 이상 혼자 설 수 있다.
11개월	손과 발이 유연하고 잘 기어 다니며 붙잡지 않고 혼자서 일어나며 어른의 도움을 받아 몇 발자국 걸을 수 있다.
12–13개월	한 손을 잡아 주면 몇 걸음 걸을 수 있고, 걸을 때 두 팔을 벌려서 균형을 잡으려고 애쓴다.
14–15개월	두 손과 무릎을 이용하여 계단을 올라가며, 엎드려 기면서 내려오고 혼자 걸을 수 있다.
16–17개월	옆으로 또는 뒤로 걸을 수 있고 걷다가 멈추거나 방향 전환하는 것은 능숙하지는 않지만 시도한다.
18개월	도움을 받아 계단을 오르고 미끄럼틀을 탈 수 있다.
19–20개월	정지된 공을 발로 차고 기어오르거나 달리는 모습은 부자연스럽고 멈추기는 서툴다.
21–22개월	난간을 잡고 계단 하나에 두 발을 올려놓으며 걸어 올라갈 수 있고, 걷기와 달리기, 앉기와 서기 동작으로 전환할 수 있다.
23–24개월	걷기보다 달리기를 좋아하고, 계단이 낮은 층에서 양발을 모아 뛰어내리며, 유아용 농구 골대에 공을 던져 넣을 수 있다.

출처: 윤매자 외(2023). p.81 재구성.

● 영아기 대 · 소근육 발달

운동기술의 범주를 대근육(gross motor movement)과 소근육(fine motor movement)으로 구분할 수 있다. 대근육은 어깨, 팔, 다리 등 큰 근육을 사용하는 움직임으로 가장 기본이 되는 운동능력이며, 소근육은 손과 팔꿈치 등 작은 근육을 사용하여 섬세한 기술을 조절할 수 있도록 하는 운동기술을 말한다. 영아의 대근육 발달의 순서와 방향은 일정하지만, 발달에 도달하는 시기에는 개인차가 있어 영아마다 다소 상이할 수 있다(윤매자 외, 2023: 80). 영아기의 대근육 발달의 특징은 〈표 11-4〉와 같다.

② 영아기 인지발달

인지란 인간의 정신적인 사고과정으로 일반적으로 지능, 사고력, 문제해결력 등의 성장을 의미한다. 피아제는 출생 후부터 2세까지인 영아기를 인지발달단계 중 감각운동기라고 명명하였다. 감각운동기의 영아는 직접 보고, 듣고, 느끼는 감각기관과 행동하는 운동기능을 조합함으로써 이 세상의 사물과 감각에 대한 지식을 얻게 되고 이를 통해 세상을 인식하고 이해한다. 그리고 이렇게 받아들인 정보를 통해 영아의 인지발달이 이루어진다(김경철 외, 2023: 239). 감각운동기에 주요 개념은 도식, 대상영속성 등이 있다.

도식(scheme)은 사물이나 사건에 관한 전체적인 윤곽을 나타내는 '사고의 틀'이라고 할 수 있다. 영아는 신체적 행동 도식을 조직화하면서 외부환경에 반응하며 대상영속성이 발달하게 된다. 대상영속성(object permanence)은 물체가 시야에서 사라져도 계속해서 존재한다는 것을 이해하는 것으로, 영아가 숨긴 물건을 찾아내는 것은 대상영속성이 획득되었다는 증거로 볼 수 있다(윤매자 외, 2023: 84).

표 11-5 영아기의 인지발달

월령	발달 특징
1개월	출생 후 냄새와 목소리로 사람을 인식하며, 소리나 빛 또는 몸짓 등에 반응한다.
2개월	표정을 모방하여 따라 한다.
3-4개월	새로운 소리에 관심을 가진다.
5개월	놀잇감을 흔들고 떨어뜨리며 다양한 방법으로 탐색한다.
6개월	물체가 없어지는 상황에 관심을 가지고 흥미 있는 행동을 반복하며, 굴러가는 공을 집중해서 응시한다.
7-8개월	사람이나 사물이 보이지 않아도 존재한다는 것을 이해하기 시작하고, 눈앞에 사라진 사물을 찾는다.
9개월	통 속에 있는 놀잇감을 가지고 놀기 위해 통을 쏟을 수 있으며, "안 돼"라는 말의 의미를 안다.
10개월	다른 사람이 그리는 것을 보고, 긁적이기를 모방하며, 안과 밖의 공간개념을 이해하기 시작한다.
11-12개월	놀잇감의 버튼을 눌러 움직이도록 하며, 리듬에 맞추어 몸을 흔들고 집게손가락으로 원하는 것을 가리킬 수 있다.
13개월	보는 앞에서 놀잇감을 숨기면 찾을 수 있고, 이전에 일어났던 것을 기억하고 치워 둔 물건을 달라고 떼를 쓴다.
14-15개월	좋아하는 놀잇감을 가지고 집중해서 놀고, 친숙한 사람, 동물의 모습을 흉내 내며, 물건의 포장을 풀 수 있다.
16-17개월	간단한 도형의 퍼즐을 한 조각 맞출 수 있어 손과 눈의 협응능력이 생기며, 책을 똑바로 놓고 볼 수 있고, 다른 사람의 행동이나 표정을 주의 깊게 관찰하고 따라 모방한다.
18개월	통에 든 물건을 꺼내려고 의도적으로 통을 거꾸로 들고, 간단한 지시에 따를 수 있다
19-20개월	행동의 흐름을 파악할 수 있어, 두 개의 연속적인 제안을 이해하고 따라 하며, 신체 부위를 말하면 3곳 정도는 가리킬 수 있다.
21-22개월	그림책 속의 주인공 이름을 기억하면서 말하며, 혼자서 5분 이상 놀잇감을 가지고 논다.
23-24개월	"하나", "더 많이"라는 개념을 이해하고 "크다", "작다"를 구분하며 같은 색끼리 분류할 수 있다.

출처: 윤매자 외(2023). pp.84-85 재구성.

영아기의 인지발달은 다양한 사물의 감각을 통해 탐색되며 영아를 보호하는 자들의 적극적인 놀이활동과 상호작용을 통해 촉진된다. 양육자는 영아가 주변에 호기심을 갖고 탐색할 수 있도록 흥미를 유발하는 환경을 만들어 주고 영아기에 필요한 장난감들을 적절하게 제공해 주는 것이 필요하다.

③ 영아기 언어발달

인간이 사용하는 언어는 다른 동물과 구분되는 특별한 능력이다. 언어는 생각이나 느낌을 전달하는 데 쓰이는 음성과 문자의 수단이며, 사회관습적인 체계이다(표준국어대사전). 아기는 태어나면서 울음으로 최초의 발성을 한다. 영아는 주변의 소리와 사람 목소리에 주의를 기울이며 울음으로 자신의 욕구를 표현한다(윤매자 외, 2023: 86).

울음은 영아가 자신의 요구를 표현하는 가장 일차적인 소통방법이다. 울음으로 시작된 소통은 울음소리가 점점 분화되어 쿠잉, 옹알이, 한 단어, 문장 등으로 발달한다.

생후 1~2개월이 지나면서 기분이 좋을 때 영아는 '아아아', '오오오오'와 같이 발성하는 모음소리인 '목 울려 소리내기' 쿠잉(cooing)을 시작한다. 쿠잉은 진정한 의미로 언어를 사용하는 것은 아니지만 언어에 가까운 소리를 내며 소통을 하는 수단이 된다.

다음 단계로 옹알이가 시작되는데 옹알이는 '아바바바', '냐냐냐냐' 등과 같이 모음과 자음이 합쳐진 음소의 기본 단위를 발성하는 것으로 언어와 유사한 최초의 말소리이다. 영아의 옹알이는 자발적인 반응을 보이는 영아의 표현행동이며, 단순한 소리가 아니라 다른 사람의 주의를 끌고 자신의 욕구를 표현하기 위한 사회적 신호이며 언어이다(이기숙 외, 2023: 178).

④ 영아기 사회적 발달

영아기의 사회적 발달에 있어 가장 중요한 것은 애착이다(정옥분, 2009: 324). 영아기에는 양육자와의 상호작용 속에서 애착을 발달시키며, 또래와의 접촉을 통해 초보적인 사회적 관계를 형성한다. 애착(attachment)은 볼비

(Bowlby, 1969)가 최초로 사용한 용어이며 영아기에 가장 중요한 사회적 발달로 특정한 양육자와 형성되는 친밀하고 강한 정서적 유대감을 의미한다. 영아가 주로 시간을 보내는 양육환경은 애착발달에 매우 중요한 요인이며 주 양육자와의 관계는 애착형성에 많은 영향을 미친다. 영아의 안정적인 애착관계는 영아 자신과 타인 및 주변환경을 긍정적으로 보게 되어 신뢰감을 형성하게 된다. 영아기의 안정적인 애착형성은 다른 사람과의 관계 맺기나 사회정서발달에 긍정적인 영향을 미칠 수 있다. 반면, 불안정한 애착형성은 이후 청소년기에 우울이나 불안, 대인관계가 부정적으로 발달될 가능성이 크다(권민균 외, 2019: 290). 특히, 양육자의 성격이나 양육태도는 영아의 애착형성에 영향을 미치는 요인이 되기도 하므로 영아기 양육자의 역할은 매우 중요하다.

영아가 특정 인물과 애착관계를 형성했다는 증거는 낯가림과 분리불안을 통해서 확인할 수 있다. 낯가림은 영아가 특정 인물과 애착을 형성한 후에 낯선 사람이 다가오거나 낯선 사람에게 맡겨질 때 큰 소리로 우는 반응을 보이는 것이다. 이러한 낯가림은 6~8개월경에 나타나기 시작해서 만 1세 전후에 최고조에 달했다가 서서히 사라진다. 낯가림이 낯선 사람에 대한 불안에 기인한 것이라면 분리불안은 친숙한 사람과의 분리에서 오는 불안이다. 이러한 분리불안은 9개월 정도부터 나타나기 시작하여 20~24개월에 사라진다(권중돈, 2023: 86).

에인스워스(Ainsworth)는 애착형성 발달단계를 4단계로 설명하였다(장수복 외, 2022: 59).

- 1단계(출생~3개월): 영아는 울음, 발성, 미소, 응시, 시각적 추적으로 양육자와 접촉을 시도하고 양육자를 자기 곁에 머무르게 하려고 노력한다. 영아는 감각적 접촉에 의해 양육자의 독특한 특성을 인지한다.

- 2단계(4~6개월): 영아의 반응은 몇몇 친숙한 성인에게 한정되어 친숙한 사람이 나타나면 미소를 짓고 좋아하다가 친숙한 사람이 떠나면 싫어하는 표정을 짓는다.
- 3단계(7~24개월): 이 시기 영아는 양육자에 대한 분명한 애착을 형성하며 다른 가족에 대해서도 애착행동을 나타낸다. 애착대상에게는 능동적으로 접근하고 접촉을 시도한다.
- 4단계(2세 이후): 영아와 양육자의 협력자 관계를 형성할 수 있다. 양육자가 외출할 때 떼를 쓰기도 하지만, 양육자가 돌아올 때까지 기다릴 수도 있다.

2) 사회복지에서의 실천 영역

첫째, 출산을 통해 아기를 맞이한 가족을 위해 사회복지사는 신생아의 특성이나 부모역할의 중요성, 인간발달과정 등에 대한 교육을 확인한다. 부부상담 및 가족 상담을 통해 가족 전체가 신생아의 등장에 적응하여 새로운 가족구조를 만들어 가도록 지원하여야 한다.

둘째, 자녀가 미숙아나 선천성 장애아 등 신체적으로 문제가 있는 경우, 부모는 양육스트레스가 커진다. 대다수의 부모는 매우 실망하고 당황하게 되며 자신들의 인생 전체에 대한 위기감을 크게 느끼며 절망하기도 한다. 선천성 장애아를 출산한 경우 경제적인 이유 등으로 자녀를 방임하거나 방치할 수 있다. 사회복지사는 미숙아 및 선천성 이상아를 대상으로 한 의료비 지원을 받을 수 있도록 지원하거나 장애아 전문기관에서 조기치료와 교육 및 훈련이 이루어질 수 있도록 원조하여야 한다.

셋째, 직장생활을 하는 산모인 경우 근로기준법에 명시된 출산 전후 휴가제도를 적극적으로 이용하고 직장생활과 양육 활동을 병행할 수 있는 적절한 방법이나 제도에 대한 정보를 제공하며 가사분담을 포함한 가족 내 역할 조정을 지원할 수 있어야 한다.

넷째, 영아기에 형성되는 애착관계는 이후 신뢰 형성, 타인과의 관계 등 사회적 발달에 큰 영향을 미치므로 주 양육자와 애착관계를 잘 형성하고 분리불안을 느끼지 않도록 하는 것이 중요하다.

다섯째, 효과적인 애착관계 형성을 위해서 육아휴직제도와 육아기 근로시간단축제도의 활발한 활용이 도움이 될 수 있다. 육아휴직은 만 8세 이하 또는 초등학교 2학년 이하의 자녀를 가진 근로자가 자녀를 양육하기 위하여 신청, 사용하는 휴직이며 기간은 1년이다. 육아휴직기간에는 통상임금의 100분의 80을 육아휴직급여로 받는다. 육아기 근로시간단축제도는 만 8세 이하 또는 초등학교 2학년 이하의 자녀를 가진 근로자(근속기간 6개월 이상)가 자녀를 양육하기 위해 근로시간 단축을 신청할 수 있는 제도로, 1년(육아휴직 미사용기간 가산 시 최대 2년) 동안 주 15~35시간까지 선택 근무가 가능하다.

여섯째, 주 양육자인 어머니가 산후우울증으로 인해 영아와의 접촉을 꺼리면서 애착관계를 거부하지 않도록 가족들의 관심과 지원이 있어야 하며 필요한 경우 상담과 심리치료를 받을 수 있어야 한다.

3. 유아기

유아기는 약 3세부터 6세까지의 시기로 취학 전까지를 말한다. 유아기 때는 영아시기처럼 급격한 신체적 변화는 일어나지 않으나 또래와의 상호작용이 많아지고, 인지능력이 발달하며 호기심도 많아지면서 주변환경을 적극적으로 탐구해 나아간다. 유아기는 에릭슨의 심리사회적 이론 중 3단계인 주도성 대 죄책감을 획득하는 단계이며, 프로이트의 남근기에 해당한다. 이 시기의 유아는 에너지가 외부로 향하면서 세상에 대한 호기심이 증가하고 환경을 적극적으로 탐색하고 변화시키며 놀이를 통해 새로운 시도를 한다.

1) 유아기의 발달 특성

(1) 신체적 발달

급속한 신체 발달 시기를 겪는 영아에 비해 유아는 키나 몸무게의 성장률이 매년 지속적으로 감소한다. 유아의 신체는 비교적 완만한 발달을 이루면서 신체 변화가 일어난다. 가장 눈에 띄는 유아들의 신체적 변화는 크기와 모습의 변화이다. 일반적으로 가슴이 복부보다 점차적으로 커지는 모습을 나타낸다. 유아의 다리와 몸통은 머리에 비해 상당히 빠른 속도로 성장한다. 다리와 몸통은 길어지고 가늘어지는데, 신체비율에서 머리가 차지하는 비율은 급격히 감소한다. 체지방도 지속적으로 감소하여 배가 나오고 통통한 모습이던 영아기의 모습에 비해 유아기는 길고 홀쭉한 모습이 된다.

① 신장 및 체중 발달

유아기의 신장과 체중은 개인차가 있으나 6세가 되면 신장은 출생 시의 2배가 되어 약 100~120cm 정도 되며 1년에 6~7cm 정도 자란다. 체중도 출생 시의 6배가 되어 20~22kg 정도 되며 1년에 2.6kg씩 더 증가하게 된다. 질병관리청(2023)의 '2017 소아 · 청소년 성장도표'에 의하면 6세 남아의 평균 신장은 115.9cm, 여아는 114.7cm이며, 남아의 평균 체중은 21.3kg, 여아는 20.7kg이다. 또한 남아의 평균 머리둘레는 51.7cm, 여아는 50.9cm로 신장이나 체중, 머리둘레에서 여아가 남아보다 모두 낮았다. 그러나 이후 11~12세까지는 여아가 남아를 앞서가다가 13세부터는 남아가 여아보다 더 앞서가게 된다(윤매자 외, 2023: 92).

② 치아 발달

유아기의 치아는 유치(젖니)와 영구치가 있다. 유치는 20개이고 영구치는 32개로 5~6세에서 13세 사이에 유치가 빠지면서 그 부분에 영구치가 나온다. 영구치는 유치가 빠진 순서대로 나오는데, 유아기에 유치의 관리를 잘못하면 충치가 생겨 영구치가 자라는 데 문제가 발생할 수 있으므로 올바른 양치질 교육과 정기적인 치과검진 등을 통해 유치 관리를 바르게 해야 한다.

③ 뇌 발달

유아기에는 뇌가 계속 성장을 한다. 두미발달 원칙에 의해 뇌와 머리의 크기는 신체의 다른 부분보다 더 빨리 성장한다. 지속적으로 성장하여 유아의 뇌 무게는 성인의 70~90%로 증가하게 된다. 3~6세에는 뇌의 뉴런조직망이 전두엽에서 가장 신속하게 성장한다. 뇌가 발달하면서 유아는 신체적 협응능력, 지각능력, 주의능력, 언어능력, 논리적 사고능력과 상상능력 등의 발달이 일어난다(이기숙 외, 2023: 234). 유아기에는 대뇌보다 소뇌가 현저하게 발달하여 운동반응의 잠재력도 크게 증가한다.

④ 대 · 소근육 발달

유아기는 머리의 비율이 낮아지고 몸의 무게중심이 아래로 내려간다. 그러므로 상체가 가벼워지면서 운동 속도가 증가하고 균형감각이 생기며 유연성이 향상된다. 신체의 대근육을 수반하는 새로운 운동능력이 발달하게 된다(윤매자 외, 2023: 93). 유아기는 이동 능력의 향상, 신체 움직임에 대한 통제와 조절을 이루는 시기이므로 산책이나 달리기, 뛰기와 균형 잡기, 계단 오르기, 또한 공 던지기 및 공 받기, 자전거 타기, 술래잡기나 모래놀이 등 다양한 신체운동기능을 활용한 놀이를 통해 경험을 할 수 있도록 해야 한다.

유아기의 소근육 발달은 눈과 손을 협응하여 조절하는 능력으로 유아가 일상생활과 놀이를 통해 소근육을 활용할 수 있는 다양한 자료와 활동 및 환경을 마련해 주는 것이 좋다. 소근육 발달을 촉진하는 활동으로는 글쓰기, 퍼즐 놀이, 실뜨기, 옷을 입고 벗기, 젓가락 사용, 그림 그리기, 신문지 찢기, 블록 놀이, 가위질하기 등이 있다. 이러한 활동을 활용하여 소근육을 발달시키는 것이 좋다.

표 11-6 유아기의 대근육 발달

구분	연령	발달 특징
달리기	3세	비교적 잘 달리지만 달리면서 방향을 바꾸기 어렵다.
	5세	계속 달리면서 방향을 바꿀 수 있다. 갑자기 멈추어도 넘어지지 않는다.
	6세	탄력적으로 달리며 속도 조절이 가능해진다.
뛰기	3세	조금 높은 곳에서 뛰어내린다. 한 발 먼저 뛰는 동작에서 시작하여 두 발 뛰기가 가능해진다.
	5–6세	멀리뛰기, 높이뛰기가 가능하고 줄넘기를 할 수 있다.
균형잡기	3세	평균대 위에서 발을 바꾸면서 걸을 수 있다.
	5세	몸의 균형을 잡고 주저하지 않고 안전하게 걸을 수 있다.
계단 오르기	4세	난간을 잡고 두 발을 사용하여 올라간다.
	5–6세	두 발을 교대로 사용하여 오르며, 내려올 땐 두 발을 모아 내려온다.
공 던지기 및 공 받기	3세	공을 던질 때 팔목을 사용할 줄 모르고 어깨와 팔꿈치를 움직여 공을 던진다. 공을 가슴 앞에 잡을 수 있도록 팔꿈치를 구부리게 된다.
	4세	팔목을 사용하여 앞으로 공을 던진다. 공을 받을 때 어깨와 몸통, 다리를 사용하여 받는다.
	5–6세	발을 앞으로 내밀고 팔을 쭉 뻗어 균형 잡힌 자세로 공을 던진다. 공이 떨어지는 지점을 예측하고 신체를 이리저리 움직이면서 손과 손바닥으로 공을 잡는다.

출처: 윤매자 외(2023). p.94.

(2) 유아기 인지발달

피아제는 인지발달단계를 감각운동기, 전 조작기, 구체적 조작기, 형식적 조작기로 구분하였다. 4단계 중 유아기는 전 조작기에 해당한다. 피아제는 조작기에 들어가기 전 기간을 '전 조작기'라고 명하였는데 이 기간은 조작이 가능하지 않기 때문이다. 전 조작기의 유아는 이전 감각운동기 영아에 비하여 표상 및 상징 활동이 가능해지게 된다. 즉 눈앞에 보이지 않는 것을 기억하거나 표현하는 능력이 발달하게 되어 이전 단계에 비하여 사고의 폭이 확대될 수 있다는 점에서 중요한 의미를 지닌다. 그러나 이 시기는 정신적 표상에 의한 사고는 할 수 있지만 개념적 조작능력이 부족하다는 점에서 전 조작기라고 한다(이기숙 외, 2023: 223). 이 시기에는 다음과 같은 주요 특징이 있다.

① 자아중심성 사고

자기중심성은 전 조작기 사고의 중요한 특징으로 모든 사람을 자신의 관점에서만 보는 것이다. 예를 들어 숨바꼭질 놀이를 할 때 자신이 눈을 감으면 술래도 자신을 볼 수 없다고 생각하거나 아빠 생일에 자신이 좋아하는 인형을 아빠에게 선물하기도 한다.

② 실재론

이 세상에 모든 것이 실재적인 형태로 존재한다고 믿는 것이다. 상상과 현실 상황을 구분하지 못하는 사고의 특성을 의미한다. 예를 들어, 아이가 잠을 자다가 엄마와 함께 기차를 타고 여행을 가는 꿈을 꾸었다면 꿈에서 깨어난 실제 상황에서 엄마와 기차를 탔던 것처럼 꿈을 실제로 믿고 이야기를 하는 경우이다.

③ 물환론적 사고

물활론적 사고는 유아기 초기의 가장 현저한 특성으로 생명이 없는 대상에게 생명과 감정을 부여하는 것이다. 즉 모든 사물은 살아 있다고 믿는 것이다. 모든 사물이 사람처럼 생각하고 느낄 수 있다고 믿으며, 모든 사물은 각자의 의지에 따라 움직인다고 생각하는 것이다. 예를 들어 아이의 신발을 멀리 던지면 신발이 아프다고 걱정을 한다. 또한 곰돌이 인형이랑 안 놀아주면 인형이 심심해 할 거라고 생각한다.

④ 전환적 추론

전환적 추론은 한 특정 사건으로부터 다른 특정 사건을 추론하는 것으로 두 가지 현상이 근접해서 발생하면 두 현상 간에 아무 관계가 없음에도 불구하고 인과관계가 있다고 생각한다. 예를 들어 아이가 화가 나서 엄마에게 소리를 질렀고 그때 엄마가 실수로 넘어졌다면 아이는 '내가 소리를 질러서 엄마가 넘어지게 되었다'라고 추론을 한다.

⑤ 보존 개념 결여

보존 개념은 어떤 대상의 외형이 변하더라도 그 대상의 양이나 수 또는 길이나 면적 등의 물리적 속성은 변하지 않는다는 것을 이해하는 것이다. 예를 들어 똑같은 양의 우유를 좁고 긴 컵에 담아서 주다가 낮고 넓은 컵에 같은 양의 우유를 담아서 주면, 긴 컵에 우유를 담아서 줄 때보다 우유를 적게 주었다고 속상해 한다. 보존 개념이 획득되는 연령은 보존 개념의 종류에 따라 다르다. 일반적으로 수의 보존 개념은 5~6세, 길이의 보존 개념은 6~7세, 무게나 액체, 질량과 면적의 보존 개념은 7~8세, 부피의 보존 개념은 11~12세가 되면 대부분 획득된다(이기숙, 2023: 244). 다만 각 보존 개념의 획득 시기는 개인에 따라 차이가 있음을 참고해야 한다.

⑥ 상징적 사고

상징은 사실이나 생각, 느낌 등을 기호나 행동을 통해 나타내는 것으로 언어나 그림, 놀이 등을 통하여 표현하고자 하는 대상이나 상황을 나타낸다. 유아는 상징적 사고가 가능해짐에 따라 실제로 존재하지 않는 것을 존재하는 것처럼 생각할 수 있으며 상징놀이가 가능해진다. 예를 들어 막대기를 가지고 자동차라고 하면서 운전하는 시늉을 하거나 소꿉놀이를 하면서 나뭇잎에 돌이나 모래를 올려놓고 음식이라고 하면서 먹는 흉내를 내기도 한다. 이러한 상징놀이를 통해 유아는 사고의 폭을 확장하게 된다.

전 조작기 특징을 통하여 유아의 인지발달단계에 맞는 개별화된 환경지원을 제공하고 유아의 개별적인 발달의 개인차를 고려한 자극을 제시하여 유아가 성취하는 경험을 갖도록 하는 것이 필요하다.

(3) 유아기 언어발달

유아기 사고의 특성은 상징을 사용할 수 있는 능력이며, 가장 중요한 상징적 표현의 수단은 '언어'이다. 일반적인 언어의 의미를 생각해 보면 사람들이 자신의 머릿속에 있는 생각을 다른 사람에게 나타내는 체계라고 할 수 있다. 즉, 언어를 통하여 타인과 상호작용을 하고, 새로운 정보를 교환하고, 의미를 부여하며, 자신이 바라는 것을 표현한다. 또한 언어를 통해 타인의 행동을 통제하기도 하고, 자신의 독특한 생각이나 견해, 감정, 태도 등을 나타낸다(정옥분, 2013 재인용; 윤매자 외, 2023 재인용). 유아기에는 사용하는 단어의 수가 빠른 속도로 증가하고 말하는 문장도 발달한다. 언어발달에는 유아마다 개인차가 있어서 초기에 습득하는 단어의 종류도 각각 다르다. 3세가 되면 낯선 사람이 질문을 하면 답을 말할 정도로 의사소통이 가능해진다. 그러면서 자기가 원하는 내용만을 말하는 것이 아니라 듣는 사람에게도 맞추어야 한다는 것을 배우게 되어(최경숙, 2001 재인용; 김이영 외, 2016 재인용; 윤매자 외, 2023 재인용) 의사소통의 폭이 넓어진다.

샤츠와 겔만(Shatz & Gelman, 1973)에 의하면, 4세 유아는 같은 말이라도 상황이나 듣는 사람의 연령 등을 고려하여 성인에게 설명할 때는 길고 복잡한 문장을 사용하는 반면, 자신보다 어린 유아에게 설명할 때는 짧은 문장을 사용한다고 하였다(김이영 외, 2016 재인용; 윤매자 외, 2023 재인용). 또한 5세 유아는 주변에서 보고 경험한 것을 언어로 표현하며 의사소통을 할 수 있게 된다. 또래나 다른 사람들과의 상호작용을 통해 사회적 언어를 사용하게 되며 정보전달뿐만 아니라 자신의 의사를 표현하기 위해 다양한 질문과 반응, 감정 등이 들어간 언어로 의사소통을 하게 된다(윤매자 외, 2023: 98). 유아의 질문에 민감성 있는 태도와 긍정적인 반응을 하는 성인의 의사소통 행동은 유아의 언어발달을 촉진한다.

(4) 유아기 사회적 발달

① 유아기 정서발달

유아는 정서적 유능감이라 불리는 정서 이해 능력이 발달한다. 유아는 슬픔이나 공포, 좌절하고, 행복함과 당황함 등 자신의 다양한 정서적 감정들을 말로 표현하는 능력이 급속도로 증가할 뿐만 아니라 다른 사람의 정서를 이해하고 그에 적절히 반응하는 능력도 상당히 발달한다(Berk, 2011; 손병덕 외, 2013: 312). 정서를 적절히 조절하는 방법도 배우게 된다. 유아는 자신의 정서를 효율적으로 조절하기 위해 다양한 전략을 사용한다. 예를 들어, 천둥소리와 번개의 무서운 공포감을 줄이기 위해 귀나 눈을 막는 행동을 하거나, 친구들이 놀이에 끼워 주지 않을 때 "나도 너희랑 놀고 싶지 않았어"라고 스스로에게 말함으로써 좌절과 분노의 감정을 억누르는 등 자신의 정서를 조절하기 위한 다양한 전략을 사용한다(Berk, 2011; 손병덕 외, 2013: 313).

부모나 양육자의 양육태도나 양육행동은 유아의 정서조절능력에 영향을 미친다(김희주, 1997).

연구에 의하면 부모의 양육태도를 통해 정서조절능력을 형성하게 되고 유아는 또래관계를 유지할 수 있다는 것을 알 수 있다(김연정 외, 2015). 유아의 정서조절능력에 관한 대부분의 연구들은 부모와의 상호작용이 정서조절능력의 근원이라고 보고하였다(Kim, 2002; Park & Kim, 2005; Lee & Cho, 1998). 정서조절능력이 높은 아동은 자신의 정서를 잘 이해함으로써 또래를 잘 돕고 원만한 관계를 형성하는 반면, 정서조절능력이 부족한 아동은 다른 사람이 느끼는 것을 공감하지 못하며, 대인관계에서 일어나는 문제나 갈등을 해결하는 능력이 부족하게 된다(Saarni, 1990). 부모가 자녀를 애정적으로 대할 때 아동은 정서적으로 안정감을 느끼고, 부모와의 긍정적인 관계를 통해 또래관계를 잘 형성하는 데 도움을 주는 반면(Lee, 2007), 부모가 부정적이고 역기능적인 양육태도를 보일 경우 아동의 사회적 능력에 부정적인 영향을 미친다(Cohn, 1990). 그러므로 부모나 양육자는 유아의 정서를 잘 이해해 주고, 유아를 양육하는 사람은 스스로 부정적인 정서를 적절히 조절하는 모범적인 모습을 보여주어야 한다.

유아기는 언어와 인지가 발달하면서 상황에 따라 자신과 다른 사람의 감정을 이해하고 설명하면서 공감능력도 발달한다. 특히 공감은 다른 사람의 정서를 경험하는 능력으로 이타적 행동과 친사회적 행동을 하게 한다. 유아의 건강한 정서발달을 돕기 위해서는 주변 성인들이 유아의 정서를 이해해 주고 지지해 주어야 한다. 유아의 정서를 무시하거나 제한하기보다는 정서적 반영(emotional response)을 통해 유아의 정서표현을 인정해 주어야 한다(이기숙 외, 2013: 280). 유아는 정서적 반영을 통해 자신의 정서가 주변 성인에게 존중된다고 인식할 뿐 아니라 자신의 정서에 대한 기술을 들으면서 자신의 정서를 더 정확하게 이해하고 표현하게 되므로(이기숙 외, 2013: 280) 유아기 정서발달에 대한 관심은 매우 중요하다.

② 유아의 자아개념 발달

자아개념(self-concept)은 자신의 신체적 특징을 포함해서 행동이나 사고가 타인과 다르다는 것을 깨닫는 것이다. 즉, "나는 누구인가?", "나는 무엇인가?" 등의 질문에 대한 답을 의미하는 것으로 자아인식(self-awareness) 또는 자아인지(self-cognition)와 같은 개념으로 사용된다. 자아개념은 개인이 자기 자신에 대하여 가지는 주관적인 지각으로, 다른 사람을 대하는 태도도 자아개념에 따라 달라지기 때문에 자아개념은 인간관계에서 매우 중요한 영향을 미친다(김현호 외, 2015: 179).

유아의 자아개념은 신체적 자아인식단계와 외적 특성에 의한 자아인식단계, 심리적 자아인식단계, 사회적 자아인식단계를 거쳐 발달한다(김상림 외, 2014: 173). 유아는 특히 타인과의 상호작용을 통해 타인이 자신을 어떻게 인식하고 평가하는가를 점차적으로 지각하면서 자기 자신에 대한 인식을 형성해 나간다.

유아는 처음에는 외적 특성에 따라 자아를 인식하다가 점차 사회적 자아인식단계로 발전해 간다. 초기에는 자신과 타인을 성별이나 나이와 같은 범주에 따라 구분할 수 있다. 자신의 신체적 특징, 자신이 좋아하는 것, 자신의 소유물, 자신의 일상생활의 행동 등의 특성을 통해 자신을 인식하고 표현한다. 예를 들면 유아가 자신을 소개할 때 "나는 5살이에요", "나는 그림을 잘 그려요", "나는 자동차를 좋아해요", "나는 오늘 멋진 왕자님 구두를 신었어요" 등의 언어적 표현을 통해 유아가 주로 관찰 가능한 일상생활의 외적 특성으로 자아를 인식하고 있음을 알 수 있다. 그러나 유아의 연령이 높아질수록 심리적 상태나 특성에 기초하여 자신을 인식하게 된다.

③ 유아의 자아존중감 발달

자아존중감(self-esteem)이란 자기 자신의 존재에 대해서 긍정적 또는 부정적으로 나타나는 감정으로 자기 자신의 가치, 능력, 특성에 대한 스스로의 판단이나 감정을 의미한다. 자아에 대한 평가적 신념으로 개인의 심리와 인성, 행동과 적응, 나아가 자아실현의 모든 측면에 영향을 미치므로 자아발달의 가장 중요한 부분이라고 할 수 있다(김상림 외, 2014: 174). 즉, 자아존중감은 자신이 생각하는 자기 존재에 대한 느낌을 의미한다.

유아의 자아존중감은 놀이나 어떠한 행동을 통해 유아가 성취한 경험이나 성공을 통해서 형성된다. 가족이나 주변 사람들의 칭찬이나 긍정의 평가는 유아의 자존감을 형성하는 데 많은 도움이 된다. 유아가 성취감을 통해 자신이 능력이 있는 존재라고 생각할 때 주위에서 칭찬으로 인정을 해주면 유아는 긍정의 자아존중감이 형성하게 된다. 자아존중감이 높은 유아는 자신이 능력이 있다고 믿게 되며 자신감이 넘치게 되고, 더불어 새로운 과제에 도전하려는 노력을 하게 된다. 특히 유아를 양육하는 부모의 양육방식은 자아존중감 형성에 영향을 미치는 중요 요인이다. 유아의 자아존중감을 높이기 위해서는 양육을 담당하는 부모나 양육자가 유아가 성취감을 가질 수 있는 적당한 놀이나 경험의 기회를 제공하는 것이 필요하다. 유아의 성취능력보다 매우 높은 수준의 기회나 과업을 제공하기보다는 유아가 충분히 성공할 수 있는 과제를 제시하는 것이 자아존중감을 높이는 데 바람직하다.

④ 유아기 사회성 발달

유아기는 다른 사람의 감정과 행동을 이해하기 시작하며 사회적 규범에 맞게 자신의 행동을 통제할 수 있는 능력이 발달하는 시기다. 특히 유아는 또래관계를 통해 사회성을 발달시켜 나가는데, 또래관계는 가족 이외에 가장 중요한 사회적 관계로 유아기의 사회성 발달에는 또래관계가 매우 중요한 역할을 한다. 또래란 같은 연령이거나 비슷한 연령의 친구를 의미하며 또래관계는 놀이나 활동을 함께하면서 만들어진다. 또래관계는 서로에게 정보를 제공해 주기도 하고 비교의 대상이 되기도 하며 사회적 행동에 있어서 중요한 부분을 차지한다.

유아는 서로 또래의 행동에 보상이나 벌을 주는 강화자의 역할을 하면서 또래의 행동을 관찰하여 모방한다. 또한 또래의 반응에 주의를 기울이면서 그 집단에서 허용되는 행동과 그렇지 않은 행동을 학습한다. 유아는 어떤 판단을 내릴 때나 행동을 선택을 할 때는 대부분 자신과 비슷한 또래와 비교한다. 또래와의 비교를 통해 본인의 능력을 평가하고 자신의 행동을 규제하기도 하면서 사회적 구성원으로 성장한다(이숙재 외, 2023: 234). 유아의 사회적 행동에는 친사회적 행동이 있다.

'친사회적 행동(pro-social behavior)'이라는 용어는 위스프(Wispe, 1972)에 의해 처음 제기된 것으로 다른 사람에게 이익을 주는 개인의 사회적인 반응으로 타인이나 집단에게 도움을 주기위해 이타성을 표출하는 자발적이고 긍정적인 행동을 뜻한다. 즉, 친사회적 행동은 하나의 포괄적 개념으로 타인에게 도움이나 이익을 주기 위해 외적인 보상을 기대하지 않고 자발적으로 행하고, 사회적이며 긍정적인 결과를 가져오는 행위로 공격성과 같은 반사회적인 행동의 상대 개념이라고 할 수 있다. 이타성이란 타인의 행복을 위해 자신을 희생하고 배려하는 마음을 말한다. 이타적 행동은 친사회적 행동의 대표적 행동이다. 이타적 행동은 풍부한 사회적 조망능력의 경험과 인지능력의 발달 속에서 타인에 대한 감정이해와 감정이입을 하는 경험이 많아지면서 향상된다(김기현 외, 2014: 212).

친사회적 행동과 이타적 행동은 모두 타인에게 도움을 주는 행동이다. 반면 이타적 행동은 행위자가 의도적으로 타인에게 이로움을 주려는 의도가 내포되어 있는 행동이나(김상림 외, 2014: 214) 친사회적 행동은 타인과 원만한 관계를 유지하게 하고 주변환경에 잘 대처하게 하는 행동이다. 유아기에 나타나는 친사회적 행동 요소에는 관심 갖기, 감정이입하기, 나누기, 도와주기, 위로

하기, 보살피기, 협조하기 등이 있는데 〈표 11-7〉에서 살펴볼 수 있다.

표 11-7 친사회적 행동요소

행동 요소	내용
관심 갖기	상대에게 자신의 생각과 마음을 집중하는 것이다.
감정이입하기	상대의 생각과 감정에 공감하면서 반응을 보이는 것이다.
나누기	상대의 필요와 요구를 알고 자신이 가진 것을 주는 것이다.
도와주기	상대에게 필요한 도움을 알고 자신의 능력을 활용하여 도와주는 것이다.
위로하기	상대의 어렵고 힘든 상황을 이해하고 격려해 주는 것이다.
보살피기	상대의 필요를 알고 정성을 다해 돌보아주는 것이다.
협조하기	어떤 목표를 위해 서로 마음과 힘을 하나로 모으는 것이다.

출처: 조형숙 외(2013). 재인용; 김상림 외(2014). p.214 재구성.

2) 사회복지에서의 실천 영역

첫째, 유아는 부모의 보호와 가족이 있는 안전한 환경에서 양육되고 적절한 교육을 통해 건전하게 성장할 권리가 있다. 유아기는 평생 건강의 기초가 되는 시기로 돌봄의 건강관리가 필요하다. 충분한 영양 지원과 함께 유아 건강검진을 시행하여 건강하게 성장하도록 지원해야 한다.

둘째, 유아기는 자기 인식이 발달하면서 자아존중감이 발달하게 된다. 유아기의 자아존중감 형성에는 부모와의 상호작용과 양육태도가 많은 영향을 미친다. 특히 유아의 주도적인 행동이나 실수를 이해하도록 한다. 유아의 행동 중 잘못된 부분에 비난하거나 야단을 치기보다는 노력한 부분을 칭찬하고 격려를 통해 유아의 자아존중감이 긍정적으로 형성되도록 지원해야 한다. 부모는 유아의 인지발달단계에 따른 환경과 상호작용을 지원하고 실수 경험을 긍정적으로 인식하고 실수를 통해서 배우도록 다정하고 따뜻한 안내를 제공하도록 해야 한다.

셋째, 유아발달을 지원하는 사회적 제도인 유아보육기관을 잘 활용하도록 돕고 국가가 제공하는 유아 건강검진 및 구강검진이나 유아발달장애 정밀검사 등을 통해 건강을 확인하도록 지원해야 한다. 또한 발달장애가 있을 경우 재활치료사업과 연계해서 재활과 치료서비스를 제공하도록 하고, 사회심리적 요인으로 인한 문제행동이 있을 경우 부모와 함께 행동수정과 지지적 상담을 제공하도록 한다.

넷째, 유아를 양육하는 부모의 양육행동이 유아의 정서나 유아사회성 발달에 많은 영향을 미치므로 부적절한 양육행동을 시행하는 부모나, 양육에 대한 정보가 부족한 부모를 위해 지자체단체나 육아종합지원센터, 건강가정지원센터 등에서 제공하는 다양한 부모교육서비스를 활성화하고 참여를 독려하여 부모의 양육을 지원하도록 한다.

다섯째, 유아기를 성공적으로 지내기 위해서는 유아의 자기주도성을 지원하는 양육자의 적절한 돌봄이 중요하다. 그런데 가정에서 교육차원이라는 명분 아래 신체적 혹은 정신적으로 가혹행위를 하는 부모나 양육자를 볼 수 있다. 유아에게 가장 안전한 환경이어야 할 가정에서 아동학대가 많이 일어나고 있다. 피해아동의 가족 유형을 보면 주로 경제적 어려움이 있거나 가족의 해제 등으로 인한 아동학대가 빈번하게 발생하고 있으므로 사회복지정책을 통한 공공기관이나 지역 환경을 활용하여 다양한 복지서비스를 지원하도록 한다. 「아동학대범죄 처벌 등에 관한 특례법」에서는 제10조(아동학대범죄 신고의무와 절차)를 통해 아동학대를 신고할 의무가 있는 신고의무자를 규정하고, 직무를 수행하면서 아동학대범죄를 알게 된 경우나 그 의심이 있는 경우에 즉시 신고하도록 하고 있다. 학대가 발견되면 즉시 신고하여 유아가 안전한 곳에서 보호를 받을 수 있도록 지원하도록 한다.

기출문제

1. 임신 중 모체가 태아에게 영향을 미치는 요인을 모두 고른 것은?

ㄱ. 임산부의 연령	ㄴ. 임산부의 건강 상태
ㄷ. 임산부의 약물 복용	ㄹ. 임산부의 교육 정도

① ㄱ, ㄴ, ㄷ　② ㄱ, ㄷ　③ ㄴ, ㄹ
④ ㄹ　⑤ ㄱ, ㄴ, ㄷ, ㄹ

2. 임신 중 태아기에 기형 혹은 저체중을 발생시키는 요인으로 옳지 않은 것은?

① 간접흡연
② 항생제 섭취
③ 알코올 섭취
④ 포리염화비페닐(PCB)에 노출
⑤ 철분 섭취

3. 영아기(0–2세)의 발달 특성으로 옳은 것을 모두 고른 것은?

ㄱ. 애착관계 및 대상 영속성이 확립된다.
ㄴ. 모로 반사, 바빈스키 반사 등의 반사 행동이 나타난다.
ㄷ. 피아제(Piaget)의 감각운동단계로서의 목적 지향적 행동을 한다.
ㄹ. 서열화 및 분류화를 획득한다.

① ㄱ, ㄴ, ㄷ　② ㄱ, ㄷ　③ ㄴ, ㄹ
④ ㄹ　⑤ ㄱ, ㄴ, ㄷ, ㄹ

4. 유아기의 인지발달 특성에 해당하지 않는 것은?

① 상징적 사고
② 자기중심적 사고
③ 전환적 추론
④ 물활론적 사고
⑤ 대상영속성

5. 유아기의 발달 특성으로 옳은 것은?

① 유아기는 2개 이상의 단어를 결합하여 자신의 요구나 의사를 보다 정확하게 전달하는 시기이다.
② 유아기는 피아제의 인지발달단계 중 전 조작기에 해당한다.
③ 유아기는 에릭슨의 발달단계에서 신뢰감 대 불신감에 해당한다.
④ 유아기는 반사운동기로 반사행동을 통하여 지식을 습득하는 단계이다.
⑤ 유아기는 프로이트의 구강기에 해당한다.

정답	1. ① 2. ⑤ 3. ① 4. ⑤ 5. ②

12
CHAPTER

아동 · 청소년기

1. 아동기

아동기는 7~12세로 조직적인 학습 생활로 들어가는 초등학교시기로, 이 시기를 학령기로 불리기도 한다. 가정이라는 보호적 환경에서 벗어나 학교라는 사회에 적응하는 방법을 배워야 한다. 학교라는 작은 사회를 경험하면서 많은 지적 능력을 발전시키고 친구들과의 다양한 관계를 통해 사회의 가치관, 규범을 획득하는 시기이다.

1) 신체적 발달 특성

아동기의 신체발달은 점진적이고 지속적으로 완만하게 이루어지는 시기이다. 전체적으로 신체의 체계가 안정되는 시기로서, 여아가 남아보다 발달이 앞서는 현상을 보이며 몸통보다 팔과 다리의 성장이 빨라져서 학령전기에 비해 팔다리가 길어진다. 이는 급격한 신체성장이 일어나는 사춘기가 남아보다 여아에게 보통 2년 정도 빨리 시작되기 때문이다. 아동기에는 뼈와 근육의 성장과 함께 근육도 함께 자라야 하는데, 그 과정에서 다리가 아픈 성장통(growing pain)을 경험하게 된다.

2) 운동발달 특성

운동발달은 새롭게 발달하는 운동기능은 없지만 운동기술이나 근육의 협응이 점차 세련되고 정교화되어 운동의 속도, 정확성, 안정성, 역량 등이 발전되고 정교해진다(강봉규, 2000). 아동기는 유아기에 비해 달리기, 던지기, 뛰기 등의 능력을 활용한 스포츠나 집단화된 단체놀이에 관심을 보인다.

아동기에는 신체성장과 함께 효율적 정보처리능력도 발달되어 규칙이 있는 스포츠나 단체놀이에 참여하는 것을 좋아한다. 이러한 단체놀이는 운동효과 이외에도 우정 관계를 형성하고 게임의 규칙을 준수하여 서로 협력하는 사회적 기술의 학습도구로 활용된다. 이러한 운동발달은 신체발달뿐 아니라 심리사회적 발달에도 긍정적 영향을 미친다.

3) 인지발달 특성

피아제의 인지발달단계에 의하면 이 시기를 구체적 조작기라고 한다. 이 시기에 아동은 보존, 분류, 서열 개념을 획득한다.

아울러 조합 기술을 획득하여 더하기, 빼기, 곱하기, 나누기와 같은 셈을 할 수 있다. 이러한 구체적 조작 사고의 발달은 현상들 간의 인과관계를 추론할 수 있고 물리적 세계의 규칙과 대상 사이의 관계를 지배하는 힘의 원리를 알고 그에 따른 대상을 분류한다.

자기중심성 사고에서 탈피하여 타인의 입장을 추론할 수 있게 된다. 이에 따라 공정성, 합법성, 권위에 대한 존중 등과 같은 사회적 관계와 관련된 개념도 획득한다.

4) 언어발달 특성

언어발달은 유전보다는 환경의 영향을 많이 받게 되는데, 가정환경과 교육기회 정도, 생활 문화적 배경과 사회계층에 영향을 받게 된다.

아동기의 언어발달은 영유아기만큼 빠르지는 않지만, 꾸준히 어휘가 증가하며 복잡한 문법을 이해하고 문장 속에서 사용하는 데 능숙해진다. 성인과 함께 책 읽기를 포함한 문해활동은 아동의 읽기 능력과 언어발달에 영향을 미친다.

아동기에는 의사소통 측면에서도 발달한다. 타인과 대화할 때 자신이나 상대방의 말에서 의미가 불분명한 부분을 인식하고, 그 부분을 명확하게 만드는 의사소통기술이 발달한다(정옥분, 2009).

5) 사회적 발달

(1) 정서발달

아동기에도 정서의 발달은 지속된다. 정서적 통제와 분화된 정서표현이 가능해진다.

① 공포

사회적 행동이 많아진 시기에 가장 밀접한 정서는 바로 공포이다. 이 시기에는 주로 부모와 교사의 기대를 충족하지 못할 때 따르는 질책과 벌, 그리고 성적 하락이나 운동능력 미발달에서 기인하는 친구들의 따돌림이나 놀림 등에 민감하고 불안해한다. 이러한 감정이 조화롭게 해소되지 못하면 불안정서가 강해져 공포증이라는 정서상태로 나타나게 된다.

② 분노

아동기는 사회적 관계 범위가 넓어지기 시작하면서 분노 감정을 많이 느끼게 된다. 사회적 관계 범위가 넓어졌다는 것은 가정에서 학교와 학원 등에서 또래와 선생님 등과 다양한 인간관계와 사회적 행동을 하면서 다양한 욕구가 좌절되고 행동에 대한 제약과 함께 비교나 무시당하는 경험이 많아져 분노의 감정이 발생하는 빈도가 높아지게 된다.

(2) 자아개념 발달

학령기가 되면 가정 밖에서 다양한 인간관계를 형성함에 따라 아동은 유아기에 비해 부모에 대한 의존성이 감소하고 그와 더불어 자아개념이 형성된다.

자아개념은 자기가 누구이고 무엇을 이해하고 있는지, 나의 특성과 능력, 흥미와 가치관, 그리고 태도와 지위 역할에 대한 스스로의 지각이나 느낌을 의미한다. 자아개념은 아동의 능력과 연관지어 학교생활에서 긍정적 평가나 결과는 자아개념을 형성하는 데 긍정적 역할을 한다.

자아개념이 자신의 존재에 대해 인지적으로 형성된 측면이라고 한다면, 자아존중감은 자신에 대한 평가에 기초하여 자신을 가치 있고 긍정적인 존재로 느끼는 것을 의미한다.

(3) 학교생활

학교는 아동이 하루 종일 많은 시간을 보내는 곳으로, 읽기, 쓰기, 셈하기를 배우며 환경과 문화에 대한 지식을 배운다. 아동은 학교의 또래들과 이루어지는 다양한 학습과정에서 친구를 사귈 수 있는 기회를 가지게 된다. 따라서 아동이 학교에서 어떻게 적응하느냐가 아동의 생활의 질에 중요한 영향을 미친다.

교사는 아동의 행동을 바르게 형성하고 발달을 증진시키기 위하여 다양한 강화법을 사용하고 교육과정 운영 시에도 사회성 발달 증진을 위한 노력을 실천해야 한다.

교사의 행동을 긍정적으로 지각하는 아동일수록 긍정적 자기개념을 형성하는 경향이 큰 것으로 나타났다(권중돈, 2020).

(4) 또래관계

아동은 가족보다 친구의 영향을 더 많이 받고 부모의 강력한 영향력에서 벗어나고 싶어 한다. 아동의 이러한 심리는 학년이 올라갈수록 증가한다. 이 시기의 또래집단은 대개 동성집단으로 연령층과 취미가 같고 지능도 비슷하다. 이때의 공통된 취미는 유행과 유명 가수나 영화배우 같은 타인을 모방하거나, 수집 활동을 함께 공유한다(이종복 · 전남련, 2007).

아동이 자신을 인식할 때 또래들은 자신을 비춰 주는 거울 역할을 수행하기 때문에 또래들의 반응에 민감해 한다. 그래서 또래집단에 동조하지 못하는 것에 대해 두려움을 느끼고 또래의 압력에 쉽게 동조하게 된다.

(5) 단체놀이

7~8세경에는 주로 동성친구들과 어울리며 이성친구에게 배타적이다. 아동

이 9세경이 되면 집단을 형성하여 함께 놀기를 좋아한다. 아동은 단체놀이를 통하여 노동 배분의 개념을 인식하고, 상대방을 존중하는 것도 학습하고, 놀이 규칙을 지키며, 예절을 배울 수 있게 된다. 이러한 단체놀이 과정을 통하여 사회성을 발달시킨다(Newman & Newman, 1991).

2. 청소년기

청소년기는 인간발달단계에서 아동기가 끝나는 13~18세까지의 시기로서 이 시기는 아동기에서 성인기로 전환하는 과도기로서 급격한 신체적 변화와 인지적 발달을 경험하며 자아정체감 확립과 더불어 성인 생활 준비를 위한 여러 가지 과제에 집중하는 시기이다(류종훈, 2005).

1) 신체적 발달 특징

(1) 체격의 변화

신체적 발달이 다시 급등하는 시기로, 제2의 성장급등기로 불린다. 발달의 개인차는 존재하지만 성장급등 현상은 체중과 함께 근육, 골격, 신경, 얼굴, 내장, 생식기관 등에도 나타난다. 간장, 폐활량, 소화기능 등이 현저하게 발달하고, 특히 내분비선의 발달이 특징적이다. 청소년기 성장과 진행 속도는 사회 · 경제 수준, 영양상태, 보건 수준에 의해 영향을 받게 되며, 그 외에는 체형이나, 질병 상태, 인종, 유전적 요인에 의해 결정된다.

(2) 성적 성숙 특성

청소년기 발달 중 가장 특징 중의 하나는 성적 성숙(sexual maturation)이다. 성적 성숙은 생식기관의 발달과 관련하여 발생되는 사회적 · 심리적 적응 과정 모두를 의미한다. 이를 근거로 사춘기(puberty)라고 한다. 이는 단순히 생식기관의 발달로 인한 생식능력의 발달에 초점을 두는 것이며, 신체 구조적 발달에서와 마찬가지로 성적 성숙에서도 성에 따른 차이가 나타나는데, 소녀의 경우 성장급등현상이 일어난 직후부터 성숙이 이루어지며 소년의 경우에는 성장급등현상이 있은 후 1년 정도가 경과하면서 나타나기 시작한다.

소녀의 성숙은 9~16세에 초경(menarche)을 하게 되는 충격적 변화를 경험하며, 초경 후 1년~1년 반 정도 지나면 임신이 가능해진다. 이때 여성이 되었다는 자부심과 함께 불편함과 당혹감의 양가감정을 경험하기도 한다.

우리나라 여학생의 초경 연령은 점점 빨라지고 있다. 초등학교 저학년 중에서도 초경을 하는 경우가 많아지고 있으며, 성조숙증을 보이는 아동도 늘어나고 있다(신명희 외, 2013).

(3) 뇌 발달 특성

청소년기에는 뇌가 아주 많이 변화된다. 뇌 구조기능의 변화가 청소년기 인지능력의 급격한 발달, 동기, 주의력, 정서적 측면의 변화와 관련한다. 특히 전두엽이 관련한다고 알려진 실행 기능인 논리 전개나 동기부여, 그리고 판단력과 정보처리능력도 향상되어 양, 속도, 방법에서도 우수한 결과를 보이게 된다. 그리고 더 복잡한 고도의 기능들은 청소년기에 지속적으로 발달하고 기억용량도 발달하여 단기기억과 장기기억이 모두 연령에 따라 증가하여 청소년기의 시작인 12세경에 거의 성인의 수준에 도달한다.

2) 인지적 발달 특성

청소년기는 피아제가 말한 구체적 조작기에 해당하는 시기다. 미래에 대한 상상과 추상적 개념의 이해가 가능하며, 가설을 설정하고 연역적 추론이 가능해진다.

청소년기는 자신의 지각과 경험보다는 논리적 원리에 지배를 받기 때문에 새로운 지식을 습득할 뿐만 아니라 지식을 이해하고 이용하는 방법이 추상적이고 가설적인 가능성에 대해 논리적으로 사고하고 추가하는 능력이 발달된다.

경험하지 못한 사건에 대한 가설을 설정하고 미래의 사건을 예측하는 가설적, 연역적 사고가 발달한다. 그리고 미래의 이상에 대한 상상과 공상이 많아지는 이상적 사고가 발달한다. 이러한 미래 사건을 예측할 수 있는 사고능력의 발달로 인해 진학, 취업, 결혼 등에 대한 지나친 염려를 함으로써 과도한 불안을 경험하기도 한다. 이때 청소년들은 자기성찰과 비판적 성향이 지나치게 강화될 경우 열등감이 높아질 우려가 있다.

3) 자아정체감의 발달 특성

에릭슨은 12~18세까지의 청소년기가 개인이 자신의 기본적인 자아정체감을 형성하는 데 중요한 시기라고 하였다(노안영 · 강신영, 2008).

청소년기 발달과업 중 자아정체감의 형성은 아동기의 경험에 기반을 두고 있지만 본격적인 발달이 이루어지는 시기는 청소년기부터이다. 이 시기 안정된 자아정체감 형성을 위해서는 신체적 성숙과 성적 성숙, 추상적 사고 능력의 발달과 정서적 안정성의 확보, 부모나 또래집단으로부터 자율성을 확보할 수 있어야 가능하다.

정체감의 성취나 유예 상태에 있는 청소년의 자기존중감이 높으며, 높은 수준의 도덕성을 갖고 있으며, 자신을 지나치게 의식하지 않고 자신의 모습을 드러내 보인다. 이에 반해 정체감 유실이나 혼란 상태에 있는 청소년은 독단적이고 융통성이 없으며, 부적응적인 문제행동을 보이고, 나와 다른 사람과의 의견 차이를 수용하지 못하면 자신이 거부당했다고 생각한다. 그리고 타인에게 거부당할까 봐 두려워하며 자신의 인생보다는 다른 사람을 행동을 모방하거나 아무 꿈을 갖고 있지 않은 경우가 많다.

4) 청소년기 문제와 지원 방안

(1) 청소년기 문제

청소년기는 갈등과 방황, 혼동, 반항 등의 침체시기로 사회적으로 부정적 존재로 평가되기도 한다. 이러한 부정적인 시각과 고정관념은 청소년들을 바람직하지 않은 방향으로 왜곡시켜 지도하는 원인이 되기도 한다. 청소년들을 사회의 다른 구성원들과 마찬가지로 그들 나름대로의 독특한 개성을 지닌 인격체로 인정하고 성숙한 성인으로 자신의 꿈을 실현하며 성장할 수 있도록 도와주는 것이 필요하다.

① 비행 및 일탈행위

청소년 초기는 제2차 성징의 변화로 급격한 신체성장과 성적 성숙이 이루어지는 시기다. 제2차 성징에 따른 호르몬 분비는 이러한 변화뿐 아니라 충동성과 공격성 그리고 모험적 행동을 자극한다. 이러한 생물학적 변화는 특히 청소년들이 자신의 충동과 욕구를 조절하고 통제하는 것을 어렵게 한다. 그래서 쉽게 흥분하고 거친 언어를 사용하며, 사소한 자극에 쉽게 흥분하고 공격적인 태도를 보이는 경향이 있다. 이러한 행동의 원인에는 청소년기 사고를 관장하는 대뇌신경망이 엄청난 속도로 복잡하게 연결되지만 아직 체계적이고 조직적으로 구축되지 못해 논리적이고 합리적으로 판단할 수 없기 때문이다.

● 청소년 비행

청소년 범죄와 비행은 해마다 증가하고 있는데 더 큰 문제는 비행연령이 해마다 낮아지고 범죄 유형도 타인에게 심각한 피해를 입히는 강력범죄가 늘어가는 점이다. 청소년기에 저질러지는 범죄뿐만 아니라 무단결석, 가출, 음주, 유흥업소 출입 등 신분에 어긋나거나 규범을 위반하는 행동도 포함된다.

● 비행 유형

대부분 청소년들은 이러한 자신의 행동이 부적절하다는 것은 인식하고 있지만 행동 자제력이 부족해서 일탈행동을 반복한다. 비행 유형은 크게 네 가지로 나눌 수 있다.

첫 번째, 폭력적인 행동이다. 친구들과 자주 싸우거나 후배에게 폭력을 휘두르고 상습적으로 금품을 갈취하는 청소년 비행이다.

두 번째, 성범죄 및 성비행이다. 성과 관련된 가벼운 언어적인 행위부터 강력범죄에 해당하는 성폭력, 강간에 이르기까지 다양하다. 성범죄율은 날이 갈수록 증가하고 있으며, 원조교재, 또래 간의 성폭력, 인터넷 채팅을 통한 성적 일탈이 다양해지고 양상도 심각해지고 있다.

세 번째, 약물남용이다. 술, 본드, 담배, 환각제, 각성제 등의 여러 가지 중독성 물질을 상습적으로 남용하는 청소년의 수가 급증하고 있다.

네 번째, 가출과 늦은 귀가, 거짓말, 도벽, 도박 등과 같은 비공격적인 일탈행위이다. 타인에게 계획적으로 해를 끼치는 나쁜 의도보다는 대부분 호기심과 충동에서 시작된다.

(2) 청소년기 심리적 부적응

청소년기는 '질풍노도의 시기'라고 일컫는다. 아동기에서 성인기로 넘어가는 과도기이며 급격한 신체적 변화와 성숙, 지적 능력 발달과 함께 다양한 정서적 변화를 겪는 시기이다. 이러한 급격한 변화 시기를 어떻게 대처하느냐에 따라 부적응이나 문제행동을 일으키기도 한다.

① 심리적 부적응의 의미

청소년 시기는 급격한 변화와 새로운 환경에 대처하며 적응해야 하는 어려운 시기지만 대부분의 청소년들은 혼란을 극복하면서 발달을 이룬다. 이 시기의 정서적 혼란과 갈등은 자연스러운 현상으로 간주되고 이러한 어려운 상황을 극복하는 과정 중에 정체성을 확립하며 정서적 안정감을 갖게 된다. 심리적 부적응의 형태는 다양하나 섭식장애, 불안장애, 강박장애, 우울증, 자살, 품행장애, 조현병 등이 있다.

심리적 적응과 부적응 상태를 두고 구분하는 것은 쉽지 않지만, 일반적인 기준은 다음과 같다.

첫째, 심리적 고통을 느끼면서 불편함을 경험하고 있지만 스스로 이를 통제하거나 해결할 수 없는 상태이다.

둘째, 심리적 부적응 상태에서는 행동 조절이 어렵기 때문에 약물 남용, 가출, 성 문제 등 사회적으로 용납하기 어려운 문제행동을 빈번하게 반복할 수 있다.

셋째, 심리적 부적응이 반드시 청소년에게 심리적 고통을 유발하는 것은 아니다. 다시 말해, 스스로 불편한 심리를 인지하지 못하거나 자신의 문제를 인식하지 못할 수도 있다.

넷째, 청소년들의 심리적 부적응은 통계적으로 정상적 범주에서 벗어나 이탈된 경우를 말한다. 이러한 경우는 표준화된 심리검사도구를 통해 적응과 부적응을 구별한다.

② 부적응 유형

● 불안장애(anxiety disorder)

불안의 대상이 뚜렷하지 않은 채 막연한 상태로 두려움과 초조감을 경험하는데 경우에 따라서는 특정한 상황, 사물, 사람에 대한 강한 공포감을 느낀다.

● 우울증(depression)

증상은 기분이 저조한 상태로 인해 대인관계 위축, 권태와 무기력, 수면장애, 섭식장애를 수반하기도 한다. 학교생활이나 일상생활의 여러 가지 사건을 통해 청소년들이 일시적으로 침체된 기분이나 우울함을 느끼는 것은 흔한 일이다. 그러나 부적절하고 저조한 기분 상태가 오래 지속되면 우울증으로 볼 수 있다.

● 자살(suicide)

자살은 청소년 사망 원인의 2~3위를 차지하고 있으며, 매우 심각한 문제이다. 이들의 자살 원인으로는 제일 큰 이유가 학업 스트레스, 부모의 이혼, 실연, 과잉 성취욕 등과 같은 과도한 스트레스와 부모의 정신질환, 학대, 의사소통 부재로 인한 가족문제, 우울증, 낮은 자존감 등의 심리적 문제와 충동 등을 들 수 있다.

● 섭식장애(eating disorder)

섭식장애는 거식증(anorexia nervosa)과 폭식증(bulimia)으로 나뉜다. 먼저 거식증은 건강 유지에 필요한 최소한의 음식마저 섭취를 거부하여 급격히 체중이 감소하는 상태를 말한다. 두 번째로 폭식증은 거식증과 마찬가지로 체중 조절을 위해 절식을 하면서 동시에 충동적으로 한꺼번에 많은 양의 음식을 한꺼번에 섭취한다. 그 이후에 신체적 불쾌감, 죄책감, 수치심 때문에 의도적으로 구토하면서 체중을 감소시키려는 노력을 반복한다.

● 조현병(schizophrenia)

조현병은 10대 중후반부터 발병률이 급증하는 심리적 부적응으로 사고가 비논리적이며 주변 현실을 지각하고 이해하는 능력이 현저하게 저하되어 환각 및 망상 등을 보인다. 이들은 혼란스러운 사고와 언어, 행동을 보이며 변덕스러운 감정을 보이고 대인관계가 극히 위축되며 자신의 세계에 몰두하는 자폐적 성향을 보인다.

● 적대적 반항장애(oppositional defiant disorder)

적대적 반항장애를 가진 청소년은 어른들에게 쉽게 화를 내고 반항하며, 어른들의 규칙과 규율을 무시하고 주변 사람들을 고의로 화나게 한다. 또 마음이 불편한 상황에서는 심한 적개심을 표출하기도 한다.

● 품행장애(conduct disorder)

품행장애는 적대적 반항장애보다 더 심각한 문제를 보이고 반복적으로 다른 사람을 괴롭힌다. 학교폭력, 학교 결석 및 지각, 기물 파손, 물건이나 돈 갈취, 서류 위조, 가택 및 차량 침입, 절도 및 강도, 동물 학대 등의 심각한 문제를 일으킨다. 경미한 품행장애는 시간이 지나면서 좋아지기도 하지만,

심각한 경우는 성인기까지 지속되고 반사회적 성격장애나 다른 심리적 문제로 이어지기도 한다.

〈청소년기의 우울증 발생 요인〉

첫째, 인지적 발달 초기에 나타나는 자기비하나 미래에 대한 불확실성이 원인이다.
둘째, 학습된 무력감이 우울증의 발생과 관련이 깊다. 이러한 학습된 무력감은 자신이 통제할 수 없는 스트레스 상황이 지속되거나 계속적인 실패를 경험함에 따라 생기는 상황 및 실패를 통제할 수 없다는 생각에서 비롯된다.
셋째, 학업 성적의 저하나 부진, 자신의 외모나 신체에 대한 열등감, 교유관계에서의 소외나 따돌림, 부모로부터의 심한 꾸중과 질책, 가족의 불화나 상실 등의 상황이 스트레스를 유발하고 실패를 경험하게 한다.

③ 인터넷 · 스마트폰 중독 문제

인터넷 · 스마트폰 중독은 청소년 정신건강에 심각한 악영향을 미친다. 인터넷과 스마트폰 중독은 우울과 ADHD와도 정적 관계를 가진다(오선화, 2014). 또한 인터넷 과몰입은 학습결손을 유발하여 이로 인해 낮은 성취감을 가져오며, 스마트폰에 몰두해 식사를 거르고 잠자는 시간도 줄어들어 건강에도 악영향을 가져오며 가족 및 친구관계에서의 갈등, 게임과 현실 구분의 어려움 등을 겪게 된다.

(3) 청소년기 문제와 사회복지실천

① 신체적 발달 지원

청소년기는 성적 성숙과 함께 성에 대한 관심이 높아지는 시기이다. 청소년 성 경험률이 꾸준히 증가하고, 이로 인해 10대 임신과 출산, 성폭력 피해 상담, 미혼부모 문제와 입양 알선기관, 국내 입양기관 등의 개입의 필요성이 증가하고 있다. 10대 부모가 학업을 지속할 수 있도록 가족과 주변 사람들의 이해를 돕고, 취업 지원과 주거 지원, 그리고 자녀양육 지원 등의 통합적 지원이 필요하다. 무엇보다도 이러한 성 문제를 예방할 수 있도록 올바른 이해와 가치관 형성을 도울 수 있는 적극적인 교육 및 예방 프로그램 실시를 통한 다각적 지원이 필요하다.

② 심리적 발달 지원

청소년기의 중요 발달과업은 자아정체감의 형성이다. 과도한 입시 위주의 경쟁은 청소년들의 심리적 격동기에 다양한 정신장애를 일으킬 가능성이 높다. 불안과 우울, 공포, 자살 등과 같은 일이 발생하지 않도록 청소년들의 정신건강과 긍정적 심리발달을 지원하기 위한 프로그램의 개발과 실천이 중요하다.

③ 사회적 발달 지원

청소년 시기의 빈곤은 건강과 교육 등 직접적 측면과 함께 가정생활의 불안정성과 부족한 소득을 보충하기 위한 부모의 시간 부족, 부적절한 교육, 열악한 주거와 양육 환경 등의 문제를 야기한다. 이러한 사회적 문제 양상에 대해 빈곤지역 및 취약계층의 학생들에게 가장 중요한 지원이 교육지원이다. 교육은 개인의 사회적 성공의 수단이 될 수 있으며 빈곤에서 벗어날 수 있는 절대적 기회가 될 수 있다. 경제적 빈곤이 교육 기회 불평등으로 이어지지 않도록 적극적 지원이 필요하다.

다문화가정의 자녀에 대한 지원도 적극적으로 필요하다. 다문화가정의 자녀는 한국인과 외국인 배우자 사이에서 출생한 아동으로 불법체류자의 자녀도 합법적 체류자 자녀와 등등하게 인권과 학습권을 가진다. 따라서 의무교육을 받을 권리가 있다.

기출문제

1. 아동기(7~12세)의 사회적 발달에 관한 설명으로 옳은 것은?

① 자아의식이 발달하여 고독에 빠지기 쉽다.
② 단체놀이를 통하여 협동, 경쟁, 협상하는 능력이 향상된다.
③ 부모의 기대와 문화적 기준에 맞는 성 역할 기준을 내면화한다.
④ 사회적 관계가 확대되어 가족으로부터 독립을 준비하고자 한다.
⑤ 학년이 올라갈수록 급우들과의 관계가 약화되며 성인의 승인을 받고 싶어한다.

2. 아동기 인지 특성을 옳게 설명한 것은?

① 사물의 지배적 특성에 얽매여 사물을 인식하는 경향이 있다.
② 타인의 관점에서 생각할 수 있다.
③ 추상적인 문제에 대해 체계적 · 논리적 사고를 할 수 있다.
④ 사물의 속성에 따라 분류할 수는 있으나 차례로 배열하지는 못한다.
⑤ 자신이 특별한 존재라는 착각에 빠져 강한 자의식을 보인다.

3. 사회복지실천의 관심 대상이 되는 아동기 문제가 아닌 것은?

① 대중매체의 무분별한 시청으로 인한 공격적 성향의 증대
② 아동학대와 방임
③ 주의력결핍 과잉행동장애
④ 정체성 미확립
⑤ 학습장애

4. 청소년기에 정체감을 형성해 나가는 과정에 미래의 여러 가지 역할에 대한 실험을 하면서 의사결정을 하지 못하는 이유는?

① 정체감 혼미
② 정체감 유예
③ 정체감 유실
④ 정체감 성취
⑤ 정체감 수행

5. 청소년기 또래집단에 대한 설명으로 옳지 않은 것은?

① 아동기의 또래집단에 비해 좀 더 조직적이며 이질적인 특징을 갖는다.
② 청소년기에는 동년배보다 교사에 의한 정서적 안정감이 더 큰 영향력을 가진다.
③ 우정을 통해 자신을 표현하며 정보제공자의 역할을 한다.
④ 이성에 대한 관심이 생기지만 또래집단은 여전히 동성인 경우가 많다.
⑤ 다양한 배경의 친구들이 모인 또래집단을 통해 서로의 다름을 인정하고 자신과 타인을 구별하게 된다.

정답	1. ② 2. ② 3. ④ 4. ② 5. ②

13

CHAPTER

성인기와 중 · 장년기, 노년기

성인 시기는 18세 이후부터 노년기까지의 시기로 이 장에서는 레빈슨(D. Levinson)의 성인발달 5단계를 기초로 하여 연령에 따라 성인기(18~45세), 중 · 장년기(45~64세), 노년기(65세 이상)로 구분하였으며 각각 시기의 개념과 특성, 사회복지실천 영역으로 나누어 살펴보고자 한다.

1. 성인기

1) 성인기의 개념

성인기는 인간발달에서 가장 중요한 단계의 시기이며, 고등학교 졸업 이후부터 시작하여 약 45세까지의 기간으로 본다. 이 시기에는 고등교육의 종료, 취업, 분가, 결혼, 출산이라는 과정을 통해 성숙해지며 좀더 완성된 인간으로 발달해가는 과정이다.

(1) 성인기를 지칭하는 연령 정의

표준국어대사전에서는 성인을 '만 19세 이상의 남녀'로 정의하고 있으며, 「민법」 제4조에서는 성년 연령을 19세로 규정하고 있다. 성인기는 연령에 따라 전, 후로 나누는데 19세에서 25세에 해당하는 전반기 성인기와 25세 이후부터 45세까지의 후반기 성인기로 나눌 수 있다.

성인기 연령에 대해서는 학자마다 다르게 정의하고 있다. 안귀여루 외(2007)의 연구에서는 18~26세를 성인 초기로, 김세원(2018), 안지영 외(2017)의 연구에서도 대학생을 초기 성인기로 정의하고 있다. 유계숙 외(2018)의 연구에서는 만 18~25세 대학생을 청년 초기로 정의하고 있다. 초기 성인기는 전반기 성인기에 해당한다. 레빈슨은 성인기를 17세에서 40세까지로 정의하면서, 17~22세까지는 성인으로 전환하는 초기 성인 전환기로 청소년기를 벗어나 부모로부터 경제적, 정서적으로 독립하여 성인기 삶을 위한 기초적인 선택을 하는 시기, 22~28세까지는 성인 진입기로 사랑이나 직업, 결혼 등에 대한 선택이 이루어지는 시기, 28~33세는 초기 성인기 마지막 단계로 30세를 기점으로 변화가 일어나며, 이 시기는 인생구조에 있어 완만하고 적당한 변화일 수도 있지만 매우 심각하거나 스트레스가 되는 위기를 맞을 수도 있다고 하였다. 33~40세까지는 초기 성인기의 마지막 단계로 가정이나 직장에서 지위를 가지고 헌신하며 정착하여 진보를 이루는 시기라고 정의하였다(손병덕 외, 2023: 380-381).

(2) 성인기 개념 정의

성인기는 중 · 장년기를 향해 나가는 인생에서 활동이 가장 왕성한 시기로 직업인으로 역할, 배우자로서의 역할, 자녀를 양육하는 부모의 역할 등 다양한 역할활동을 수행하면서 중요한 변화를 경험하는 인생의 중심 시기다. 성인기는 부모로부터 지원을 받았던 심리적 · 경제적 부분에서 따로 분리되어 독립적이고 개별적인 주체가 되어 도움을 받지 않으면서 스스로 자신의 삶을 책임져 나가는 역할을 감당해야 하는 시기이다. 또한 성인기는 이전 생애단계에서의 발달을 기반으로 중년기, 노년기로의 가교역할을 하는 주요한 생애전환 시기이다.

에릭슨(Ericsson)은 성인기를 심리사회적 발달단계에서 친밀성 대 고립감의 단계라고 하였다. 이 단계는 자신의 정체성을 통합하며 친밀감을 나누는 일을 해야 하는 시기로, 성취하고 이루어야 할 과업은 친밀감이다. 성인기는 친밀하고 헌신적인 관계를 맺는 능력을 키우는 경험을 통해 안정적이고 친밀한 관계 형성에 성공할 수 있다. 또한 친밀감을 통해 다양한 사람들과 만남의 관계를 유지하고 다른 사람과 사랑을 나누며 관계를 공유하는 시기이다. 이때 고립감과 친밀감의 갈등을 성공적으로 해결하게 되면 사랑이라는 덕목을 얻게 된다(손병덕 외, 2023: 375).

(3) 성인기에 이루어야 할 과제

① 경제적 독립성 확보

성인기는 독립적인 경제적 자립을 이루고, 정기적이고 안정적인 소득을 확보하는 것이 중요한 과업이다. 이를 통해 성인기의 개인은 다양한 다른 생활영역에서도 독립성을 갖출 수 있다.

② 직업 선택 및 경력 발전

성인기는 자신의 적성과 흥미에 따른 일이나 능력에 맞는 직업을 선택하고, 전문성을 쌓으며 경력을 발전시켜 나간다. 직업은 자아실현의 수단이 될 뿐만 아니라 개인의 사회적 정체성을 형성하는 데 매우 중요한 역할을 한다.

③ 친밀한 관계 형성하기

친구나 직장동료, 이웃, 종교나 취미 단체, 가족과 친밀한 관계를 구축하고 유지하도록 한다. 이는 정서적 지지를 제공하고, 삶의 만족도를 높이는 데 중요한 요소가 된다.

④ 가족 구성하기

성인기는 결혼을 통해 가족을 구성하고 가족의 울타리에서 지지를 얻으며, 자녀를 갖고 양육 경험을 쌓는다. 자녀양육은 많은 책임과 도전을 수반하지만, 개인적으로 매우 행복하고 충족감 있는 경험이 될 수 있다.

⑤ 생활 균형 유지하기

성인기는 일과 삶의 균형을 유지하면서 개인의 건강, 여가, 가족, 친구와의 관계를 적절히 조화롭게 하는 것이 중요하다. 이는 몸과 정신이 건강한 삶을 누리게 하며 삶의 의미와 만족도를 높이는 데 기여한다.

⑥ 자아 발견과 자기실현하기

성인기는 열정과 도전을 통해 자신의 가치관과 열망, 능력에 대해 더 깊이 이해하고, 이를 통해 자신의 정체성을 확립하고 자기실현을 추구하는 과정을 형성한다.

⑦ 사회적 책임 및 공헌

개인이 사회적 활동들을 어떻게 진행하는지에 따라서 성인기 삶의 질과 만족도에 영향이 미치게 된다. 성인기에 개인이 속한 사회적, 문화적, 경제적 배경에 따라 각각의 분야에서 사회적 책임을 이행하며 공헌하여 자신의 삶에 의미를 부여하고 사회적 연결감을 강화한다.

2) 성인기의 특성

성인기의 특성을 신체적, 인지적, 심리적, 사회적으로 나누어 살펴보면 다음과 같다.

(1) 신체적 특성

초기 성년기(약 20~40세)의 신체적 발달상 가장 큰 특징은 신체적 성숙의 완성단계로 인생에서 최상의 신체적 상태를 가지게 되는 것이다. 이 시기는 인생에서 신체적으로 가장 건강하고 활동적인 시기로 신체능력과 에너지 수준이 최고조에 달한다. 운동 수행에서도 가장 중요한 근력, 심폐기능이 최상의 운동기술 수행력을 보이고 정보를 처리하는 능력 등에서도 최고조에 달하는 시기이다. 특히 20대의 체력은 절정에 이르게 되어 신장, 생식기관, 운동능력, 근육이나 내부기관의 기능이 최고 상태에 달하게 되며(강상경 외, 2023: 275), 질병으로 인해서 유발되는 기능장애의 발생이 중·장년기나 노년기에 비해 상대적으로 매우 적다. 또한 성인기는 재생산능력이 가장 강력한 시기이며 신체적 회복력도 상당히 빠르다. 이 시기에는 남녀의 성적 욕구도 매우 높으며 여성의 경우 생식능력이 최고점에 이르고 신체적으로 임신될 확률이 높으므로 건강한 자녀를 갖기에 매우 적합하다.

그러나 건강도 관리를 하지 않으면 무너질 수 있다. 성인기에 신체적 건강상태를 유지하기 위해서는 규칙적인 운동과 적절한 영양공급이 필요하며, 과도한 스트레스, 흡연과 음주, 약물 사용, 비만은 건강 유지에 매우 해로운 요소가 되므로 피하는 것이 좋다(권중동, 2023: 139).

(2) 인지적 특성

성인기는 사고의 유연성이 발달하는 시기이다. 사고의 유연성이란 합리적 사고, 다원론적 사고, 실용적 사고 등의 인지능력을 말한다. 성인기에는 문제해결능력, 기억력, 집중력, 추론, 창의력이 최대한 발휘되는 시기로 직업적 전문성을 개발하고 경력을 쌓아간다. 성인기 인지발달의 특징은 현실적인 측면을 고려한 사고가 발달하게 된다.

① 합리적인 사고

성인기에는 이성적인 사고가 더 발달하므로 합리적인 사고가 가능해지며 자신이 알고 있는 지식과 타인의 지식을 균형 있게 통합하여 문제를 해결해 나간다.

② 다원론적인 사고

성인기에는 어떠한 지식은 절대적인 것이 아니라 여러 개의 타당한 견해 중에 하나라는 사실을 이해하는 다원론적 사고로 전환하게 된다.

③ 실용적인 사고

성인기에는 현실적인 측면을 고려하여 합리적, 실용적인 사고를 하는 경향이 높아진다. 청소년기에 배우고 습득한 지식을 실제 생활에 응용하는 시기이다.

④ 지식의 확장

성인기에는 자신만의 전문지식을 습득해 나감으로써 새로운 기억능력과 인지발달을 확장해 나간다. 자신의 지식에 대한 신념을 바탕으로 특정 직업 분야에서 창의력을 발휘하며 새로운 가능성에 도전해 나간다(김경은 외, 2020: 118-119).

(3) 심리적 특성

성인기에는 자신의 역할과 정체성에 대해 더 깊이 고민하고 친밀함을 형성하며 심리적 안정감을 추구한다. 성인기에는 직장을 선택하고 준비하는 것 외에도 자신에 대한 합리적인 자아정체감을 가지는 것이 중요한데 이것은 다른 사람들과 진정한 친밀감을 형성할 수 있다.

에릭슨은 인간의 성격발달이론에서 초기 성인기의 발달과제는 친밀감(intimacy) 대 고립감(isolation)이라고 하였다. 에릭슨은 이 시기에 친밀감을 형성해야 하는 과업을 성취해야 한다고 하였다. 친밀감이란 상대방과 가깝게 되는 과정에서 자신의 정체감을 잃지 않고서도 상대와 개방적이고 지지적이며 다정한 관계를 맺는 능력이고 서로의 욕구에 대한 인식뿐 아니라 공감할 수 있는 능력을 말한다. 친밀감을 형성한 사람은 자신감이나 수용 등의 긍정적 특성을 소유하게 되는 반면 친밀감을 이루지 못하면 고립감에 빠지게 되고 외로움이나 버려짐에 두려움이 커진다고 하였다.

친밀감 형성은 자아정체감을 확립한 후에 이루어지는 것으로, 자신을 가치 있고 유능하며 신뢰할 수 있는 사람으로 지각할 수 있을 때 가능하다(이근홍, 2020: 114). 친밀감을 형성하기 위해서는 다른 사람의 장점이나 단점을 수용할 수 있는 능력이 필요하다. 타인과 친밀한 관계를 형성한 사람은 자신의 견해나 계획을 다른 사람들과 의논할 수 있으며, 자신의 의견을 말할 수 있고 의견조절능력과 감정이입능력 및 욕구조절능력, 자기통제능력 등을 갖추고 있다. 뿐만 아니라 심리사회적 측면에서 다른 사람을 보살피는 능력이 심화된 사람은 타인과의 상호관계에 집중할 수 있다(노수희, 2023: 107).

친밀감과 반대되는 개념은 소외감이다. 소외감을 경험하는 사람은 자신의 안정감을 위하여 자신과 타인 간에 장애물을 설치한다. 누적된 소외감 경험은 연약한 자아개념을 발달시켜 경직되고 완고한 자아정체감을 형성한다. 소외감뿐만 아니라 타인과 지나치게 밀착된 관계는 자아정체감에 위협을 준다. 특히 의존성이 심한 사람들은 성인기에 필요한 독립성을 스스로 획득하지 못하기 때문에 정체감의 혼돈뿐 아니라 배우자 선택 시에도 의존할 수 있는 대상을 찾는 경향이 있다.

(4) 사회적 특성

성인기 발달은 개인의 성장뿐만 아니라 그들이 속한 사회와의 관계 속에서도 이해될 수 있으며, 각 개인이 겪는 경험의 다양성을 인식하는 것이 중요하다.

① 직업활동

직업활동을 선택하고 발전시키는 것은 성인기 활동에서 매우 중요한 부분이다. 직업을 갖는 것은 경제적 이유만이 아니라 개인의 정체감 형성에도 중요한 역할을 한다. 직업을 선택할 때는 자신의 흥미나 능력, 교육, 가치관과 현실적 상황을 고려하여 신중하게 직업을 선택하게 된다.

긴즈버그(Ginzbeng)는 진로를 결정하는 단계를 3단계로 정의하였다. 첫째는 환상기이다. 직업을 선택할 때 개인적인 희망에 근거하여 선택한다. 둘째는 실험기이다. 직업을 선택할 때 자신의 현실적인 상태를 고려하여 결정하기 때문에 직업을 탐색해 보는 단계이다. 셋째는 현실기이다. 직접적인 경험이나 교육 및 훈련을 통하여 직업을 선택한다(김경은 외, 2020: 121).

홀랜드(Holland)는 사람들의 직업과 관련하여 성격 유형을 6가지로 분류하였는데, 직업을 선택할 때 성격에 적합한 직업을 선택하면 자신의 능력을 발휘할 수 있다고 하였다. 6가지 성격 유형은 현실형, 탐구형, 예술형, 사회형, 진취형, 관습형 등이다. 성격 유형, 성격 특징과 관련된 직업은 〈표 13-1〉과 같다.

표 13-1 홀랜드의 6가지 성격 유형별 주요 특징

성격 유형	성격 특징	관련 직업
현실형(실재형)(R)	명확하고 체계적이며 질서 정연한 작업을 잘하고, 사물을 다루는 신체활동을 좋아하며 손재주가 좋은 유형	군인, 운전, 운동 등의 분야, 자동차 정비원, 항공조종사, 목수, 엔지니어
탐구형(I)	자연, 사회현상을 비판하고 분석적으로 관찰하고 탐구하는 것을 좋아하며 지적 호기심이 많고 정보를 수집하고 학문적 문제해결 과정을 선호하는 유형	학자나 분석가, 천문학자, 의사, 사회과학연구자, 시장조사연구원, 환경분석가, 인류학자
예술형(A)	창의적이며 심리적인 활동을 선호하며 상상력이 풍부하고 독창적이며 개방적인 사고체계를 소유하고 있으며 예술적 직감이 강한 유형	아이디어 지향적인 예술 분야, 음악, 미술, 문화 공연 등의 분야, 무대감독, 연예인, 카피라이터, 소설가, 디자이너
사회형(S)	사람들과 어울리기 좋아하고 타인의 문제에 공감하고 도와주며 이타적이고 배려심이 깊으며 친근한 느낌을 많이 주는 유형	사람 지향적이며 대인관계능력이 필요한 분야, 상담가, 교육 관련, 간호사, 성직자, 임상치료가, 언어치료사, 사회사업가
기업형(E)	진취적이며 목표를 이루는 성취 지향적 태도가 있으며 통솔력, 지도력이 있고 말을 잘하고 외향적, 열성적 성격을 가진 유형	경영분야, 기업 운영자, 고위관리자, 영업사원, 변호사, 판사, 정치가, 광고 · 홍보담당자, 주식중개인
관습형(C)	정확하고 체계적이며 기존 체계에 적응, 순응하며 규칙을 잘 따르고, 구조화된 일을 잘 수행하며 사무적인 업무에 능숙한 유형	사무나 회계 등 규칙을 만들거나 따르는 직업, 공인회계사, 의무기록사, 은행원, 법무사, 비서, 원고교정자

성격에 적합한 직업을 선택할 경우 보다 쉽게 적응하며, 일하는 데 즐거움을 느끼며 직업적 성공을 이루기도 쉽다. 더불어 직업활동을 성공적으로 수행하기 위해서는 자신이 수행해야 할 특정 직무와 관련된 전문지식과 기술

을 학습해야 하며 그 직무에 따르는 지위와 의사결정과정 등의 권위관계에 대해서도 학습해야 한다(권중돈, 2023: 143). 자기가 선택한 직업에서 만족을 느끼지 못한 사람은 일생을 통해서 행복을 발견하지 못한다. 직업 선택이 중요한 과제임에도 불구하고 사람들은 자신의 능력이나 사회적 여건 때문에 직업에 대한 확실한 입장을 정하지 못하고 방황하는 경우가 많다. 자신이 선택한 직업에 만족하기 위해서는 직업을 선택하기 전에 직업정체성을 정립하는 것이 중요하다. 자신이 어떠한 직업을 원하는지, 어떠한 재능과 흥미와 관심을 가지고 있는지, 자신이 선택하려는 직업이 어떤 점에서 가치가 있는지 등에 대한 질문과 답을 통해 정체성을 확립해 가는 것이 필요하다(김경은 외, 2020: 122).

② 이성교제

이성교제는 바람직한 배우자를 선택하는 데 매우 도움이 된다. 이성교제의 경험은 배우자를 선택하는 안목을 키울 수 있고 원만한 인간관계를 형성하는 기술을 습득하는 데 도움이 된다. 이성교제를 통해 사회인으로서 기대되는 남녀의 역할에 대해서 배우게 된다. 남성과 여성의 차이점을 알게 되고 바람직하게 이성과 상호작용하는 법도 배우게 된다. 이성교제를 통해 이성간 만남의 횟수가 증가하게 되면 다음 단계로 발전하게 된다. 두 남녀는 친밀감과 애정을 느끼게 되어 서로 사랑하게 된다. 사회심리학자들은 이와 같이 서로 사랑하는 이성 관계처럼 인간관계가 심화되는 과정을 사회적 침투라 하였다. 미혼 남녀의 성공적인 결혼을 위해서 이성교제가 반드시 필요한 부분이지만 이성교제 시 데이트폭력 등 예상치 못한 문제가 발생하기도 한다.

③ 배우자 선택

배우자는 평생을 함께하며 살아가야 할 대상이고 동반자이고 친구다. 행복하고 건강한 가족을 형성하고 가정생활을 유지하기 위해서는 배우자를 선택하는 일을 매우 신중하게 생각하고 결정해야 한다. 배우자를 선택할 때는 신체적 요인, 사회경제적 요인, 상호작용적 요인과 함께 가치관, 배려, 매력, 경제력과 직업, 건강과 신체적 매력, 사회계층과 가정환경, 교육 수준, 종교 등 배우자의 특성에 대해서 충분히 고려한 후 신중하게 선택하여야 한다.

④ 결혼

결혼은 친밀감과 성숙한 사회관계를 확립하는 데 매우 중요한 요소이다. 성인 남녀는 교제 과정을 통하여 결혼 상대자를 만나게 되고 결혼을 통해서 사회의 최소 단위인 가정을 형성한다. 가정이 형성되면 삶에 있어서 보다 안정적인 생활을 확보하게 되고, 그런 생활이 타인과의 관계에 있어서 공감대를 넓혀나가는 데 기반이 될 수 있다는 장점이 있다.

결혼생활을 통해서 성취해 낼 수 있는 소망들로는 부부의 동반 성장은 물론이고 자녀출산과 양육, 가사 노동의 수행, 합리적이고 효율적인 가정 재정의 운영과 관리, 친인척 관계의 형성 등에 있어서 발전을 기할 수 있다(장상필 외, 2024: 375).

⑤ 좋은 부부관계

좋은 부부관계는 사랑과 이해, 성장으로 가득한 가정을 만드는 출발점이 된다. 서로에 대한 존중과 배려를 바탕으로 관심과 이해를 실천해 나가려는 노력이 있을 때 좋은 부부관계가 형성된다. 부부는 함께 성장해 나가는 사랑의 관계이다. “결혼 전에는 두 눈을 뜨고 결혼 후에는 한 눈을 감아라”라는 말이 있다. 부부간에는 서로의 차이와 다름을 인정하면서 양성평등의 동반자로서 배우자의 독창성과 가치를 존중하는 태도가 중요하다. 갈등이나 문제가 발생하면 충분한 대화를 통해 함께 해결해 가도록 한다.

좋은 부부관계를 이루기 위해서는 배우자에 대한 진정한 수용과 경청과 공감을 통해 현재에 만족하며 사랑하고 헌신해야 한다.

⑥ 부모됨

결혼을 한 후 아이가 태어나면 부부는 부모역할을 시작하게 된다. 아이로 인해 부부만의 삶에서 부모라는 직위가 추가되고 새롭게 변화된 삶의 형태가 시작된다. 부모가 된다는 것은 다양한 측면에서의 경험으로 성숙한 성인이 된다는 의미도 있다. 부모는 자녀를 통해 자기를 이어주는 지속감인 자아확장감을 가지게 된다. 부모는 자녀를 양육하고 위험으로부터 보호하며, 감정적 교류와 상호작용을 통해 사랑과 애정의 욕구를 채울 수 있다. 부모는 자녀를 가짐으로써 건강한 육체를 가졌다는 자신감과 성취감을 느끼게 된다.

부모들은 자신의 자녀를 지도하고 양육할 수 있으며 부모의 권리를 가질 수 있다. 부모는 자녀가 건강하게 성장하도록 양육과 훈육의 역할을 해야 하고, 경제적 · 사회적 책임을 감당해야 하며, 자녀의 발달단계에 따라 필요한 다양한 욕구들을 채워 주어야 하는 역할의 부담이 있다. 그러나 자녀에게 사랑을 주고 함께 즐거운 시간을 가질 수 있으며, 자녀가 성장하고 발전하는 과정 속에서 부모로서 영향을 주면서 사회화되는 과정을 지켜보는 것은 부모됨의 큰 장점이자 즐겁고 보람된 일이다.

3) 사회복지실천 영역

(1) 건강

첫째, 건강하고 안전한 환경이 되도록 질서를 지키는 교통문화 규칙과 안전 규칙을 홍보하고, 바빠서 아침을 거르거나 경제적 어려움이 있는 성인기 개인을 위해 저렴하고 간편한 아침 영양 식사를 대중교통 정거장이나 지하철 입구 등에서 제공하는 것이 필요하다. 성인기는 신체적 성숙이 최고조에 달하는 시기로 신체적 발달 특성상 질병이나 장애로 인한 문제는 매우 적고 질병에 노출되어도 회복력이 높아 건강에 대해서는 크게 염려를 하지 않는 시기이다. 반면 교통사고나 안전사고로 인한 신체기능 저하나 장애의 위험이 높은 시기이다. 또한 식사비가 없어 식사를 해결하지 못하거나 열악한 환경에서의 생활로 면역력이 저하된 성인기 성인들을 위해 사회복지서비스 실천으로 건강밥상을 저렴한 가격으로 제공하는 급식소를 지역사회별로 마련하고, 건강보험의 보장성을 늘려 건강검진의 기회를 확대하여 성인기의 건강을 잘 유지하도록 하는 사회적 차원의 지원이 필요하다.

둘째, 건강한 생활습관을 실행하도록 건강생활프로그램을 개발하여 운동을 할 수 있도록 환경을 제공하고 면역력이 형성될 수 있는 활동을 지원해야 한다. 성인기는 인간의 생에서 가장 건강한 시기로 시회복지와는 거리가 먼 인생의 단계로 볼 수 있다. 그러나 성인기의 건강을 위한 생활습관은 이후 중 · 장년기나 노년기 질병에 영향을 미칠 수 있다는 점에서 성인기에 건강하고 좋은 생활습관을 갖도록 노력하는 것이 필요하다. 성인기의 건강상태를 잘 유지하기 위해서는 개인적인 노력도 필요하지만 사회적 차원에서 개입도 필요하다. 성년기는 질병을 이겨내는 면역력이 우수하지만 취업의 어려움으로 직업이 없어 경제활동을 하지 못하는 성인들은 질병에 노출될 수 있다. 지역주민을 위한 운동시설을 지역이나 직장 주변 곳곳에 설치하여 이용 시마다 건강포인트를 제공하는 등 수시로 편안하고 안전하게 이용할 수 있는 격려와 환경 지원도 필요하다.

셋째, 금주와 금연 프로그램을 개발하여 스스로 자제하기 어려울 때 이겨낼 수 있는 방법과 능력을 습득하도록 지원하며 참여 시 직장에서 휴가를 제공하거나 성공하면 여행을 상으로 제공하는 등 함께 만들어가는 사회복지를 제공해야 한다. 습관적인 음주나 흡연을 하는 성인기 성인들에게 다음 단계 시기의 건강에 악영향을 초래하며 가족에게도 심각한 문제가 됨을 알려주는 앱을 제공하고, 다양한 건강프로그램을 개발하여 필요시 접근이 편리하도록 지역사회가 함께 노력하는 것도 필요하다.

(2) 관계

첫째, 개인이 가지고 있는 능력을 최대한 개발할 수 있도록 능력개발프로그램을 개발하여 제공하고 능력이 개발될 수 있는 다양한 환경과 기회를 제공하여야 한다. 성인기에는 문제해결능력, 기억력, 집중력, 추론, 창의력이 최대한 발휘되는 시기로 각 개인이 가지고 있는 능력을 개발할 수 있는 기회를 지원하여야 한다. 기술경진대회 등을 통해 능력을 인정받도록 하며 취업지원프로그램을 통해 안정적인 직장을 찾을 수 있도록 하여 실업이 없게 하고, 취업 이후에도 대학과 연계하여 새로운 기술이나 습득을 위한 훈련프로그램 교육을 제공하여 개인의 역량을 강화하여 국가와 사회에 기여할 수 있도록 지원한다.

둘째, 성인기에 필요한 상담서비스 프로그램을 개발하여 필요시 무료로 제공하도록 열어놓고 다른 사람의 눈치를 보지 않고 편안하게 접근이 가능한 환경을 지원해야 한다. 취업이나 학업 또는 성인기에 겪고 있는 다양한 정신적 스트레스, 우울증, 불안 등 정신건강 문제를 해결하기 위한 상담서비스와 심리치료를 시회복지기관에서 필요시 부담 없이 받을 수 있도록 지원하여야 한다.

셋째, 결혼 및 행복한 가정 만들기 프로그램을 개발하여 결혼과 양육을 지원해야 한다. 현대는 불안정한 사회구조 속에서 취업의 불안과 불안정한 일자리, 취업준비, 경제적 자립을 못한 성인기 젊은이들이 결혼에 대해 부정적으로 생각하거나 포기하기도 한다. 자아성취나 직장에서의 승진을 위한 노력

등으로 인해 결혼을 미루거나 결혼보다는 독신을 선택하는 개인도 많다. 결혼 후 부부간의 갈등이나 가족문제로 이혼을 하기도 하고 자녀양육 부담으로 출산을 기피하는 현상도 나타나고 있다. 결혼과 출산에 대해서는 다양한 사회복지정책 차원에서 노력하고 있으나 한계점이 많다. 행복한 가족을 만들어가기 위해서는 결혼을 격려하고 성공적인 결혼을 위한 좀 더 적극적인 사회복지실천의 지원이 필요하다. 결혼 프로그램을 통해 성공적인 결혼을 준비하게 하고 결혼 생활의 문제나 가족 내 갈등을 해결하기 위한 상담서비스를 제공한다. 성공적인 결혼을 위한 부부관계 적응 프로그램과 의사소통 훈련, 부부 이해하기 등 부부관계를 강화하기 위한 프로그램을 제공하고 모두가 참여하기 쉽도록 원조한다.

건강한 출산을 위해 임신 및 출산 그리고 산후도우미 지원 사업의 질을 좀 더 높이고 확대하여 자녀출산을 돕도록 한다. 한부모가족, 이혼가족, 재혼가족, 맞벌이가족 등 다양한 가족에 따른 각각의 양육 프로그램을 개발하여 자녀양육에 어려움을 있는 가정을 적극적으로 지원하여 양육 스트레스를 줄이도록 한다. 부모교육 및 자녀양육과 관련된 정보와 기술을 로봇을 활용한 사회복지관 홈페이지를 통해 수시로 제공하여 부모역할을 수행하는 데 도움을 지원하도록 한다. 건강한 가족문화를 위해 각 지역에서 가족활동 프로그램을 개발하여 가족이 모두 참여하며 함께 할 수 있는 기회를 지원하고, 맞벌이 부모는 자녀들과 함께할 수 있는 시간을 자주 가지도록 어린자녀를 양육하는 부모가 직장에 근무할 경우 기업과 국가의 복지정책으로 탄력근무제를 지원하도록 하여야 한다.

2. 중 · 장년기

1) 중 · 장년기의 개념

중 · 장년기는 중년기 또는 장년기라고도 불리는데 이 장에서는 중 · 장년기로 사용하기로 한다. 중 · 장년기에 해당하는 연령을 학자마다 다르지만 일반적으로 중 · 장년기란 45세에서 64세까지의 연령 기간을 말한다. 국내법상 65세를 노인 시작점으로 규정하고 있기 때문에 65세 이전까지를 중 · 장년기로 보는 것이다. 중 · 장년기를 인생의 전성기 또는 쇠퇴기로 규정할 수 있다(임은미 외, 2013 재인용). 직장이나 집안에서 높은 지위와 권한을 갖는다는 점에서는 전성기이라 하겠으나 후반으로 갈수록 신체적 퇴행과 결혼만족도의 저하, 자녀와 노부모 부양책임 등으로 위기에 직면할 위험이 높다는 부분에서 인생의 쇠퇴기라고 할 수 있다(권중돈, 2024: 148).

중 · 장년기는 인생의 목표를 성취해 나가는 시기로 개인이나 가족, 사회에서 최고의 영향력을 행사하는 시기이다. 또한 심리적으로, 직업적으로, 가정적으로도 안정되어 있으며 다양한 삶의 영역에서 경험을 통해 지혜를 획득한 시기이다. 중 · 장년기 성인들은 사회에 많은 영향력을 미칠 뿐 아니라 사회적 책임을 최대로 요구받기도 한다. 또한 현재 생활에 대한 열정을 유지하면서도 인생을 돌아보고 노후를 준비해야 하며 그동안 가지고 있었던 모든 영향력과 책임을 정리해야 하는 시기이기도 하다.

현대사회는 계속 복잡해지고 사회적 긴장감이 증대됨에 따라 직장에서는 중 · 장년기가 되면 퇴출 위기상황을 맞게 된다. 경쟁에서 살아남기 위해 밤낮으로 업무수행을 하고, 일중독에 빠지고 과로와 스트레스가 가중되어 지치기도 한다. 그래서 중 · 장년기를 '위기의 시기'라고도 한다. 직업생활에서 밀려오는 좌절감과 분노로 인해 정신적인 압박감에 시달리고 불규칙한 생활과 부족한 잠과 운동부족으로 인한 신체적 피로가 쌓여 간다. 계속 축적되는 스트레스로 인해 음주와 흡연을 많이 하기도 한다.

중 · 장년기는 성인기와 노년기의 중간 시기이며 인생의 후반으로 가는 전환의 시기로 후반으로 가면서 신체적 · 정신적으로 능력이 감퇴하고 건강 수준이 저하된다. 근육량의 감소로 기초대사량이 줄고, 신체활동량도 감소되어 운동을 하지 않으면 열량섭취가 과다할 경우 비만이 되기 쉽다. 고혈압, 당뇨, 간질환 같은 만성퇴행성 질환에 시달리기 쉽다.

또한 중 · 장년기는 실직이나 은퇴 등으로 경제적 어려움을 겪게 되기도 한다. 가족주기의 관점에서는 노부모와 성장한 자녀의 중간에 위치하는 세대이며, 신체적 관점에서는 신체적 · 생물학적 노화가 시작되는 단계이기도 하다(임선미 · 하규수, 2015).

2) 중 · 장년기의 특성

중 · 장년기의 특성에 대해서 신체적, 인지적, 심리적, 사회적으로 나누어 살펴보면 다음과 같다.

(1) 신체적 특성

현대 중 · 장년기는 의학의 발달과 비교적 양호한 건강상태를 유지하지만 서서히 신체적 노화가 진행되어 건강 수준이 점차 저하되고 신체기능도 쇠퇴하는 등 다양한 변화를 겪게 된다.

① 외적 변화

중 · 장년기는 체력과 근육이 점진적으로 쇠퇴하고 있지만 대부분의 사람들은 거의 알아차리지 못한다. 대사율은 점차 느려지고, 근육의 양도 감소하기 시작한다. 지방이 몸통 아랫부분에 집중적으로 쌓이면서 신체의 형태도 변화가 시작된다. 또한 신진대사활동이 줄어들면서 배가 나오기 시작하고 체증도 증가한다. 머리카락은 멜라닌 색소가 감소하기 시작하여 검은색 머리카락이 줄어들고 흰색으로 변해간다. 더불어 머리카락이 가늘어지고 조금씩 빠지기 시작하면서 머리의 풍성함이 없어져 외모의 매력도 줄어든다. 면역력이 감소하면서 질병에 걸리면 청년기에 비해 회복능력도 떨어지고 내장기능의 저하로 소화불량과 변비 및 전립선 비대 등의 증세가 나타나기도 한다.

시력도 눈의 수정체가 탄력성을 잃게 되면서 노안이 시작되어 평상시 잘 보이던 물체가 잘 보이지 않아 불편함을 느낀다. 일상생활에서 감지되지는 않지만 청각을 비롯하여 미각과 통각 등 감각기관의 능력도 서서히 감소된다. 점차 체력이 감소되고, 비만, 심장병, 당뇨병, 관절통, 동맥경화, 고혈압, 심장마비, 뇌출혈, 암과 같은 만성적이고 심각한 성인병 발병률이 커진다.

급격한 에너지 소모를 필요로 하는 일보다는 지구력을 요하는 일에 더 유리해진다. 중 · 장년기에 발생하는 노화는 막을 수는 없지만 꾸준한 운동과 건강한 식단으로 노화를 늦출 수는 있다. 정기적인 건강검진으로 건강을 확인하면서 질병을 초기에 치료하고 규칙적인 운동과 스트레칭, 근력운동을 통해 유연성을 기르고 근력 감소를 최소화하면서 영양식단과 균형 있는 식사로 건강한 중 · 장년기의 삶을 누리도록 하는 노력이 필요하다.

② 내적 변화

연령이 증가함에 따라 심장의 조직이 딱딱해지고 탄력성이 감소하며 심박력과 혈액의 양이 줄어든다. 신경자극이 뇌에서 신체의 근육조직으로 전달되는 속도가 감소하며, 중년기의 호흡능력도 감소하며 폐의 탄력성이 떨어지고 흉곽도 작아진다.

(2) 인지적 특성

중 · 장년기가 되면 새로운 것을 배우고 학습하는 데 청년기에 비해 다소 어려움을 느낀다. 중 · 장년기에는 기억의 감퇴현상이 나타나고 집중력도 지속적으로 감소하게 되는데, 이로 인해 자신감이 떨어지기도 한다.

반면 중 · 장년기는 지금까지 획득한 지식을 실용적으로 응용하고 적용하는 인지능력이 높다. 인지능력은 개인적인 특성과 연령에 따른 차이가 중요하게 적용되나 특정한 인지영역에서는 연령이 높을수록 강점으로 발휘되기도 한다(김경은 외, 2020: 145). 중 · 장년기는 빠른 사고를 요구하는 문제를 능숙하게 해결해야 하는 부분에서는 집중력 감소로 힘들어 하기도 하지만 경험에서 우러나오는 지혜가 증가하고, 여러 가지 문제에 대한 통찰력과 판단력도 뛰어나다.

(3) 심리적 특성

① 중 · 장년기의 심리적 상태

중 · 장년기는 개인적으로 삶의 목표를 성취하거나 과제를 성공적으로 완수함으로써 자신이 가치롭다는 자아개념(self-concept)과 자기 자신에 대한 긍정적 또는 부정적인 자아존중감(self-esteem)을 만끽하는 시기라고 할 수 있다. 반면 레빈슨 등(1978)에 의하면 중 · 장년기는 인생의 전환기 중 가장 의미 있는 변형의 시기로 이 시기에 자신의 내부에서 외부세계와 심각한 고투를 하고 있으며 심리적 혼란과 갈등, 절망과 좌절감, 위기감을 경험하고 있다고 보고하고 있다.

리브슨(Livson, 1981)에 의하면 중 · 장년기는 호르몬의 변화, 노화로 인한 신체적 변화, 실직과 은퇴, 노후에 대한 불안, 죽음에 대한 두려움 등에 직면함으로써 활력을 상실하고 인간의 한계성을 경험하게 되면서 스트레스를 받는 시기라고 하였다. 중 · 장년기의 나타나는 개인의 신체적 변화를 통해 자신이 늙어간다는 생각과 인생의 한계를 경험하면서 심리적 노화 불안감을 형성하기도 한다. 노화 불안감은 개인적 자아정체감에 변화를 일으켜 심리적으로 불안, 압박감, 소외감, 무기력감을 경험하게 하여 중 · 장년기 삶의 질을 저하시킨다. 노화 불안감의 영향은 남성보다 여성들이 더 높은데, 여성은 갱년기를 경험하면서 호르몬의 변화와 더불어 몸과 마음에 큰 변화를 경험하는 시기이다. 국립정신병원 역학조사에서는 중 · 장년기 여성이 타 연령대에 비해 우울증 발병률이 높은 것으로 나타났다.

② 중 · 장년기의 갱년기

중 · 장년기의 나타나는 가장 큰 신체적 변화는 남성이나 여성 모두에서 나타나는 호르몬 분비의 변화이다. 이로 인해 갱년기증상이 나타난다. 여성의 경우 개인차가 있으나 보통 45세에서 50세 사이에 난소 기능 감소에 따라 폐경을 겪게 된다. 중 · 장년기는 자녀들의 독립과 함께 여유시간과 에너지가 증가하게 되고 폐경과 함께 임신의 불안에서 해방됨으로써 오히려 새로운 성 만족을 얻기도 한다. 남성들은 증가되는 직업상의 긴장과 부담 및 권태를 경험하게 된다. 중 · 장년기 성인은 부모역할, 직업적 성취, 사회봉사 등의 활동에 적극적으로 참여하며 삶을 풍요롭게도 한다. 그러나 남성의 경우 직장에서 승진탈락이나 부부갈등, 이혼 등으로 무능력과 실망감, 정서적 갈등을 경험하거나 우울이나 불안, 피로와 수면장애 등의 정신적인 장애를 경험하기도 한다.

트롤(Troll, 1982)에 의하면 여성의 경우 노부모와 남편, 자녀에 대한 염려로 남성보다 더 위기감을 경험한다고 하였다. 성장한 자녀가 모두 집을 떠나고 나면 지금까지 살아온 자신의 위치를 돌아보고 자아(ego)를 재평가하면서 자신의 역할이 없어졌다는 공허함과 인생의 무의미함으로 인해 우울감을 느끼기도 하나 부모로서의 책임에서 벗어났다는 안정감과 독립심이 나타나기도 한다.

중 · 장년기 성인들은 다가올 노년에 대비하여 경제적인 노후준비가 되어 있지 않을 때 갱년기증상을 경험하게 되면 노년기에 대한 불안이 더욱 커지게 되어 심리적 안녕감이 낮아지기도 한다. 중 · 장년기는 심리적으로 노화에 대한 불안감을 인생에서 가장 높게 경험하는 시기이다.

● 여성 갱년기

중 · 장년기 여성은 여성호르몬 분비 감소로 인한 자율신경계의 불균형으로 극심한 기분 변화를 맞게 된다. 갑자기 불안함과 우울한 감정이 밀려오기도 하고, 신경이 예민하여 신경질이 나타날 수 있으며 잦은 건망증으로 인한 자신감 상실도 찾아올 수 있다. 이러한 심리적인 불균형으로 나타나는 신체증상을 갱년기증상이라고 한다.

중 · 장년기 여성의 경우 40대 후반에서 50대 초반 사이에 생식기관이 위축되면서 갱년기증상이 나타난다. 갱년기증상은 개인마다 다양하게 나타나는데 중 · 장년기 여성의 대표적 호르몬인 에스트로겐(estrogen) 분비량의 감소는 내분비계와 자율신경계에 영향을 미치게 되어 주로 신체적증상과 정신적 증상을 동반한다. 신체적 증상으로는 폐경을 경험하고, 안면홍조, 두통과 메스꺼움, 현기증, 복부비만, 골반통, 체모 감소, 근력 저하, 피부 노화, 발한, 골다공증, 호흡장애, 정신적 증상으로는 만성적 피로감과 원인을 알 수 없는 무기력감, 집중력 저하, 자신감 상실 등의 증세가 나타나기도 한다. 갱년기증상은 개인별로 다르게 나타나지만 얼굴이 화끈 달아오르는 안면홍조와 발한은 갱년기 여성에게서 가장 많이 일반적으로 나타나는 증상이기도 하다.

중 · 장년기 여성은 자녀의 성장으로 '빈둥지증후군'을 경험하게 되면서 신경과민과 우울증, 불면증 같은 정신적으로 불안정한 감정을 갖게 되고, 극심한 피로감, 다리 통증 등 신체적인 이상증상도 호소하게 된다. 또한 남편과 자녀 뒷바라지로 육체적 · 정신적 스트레스에 시달리면서 화병, 부인 암, 당뇨 등의 생활습관의 병을 겪는다.

● 남성 갱년기

남성도 호르몬의 변화로 갱년기증상이 나타나게 되는데 성 기능이 감소하는 양상을 보인다. 남성의 갱년기는 50~60세경이며 여성의 갱년기에 비해 늦게 시작되어 서서히 진행된다. 남성도 30%는 갱년기증상이 나타내는 것으로 추정하고 있다. 남성은 몸무게와 허리둘레가 증가하고, 머리가 빠지면서 자신감이 떨어지는 것을 느끼게 된다.

개인에 따라 증상이 다르지만 일반적으로 테스토스테론(testosterone)이 감소하면서 힘이 약해지고, 식욕이 부진하며, 집중력이 약화되고 성욕감퇴, 발기부전, 집중력 저하, 우울증, 불면증, 자신감 상실 등이 나타난다. 테스토스테론이 감소한다고 하여 불안이나 우울증 같은 심리적 증상이 나타나는 것은 아니기 때문에 남성의 갱년기증상은 신체적인 부분보다는 정서적인 측면과 더 관련이 있음을 알 수 있다(손병덕 외, 2023: 403).

③ 중 · 장년기 심리적 발달과업

중 · 장년기는 인생에서 매우 중요한 시기로 발달과업을 잘 이루면 건강한 노년기를 맞이할 수 있다는 관점에서 학자에 따른 중 · 장년기의 심리적 발달과업을 살펴보고자 한다.

● 에릭슨(Erikson)

에릭슨은 심리사회적 발달에서 중 · 장년기를 40세에서 60세까지를 중년기로 보고 있으며 중 · 장년기를 생산성 대 침체성(generativity vs stagnation)의 시기라 하였다. 에릭슨이 정의한 생산성이란 다음 세대를 이끌어 나가는 것에 대한 관심이다. 사회적으로 가치가 있다고 여겨지는 일들을 위해 공헌하는 것이다. 중 · 장년기는 자녀를 낳아 기르는 부모역할의 생산성과 다음 세대에게 전문적 기술과 능력을 전수함으로써 느끼는 과업 생산성이 획득되는 시기로 보고 있다. 이 시기에는 가족을 부양하거나 사회 개선을 위하여 일하는 것 등을 통해 생산성 발달 과제를 달성한다. 그러나 반대로 자기중심적이고 앞으로 나아가는 데 도움을 줄 수 없거나 주려고 하지 않는다면, 불만족이라고 하는 침체성을 발달시킨다.

● 레빈슨(Levinson)

레빈슨은 인생을 4계절로 표현하고 중 · 장년기를 40~65세까지로 보았다. 레빈슨의 이론은 성인기 이후부터의 시기를 중점적으로 다루고 있으며 각 단계마다 안정기와 전환기가 있어서 전환기마다 이전 단계의 삶을 돌아보고 전 단계의 인생을 수정하고 다음 단계로 나아간다고 설명했다.

첫 번째, 성인 중기 전환기(40~45세)는 중년 전기와 중기의 가교역할을 하는 시기로 지난날의 삶에 대해 의문을 가지게 되는 시기로 보았다. 이 시기에는 자신의 삶의 가치에 대한 재평가를 시도하면서 정서적 동요와 불안의식을 겪는다고 하였다. 두 번째, 성인 중기로의 진입(45~50세)은 중년 중기로 새로운 인생구조의 형성을 위한 여러 가지 노력을 하고 가정에서 관계를 재정립하고 직장에서는 과업 수행방식도 재조명하는 시기이다. 세 번째, 50대 전환기(50~55세)로 인생의 구조를 재평가하는 시기이다. 만약 중년기 진입기에 위기가 없었다면 이 시기에 위기가 올 확률이 높다. 네 번째, 성인 중기 안정기(55~60세)로 중년기를 마무리하는 단계이다. 중년기에 성공적으로 자아를 변화시켰다면 만족스러운 시기가 된다. 이후 단계는 성인 후기 전환기(60~65세)로 은퇴와 신체적 노화에 대비하는 시기이다.

● 융(Carl Jung)

칼 융은 중년기를 개인의 심리적 발달과 자기실현(self-realization)의 중요한 시기로 보았다. 융의 이론에서 중년기는 35세에서 60세 사이를 의미하며, 이 시기는 내면의 깊은 변화를 겪는 시기로 보았다.

첫째, 자아실현은 개인이 자신의 무의식을 인식하고 통합함으로써 진정한 자아를 찾는 과정으로 자기 자신과 내면의 충동을 이해하고 수용하는 것을 포함한다. 둘째, 그림자를 인정하고 이해함으로써 개인은 더 완전하고 통합된 자아를 형성할 수 있다. 셋째, 융은 모든 사람 내면에는 이성의 성질인 아니마, 아니무스가 있다고 보고 중년기는 내면의 이성적 성질을 인식하고 통합하는 시기라고 하였다. 넷째, 중년기는 자신의 삶을 돌아보고 재평가하는 시기이다. 다섯째, 융은 중년기에 영적인 관심이 증가할 수 있다고 보았다. 여섯째, 중년기에는 자연과의 상호작용을 통해 내면의 평화를 찾고 심리적 안정을 도모할 수 있다.

(4) 사회적 특성

① 일

중 · 장년기의 직업활동은 가족의 생계나 사회관계에 많은 영향을 미치는 부분으로 중요한 부분이다. 개인에 따라 다르지만 대부분 직업에서 직무수행능력이 매우 높으며 일을 통해 자신의 정체성을 확인하는 시기다. 신체적으로 빠른 속도를 요구하는 직업에서는 직무수행능력이 다소 감소하는 편이나 오랜 경험을 통한 축적된 지식과 기술을 활용하여 대부분 높은 수준의 직무 성취도를 보이며(권중돈, 2023: 154) 생산성이 높다. 중 · 장년기는 직업적으로 성공의 기회를 얻을 수도 있지만 과도한 업무나 피로, 직장에서 연봉이 오르지 않거나 승진탈락, 업무처리에서 능력을 인정받지 못할 때 스트레스를 경험하기도 한다. 열정으로 일하다 보니 일중독으로 심신의 소진을 겪으며 무기력함과 무능력감을 느끼기도 한다.

중 · 장년기의 직업생활은 안정적인 편이나 고용불안이 심화되면서 정리해고, 구조조정, 감원, 명예퇴직 등에 대한 불안감을 형성하게 되고 직업만족도가 낮아지게 된다. 조기퇴직으로 갑작스럽게 실직을 하는 경우 자녀교육과 가족부양 등의 경제적 부담으로 인해 위기에 놓이기도 한다. 실직은 중년의 가장에게 소득상실로 인한 경제적 곤란뿐 아니라 자아개념의 손상도 가져온다. 중 · 장년기의 실직은 준비가 되어 있지 않은 상태로 새로운 직업활동 시작이 어렵기 때문에 우울이나 불안, 공허감, 자살사고 등 정신건강의 어려움이 발생하고 미래에 대한 불안과 함께 부부와 자녀관계에도 영향을 미치게 된다(김수정 외, 2023: 261). 그러나 가족과 이웃의 도움으로 실업 후 전혀 다른 직업으로 전환하여 새로운 희망을 가지기도 한다.

중 · 장년기의 개인은 직장에서 스트레스를 잘 관리하고 새로운 기술을 배우는 등 자기계발을 통해 자신의 가치를 높이는 것이 필요하며, 실직을 대비하여 자격증 취득 등 자신의 가치와 능력을 발휘할 수 있는 부분에 관심을 가지는 것도 필요하다.

② 가족

중 · 장년기는 자녀를 양육하고 독립시키는 시기로 자녀중심 생활에서 부부중심 생활로 전환하는 시기이다. 부모에서 할아버지 할머니라는 새로운 직위를 획득하는 시기이도 하다. 중 · 장년기는 부모와 자녀관계를 성인 대 성인의 관계로 발전시켜 나가야 하며, 부모의 질병, 죽음 등 노년기 부모를 돌보기 위한 준비를 하고 사돈, 며느리, 사위, 손자녀가 포함된 새로운 가족관계를 정립하는 시기이기도 하다(김수정 외, 2023: 263). 그러나 현대는 만혼화 현상이 심화되고 초혼연령과 출산연령이 높아지면서 부모가 중 · 장년기에 이르더라도 자녀는 아동기와 청소년기에 머무르고 있어 중 · 장년기 성인 중 육아와 양육의 부담을 모두 지는 경우도 있다(강상경 외, 2023: 295).

자녀가 성장하여 독립을 하면 부모역할 시기가 종료된다. 이 시기를 빈둥지시기라고 하는데 이 시기에는 자녀가 독립을 하면서 부부가 함께하는 시간이 증가하고 자유롭게 시간을 보낼 수 있다. 자녀가 결혼하여 손자녀가 출생하면 중 · 장년기 부부는 맞벌이부부인 자녀를 위해 영유아시기의 손자녀 양육을 지원하는 제2 양육기 시기를 가지는 경우도 있다. 일반적으로 중 · 장년기 여성이 주로 손자녀양육을 담당했으나 배우자가 없거나 은퇴 등으로 할 일이 없는 중 · 장년기 남성도 함께 손자녀양육을 지원하기도 한다.

자녀양육과 손자녀양육은 차이가 있어서 손자녀가 귀여워 무조건 허용하는 경우가 있다. 이렇듯 손자녀의 부모인 자녀의 양육태도와 손자녀양육을 지원하는 중 · 장년기 부부의 양육태도에 차이가 있어 양육갈등이 유발될 수 있다. 육아종합지원센터 등 육아양육을 지원하는 공공기관 프로그램인 조부모교육, 부모교육 등에 참여하여 올바른 양육지식을 습득하고, 바람직한 양육지원으로 연결될 수 있도록 노력하는 태도가 필요하다.

그동안 인내하며 자녀의 독립을 기다려 왔던 중 · 장년기 부부의 이혼이 발생하기도 한다. 이를 '황혼이혼'이라고 한다. 한국의 부부들은 자신의 이혼이 자녀가 결혼하는 데 지장을 줄 수 있다는 생각에 자녀가 성장하여 결혼할 때까지 이혼을 미루다가 부부만 남게 되면 졸혼이나 이혼을 하는 경우가 있다.

③ 돌봄

중 · 장년기 성인들은 위로는 부모 세대와 아래로는 자녀 세대 사이에 끼여 노부모를 부양하고 자녀를 양육하는 역할을 수행하는 '샌드위치 세대'로, 학령기에 있는 자녀를 양육해야 하고 성장한 자녀라고 하더라도 취업, 결혼, 자녀양육 등으로 자녀가 부모의 경제적, 정서적 지원을 필요로 하는 경우 부모역할을 수행한다(김상경 외, 2023: 296). 우리나라의 경우 베이비부머가 샌드위치 세대에 해당하는데, 이들은 전통적인 가족 중심의 가치관을 가지고 있어서 부모를 부양하는 것을 자식의 도리로 여기지만 그들의 자녀는 개인주의적 가치관을 가지고 있다(김수정 외, 2023: 264). 베이비부머는 부모를 부양하는 마지막 세대이면서 자식으로부터 부양을 받지 못하는 첫 번째 세대라고 할 수 있다.

중 · 장년기 성인의 노부모는 현재 건강하다고 하더라도 나이가 들면서 질병이나 노환 등으로 중 · 장년기 자녀에게 경제적, 심리적으로 의존하게 될 가능성이 높아지게 된다. 노부모가 건강한 경우에는 완만한 관계가 유지되지만 인지적 · 신체적 기능의 손상으로 병약해질 경우에는 경제활동이 어려운 중 · 장년기 시기의 성인인 경우 노부모에 대한 양가감정이 생기거나 갈등상황이 발생할 수 있다.

자녀가 결혼하여 행복하게 사는 것이 부모의 바람임에도 불구하고 자녀의 배우자나 자녀가 사망하거나 이혼 혹은 행방불명, 재혼 및 중병 등으로 인해 출산한 자녀를 양육하지 못할 경우 중 · 장년기 성인은 손자녀를 돌보고 양육해야 하는 일이 발생한다. 경제활동이 가능한 상태인 경우는 돌봄 지원이 어렵지 않으나 경제활동이 단절된 상태인 중 · 장년기인 경우 양질의 돌봄이 어려울 수 있다.

3) 사회복지실천 영역

(1) 건강

첫째, 건강 프로그램을 구체적으로 개발하여 지원해야 한다. 중 · 장년기 성인들에게 발생하는 성인병인 심장병, 고혈압, 당뇨병, 고지혈증, 골다공증 등은 주로 흡연, 음주, 스트레스, 비만, 불균형 식사 등의 잘못된 생활습관과 노화가 원인이지만 올바른 생활습관으로 예방과 치료가 가능하다. 규칙적인 운동과 건강 식단을 활용하여 적정 체중을 유지하면 당뇨나 혈압을 낮추어 치료에 도움이 된다. 현재 지역사회에서 다양한 건강증진 프로그램을 계획하여 제공하고 있으나 접근성이 떨어져 활용이 어렵다.

둘째, 운동시설의 접근성을 유용하게 제공해야 한다. 국가적인 차원에서 지역에 운동시설을 지역주민이 쉽게 접근할 수 있는 거리에 여러 곳 설치하고 개방하여 필요시 지역주민들이 자유롭게 안전하게 이용할 수 있도록 지원이 필요하다.

셋째, 영양 건강 식단 및 요리법을 개발하여 앱을 통해 중 · 장년기 성인들에게 제공하여 비만이나 영양결핍 등의 관리가 필요한 경우 전화나 문자로 알림서비스를 지원하도록 하여야 한다.

넷째, 금연교실과 금주건강교실, 비만탈출 등 다양한 건강 프로그램을 개발하여 지원하고 필요시 의료적 접근도 적극적으로 모색되어야 한다.

다섯째, 유능한 상담사의 상담지원을 필요시 접근이 가능하도록 무료로 제공해야 한다. 중 · 장년기 정신적 건강을 위해 갱년기로 인한 우울증, 다양한 가족적인 문제나 이겨내기 힘든 스트레스 등 심리적인 어려움을 잘 이겨낼 수 있도록 유능하고 성실한 상담사를 통해 무료상담서비스를 제공하고 지역사회가 함께하는 걷기대회나 마라톤 등 다양한 행사를 마련하고, 지역주민이 모두 참여할 수 있는 진행 계획을 통해 혼자가 아닌 함께 이겨내자는 프로그램 개발 지원도 필요하다.

중 · 장년기는 갱년기로 인해 가족관계에 갈등이 발생하여 언어폭력, 폭력행동이 나타나고 심화되어 이혼으로 이어지기도 한다. 유능한 상담사를 지원하여 상담을 통해 스스로 폭력 원인을 찾아내도록 하고, 폭력예방 프로그램 등을 통해 폭력 사용을 하지 않도록 지원하여야 한다. 폭력에 노출된 경우 가정폭력상담소, 여성긴급전화 1366 등을 필요시 긴급하게 연결이 가능하도록 하여 신변보호 등 즉각적인 지원이 진행되도록 하여야 한다.

자녀가 성장하여 독립하면서 이혼을 하는 황혼이혼율이 증가하고 있다. 자녀중심에서 부부중심으로 재정립할 수 있는 부부관계 프로그램을 개발하여 대화법이나 부부가 함께 갈등을 해결해 나갈 수 있는 방법을 제공하여 건강한 가족으로 거듭나도록 지원하여야 한다.

노부모 부양으로 인해 다양하게 어려움을 가지고 있는 경우, 사회복지기관은 찾아가는 서비스를 통해 노인부모를 위한 가정간호사를 파견하고 생활용품이나 필요한 부분을 지원하는 프로그램을 통해 노부모 부양으로 인해 힘들어하는 중 · 장년기 성인을 지원하는 것도 중요하다. 경제적인 부분이나 시간적인 여유가 없는 상태에서 노부모를 부양하다 보면 자신에게 소홀하여 삶의 가치를 잃어버리고 우울증에 빠질 수 있으므로 발생 가능한 지역의 중 · 장년기 주민들의 상황을 살펴서 수시로 클라이언트를 찾아내고 사례관리를 통해 지원하는 것이 필요하다.

(2) 관계

첫째, 사회로의 재복귀를 지원해야 한다. 사회복지기관에서는 지역주민들 중 경제활동에서 물러나 경제적, 심리적 위기에 있는 중 · 장년기 남성이 위기를 극복할 수 있도록 맞춤형 상담을 제공하고 안정된 가족생활을 영위할 수 있도록 다양한 각도에서 지원을 하여야 한다. 그 중 가장 적극적으로 지원해야 할 서비스 중 하나는 고용지원서비스로, 경력단절 상태인 성인이나 새로운 직업으로 변화를 가지고 싶은 성인들을 대상으로 자신이 가지고 있는 재능을 활용하여 도전할 수 있는 직업참여 프로그램을 제공하는 것이다.

둘째, 평생교육 프로그램을 개발하여 감추어진 잠재능력을 개발할 수 있는 기회를 제공하고, 프로그램 참여 공간을 가까운 지역에 마련하여 편하게 참여할 수 있도록 지원해야 한다. 자녀독립으로 인해 공허한 시간을 맞이한 여성들을 위한 평생교육 프로그램을 개발하여 그동안 감추어져 있던 취미나 잠재능력을 발견할 수 있는 기회를 제공하여 활기찬 삶이 되도록 지원하여야 한다.

3. 노년기

1) 노년기의 개념

사전적 의미에서 노인은 "나이가 들어 늙은 사람"이다. 여기서 나이가 든다는 것은 시간의 경과라는 개념이 포함된 것이므로 노인이란 나이가 들어감에 따라 제반 기능이 변화된 사람이며(박창제 외, 2021: 13), 육체적기능이나 정신적 기능의 능력이 감퇴되어가는 시기에 있는 사람을 의미한다.

1951년 제2회 국제노년학회에서는 노인을 "인간의 노령화 과정에서 나타나는 생리적 · 심리적 · 환경적 변화 및 행동의 변화가 상호작용하는 복합 형태의 과정에 있는 사람"(Report on the 2nd International Conference of Gerontology, 1951: 5)으로 정의하고 있다.

- 환경의 변화에 적절히 적응할 수 있는 조직기능이 감퇴되고 있는 사람
- 자아통합능력이 감퇴되어 가는 시기에 있는 사람
- 인체의 기관, 조직, 기능에 쇠퇴현상이 일어나는 시기에 있는 사람
- 인체의 적응능력이 점차로 결손되고 있는 사람
- 조직의 예비능력이 감퇴하여 적응이 제대로 되지 않는 사람

비렌(Birren, 1959: 3-42)과 브린(Breen, 1960: 145-162)은 생물학적, 심리적, 사회적 노화의 개념을 포함시켜 노인을 이해하였다. 첫째는 생리적 및 생물학적 면에서 퇴화기에 있는 사람, 둘째는 심리적인 면에서 정신기능과 성격이 변화되고 있는 사람, 셋째는 사회적인 면에서 지위와 역할이 상실된 사람이다. 노인이란 생리적 및 신체적 기능의 퇴화와 더불어 심리적 변화가 일어나서 개인의 자기유지기능과 사회적 역할 기능이 약화되고 있는 사람이다(최성재 · 장인협, 2002: 47).

노년기의 의미를 바라보는 관점은 긍정적 관점과 부정적 관점이 있다. 부정적 관점에서는 신체적 능력의 쇠퇴와 사회적 관계의 축소, 그리고 사회경제적 지위의 하락과 같은 쇠퇴가 일어나는 시기로 보는 시각이다. 다른 시각은 노년기까지 삶을 살아오는 동안 축적된 경험과 지혜를 바탕으로 사회를 위해 봉사할 수 있으며, 죽음에 대비해 자신이 살아온 삶을 정리하는 과업이 중요한 시기로 보는 긍정적인 관점이 있다(노수희, 2023: 128). 노인의 개념을 다양한 차원으로 살펴 정의하면 다음과 같다.

(1) 개인적 자각의 노인

개인적 자각은 스스로 자신을 노인이라고 느끼고 인정하는 것을 말한다. 스스로 노인이라고 자각하게 하는 중요한 경험으로는 신체적으로 쉽게 피로를 느끼거나, 시력 및 기억력 감퇴, 흰머리, 손자녀의 출생, 주위로부터 어르

신이라 불렀을 때 등이다. 우리나라의 경우 노인의 86.2%가 노인의 연령기준을 70세 이상으로 생각하였으며, 노인이 되는 시점은 평균 72세 전후라고 인식하였다(정경희 외, 2017 재인용). 하지만 개인적 자각은 개인마다 노인이라고 지각하는 시점이 다르고 자신의 노화를 받아들이는 기준이 다르므로 보편적으로 받아들이기는 어려운 정의다.

(2) 사회적 역할의 노인

사회적 지위나 역할이 상실하게 되는 나이를 기준으로 노인을 규정하는 것으로, 일반적으로 은퇴를 통해 생산활동에서 물러나게 되면서 지위와 역할을 상실하게 되는 경우를 노인으로 규정하는 것이다. 그러나 이 경우 사회적 역할이 없었거나 불분명한 경우, 노년에도 사회적 지위와 역할을 수행하는 경우, 조기퇴직으로 사회적 지위와 역할이 주어지지 않은 중년기의 경우 등에 이 기준을 적용하여 노인을 정의하기에는 어려움이 있다.

(3) 역연령의 노인

역연령은 시간의 흐름에 따라 살아온 만큼 세는 나이를 기준으로 계산하여 만 65세 이상인 사람을 노인으로 규정하는 것을 의미한다. 역연령상 65세라는 기준은 누구에게나 적용되므로 행정적 절차나 사회적 관습상 일반적으로 노인을 정의하는 기준으로 활용된다(박창제 외, 2021: 13). 역연령은 가장 객관적인 기준이다.

우리나라 「노인복지법」과 「기초연금법」에서는 65세 이상을 노인으로 규정하고 있으며, 「국민연금법」에서는 노령연금 수급기준을 60세로 규정하고 있다. 노년학계에서는 65~74세를 연소노인, 75~84세를 중고령노인, 85세 이상을 고령노인으로 연령을 좀 더 세부적으로 구분하여 노인집단을 분류하였다. 2015년 국제연합(UN)에서는 인간수명 증가에 따라 노인은 80~99세로 규정하고 100세 이상을 장수노인으로 제시하기도 하였다.

2) 노년기의 특성

노년기의 특성을 신체적, 인지적, 심리적, 사회적으로 나누어 살펴보면 다음과 같다.

(1) 신체적 특성

노년기에는 청력 소실이나 시력장애, 활동반경의 제한 등 신체능력의 전반적인 저하가 일어난다. 신체적 노화로 인해 만성질환, 영양부족, 운동량 감소 등으로 근력, 근기능이 모두 감소하고 만성질환이 나타난다. 신체활동을 하지 않으면 수의근의 손실이 가속화된다(김수정 외, 2023: 208).

① 외면상 신체적 노화

신체적 노화란 신체구조와 기능의 쇠퇴로 활력을 상실하고 질병에 대한 저항력이 낮아지는 상태를 말한다(박인아 · 엄기욱, 2020). 노년기에 나타나는 신체적 노화 중 가장 큰 변화는 피부 변화이다. 피부는 노년이 되면 수분과 피하지방이 감소되어 얇아지고 건조해지며 탄력성도 저하되고 주름이 생기며 검버섯이 나타나기도 한다. 또한 뼈와 근육이 위축되어 등이 굽어지고 키도 2~5cm 정도 준다. 근육량은 줄어들고 체지방은 증가하나 체중은 60세 이후에는 점차 감소한다. 모발은 은빛으로 바뀌고 모낭의 약화로 인해 머리카락이 가늘어지고 탈모현상도 나타난다.

② 만성질환 및 생리적 기능상의 노화

노년기에는 장기가 노화되면서 소화기능이 저하되어 음식 섭취 시 소화가 어렵고 수분 흡수가 제대로 되지 않아 설사를 하기도 한다. 호흡기능과 폐활량이 감소되고 신진대사율이 저하되며 신장박동의 약화, 치아의 감소, 동맥경화증, 고혈압, 당뇨병, 심장병, 신장병 등의 만성질환이 나타난다. 노년이 되면 수면의 질이 낮아지고 불면증이 나타나기도 한다. 노년기의 하루 수면 시간은 약 5~6시간 정도이다. 수면은 건강의 지표로 매우 중요하나 수면장애를 호소하기도 한다. 배설 기능으로는 남성 노인의 경우 전립선 비대증상으로 소변을 충분히 배설하지 못하여 빈뇨가 있으며, 여성 노인의 경우 요실금 증상이 있다. 나이가 들고 고령이 된다고 해서 모두 노쇠한 것은 아니다. 성공적인 노화는 중년 이후부터 금연, 절주, 영양식, 규칙적인 운동 등 건강생활 양식을 꾸준히 유지하면 가능하다(박석원, 2011 재인용).

③ 시각 및 청각기능의 노화

시각의 노화로 인해 수정체의 유연성이 감소하고 눈의 조절능력이 약해지면서 시력이 점차 약화되는 노안이 나타난다. 가까운 물체를 볼 때의 시력이 감소하고 비문증, 안구건조증, 백내장, 녹내장, 황반변성 등 눈과 관련된 질병이 발생하기도 한다. 청각의 기능도 약화되어 소리의 고저와 강도에 감지능력이 떨어져서 작은 소리를 잘 듣지 못하는 현상이 나타난다. 귀에서 삐소리가 들리는 이명이 생기기도 한다.

(2) 인지적 특성

혼과 카텔(Horn & Catell, 1967)은 인간의 지능을 유동적 지능(fluid intelligence)과 결정적 지능(crystallized intelligence)으로 구분하였다. 유동적

지능은 선천적으로 타고난 지능으로 학습이나 경험과는 무관하다. 결정적 지능은 교육, 문화, 사회환경적 영향을 받아 후천적으로 연습과 학습경험에 의해 획득된다. 결정적 지능은 학습이나 교육, 경험이 축적된 지식의 결정체이다. 즉 문화적으로 가치 있는 지식, 경험, 의사소통의 이해력, 판단력, 일상생활의 분별력을 반영하는 지적 능력이다.

결정적 지능은 나이가 들어도 새로운 지식을 축적하고 이해함으로써 계속 증가하기 때문에 노인의 지혜와도 연관이 있다고 볼 수 있다(장수복 외, 2022: 118). 노년기엔 유동적 지능은 감퇴하나 결정적 지능은 교육과 경험에 의해 지속적으로 향상될 수 있다. 웩슬러(David Wechsler)가 개발한 지능검사에 의하면 노인 지능의 변화 양상은 지능의 종류에 따라 감퇴의 정도가 달랐다. 유동적 지능은 급속히 감퇴하는 반면에 결정적 지능은 비교적 안정적이었다.

① 치매

노년기에 주로 발생하는 치매는 뇌가 손상되어 고등정신기능에 장애가 나타나는 기질성 정신장애이며, 수명이 늘어나면서 노년기 치매가 증가하고 있다. 치매의 증상은 원인이나 상태에 따라 다르지만 주로 기억장애, 지남력 상실, 주의력 및 판단장애, 인지장애, 망상 등이 나타난다. WHO에서는 치매를 알츠하이머, 혈관성 치매, 기타 치매로 구분하고 있다.

● 알츠하이머

노인치매 원인 중 가장 흔한 형태로 점진적인 기억, 판단, 언어능력 등 지적인 기능의 감퇴와 일상생활 능력, 인격, 행동 양상의 장애가 나타난다(이한기 외, 2010).

● 혈관성 치매

뇌경색이나 뇌출혈 등 다양한 뇌혈관질환에 의해 발생한다. 혈관성 치매의 주요 위험요인은 고혈압, 당뇨병, 고지혈증, 심장병 등이다. 혈관성 치매가 발병하면 운동장애, 언어장애, 부분적인 인지장애가 나타난다.

● 기타 치매

파킨슨병 치매, 알코올성 치매, 두부 외상에 의한 치매, 화학물질에 의한 치매 등 여러 가지 원인에 의해 치매가 발병하여 나타난다.

(3) 심리적 특성

노년기는 주로 사회가 가치 있다고 보는 사회적 지위와 역할을 상실하게 되며 이로 인하여 여러 가지 심리적 · 사회적 문제를 가져오게 된다. 직장에서 정년을 맞거나 퇴직을 하게 됨으로써 직업인으로서의 역할과 지위를 상실하게 되면 가정에서는 경제력을 담당하던 가장의 역할도 축소된다. 배우자가 사망하면 남편이나 아내로서의 역할이 상실되며, 자식이 성장하면서 부모로서의 역할도 상실된다. 새롭게 퇴직인이라는 역할을 얻게 되고 조부모의 역할과 지위를 얻게 되는 변화가 따른다(이해영, 2023: 77).

노인의 심리적 특성과 행동양식은 자신의 겪어온 개인적 경험과 사건, 문화적 사회적 변화 등의 산물이므로 다양한 개인차를 보일 수 있다. 노인기의 심리적 변화의 특성을 정리하면 다음과 같다(류종훈 외, 2002).

① 의존과 수동적 심리 증가: 기능의 저하로 인해 타인에게 의지하고 도움을 받아 수동적으로 해결하려는 경향이 나타난다.

② 우울성 심리 증가: 노인의 심리적 변화의 중요한 특성으로서 우울증 경

향의 증가를 들 수 있는데, 신체적 질병이나 배우자의 죽음, 경제적 사정의 약화, 지나온 세월에 대한 회환 등이 원인이다. 성별로는 여성 노인이 남성 노인에 비해 2~3배 이상 우울증 발병률이 높다고 한다.

③ 경직성 심리 증가: 새로움보다는 기존의 사고 및 태도나 방법을 고수하는 경직성이 증가한다.

④ 조심성 증가 및 자신감 약화: 시각이나 청각 등의 감각능력 감퇴를 비롯한 신체적 심리적 기능이 쇠퇴하면서 조심성이 증가하고 자신감도 약화된다.

⑤ 친근한 사물에 대한 애착성 증가: 오래 사용해 온 물건이나 친근한 사물에 대한 애착심이 증가한다. 이러한 성향은 지나온 과거를 회상하고 마음의 안락과 만족을 느끼며 안도감 및 안정감을 갖기 위한 것이다.

(4) 사회적 특성

노년기에는 퇴직을 통해 사회적 관계나 직장동료와의 관계가 줄어들고 가족이나 이웃, 친구 등과의 관계가 핵심이 되어간다. 노년기에는 평균수명의 연장과 출산 자녀수의 감소로 자녀양육 기간은 줄어들고 배우자 사망 이후 독신으로 생활하는 기간과 여가는 늘어난다.

① 은퇴

노년기에 어떤 사회적 지위에서 물러나 그 지위와 관련된 역할수행을 중단하게 된 현상을 은퇴라고 한다. 은퇴에서 가장 대표적인 것은 일에서 물러나는 퇴직이다. 퇴직은 직업활동에서 물러나고 퇴직자로서의 역할을 받아들이는 일련의 과정이다. 퇴직 과정은 개인이 퇴직을 인식하면서부터 시작된다. 노년기의 주요 발달과업 중의 하나가 퇴직생활에 대한 적응이 될 정도로 퇴직 이후의 생활 적응은 노년기의 삶의 질을 결정하는 가장 중요한 요인 중의 하나라고 본다.

노년기에는 퇴직에 따르는 지위와 역할의 변화, 경제적 조건의 변화, 상황적 요인의 변화, 사회관계망의 변화 등과 같은 생활 전반에 나타나는 변화를 수용하고 자신이나 주변의 대처자원을 활용하여 능동적으로 적응해 나갈 수 있어야 한다.

② 관계

부부가 함께 지내다가 노년기에는 한 명은 배우자의 사망을 경험하게 된다. 이 부분에서 상실을 경험하게 된다. 상실을 경험하면서 많은 노인들이 슬픔이나 불면증, 식욕감퇴 및 상실, 체중감소, 사회활동 무관심, 불안감, 우울감, 분노심, 비통함, 죄의식 등과 같은 애도의 감정과 관련된 행동을 나타낸다.

노년기에는 성인 자녀와 바람직한 유대관계를 형성해야 하지만 그렇지 못한 경우가 발생하기도 한다. 노년기는 자녀를 양육하고 지원하던 지위에서 지원을 받는 지위로 변환되며 이 부분에서 여러 가지 어려움을 겪게 되기도 한다. 부부와 자녀로 구성된 가족의 영향으로 노인이 되면 자연스럽게 성인 자녀와 별거하여 따로 지내는 비율이 높아짐에 따라 성인 자녀와 노부모 사이 연락이나 접촉하는 빈도도 많이 낮아지고 있다. 이러한 양적 관계뿐만 아니라 노부모와 성인 자녀 간의 정서적 유대관계도 소원해지는 등 질적 관계도 심리적으로 소홀하거나 부정적인 변화가 일어나고 있다.

③ 주거환경

노년기에는 주거환경에 변화가 없이 살던 곳에서 오래 지내는 것이 바람직하다. 노년기에는 이웃이 친구이고 대화상대가 된다. 주거환경을 자주 바꿀 경우 새로운 사람과 대화하기가 어렵고 친해지기가 힘들어 사회관계망에서 위축되고 불안해질 수 있다. 주거환경이 변화되면 지역사회에서의 어르신이란 직위가 상실되고 새로운 이웃과의 관계 설정 과정에서 어려움이 생길 수 있어 여러 부분에서 부정적 영향을 받는 경우가 많다. 만약 질병이나 가족의 부양능력 한계 등으로 노인시설에 입소하게 될 경우, 주거환경이 변화된 지역사회에서 거주하는 경우보다 외부 사회관계망과의 상호작용이 더 많이 위축될 수 있다.

3) 사회복지실천 영역

(1) 건강

첫째, 치료비지원이 필요하다. 노년기 수명이 늘어나고 노년기가 길어지면서 노인 인구와 노인으로 구성된 가족이 늘고 있다. 노년기는 가지고 있는 질병이 없어도 노화가 진행되는 과정에서 신체기능이 저하되고 대부분 만성질환이 발병한다. 노년기 질병은 노화로 인한 퇴행이 진행되기 때문에 노년기 질환은 치료보다는 보호적인 입장을 가지고 있다. 노년기에는 보행 시 조심하지 않으면 넘어짐이 자주 발생하고 관절이 부러져 수술을 받기도 한다. 면역력이 떨어져 다양한 질병에 노출되기도 한다. 이러한 이유로 병원 방문이 자주 발생하여 치료비 부담도 크다.

둘째, 기초수급지원을 늘려야 한다. 노년기는 경제활동이 어려운 관계로 빈곤상태인 노년이 많다. 기초수급노인들에게 지원되는 복지정책의 혜택이 현재 진행되고 있으나 수급자 기준에 미달하여 많은 빈곤노인들이 혜택을 받지 못하고 있다. 기초수급기준을 좀 더 확장하여 일반 빈곤노인들도 의료비와 간병비를 지원을 받을 수 있도록 하여 건강한 노년이 되도록 지원하여야 한다.

셋째, 사회복지정책 지원 확대가 필요하다. 노인기는 배우자 사망과 자녀와의 불통으로 관계망이 좁아져서 고독감과 우울감 등을 경험하게 된다. 사회복지기관에서는 지역노인 주민을 위한 다양한 사회활동 프로그램이나 노인건강 프로그램을 개발하여 정신건강과 신체적 노화를 늦추는 운동에 참여할 수 있도록 하여야 한다. 참여가 어려운 노인을 위해 사회복지사의 찾아가는 방문서비스를 지원하고, 중증치매나 요양보호가 필요한 노인들을 위한 자택방문요양보호를 통해 평안한 노년을 지낼 수 있도록 방문요양보호사 지원 정책도 필요하다.

(2) 관계

첫째, 노인우울증 등 심리적인 어려움을 이겨낼 수 있도록 노인상담지원 및 이성친구 만들기 지원이 필요하다. 노인은 직장이나 사회적 활동이 단절되면서 관계가 적어지게 되고 혼자서 지내는 경우가 많아지면서 고독에 노출된다. 고독은 우울증으로 이어져 노년기를 외롭고 슬프게 지내기도 한다. 누구에게도 말하기 어려운 사정을 편안하게 말할 수 있는 상담사 지원은 노인에게 우울감과 외로움을 해소할 수 있게 한다. 일반적으로 노년기에 부부가 함께 살아가는 경우가 많지만 배우자 사별 등으로 혼자 지내는 경우도 많다. 혼자서 지내는 노인은 배우자와 함께 지내는 노인에 비해 고독이나 우울증 발병이 높다. 연구에서는 배우자가 있는 노인들이 배우자가 없는 노인들보다 행복감이나 생활만족도에서 더 높았다. 노년기 이성 친구 만들기 프로그램을 제공하여 함께 여가시간을 보내는 것도 좋은 방법이다.

둘째, 노인학대가 없도록 노인을 보호하는 정책을 지원해야 한다. 노인들은 경제활동을 하지 못하다 보니 부양을 하기 어려운 자녀들이 버리거나 학대를 하는 경우가 있다. 학대 의심이 있는 경우 노인들이 편하게 지낼 수 있는 노인쉼터를 제공하여 노년이 우울하지 않게 지내도록 보호가 필요하다.

셋째, 건강한 노인들이 소득이 없어 어려움을 겪지 않도록 경제활동을 위한 노인일자리 창출을 많이 만들어 누구나 참여할 수 있도록 지원해야 한다. 노인들은 그동안 사회활동과 경험을 통해 다양한 능력과 지혜를 가지고 있다. 노인들이 건강하게 오래 사는 방법은 일을 하는 것이다. 노인들이 소득을 창출하고 건강하게 사회활동을 할 수 있는 부분이 필요하다. 노인들이 쉽게 접근할 수 있는 간단한 업무나 일들을 개발하여 노인들이 가지고 있는 능력과 지혜를 나눌 수 있는 일자리를 창출하여 지원해야 한다. 노인들 여럿이 직접 운영하는 실버사업이나 아이디어 공모를 통해 일자리를 지원하는 방법도 바람직하다.

넷째, 자원봉사나 여가활동을 할 수 있도록 지역사회기관의 참여의 문을 많이 만들고 프로그램을 다양하게 개발하여 지원해야 한다. 노인복지관에서 진행하고 있는 다양한 프로그램들은 대부분 기초생활수급자를 우선으로 하기 때문에 일반 노인들은 참여에서 제외되는 경우가 많다. 경로당과 복지관 프로그램을 늘리고 일반 노인들도 참여할 수 있도록 활성화가 필요하다.

다섯째, 손자녀를 양육하는 조부모에게 양육비를 지원해야 한다. 맞벌이 부부를 위해 손자녀를 양육하는 노인들이 많아지고 있다. 일반적으로 자녀에게 양육비를 받고 양육 지원을 하는 노인도 있으나 어쩔 수 없이 성인 자녀의 이혼이나 사망으로 인해 손자녀를 양육해야 하는 노인들은 경제활동이 어렵고 양육으로 인한 스트레스는 우울 등 건강에 부정적인 영향을 미치기도 한다. 그러므로 손자녀를 양육하는 노인에게 정책적으로 양육비를 지원하고 일일 양육도우미제도를 도입하여 양육 노인이 필요 시 휴식시간을 제공받도록 지원하는 것이 필요하다.

기출문제

1. 성인기(20~40세)의 발달과업에 관한 설명으로 옳지 않은 것은?

① 직업준비의 선택
② 정체감 유실
③ 이성교제
④ 진로, 자아정체성 확립
⑤ 배우자 선택

2. 성인기에 관한 설명으로 옳지 않은 것은?

① 신체적 기능이 최고조에 달하는 시기이다.
② 주요 발달과업은 진로 및 직업선택, 혼인준비 등이다.
③ 중년 · 노년기로의 가교역할을 하는 주요한 생애전환 시기이다.
④ 배가 나오기 시작하고 체증도 증가한다.
⑤ 신체발달이 완성되어 매우 건강한 시기이다.

3. 중 · 장년기의 위기에 관한 설명으로 옳지 않은 것은?

① 실직과 조기은퇴로 인해 불안감을 경험한다.
② 여성의 경우 갱년기로 인한 우울을 경험한다.
③ 자녀관계에서 부모역할의 재조정이 필요하다.
④ 노부모의 돌봄 부담에 대한 책임감이 많아진다.
⑤ 우울성 심리가 증가한다.

4. 중 · 장년기의 발달 특성으로 옳지 않은 것은?

① 갱년기를 경험하면서 호르몬의 변화한다.
② 삶의 경험에서 우러나오는 지혜가 증가한다.
③ 생산성 대 침체성의 시기이다.
④ 빈둥지증후군을 경험한다.
⑤ 부모역할을 시작하게 된다.

5. 노인기의 심리적 변화의 특성이 아닌 것은?

① 의존과 수동적 심리 증가
② 친근한 사물에 대한 애착성 증가
③ 조심성 증가 및 자신감 약화
④ 우울성 심리 증가
⑤ 지식의 확장

정답	1. ② 2. ④ 3. ⑤ 4. ⑤ 5. ⑤

참고문헌

〈1장 참고문헌〉

강세현(2020). **인간행동과 사회환경**. 양성원.
김경은・이화정・최은희・황명구・송영선(2020). **인간행동과 사회환경**. 양성원.
도미향・남연희・박건실・정은미・김민정(2022). **인간행동과 사회환경**. 신정.
신기원・김상아・김용준・오하나・이우언・임중철(2023). **인간행동과 사회환경**. 공동체.
정은(2014). **인간행동과 사회환경**. 학지사.
Papalia, Diane (2006). *Human Development with Life MAP*. McGraw-Hill.
Santrock, John (2012). *A Topical Approach to Lifespan Development*. McGraw-Hill College.

〈2장 참고문헌〉

사회복지연구센터(2019). **인간행동과 사회환경**. 나눔의 집.
장수한・김현주・임혁・채인숙(2022). **인간행동과 사회환경**. 지식공동체.
최옥채・박미은・서미경・전석균(2023). **인간행동과 사회환경**. 학지사.
Crain, W. C. (1983). **발달의 심리**. 서봉연 역. 중앙출판사.
Thompson, C. (1987). **정신분석학의 발달**. 이형영・이귀행 역. 하나의학사.
Zastrow, C. (1995). *The Practice of Social Work* (5th ed.). California: Brooks/Cole Publishing Company.

〈3장 참고문헌〉

강상경(2011). **인간행동과 사회환경**. 나남출판.
김경은・이화정・최은희・황명구・송영선(2020). **인간행동과 사회환경**. 양성원.
김동배・권중돈(2006). **인간행동이론과 사회복지실천**. 학지사.
네이버 지식백과(2024.4). **분석심리이론**. 심리학 용어사전.
네이버 블로그(2020.8.3). https://blog.naver.com/narlesha/222049913052
노안영(2005). **상담심리학의 이론과 실제**. 학지사.
생각의 마을(2023). **인간행동과 사회환경(1급 수험서 에셉)**. 공동체.
엄신자(2008). **인간행동과 사회환경**. 인간과 복지.
이무석(2004). 마음속에 숨겨진 나를 찾아 떠나는 여행: 정신분석에로의 초대. 이유.
이무영・권신영・김미영・송혜자(2023). **인간행동과 사회환경**. 어가.
이영미・이원주(2023). **인간행동과 사회환경**. 공동체.

이인정 · 최해경(2020). **인간행동과 사회환경**. 나남출판.

이장호 · 정남운 · 조성호(2005). **상담심리학의 기초**. 학지사.

이준우 · 최희철(2021). **인간행동과 사회환경**. 양성원.

Jung, C. G. (1936). The Concept of the Collective Unconscious, *Collected Works, (Vol 6)*. Princeton, N.J.: Princeton University Press.

Jung, C. G. (1959). *Psychological Types, or the Psychological of individuation*. New York: Pantheon Book.

Jung, C. G. (1961). *Memories, Dreams, Reflections*. A. Jaffe (Ed.), New York: Vintage Books.

〈4장 참고문헌〉

권중돈(2014). **인간행동이론과 사회복지실천: 이론과 실천**. 학지사.

네이버 지식백과(2016.01.15). 개인심리학 상담학 사전.

네이버 지식백과(2016.01.15). 심리사회이론 상담학 사전.

생각의 마을(2023). **인간행동과 사회환경(1급 수험서 에센)**. 공동체.

오창순 · 신선인 · 장수미 · 김수정(2015). **인간행동과 사회환경**. 학지사.

이무영 · 권신영 · 김미영 · 송혜자(2023). **인간행동과 사회환경**. 어가.

이영미 · 이원주(2023). **인간행동과 사회환경**. 공동체.

이인정 · 최해경(2020). **인간행동과 사회환경**. 나남출판.

이준우 · 최희철(2021). **인간행동과 사회환경**. 양성원.

정옥분(2007). **전생애 인간발달의 이론**. 학지사.

천정웅 · 오정아 · 박선희 · 이승민 · 박주현(2019). **인간행동과 사회환경**. 양성원.

최옥채 · 박미은 · 서미경 · 전석균(2016). **인간행동과 사회환경**. 양서원.

Adler, A. (1956). *The Individual Psychology of Alfred Adler: A Systematic Presentation in Selections from His Writings*. H. L. Ansbacher & R. R. Ansbacher (Eds.). New York: Basic Books.

Adler, A. (1964). *Superiorty and Social Interest: A Collection of Later Writings*. H. L. Ansbacher & R. R. Ansbacher(Eds.), New York: Harper & Row.

Ansbacher, H. L., & Ansbacher, R. R. (1995). *Alfred Adler Individual Psychology*. Ernst Reinhardt Verlag.

Dreikurs, R. (1950). *Fundamentals of Adlerian Psychology*. New York: Greenberg.

Erikson, E. H. (1968). *Identity: Youth and Crisis*. New York: W.W.Norton & Company.

Greene, R. R., & Ephross, P. H. (1991). *Human behavior theory and social work practice*. New York: Aldine De Gruyter.

〈5장 참고문헌〉

고명수 · 이승현 · 서진숙 · 신선희(2018). **인간행동과 사회환경**. 정민사.

송명자(1996). **발달심리학**. 학지사.

유안진 · 김혜선(1996). **인간발달**. 한국방송대학교 출판부.

이옥형(1997). **아동발달**. 집문당.

조복희 · 정옥분 · 유가효(1997). **인간발달**. 교문사.

Crain, W. C. (1980). **발달의 이론**. 서봉연 역 (1993). Theories of Development. 중앙적성출판사.

Zastow, C. H., & Kirst-Ashman, K. K. (2001). *Understanding Human Behavior and the Social Environment*. Belmont: Wadsworth/Thomson Learning.

〈6장 참고문헌〉

송명자(1996). **발달심리학**. 학지사.

유안진 · 김혜선(1996). **인간발달**. 한국방송대학교 출판부.

이옥형(1997). **아동발달**. 집문당.

조복희 · 정옥분 · 유가효(1997). **인간발달**. 교문사.

Crain, W. C. (1980). **발달의 이론**. 서봉연 역 (1993). Theories of Development. 중앙적성출판사.

Zastow, C. H., & Kirst-Ashman, K. K. (2001). *Understanding Human Behavior and the Social Environment*. Belmont: Wadsworth/Thomson Learning.

〈7장 참고문헌〉

고명수 · 신경희 · 서진숙(2013). **인간행동과 사회환경**. 두남.

구혜영(2015). **인간행동과 사회환경**. 신정.

노수희(2022). **인간행동과 사회환경**. 동문사.

박희숙 · 강민희(2022). **인간행동과 사회환경**. 창지사.

이인정 · 최해경(2020). **인간행동과 사회환경**. 나남출판.

장성화 · 김순자 · 윤향숙 · 박지현 · 황윤미(2016). **상담의 이론과 실제**. 정민사.

장수환 · 김현주 · 임혁 · 채인숙(2017). **인간행동과 사회환경**. 공동체.

정옥분(2015). **전생애 인간발달의 이론**. 학지사.

Cohen, D. (1997). *Carl Rogers: A Critical Biography*. London: Constable.

Corey, G. (2016). *Theory and Practice of Counseling and Psychotherapy*(10th ed). Cengage Leaming.

Maslow, A. H. (1987). *Motivation and Personality*. New York: Knopf.

Maslow, A. H. (2009). **에이브러햄 매슬로의 동기와 성격**. 오혜경 역. 21세기북스.

Rogers, C. R. (1959). A Theory of Therapy, Personality, and Interpersonal Relationships: As Developed in the Client-Centered Framework. In S. Koch (Ed.), *Psychology: A Study of a Science*. Formulations of the Person and the Social Context (Vol. 3, pp. 184–256). New York: McGraw Hill.

Rogers, C. (1961). *On Becoming a Person: A Therapist's View of Psychotherapy*. Boston: Houghton Mifflin Co.

Rogers, Carl R. (2007). **진정한 사람되기**. 주은선 역. 학지사.

Rogers, Carl R. (2007). **칼 로저스의 사람-중심 상담**. 오재은 역. 학지사.

〈8장 참고문헌〉

강성경(2011). **인간행동과 사회환경**. 나남출판.

노수희(2022). **인간행동과 사회환경**. 동문사.

박희숙 · 강민희(2022). **인간행동과 사회환경**. 창지사.

장성화 · 김순자 · 윤향숙 · 박지현 · 황윤미(2016). **삼담의 이론과 실제**. 정민사.

정옥분(2015) **전생애 인간발달의 이론**. 학지사.

Maslow, A. H. (2009). **에이브러햄 매슬로의 동기와 성격**. 오혜경 역. 21세기북스.

Ashford, J. B., LeCroy, C. W., & Lortie, K. L. (2001). **Human Behavior in the Social Emvrioment: A Multidimensional Perspective**, Belmont, CA: Brooks/Cole.

Bertalanffy, L. (1968). *General system Theory, Human Relation*. NY: Braziller.

Dale, D., Norlin, J. M., & Smith, R. (2010). *Human Behavior and the Social Environment: Social systems Theory*. Moorpark, CA: Academic Publishers.

Franklin, A. (2002). *Nature and Social Theory*. London: Sage.

Germain, C. B. (1991). *Human Behavior in the Social Environment: An Ecological View*. New York: Columbia University Press.

Rogers, C. R. (2007). **진정한 사람되기**. 주은선 역. 서울: 학지사.

Rogers, C. R. (2007). **칼 로저스의 사람-중심 상담**. 오재은 역. 학지사.

〈9장 참고문헌〉

강정한 · 김문조 · 김종길 · 김홍중 · 유승호 · 하홍규(2013). **현대 사회학이론: 패러다임적 구조와 전환**. 다산출판사.

권중돈(2022). **인간행동과 사회환경: 이론과 실천(2판)**. 학지사.

김왕배 · 조지 리처(2006). **사회학이론**. 한올출판사.

박철현(2016). **사회문제론: 이론, 실태, 지구적 시각(3판)**. 박영사.

박태영(2008). **지역사회복지론**. 현학사.

오명호(1987). 사회과학에 있어서의 구조-기능주의에 관한 소고. **행정문제논집, (8)**.

유영주 · 강학중 · 김일양 · 김순기 · 김연 · 박정희 외(2005). **새로운 가족학**. 신정.

이근홍(2016). **인간행동과 사회환경(제3판)**. 공동체.

이준우 · 최희철(2021). **인간행동과 사회환경**. 양서원.

장석출(1997). **조직 속의 인간**. 해돋이.

장윤옥(1993). 가족생활주기에 따른 교직주부의 시간제약 지각이 역할갈등과 시간제약 대처전략에 미치는 영향. 영남대학교 대학원 박사학위 청구논문.

조성연 · 백경숙 · 옥경희 · 전효정 · 전연진(2022). **가족 관계론**. 양서원.

최옥채(2007). 사회복지실천에서 문화복지의 개념화: 문화의 용례에 따른 해석학적 접근. **한국사회복지질적연구, 1**, 87–106.

최옥채 · 박미은 · 서미경 · 전석균(2020). **인간행동과 사회환경**. 양서원.

최창현(1995). **조직사회학**. 학문사.

Barker, R. (1994). *The Social Work Dictionary*. Washington, DC: National Association of Social Workers.

Brown, L. (1991). *Groups for Growth and Change*. New York: Longman.

Duvall, E. M. (1977). *Marriage and family development*. Philadelphia, PA: Lippincott.

Etzioni, A. (1961). *A comparative analysis of complex organizations*. Glencoe, ILL: The free Press.

George Ritzer (2006). **사회학이론**. 김왕배 · 김용학 · 김현미 역. 한울출판사.

Holland, T. P. (1995). *Organizations: Context for Social Services Delivery*. in Engineering, 60(9–B), 4929.

Johnson, D., & Johnson, R. (1997). *Joining together* (6th ed.). Englewood Cliffs, NJ: Prentice–Hall.

Murdock, G. (1949). *Social Structure*. New York: Macmillan.

Norlin, J. M., & Chess, W. A. (1997). *Human Behavior and the Social Environment: Social System Theory*. Boston: Allyn and Bacon.

Parsons, T. (1951/1964). *The social system*. New York: Free Press.

Parsons, T. (1954). *Essays in sociological theory* (2nd ed.). New York: Free Press.

Parsons, T. (1955). McCarthyism and American social tension: A sociologist's view. *Yale Review, 44* (january), 226–245.

Ritzer, G. (2016). **사회학이론**. 김왕배 외 공역. 한울출판사.

Turner, J. H. (2019). **현대 사회학 이론**. 김윤태 외 공역. 나남출판.

〈10장 참고문헌〉

강정한 · 김문조 · 김종길 · 김홍중 · 유승호 · 하홍규(2013). **현대 사회학 이론 패러다임적 구도와 전환**. 다산출판사.

김경은 · 이화정 · 최은희 · 황명구 · 송영선(2020). **인간행동과 사회환경**. 양성원.

김왕배 · 조지 리처(2006). **사회학이론**. 한올출판사.

김정희(2019). 요양보호사의 사회적 인정 개념화 연구: Axel Honneth의 인정이론 중심으로. 서울여자대학교 박사학위논문.
문성훈(2014). **인정의 시대**. 사월의 책.
악셀 호네트(2015). **물화인정 이론적 탐구**. 나남출판.
조미숙(2022). **인간행동과 사회환경**. 동문사.
크리스토퍼 주언(2024). **악셀 호네트의 인정이론**. 한울아카데미.
하르트무트 로자 · 다비드 슈트렉커 · 안드레아 콧트만(2022). **사회학 이론**. 최영돈 · 이남복 · 이종희 · 이철 · 전태국 역. 한울아카데미.
Axel Honneth (1992). **인정투쟁**. 문성훈 · 이현재 역(2011). 사월의 책.
Axel Honneth (2003). **분배냐, 인정이냐?**. 김원식 · 문성훈 역(2014). 사월의 책.

〈11장 참고문헌〉

권민균(2019). **아동발달**. 창지사.
권중돈(2023). **인간행동과 사회환경**. 학지사.
금연길라잡이(No Smoke Guide) www.nosmokeguide.go.kr
김경은 · 이화정 · 최은희 · 황명구 · 송영선(2020). **인간행동과 사회환경**. 양성원.
김경철 · 김은혜 · 정혜승(2023). **영유아발달**. 동문사.
김상림 · 김송이 · 양성은 · 이윤선 · 한준아 · 김지현(2014). **유아발달**. 양서원.
김수정 · 장수미 · 오창순(2023). **인간행동과 사회환경**. 학지사.
김이정 · 이상선(2008). 임산부의 스트레스와 영양상태 및 임신결과와의 관련성. **한국영양학회, 41**(8). 776–785.
김현호 · 김희철 · 정희정 · 최철용 · 최용득 · 현영렬(2015). **유아발달**. 정민사.
김희주(1997). 아버지 자녀양육 참여도 및 양육행동에 영향을 미치는 변인들. 이화여자대학교 대학원 석사학위논문.
네이버 지식백과. 건강을 위한 첫걸음 하이닥(www.hidoc.co.kr)
네이버 지식백과. 동서고금의 태교–선인들의 지혜가 내려오다(차병원 임신정보)
손병덕(2023). **인간행동과 사회환경**. 학지사.
엄마도 몰랐던 임신의 비밀(2013). **과학동아 디지털편집부**. 과학동아북스.
윤매자 · 박민지 · 박선희 · 안창희 · 이경돈 · 이은옥(2023). **보육학개론**. 양성원.
이기숙 · 심성경 · 손순복 · 김영아 · 조해연 · 김민정 · 서지아(2023). **영유아발달**. 양서원.
이숙재(2023). **영유아발달과 교육**. 창지사.
임연정 · 진미경(2015). 아동이 지각한 부 · 모의 양육태도와 또래관계에서 정서조절능력의 매개효과. *Korean Journal of Play Therapy 2015, 18*(4), 329–348.
장수복 · 한주빈 · 이예종 · 양시영 · 오봉욱(2002). **인간행동과 사회환경**. 동문사.
정옥분(2013). **아동발달의 이해**. 학지사.
조복희(2006). **아동발달**. 교육과학사.
주현주(2016). 태아기와 어린이 시기의 혈중 납과 요중 코티닌 수준이 5세 어린이의 신경행동발달에 미치는 영향. 단국대학교 박사논문.

진애라(2016). 한 · 중 전통사회의 임신금기고찰. **우리학회**, 52, 121-158.

최경숙(2011). **아동발달심리학**. 교문사.

한유미(2022). **영유아발달**. 정민사.

홍재석(2016). 산모 연령과 영아사망과의 관련성 연구. **디지털융복합연구**, 14(9), 379-387.

황현주(2018). **전생애 발달적 관심에서의 영유아발달**. 양서원.

Kim, Jin-kyoung (2002). Preadolescent communication skills and quality of peer relationships by institutionalization, sex, and age. Unpublished master's thesis, Seoul: Seoul University.

Bowlby, J. (1969). *Attacbment and loss*. (Vo1.1). NY: Basic Books.

Cohn, D. A. (1990). Child-mother attachment of six year-olds and social competence at school. *Child Development, 61*(1), 152-162.

Erickson, E. H. (1963). *Childhood and Society* (2nd ed.). New York: Norton & Company.

Lee, Kang-hyun (2007). A study on family functioning perceived by mothers with hearing impaired children. Unpublished master's thesis, Seoul: Soongsil University.

Saarni, C. (1990). Emotional competence: How emotions and relationships become integrated. In R. A. Thompson (Ed.), *Social emotional development* (pp. 115-182). Lincoln: University of Nebraska Press.

Wispe, L. G. (1972). Positive form of social behavior: An overview. *Journal of Social Issues, 28*(3), 1-19.

〈12장 참고문헌〉

강봉규(2000). **인간발달**. 서울: 동문사.

권중돈(2020). **인간행동과 사회환경**. 서울: 학지사.

노안영 · 강신영(2008). **성격 심리학**. 서울: 학지사.

류종훈(2005). **사회복지실천기술론**. 서울: 학현사.

손병덕 · 성문주 · 백은령 · 이은미 · 최인화 · 정정호 · 송현아(2022). **인간행동과 사회환경(제2판)**. 서울: 학지사.

신명희 · 서은희 · 송수지 · 김은경 · 원영실 · 노원경 · 김정민 · 강소연 · 임호용(2013). **발달심리학**. 서울: 학지사.

오선화(2014). 아동의 실행기능 결함 및 ADHD 증상이 스마트폰 중독에 미치는 영향. 숙명여자대학교. 석사학위논문.

이종복 · 전남련 (2007). **인간행동과 사회환경**. 서울: 학현사.

정옥분(2009). **아동발달의 이해**. 서울: 학지사.

최옥채 · 박미은 · 서미경 · 전석균(2020). **인간행동과 사회환경**. 경기: 양서원.

Newman, B. M., & Newman, P. R. (1991). *Development through life: a psychosocial approach* (5th ed). Thomson Brooks/Cole.

〈13장 참고문헌〉

권중돈(2023). **인간행동과 사회환경**. 학지사.

김경은·이화정·최은희·황명구·송영선(2020). **인간행동과 사회환경**. 양성원.

김상경·유창민·전해숙(2023). **인간행동과 사회환경**. 학지사.

김수정·장수미·오창순(2023). **인간행동과 사회환경**. 학지사.

김유지(2017). 중년기 노화 불안 가족건강 대인관계가 중년기 위기감에 미치는 영향. 동아대학교 박사학위논문.

김준환·김수정·오정아·이명희·이민표·이원지·장우심(2022). **노인복지론**. 어가.

김지우·황보영(2022). 중년기 이후 여성 우울증 환자의 신체활동 관련 요인. **대한정신간호학회, 31**(2), 254-263.

노수희(2023). **인간행동과 사회환경**. 동문사.

박석원(2011). 노쇠와 근감소증. 제62차 대한내과학회 추계학술대회. 노년내과 심포지움.

손병덕·성문주·백은령·이은미·최인화·정정호·송현아(2023). **인간행동과 사회환경**. 학지사.

이근홍(2020). **인간행동과 사회환경**. 공동체.

이해영(2023). **노인복지론**. 창지사.

임선미·하규수(2015). 중년층의 라이프스타일이 은퇴 후 주거선택속성에 미치는 영향. **한국산학기술학회 논문지, 16**(11), 8074-8088.

임은미·강지현·권해수·김광수·김정희(2019). **인간발달과 상담**. 학지사.

장상필·이규은(2024). **성과 사랑 그리고 결혼**. 동문사.

장수복·한주빈·이예종·양시영·오봉욱(2022). **인간행동과 사회환경**. 동문사.

정경희 외(2017). 2017년도 노인실태조사. 서울: 한국보건사회연구원.

최성재·장인협(2010). **고령화사회의 노인복지학**. 서울대학교 출판문화원.

황현석(2005). 중년기 여성들의 비만여부가 신체조성 체력 및 심폐기능에 미치는 영향. 신라대학교 교육대학원 석사학위논문.

Birren, J. E. (Ed). (1959). *Handbook of aging and the individual*. Chicago: University of Chicago Press.

Breen, L. B. (1960). The Aging Individual. In C. Tibbitts (Ed.). *Handbook of Social Gerontologg*. University of Chicago Press.

Erikson, E. H. (1968). *Identity youth and crisis*. New York: Norton.

Horn, J. L., & Cattell, R. B. (1967). Age differences in fluid and crystallized intelligence. Acta *Psychologica, 26*(2), 107-129.

Levinson, D. J., Darrow, D., Levinson, M., Klein, E. B., & McKee, B. (1978). *Seasons of a Man's Life*. New York: Academic Press.

Livson, F. B. (1981). Paths to psychological health in the middle years: Sex differences. In D. H. Eichorn, J. A. Clausen, N. Haan, & M. P. Mussen (Eds.), Present and post in middle life (pp. 195-222). New York: Academic Press.

Troll, L. E. (1985). *Early and middle adulthood* (2nd ed.) CA: Brooks/Cole.

저자소개

김정희 서울여자대학교 사회복지학 박사
현) 숭의여자대학교 사회복지학과 겸임교수
현) 글로벌복지비전 대표

김익균 부산대학교 사회복지학 박사
현) 협성대학교 아동보육학과 교수

김숙향 경기대학교 사회복지학 박사
전) 서울연구원 초빙부연구위원
현) 경기대학교 사회복지학과 겸임교수

박선희 중앙대학교 문학 박사(아동청소년, 가족)
현) 서정대학교 뷰티아트과 사회복지 교수

신경안 성결대학교 사회복지학 박사
현) 동서울대학교 사회복지학과 교수

이은아 성결대학교 사회복지학 박사
전) 성결대학교 사회복지학과 교수
현) 군포시가야종합사회복지관 관장

정진숙 단국대학교 교육학 박사, 중부대학교 사회복지학 박사
현) 협성대학교 사회복지과 초빙교수
현) 오산대학교 사회복지상담과 겸임교수
현) 한국영유아발달연구소장

인간행동과 사회환경

초판발행 2024년 8월 23일 **1판 1쇄 발행**

지은이 김정희 김익균 김숙향 박선희 신경안 이은아 정진숙
펴낸이 최용구 | **펴낸곳** 도서출판 **신정**
주소 (04316) 서울시 용산구 원효로 89길 19 (원효로1가)
전화 02)3211-4782, 0266(영업부), 3211-4783(편집부), 3211-4784(팩스)
이메일 sjbook2002@naver.com | **홈페이지** www.sjbook.co.kr
등록 2001년 5월 11일 제13-702호
기획마케팅 최용구 장만동 최충구 송대용 | **책임편집** 석기은 황가연

ISBN 978-89-5912-914-0 93330
정가 26,000원